Social Welfare
Legal system and Practice

사회복지법제와 실천

강희성 김동주 김현경 박길남
박선태 오현숙 윤명길 전대성
공저

양 성 원

머리말

본 서는 구간의 초판부터 신간까지 다음과 같은 점에 유의하여 본 서를 엮었다.

첫째, 사회복지법의 개념, 이념, 발달의 역사적 전개 등을 살피는 일은 사회복지법제를 이해하는데 도움이 된다. 그리고 사회복지법은 모든 국민에게 인간다운 생활을 보장하는 생존권적 기본권을 바탕으로 하는 헌법상의 권리를 근거로 하므로 헌법상의 생존권적 기본권을 이해할 필요가 있다.

둘째, 이 헌법상의 기본권에서 흘러나온 사회복지법상의 권리가 무엇인지를 이해하는 것이 사회복지법상의 법률관계를 파악하는 데 필요하다. 이러한 것들을 본 서의 총론에서 상세하게 다루었다. 특히 사회복지법상의 법률관계를 법적 관점에서 상세하게 분석한 것이 본 서의 특징이다.

셋째, 사회복지법의 분류체계를 사회복지관련법의 기본법이라고 할 수 있는 사회보장기본법의 분류에 따라 사회보장기본법, 사회보험법, 공공부조법, 사회복지서비스법, 기타 사회복지관련법으로 분류하고 이에 따라 본 서의 각론에서 구체적으로 해설하였다.

넷째, 사회복지관련법을 서술함에 있어 법률뿐만 아니라 시행령, 시행규칙까지도 반드시 알아두어야 할 중요한 것은 남김없이 설명하였다. 사회복지 실무에서는 시행령이나 시행규칙이 보다 중요하다. 특히 현재까지 개정된 사회복지관련법률, 시행령, 시행규칙을 반영하려고 노력하였다.

이 점이 기존의 교과서와는 다른 본 서의 특징이라고 할 수 있다. 이와 관련하여 사회복지법령은 수시로 개정되고 있는데 그때마다 본 서를 손질한다는 것은 매우 어려운 일이다. 따라서 법제처 법령 사이트에 들어가서 개정법령을 확인하는 것이 좋을 것이다.

그러나 막상 탈고하고 보니 여러 가지로 부족한 점이 많다. 앞으로 계속 노력하여 보완해 나갈 생각이다. 끝으로 본 서의 작성을 위하여 원고를 함께 집필해 주신 교수님들의 수고와 노고에 고마움을 표하고 어려운 가운데서도 본 서의 출판을 허락하여 준 양성원에 감사의 말씀을 드립니다.

2022년 2월

저자일동

차 례

제1부 법의 이해

제2부 사회복지법률

제 1 부

법의 이해

제1장

법의 이해

1. 법의 정의

법이란 합법화된 힘을 사회 질서 유지를 위하여 정해진 범주 내에서 사용하는 것을 말한다. 각 사회는 질서가 지켜지고 확립되는 데에 공헌하는 소위 바람직한 행위에 대한 규범(norm)이 있어서 이를 잘 지키는 사람에게는 보상이 주어지고 이를 어기는 사람에게는 처벌을 내린다. 그렇게 하여 보상과 처벌은 모두 사회통제(social control)를 목적으로 한다.

사회에서 바람직한 것을 권장하고 이를 행한 사람에게 응분의 보상을 함으로써 그와 반대되는 부정적인 행위의 가능성을 억제하거나 배제하는 것을 긍정적 제재라고 하며, 반사회직인 행위나 파괴적인 행위를 처벌함으로써 또다시 그러한 일이 일어날 가능성을 배제하는 기제를 부정적 제재라고 한다(한상복 외, 2011).

1) 법의 정의와 목적

(1) 법의 정의

법은 사회의 질서를 유지하고 그 구성원 상호 간의 관계를 규율하기 위해 어떤 강제 권능에 의한 효력이 확보된 규범 체계로, 이 경우 넓은 뜻의 법은 법률이나 명령뿐만 아니라 도덕률이나 습관까지 포함된다. 좁은 뜻의 법은 내면적 · 개인적 · 비강제적인 도덕을 제외하고 외면성 · 사회성 및 특히 강제 규정을 갖춘 사회 통제를 위한 규범을 말한다. 한편으로는 어떤 일을 진행하는 양식이나 방법을 의미하기도 한다(원불교대사전).

법에 대한 다른 정의로는, 첫째, 법이란 준칙이며 규범으로, 사회가 유지되기 위해서 사회구성원들의 행동을 규율할 수 있는 일련의 행위준칙인 사회규범(법, 도덕, 윤리, 종교, 관습)이다.

둘째, 법은 사회구성원들이 사회생활을 함에 있어 필요한 행위규범이며 법규범의 제정, 적용, 집행을 담당하는 조직규범이다.

셋째, 법은 집단이나 사회의 공통의 가치규범을 정해 놓은 것이며 합목적성은 그런 가치가 잘 반영되었는지 합리적으로 그리고 가지고 있는 규범이 공통의 가치를 지향하고 있는지에 관한 것이다.

넷째, 법은 사회법칙으로서 사회규범으로, 사회규범에는 법 이외에도 관습 · 도덕 · 종교 등이 있으며 관습 · 종교 · 도덕 등은 그 위반의 경우에도 자율적 · 심리적 강제를 받을 뿐이나, 법은 그 위반의 경우에 타율적 · 물리적 강제를 통하여 원하는 상태와 결과를 실현하는 강제규범이다.

다섯째, 법은 국가 내에 존재하는 다른 어떠한 사회의 강제규범보다도 우월한 국가규범이다.

(2) 법의 목적

질서의 유지, 정의의 실현, 문화의 증진 등 법에 의하여 달성되는 목적을 말한다. 즉, 각각의 법제도 또는 부분적 법질서가 실현시키고자 하는 목적을 일컫는다. 이는 법이념의 의미로 쓰이기도 한다.

또한, 법은 궁극적으로 모든 사람에게 기본권이 보장된 상태, 사람들이 응당 자신이 받아야 할 대가를 받는 상태 또는 모든 사람이 법 앞에 평등한 상태로서, 사회정의 및 공공복지의 실현, 사람들이 안심하고 사회생활을 할 수 있도록 법적 안정성 및 사회

질서의 유지를 목적으로 한다(이병태, 2016).

(3) 법과 도덕

모든 성숙한 사회에서는 법적 문제와 도덕적 문제가 상당히 중복되어 있고 그 관계에 대한 논쟁이 지속되어 왔다. 1859년 존 스튜어트 밀(John Stuart Mill)의 대작 『자유론』의 출현 이후, "권력이 문명화된 지역사회의 성원에 대해 그의 의지에 반하여 정당하게 사용될 수 있는 유일한 목적은 타인을 해치는 것을 방지하기 위한 것이다"라는 그의 선언에 의해 논쟁이 시작되었다.

형법의 제정과 적용에 있어서의 끝없는 쟁점 중의 하나는 개인적 도덕성이 법의 영역이 되어야 하는가의 문제이다. 개인적 부도덕성이 형사적 제재의 이유가 되어야 하는가는 도덕성과 비도덕성을 결정하는 방법의 문제를 제기한다. 대부분의 사회에서 형법은 지역사회의 도덕감을 모욕하는 것으로 간주되는 인간행동의 영역을 규제하고 있다.

또한, 여러 시대에서, 그리고 대부분의 사회에서 법률은 '비도덕적' 행동의 주범을 범죄적인 것으로 정의했다(특히, 매춘, 마약중독, 낙태, 도박, 알코올의 사용). 따라서 형법은 종종 사회구성원이 반드시 추구해야 할 도덕적 행동의 최소한의 기준을 포함하는 사회적 제약의 개념을 넘어서서까지 확상되있다(고영복, 2000).

2) 법의 분류

(1) 규정하는 내용에 따른 분류(실체법, 절차법)

실체법과 절차법은 법이 규정하는 내용상의 구별 방법이다. 실체법은 법률 관계 자체인 권리와 의무의 내용 · 종류 · 주체 · 발생 · 변경 · 소멸 등에 대해 규정과 권리와 의무의 실체적인 규율을 담당하고, 「민법」, 「형법」, 「상법」 등이 이에 해당한다.

실체적 내용을 형성하는 것을 담고 있는 법이고 절차법은 권리 구제 수단 등 일정한 절차에 관해 규정하고 있는 법이다. 실체법은 권리와 의무에 관한 내용을 주로 담고 있는데, 공적관계나 사적관계에서 발생할 수 있는 여러 가지 권리와 의무의 내용과 종류 등을 규정하고 있다. 여기에는 권리를 보유할 수 있는 주체라든가 발생, 변경, 소멸 등을 포괄하고 있다.

권리의 주체는 사람(人)인데 여기에는 자연인과 법인이 있다. 자연인은 생존하는 동안 권리와 의무의 주체로써 출생과 더불어 권리를 보유할 수 있는 능력을 취득하고, 사망과 동시에 권리보유능력을 상실하게 된다. 법인은 법에 의해서 부여된 인격으로 자연인과 더불어 권리를 보유할 수 있는 능력이 법에 의해 주어졌다.

권리의 발생은 법률의 규정에 의해서라든가 당사자의 의사 합치에 따라 이루어지며 그에 따른 의무가 부과되게 된다. 반면 권리의 소멸은 당사자의 의사에 의하거나 또는 법률규정에 의해 이루어지는데 소멸시효제도가 가장 대표적인 권리소멸의 형태이다.

실체법으로는 「민법」, 「형법」, 「상법」 등이 대표적이다. 「민법」은 개인과 개인 간의 권리의무관계를 규율하고, 「형법」은 국가형벌권과 범죄와 그에 따른 형벌을 규정하고 있는 법이다. 상법은 상인들 간 혹은 일방당사자가 상인인 경우에 적용되는 법이다.

절차법은 실체법에 의해 규정된 권리와 의무를 실현하기 위한 수단과 방법으로 규율과 실체법을 실현하기 위한 구체적인 절차를 다루며, 「민사소송법」, 「형사소송법」, 「행정소송법」 등이 이에 해당한다. 또한, 개인의 권리와 의무를 실현하기 위한 수단과 방법에 대해 규정하고 있는 법으로써 주로 소송절차와 관련이 깊다. 하지만 소송절차가 아니더라도 각종 국민개인의 권리를 보장받을 수 있는 수단도 절차법의 한 영역이다. 절차법의 대표적인 것이 「민사소송법」, 「형사소송법」, 「행정소송법」 등이다. 「민사소송법」은 권리를 가진 개인이 의무를 부과받은 자에 대하여 그 권리를 실행할 수 있는 수단에 대해 규정하고 있다. 가장 대표적인 방법이 소송절차이겠지만, 소송 이외에도 화해제도나 공증의 방법, 조정 등도 규정하고 있다.

「형사소송법」은 범죄의 수사와 재판의 과정을 규정한 법으로써 범죄수사의 주체로써 검사와 범죄의 혐의를 받는 피의자와의 절차를 규정하고 있다. 형사소송은 검사에 의하여 재판이 제기되고 「형사소송법」은 여기에 소송당사자로서의 피고인이 재판과정에서 주장할 수 있는 여러 권리와 절차에 대하여 규정한다. 「행정소송법」은 국가의 행정행위로 인하여 권리를 침해당한 국민이 국가의 행정행위에 대한 구제방법과 절차를 규정하고 있다.

(2) 일반법과 특별법

일반법과 특별법은 법의 효력범위에 따라 구별하는 방법이다. 우선 일반법은 주체와 상황에 제한 없이 일반적으로 국민의 모든 관계를 규율하는 법이다. 일반법은 사람의 지위에 막론하여 적용되고 장소적 제약이 따르지 않으며 대상에 대하여도 차별을 두지 않는다.

특별법은 특별한 사람이나 사항에 대하여 적용되는 법이다. 특별법은 그 대상을 하는 행위나 사건에 한정하여 적용하게 된다. 특히 특별법은 사회가 변화함에 따라 복잡해지고, 특별한 사항에 대처할 필요성이 강하게 제기됨에 따라 등장한 것이며, 점차 증가하고 있는 추세이다.

민사에 대한 일반법으로 「민법」이 있고, 형사에 대한 일반법으로는 「형법」이 있다. 그 밖에 「국가공무원법」 등이 일반법이다. 특별법으로는 「민사에 관한 상법」, 「주택임대차보호법」, 「제조물책임법」 등이 있고, 형사에 관하여 「군형법」, 「폭력행위 등 처벌에 관한 법률」 등이 있고, 「교육공무원법」도 특별법의 한 형태이다.

(3) 적용 범위에 따른 분류(국내법과 국제법)

국내법과 국제법은 법의 제정주체와 법이 미치는 효력범위에 따라 구별하는 기준이다. 국내법은 한 국가 내에서 제정되며 법률제정의 주체는 의회이다. 국내법은 국가 내의 상황과 행위를 규율하고, 한 국가 내의 범위에 미치게 된다. 국내법은 국가와 국민 간 혹은 국민 상호 간의 관계를 규율하고 있으며, 「헌법」, 법률, 명령, 규칙, 조례 등이 여기에 포함된다.

또한, 한 나라의 주권이 미치는 범위 내에서 적용되는 법으로 국가와 국민의 사이 또는 국민 상호 간의 권리와 의무 관계를 규율, 특정 국가의 단독 의사에 의해 정립된다.

이에 반하여 국제법은 국가 상호 간 혹은 국제기구 등 국제사회의 행위주체들을 규율하는 법을 말한다. 「헌법」은 제6조 제1항에서 '헌법에 의하여 체결, 공포된 조약과 일반적으로 승인된 국제법규는 국내법과 동일한 효력을 가진다.'라고 규정함으로써 국제법에 대한 존중주의를 채택하고 있다.

그리고 국제법은 국제 사회에서 다수의 국가들 사이에 적용되는 법으로 대부분 조약이나 관습법에 의해 문제를 해결하나, 일반적으로 승인된 법의 원칙을 포함한다. 또한, 국가 상호 간의 관계나 국제 조직뿐만 아니라 직접 개인에 대해서도 규율과 국제 사회의 질서 유지, 국가 간의 전쟁 방지, 국제 평화의 유지를 그 목적으로 한다.

또한, 국제법의 구속성은 국제 사회를 구성하는 국가 스스로의 합의에 근거를 두며, 약속은 지켜야 한다는 당위적 의미의 강제성을 지니고, 국제 사회에는 통일된 입법 기관, 집행 기관, 사법 기관이 없으므로 국제법에 의한 강력한 집행이나 제재는 불가능하다.

국제법은 조약과 일반적으로 승인된 국제법규를 말한다. 조약은 국가 간의 문서에 의해서 이루어진 합의로써 양 국가 간에 효력을 지닌다. 조약의 체결 비준권은 대통령에게 있고, 다만 일정한 조약에 대해서는 국회의 동의를 거쳐야 한다. 일반적으로 승인된 국제법규는 국제사회에서 지켜지는 보편적인 규범으로써 세계 다수의 국가들이 승인하고 있는 법규범을 말한다. 일반적으로 승인된 국제 법규로는 포로에 관한 제네바 협약, 집단 학살 금지 협약 등이 있고, 국제 관습법으로는 정치범 불인도, 외교관의 면책 특권 등이 있다.

문제는 국제법과 국내법과의 관계에 있다. 국제법과 국내법은 별개의 독립된 법질서로서 제정주체 효력, 규율대상 등이 서로 다르다. 대체로의 견해는 국제법에 저촉되는 국내법은 그것이 배제될 때까지는 유효하다고 보는 입장이다.

(4) 실정법과 자연법

실정법은 현실적으로 적용되고 시행되고 있는 법을 말한다. 실정법에는 성문법 이외에도 불문법도 포함한다. 실정법은 법률과 같이 일정한 절차에 의해 제정되거나 혹은 관습법과 같이 역사적으로 형성되었고, 이것이 현재의 국민들의 생활을 규율하고 적용되는 법을 의미한다. 실정법은 국가에 의해 강제적으로 관철되며, 여기에 저촉될 때에는 강제적 수단이 동원되게 된다.

반면에 자연법은 실제적으로 한 법체계를 형성하고 적용되지는 않으나 시대와 장소, 민족과 국가를 초월하여 보편타당하게 존재하는 자연법칙과 같이 인간 생활관계에서도 존재하는 법질서가 있다고 보고, 객관적 질서로써 인정하는 것을 말한다. 자연법은 자연의 법칙 또는 인간의 이성에 기반을 두고 있으므로, 보편타당성을 지니고 개정되거나 폐지되지 않는 항구적 성질을 지니게 된다. 자연법은 보편타당한 진리를 담고 있으므로 실정법 제정이나 개정, 폐지의 기준으로 작용하게 된다.

한편 실정법은 자연법을 근거로 했을 때 가지며 자연법에 근거한 실정법은 합리적인 법으로 인정받게 된다. 자연법은 정의에 부합하는 법으로써 실정법이 자연법에 위배될 시에는 실정법은 악법으로 취급당하게 된다. 반면에 자연법은 실정법의 형태로써 나타나게 되고, 이것이 구체화되고 현실화된다. 따라서 자연법이 담고 있는 정의와 형평의 이념은 실정법을 통해 일상생활에 반영된다(통합논술 개념어 사전, 2007).

3) 사회복지법의 개념 구분

사회복지란 어의적으로 사회적으로 안녕한 상태, 이념적으로 인간의 가치와 존엄성이 실현되는 상태, 기능적으로 가족 또는 시장 등 정상적인 사회구조가 제 기능을 발휘

하지 못하여 곤란에 처한 사람을 도와주는 것, 즉 개인의 노동능력, 재산, 성별, 자애, 연령, 사고능력 등과 관계없이 개인의 인간다운 삶을 개선시켜 주기 위한 공사(公私)의 노력을 말한다.

또한, 국민의 생활 안정 및 교육 · 직업 · 의료 등의 보장을 포함하는 복지를 추구하기 위한 사회적 노력, 즉 넓은 의미의 사회적 방책의 총칭으로 사회보장제도 등의 근저(根底)에 공통적으로 작용하는 정책목표로서, 또는 이들 정책이나 제도가 실현하려고 지향하는 목적의 개념으로서 파악하는 경우도 있으나, 보통은 제도적 개념으로 사용한다.

좁은 뜻의 사회복지는 아동 · 노인 · 장애인에 대하여 금전 급부 이외의 이른바 서비스 급부의 방법으로 행하여지는 여러 활동의 총체를 의미한다. 또 여기에 공적 부조(公的扶助: 생활곤궁자에 대하여 국가 또는 지방자치체가 자력 조사를 매개로 행하는 경제적 부조)를 덧붙인 사회복지사업과 동의어(同義語)로 쓰는 경우가 있다.

넓은 뜻의 사회복지는 사회사업 이외에 사회정책 · 사회보장 · 주택보장 · 공중위생 · 비행문제대책 등을 포함하는데, 영국과 미국의 사회복지는 넓은 뜻으로 쓰이는 경우가 많다.

한국에서는 이 말을 「아동복지법」(1981), 「생활보호법」(1982), 「사회복지사업법」(1992), 「사회보장기본법」(1995) 등에서 구체적으로 사용하고 있다. 현행 「헌법」은 제10조에서 "모든 국민은 인간으로서의 존엄과 가치를 가지며 행복을 추구할 권리가 있다."고 행복추구권을 규정하였다. 또 제34조에서 "모든 국민은 인간다운 생활을 할 권리를 가진다. 국가는 사회보장 · 사회복지의 증진에 노력할 의무를 진다…."고 규정하여 사회복지국가의 실현을 위한 국가의 의무를 선언하고 있다(두산백과).

(1) 사회복지사업법의 목적 [시행 2021. 6. 30.] [법률 제17782호, 2020. 12. 29., 일부개정]

이 법은 사회복지사업에 관한 기본적 사항을 규정하여 사회복지를 필요로 하는 사람에 대하여 인간의 존엄성과 인간다운 생활을 할 권리를 보장하고 사회복지의 전문성을 높이며, 사회복지사업의 공정 · 투명 · 적정을 도모하고, 지역사회복지의 체계를 구축하고 사회복지서비스의 질을 높여 사회복지의 증진에 이바지함을 목적으로 한다. 〈개정 2012. 1. 26., 2017. 10. 24.〉

(2) 정의

이 법에서 사용하는 용어의 뜻은 각 목의 법률에 따른 보호 · 선도(善導) 또는 복지에 관한 사업과 사회복지상담, 직업지원, 무료 숙박, 지역사회복지, 의료복지, 재가복지(在家福祉), 사회복지관 운영, 정신질환자 및 한센병력자의 사회복귀에 관한 사업 등 각종 복지사업과 이와 관련된 자원봉사활동 및 복지시설의 운영 또는 지원을 목적으로 하는 사업을 말한다.

(3) 기본이념

넓은 의미의 「사회복지법」은 사회복지정책 혹은 사회정책의 실현과 관련된 제반 법률로서 사회보험, 공공부조, 사회복지서비스, 관련복지제도 등에 관한 법률을 포함한다. 그리고 좁은 의미의 「사회복지법」은 자신의 생활을 스스로 영위하지 못하는 사회적 약자들에 대해서 제한적으로 도움을 제공하는 노력의 총화와 관련된 법률로서 공공부조, 사회복지 서비스 등에 관한 법률을 포함한다. 그러나 현행법제를 보면, 사회보장의 범위 안에 사회복지를 포함시키고 있으며 협의의 사회복지개념, 즉 사회사업을 의미한다. 따라서 현행 우리나라의 사회복지법제는 협의의 사회복지개념방식을 택하고 있다. 우리나라의 경우 학문적 개념포착은 넓은 의미의 「사회복지법」을 선호하는 경향이 있으나 실정법상으로는 좁은 의미의 「사회복지법」을 선호하는 추세이다. 이에 「사회복지사업법」의 기본이념을 구체적으로 정리하면 다음과 같다.

첫째, 사회복지를 필요로 하는 사람은 누구든지 자신의 의사에 따라 서비스를 신청하고 제공받을 수 있다.

둘째, 사회복지법인 및 사회복지시설은 공공성을 가지며 사회복지사업을 시행하는 데 있어서 공공성을 확보하여야 한다.

셋째, 사회복지사업을 시행하는 데 있어서 사회복지를 제공하는 자는 사회복지를 필요로 하는 사람의 인권을 보장하여야 한다.

넷째, 사회복지서비스를 제공하는 자는 필요한 정보를 제공하는 등 사회복지서비스를 이용하는 사람의 선택권을 보장하여야 한다. 〈신설 2017. 10. 24.〉

(4) 다른 법률과의 관계

첫째, 사회복지사업의 내용 및 절차 등에 관하여 제2조제1호 각 목의 법률에 특별한 규정이 있는 경우를 제외하고는 이 법에서 정하는 바에 따른다.

둘째, 사회복지에 관계되는 법규로서 국가와 민간이 주체가 되어 국민의 요구와 각종 사회 문제를 해결함으로써 국민에게 인간다운 생활을 보장하려는 생존권적 기본권을 중심관념으로 하여 "사회복지사업"을 구체적으로 실천하는 제도 · 기구 · 기관 및 시설 · 권리 · 의무 등을 규정한 법률이다.

셋째, 사회복지사업의 범위와 관련하여, 여기서 말하는 사회복지사업이라 함은 우리나라의 경우 사회복지사업법 제2조 1항의 규정에 의한 사회복지사업을 말하고, 사회복지 사업추진에 필요한 기본적이면서도 공통적인 사항을 규정한 법이다.

넷째, 「국민기초생활 보장법」, 「아동복지법」, 「노인복지법」, 「장애인 복지법」, 「모 · 부자 복지법」, 「영유아 보육법」, 「성매매 방지 및 피해자보호 등에 관한 법률」, 「정신보건법」, 「성폭력 범죄의 처벌 및 피해자 보호 등에 관한 법률」, 「입양촉진 및 절차에 관한 특례법」, 「일제하 일본군 위안부 피해자에 대한 생활안정지원 및 기념사업 등에 관한 법률」, 「사회복지 공동 모금회법」, 「장애인 · 노인 · 임산부등의 편의증진 보장에 관한 법률」, 「가정폭력방지 및 피해자보호등에 관한 법률」, 「농어촌주민의 보건복지증진을 위한 특별법」에 의한 보호 · 선도 또는 복지에 관한 사업(총 15종)과 사회복지상담 · 부랑인 및 노숙인 보호 · 직업보도 · 무료숙박 · 지역사회복지 · 의료복지 · 재가복지 · 사회복지관 운영 · 정신질환자 및 한센병력자 사회복귀에 관한 사업 등 각종 복지사업과 관련된 자원봉사활동 및 복지시설의 운영 또는 지원을 목적으로 하는 사업이다.

다섯째, 우리나라는 이 법에 명시된 것이 아니면 사회복지사업이라고 보지 않는 입장을 취하고 있으며, 한정적 열거주의를 채택하고 있다. 그리고 「사회복지사업법」에 명시된 사회복지사업의 종류를 보더라도 모두 사후치료적 성격의 법률들로 구성되어 있다.

여섯째, 현행 사회복지법제는 사회복지를 협의의 개념으로 파악하여 사회보장의 범위 안에 사회복지를 포함시키고 있으며, 구성체계가 다원화되어 있어 사회복지 수혜대상자의 중복, 제도 간에 상충현상이 나타나고 있다.

일곱째, 「사회복지법」이란 사회복지에 관한 법으로서 법의 일반적인 성격과 틀을 지니고 있으되 그 내용은 사회복지를 다루는 법이라 말할 수 있다. 사회구성원 다수가 평안하고 만족스러운 상태를 유지하며 잘 지낼 수 있도록 규정하는 제반 법규를 의미한다.

(5) 사회복지법 개념의 구성 요소

첫째, 주체는 국민의 인간다운 생활을 보장하는 급여를 제공하는 주체로, 국가와 민간 대상은 작게는 보호를 필요로 하는 요보호 대상자, 크게는 일반국민이다.

둘째, 개입문제는 「사회복지법」이 다루려고 하는 현상으로 국민의 복지를 저해시키는 사회문제들이다.

셋째, 목적은 국민의 인간다운 생활의 보장(생존권 보장)으로 개입방법은 소득적 차원의 화폐적 접근, 비화폐적 접근개입단위에 따라 개별, 집단, 지역사회복지, 통합방법론서비스의 직접성에 따라 직접, 간접, 지원적 서비스 준비한다.

넷째, 급여는 실체적 의미의 급여뿐만 아니라 그 급여를 가능하게 하는 급여 구조도 포함(제도, 시설, 재정, 인적자원)하고 공적 사회복지와 민간 사회복지의 영역으로 구별한다.

다섯째, 국가는 예방적, 제도적, 재정적 책임을, 민간은 자발적, 전문적, 개입적 책임을 진다.

(6) 사회보장과 사회복지의 대립적 지위

첫째, 「헌법」에서는 "국가는 국민의 사회보장, 사회복지의 증진에 노력할 의무를 진다."(제34조 제2항)고 규정하고 있다.

둘째, 법, 제도, 행정차원에서 사회복지는 "협의의 사회복지", 즉 사회의 도움 없이는 독자적으로 삶을 꾸릴 수 없는 미자립적인 사람들(노인, 여성, 아동, 범죄인, 장애인 등)만을 위한 노력을 지칭한다.

(7) 사회보장과 사회복지의 동등적 지위

첫째, 사회복지개념의 확대하여 「사회복지법」에 사회보험, 공공부조, 사회복지 서비스를 기본적으로 다루면서 관련 복지제도를 포함시켜 논한다.

둘째, 문제점은 현재 「사회보장기본법」은 그 범위가 확대되었으나 상위법인 「헌법」의 규정은 아직 변경되지 않았으며, 「사회보장기본법」은 일반법으로 다수가 참여한 국회를 통해서 「헌법」보다 비교적 쉽게 개정하나, 「헌법」은 국회통과 및 국민투표에 의한 국민 동의가 필요하다는 것이다.

(8) 사회복지법의 법적 성격

첫째, 「사회복지법」은 사회복지 현상에 관한 법

둘째, 현실적으로 사회복지의 이념과 가치를 구체화하는 법

셋째, 「사회복지법」은 사회복지에 관한 법

넷째, 사회복지이 조직과 작용, 즉 세 급여 및 재정에 관한 법, 권리구제에 관한 법

다섯째, 「사회복지법」은 사회법으로 생존권 보장을 이념으로 하는 사회법

여섯째, 「사회복지법」은 사회복지에 관한 국내법으로 한 나라의 통일적 법체계에 속하는 법규범의 총체

(9) 용어정리

① 법률

실질적 의미에서는 "법"과 동일한 뜻으로 사용하지만, 형식적 의미에서는 국회의 의결을 거쳐 대통령이 서명, 공포한 법을 가리킨다. 법은 추상적이고 포괄적이지만, 법률은 구체적이며, 가시적인 개념이다. 그러므로 '법률'은 현실세계에서 사회통제의 기능을 갖춘 것이다.

② 법규와 법령

법규는 넓게는 법규범 일반의 준말이고, 좁게는 성문의 법령을 말한다.

법령은 법률과 법령을 함께 부르는 말인데 넓은 의미로는 법률이나 법 전체를 가리킬 때도 있다. 법전을 법령집이라고 부를 때도 있다.

③ 사회서비스법

국민의 욕구를 충족시키고 사회문제를 해결하기 위하여, 다양한 공적, 사적 기관들이 제공하는 프로그램이나 서비스 및 관련 활동들을 규율하여 국민들의 복지를 향상시키기 위한 법이다.

④ 사회사업법

사회구성원들의 손상된 능력의 회복, 개인적, 사회적 자원의 제공, 사회적 기능장애의 예방을 통해서 그들이 사회적 역할을 원만히 수행하도록 사회적 기능을 개별적, 집단적으로 향상시키려는 활동을 규율하는 법

⑤ 사회복지서비스법

국가, 지방자치단체 및 민간부문의 도움을 필요로 하는 모든 국민에게 상담, 재활,

직업소개 및 지도, 사회복지시설의 이용 등을 제공하여 정상적인 사회생활이 가능하도록 지원하는 제도를 규정한 법

⑥ 사회복지사업법

아동, 노인, 장애인, 성폭력피해자 등에 관한 각종 복지사업, 자원봉사활동 및 복지시설의 운영 또는 지원과 관련된 법규로서 사회복지사업 관련법의 기본법 역할을 한다.

(10) 사회복지법의 의의

① 의의

가) 「사회복지법」이란 사회구성원 다수가 평안하고 만족한 삶을 영위할 수 있도록 이를 뒷받침하기 위해 규정된 제반 법규이다. 「사회복지법」의 형식적 의미는 사회복지법의 명칭을 가진 형식적 사회법전을 의미하나 우리나라의 경우 독립된 법전이 존재하지 않으므로 「사회보장기본법」에 '사회보장제도'로 공공부조, 사회보험, 사회복지서비스 및 관련 제도와 '사회복지사업'에 관련된 모든 형태의 법률을 의미한다.

나) 「사회복지법」의 실질적 의미는 법의 존재형식이나 명칭에 관계없이 법규범의 내용, 목적, 기능 등이 사회정의, 사회형평, 연대, 통합, 인간다운 생활, 행복추구권 등과 같이 사회복지의 법규범에 내재하는 공통된 법 원리와 가치에 부합하는 법규를 의미한다.

다) 「사회복지법」은 사회복지에 관한 법으로서 법적인 성격과 틀을 가지고 있으되, 내용은 사회복지를 다루는 법이라 할 수 있다. '사회복지'는 인간의 아름다운 삶을 달성시키기 위한 사회적 노력을 말하며, '법'은 도덕, 유리, 관습과 같은 규범으로 인간의 행위를 안내하는 행위규범이다.

라) 「사회복지법」은 사회적 관계 속에 있는 인간다운 삶을 달성시키기 위한 인간

의 행위규범이다. 그러나 「사회복지법」의 개념과 범위에 따라 「사회복지법」의 범위가 달라지기 때문에 '사회복지' 개념의 규정이 중요하다.

② 사회복지법의 주요개념과 분류

- 사회보험: 국민에게 발생하는 사회적 위험을 보험방식에 의하여 대처함으로써 국민건강과 소득을 보장하는 제도
- 생존권: 개인이 생존하는 데 필요한 것을 국가에 요구할 수 있는 권리
- 사회법: 공법과 사업의 어느 영역에도 속하지 않고 양자의 특성을 다 가지고 있는 법
- 법: 사회규범의 일종으로 강제성을 그 주요 특징으로 함
- 설정법: 국가에 의하여 법으로 승인되어 제정 및 공포된 법령

③ 형식적 의미와 실질적 의미의 사회복지법

가) 형식적 의미와 실질적 의미의 「사회복지법」 비교: 사회복지법의 대상은 인간과 사물의 본성에 의해 파악되는 자연법이 아니라 국가에 의하여 법으로 승인된 실증적 법규범, 즉 실정법을 그 대상으로 한다.

나) 형식적 의미의 「사회복지법」

- 「사회복지법」이라는 이름으로 제정된 법을 말함
- 헌법전, 민법전, 형법전 등과 같은 통일된 법전이 없으므로 우리나라 법전에는 「사회복지법」이라는 단해법이 없다.
- 우리나라는 형식적 의미의 사회복지법은 존재하지 않음
- 일본의 경우는 복지8법이라는 형식적 의미의 「사회복지법」이 존재함

다) 실질적 의미의 「사회복지법」

- 이는 법전의 유무나 형식에 관계없이 통일적, 체계적으로 파악하는 법을 말함
- 광의의 「사회복지법」: 사회보장의 틀 속에서 전개되는 사회복지정책 또는 사회정책의 실현과 관련되는 모든 법규범

• 협의의 「사회복지법」: 사회, 경제적 약자를 위한 사회복지정책 및 이와 관련된 법규범

④ 사회복지법의 법적 성격

가) 「사회복지법」은 사회복지의 조직과 작용 및 권리구제에 관한 법임 – 인간다운 생활을 보장하려는 생존권적 기본권의 실현을 그 목표로 한다.

나) 「사회복지법」은 사회법에 속하여 사법적 원리를 기초로 하여 약자와 사회를 위한 공법적 통제가 가미된 사회법의 영역임 – 사회법에는 「노동법」, 「경제법」, 「환경법」 등이 있다.

다) 「사회복지법」은 국내법이다.

• 한 나라의 구내에만 제공되는 법으로 현재 국제법적으로 통일된 사회복지 관련 법은 없음. 다만 국제적 선언이나 협약 등은 존재하나 강제력이 떨어짐

⑤ 사회복지법의 분류

• 「사회보장기본법」(사회보장기본법 제1조): 우리나라의 사회복지 및 사회보장에 대한 기본적 법률 이법은 국민의 복지증진에 기여함으로 목적으로 하고 있다.

• 「사회보험법」

– 보험제도 원리를 국가가 도입하여 시행하는 것으로 사회적 위험에 대처하기 위한 제도이다.

– 현재 우리나라는 국민연금, 국민건강보험, 산업재해보상보험, 고용보험, 노인장기요양보험이 시행되어 5대 사회보험이 완성되었다.

• 「공공부조법」

– 공공부조제도와 관련된 법으로 국민의 최저생활을 보장하는 내용을 담고 있다.

우리나라는 「국민기초생활 보장법」, 「의료급여법」, 「재해구호법」 등이 있다.

- 「사회복지서비스법」
  - 도움이 필요한 국민에게 정상적인 사회생활이 가능하도록 지원하는 내용을 담고 있다.
  - 「사회복지사업법」, 「아동복지법」, 「노인복지법」, 「장애인복지법」, 「영유아보육법」, 「여성발전기본법」 등 그 종류가 매우 많다.

다 함께 생각해 보기

1. 법의 의미의 대해 생각해 보기
2. 「사회복지법」의 종류에 대해 알아보기

제2장 사회복지법의 발달과 우리나라 사회복지법의 역사적 전개

1. 사회복지법의 발달

1) 개요

「사회복지법」은 산업화와 자본주의의 발달과정을 거치면서 정치, 경제, 사회체제의 변동에 따른 사회 및 정치적 문제를 해결하기 위하여 탄생한 법이다. 따라서 「사회복지법」이 어떠한 사회, 경제 및 정치적 배경에서 형성되고 발달하여 왔는지를 살펴보는 일은 매우 뜻깊은 일이다.

전통적인 농경사회에서는 개인의 기본적 욕구의 충족이 가족과 지역사회라는 공동체 내에서 이루어졌다. 이 사회에서는 가장이나 그 지역사회의 족장이 생산수단인 토지를 소유하고 가족과 지역사회의 구성원의 노동을 무상으로 지배하면서 생산활동을 하였고, 또 소비활동을 지휘하였다. 따라서 이 당시 가족과 지역사회구성원은 가장의 지배와 관리하에서 생산과 소비활동의 공동체로서 존재하였다.

그러나 근대시민사회에 와서 자본주의 사회가 출현함에 따라 가족이 담당하고 있던 생산과 소비가 분리되었다. 즉, 가족은 단순히 소비생활의 공동체로 전락하였고 가장은 임금노동자로 변화한 것이다. 여기서 가족의 생존과 부양은 임금노동자인 가장의 노동수입에 의존하게 되었다.

만약 임금노동자인 가장의 노동수입으로 가족의 생존과 부양을 책임진다면, 법적 부양책임자인 가장이 받는 임금은 단순한 노동력의 대가로서만이 아니라 가족구성원의 생존에 필요한 비용까지 포함할 수 있어야 한다. 그러나 자본주의 시장경제에서의 임금이란 노동력의 가격일 뿐 노동력을 소유한 사람과 가족의 생존을 책임지기에 충분한 것이 아니다. 여기에서 시민사회의 가족법에서 요구하는 가족부양책임과 자본주의의 분배 사이에 모순이 발생한다. 이는 자본주의 시민사회에서는 필연적으로 인간의 생존과 부양에 대한 새로운 법리가 필요하다는 것을 뜻한다. 이 법리가 바로 사회복지법리이다.

다시 말해서, 이 사회복지법리는 자본주의의 모순을 해결하기 위하여 자본주의 사회가 본래부터 가지고 있어야 할 법리이며 자본주의 사회를 보완하여 인간의 생존을 보장하기 위한 법리이다.

그러나 「사회복지법」은 개인주의 자본주의를 근간으로 하는 근대법에서는 일반화되어 확립되지 않았고 근대법의 개인주의 법리를 수정할 필요에서 발생한 현대법에서 비로소 현대적 의미의 「사회복지법」이 확립되었다. 말하자면 「사회복지법」은 정치, 경제적 사회의 역사적 변천 및 발전과 자본주의의 발달과정에서 생겨난 법이다.

이와 관련하여 서구의 사회변천 역사를 시대적으로 구분하면, 중세봉건사회에서 근대시민사회로, 근대시민사회에서 현대사회(현대복지사회)로 구분할 수 있다. 중세봉건사회는 5세기에서 16세기까지, 근대사회는 17세기에서 20세기 초까지를 말한다. 그리고 20세기 중엽 이후를 현대(복지)사회라고 한다. 또 근대사회 가운데 17세기에서 18세기까지를 절대군주시대라고 하고, 자유와 평등을 바탕으로 하는 개인주의를 본위로 하는 근대법을 출현시킨 사회를 근대시민사회라고 하고, 이 근대시민사회는 자유와 평등을 실현시킨 1789년의 프랑스 내혁명 이후인 18세기 말에서 20세기 초까지를 이른다. 이 시기를 법치국가시대라고 한다.

그런데 서구에서는 19세기 말에서 20세기 초에 걸쳐 자본주의 경제가 고도로 발전됨에 따라, 법형식적으로는 모든 사람의 인격은 자유이고 평등하지만 실질적으로 보면 그 자유는 일부 소수의 경제적 강자가 독점하는 결과가 되었다. 따라서 대부분의 사람들은 경제적으로 부 자유 불평등에 빠져 그 결과 빈부의 차가 현저하게 되었다. 이러한 상태에 이르자 국가는 종래와 같은 자유방임주의(이는 자유 평등을 최고의 가치로 하는 근대시민사회의 법 원리임)를 지양하고 경제적 강자의 지나친 행위를 통제하는 한편, 경제적 약자의 생존권을 확보하기 위하여 국민의 복지증진을 위해 노력하지 않으면 안 되었다.

이리하여 20세기 중엽에 와서는 국가는 단순히 외적 방어나 치안유지라는 소극적 목적에 한하지 않고(이러한 소극적 목적에 한하는 근대시민사회의 국가를 야경국가라고 함) 국민의 경제생활의 향상과 생존권 보장을 위해 국민생활에 적극적으로 간섭하고 국민을 보호하는 것을 목적으로 하게 되었다. 이에 현대국가를 문화국가 또는 복지국가 또는 사회적 법치국가라고 한다. 이러한 국가로 넘어오는 법의 발전단계를 살펴보면, 「사회복지법」의 기원과 형성과정을 이해하게 된다. 이하 「사회복지법」의 기원, 「사회복지법」의 형성과정을 구체적으로 살펴보겠다.

2) 사회복지법의 기원

(1) 영국의 빈민법, 공장법, 국가부조법(공공부조법)

사회복지법의 기원은 영국, 독일, 미국 등의 주요 복지선진국의 사회복지발달사를 법적 관점에서 관찰함으로써 밝혀낼 수 있다.

사회복지학자들은 1601년 영국의 「빈민법」(Poor Law)을 사회복지법의 기원으로 보고 있다(윤찬영, 2004: 36, 박차상 외, 2005: 65, 조원탁 외, 2004: 30). 그러나 이 「빈민법」을 사회복지법으로 보기는 어렵다. 이 법은 엘리자베스 1세 여왕의 기존의 법들을 집대성한 법인데 그 이전의 법보다는 완화되었으나, 여전히 빈민을 억압하고 통제 또는 관리하는 법으로서의 성격이 강하게 나타나서 오히려 형사법적 성격을 띠고 있다(윤찬영, 2004: 36, 박사상 외, 2005: 68, 조원탁외, 2004: 30).

이 「빈민법」은, 첫째, 빈민을 억압적으로 관리하고 근로강제를 함으로써 우선 빈민사회의 질서유지를 목적으로 하였다. 구체적으로 보면, 노동력이 있는 빈민에게는 노동을 강제하고 거부하는 자는 투옥한다. 노동력이 없는 빈민에게는 그 생활을 부양한다. 이와 같이 노동력 유무와 관계없이 모든 빈민을 대상으로 하고 있다. 둘째, 빈민에 대한 징벌조치 이외에 사회가 빈민에 대하여 책임을 져야 하고, 이 실행기구로서 치안판사의 총괄하에 각 지역의 교구에 빈민감독관 배치가 의무화되었다. 이 또한 빈민의 생존권을 국가가 적극적으로 보장한다는 것이 아니고 치안유지상 관리하는 정도였다. 셋째, 빈민사업에 소요되는 재원은 국가가 교구별로 구빈세를 강제하여 조달하였다. 이는 국가차원에서의 구빈행정을 펴는 것이었다. 이 「빈민법」이 사회복지 역사상 큰 뜻을 가지는 것은 교구별로 구빈세를 강제 징수하여 중앙정부의 책임하에 구빈행정을 한 점이다. 빈곤구제의 주체와 책임이 국가가 되어야 함을 분명히 한 것이다.

다른 한편 「빈민법」에서 빈민아동을 강제로 도제(apprentice)로 내보내도록 하고 있었는데 산업화의 진전에 따라 이 빈민아동의 문제가 더욱 심화되어 소년노동의 문제로 발전되었다. 이 소년노동의 문제를 다룬 것이 「공장법」이고, 이 「공장법」은 1802년에 최초로 제정되었고 그 후 19세기 중엽, 즉 1833년에 근대적인 사회정책적 「공장법」이 제정되었다. 따라서 「빈민법」의 빈민노동에 대한 규제가 「공장법」에 의하여 부분적으로 대체되었다(김치선, 1992: 18-19). 아울러 이 시기에는 자유주의, 개인주의가 등장하게 되어 1834년에 구빈법을 개성하였다. 이 법은 자유와 형식적 평등을 지향하는 자유주의적 개인 본위의 시민법 원리가 반영된 법이다. 산업자본주의의 성립에 따라 자유경쟁의 시장사회가 출현되었고, 당시의 자본가 중심의 지배계급이 노동력을 상품화하기 위하여 만든 생존권 박탈의 입법이라고 할 수 있다(Polanyi, 1957: 82-83, 102, 윤찬영, 2004: 37. 조원탁 외, 2004: 33. 박차상 외, 2005: 66). 프랑스, 영국 등의 시민혁명을 거쳐 자본주의 경제가 확립되기 시작한 18~19세기의 사상가들은 경제는 원칙적으로 시장의 가격기구에 맡겨야 하고 국가에 의한 간섭과 규제는 개별 경제 주체의 자유로운 의사결정을 왜곡하고 자원의 효율적 배분을 방해한다고 보았다. 이것이 아담 스미스(Adam Smith)로 대표되는 자유방임주의 사상이다. 즉, 이 자유방임주의 사상에 의하면 국가는 치안유지와 외적으로부터 시민을 보호하는 기능만을 담당하고 정치적, 경제적으로 시민의 재산과 활동 및 시민의 복리증진에 전혀 간섭하지 않는다는 것이다. 이 개정 빈민법은 빈곤문제는 시민 개인이 책임져야 할 문제이고(Rimlinger, 1971: 51-60, 윤찬영, 2004: 37), 노동력이 없는 빈민을 가치 없는 빈민으로 규정하여 열등처우의 원칙[피구제자(노동력 없는 빈민)의 생활수준은 최하급 근로자의 상태보다 그 이하가 되어야 한다는 원칙]에 따라 최소한의 보호에 그치도록 하였다.

노동력 있는 빈민은 구제를 금지하고 열악한 조건의 노역장(공장) 수용으로 한정하였다. 따라서 이는 빈곤문제에 대한 개인적 책임을 강조하여 현대적 「사회복지법」이 될 수 없었다.

그 후 「빈민법」은 20세기 초 자유당 정부의 대대적인 사회정책적 입법에 의하여 주요 원칙이 변화되었고, 제2차 세계대전 이후 베버리지(Beberidge) 보고서의 출현으로 다음과 같이 20세기 중엽에 「사회복지법」으로 발전되었다. 이 보고서는 1942년의 '사회보험 및 관련 제 서비스에 관한 위원회 보고'로서 영국 「사회복지법」의 골격이 되었다.

이 보고서는 '요람에서 무덤까지' 국민의 최저생활을 보장한다는 것이다. 국가에 의한 강제가입의 사회보험제도를 도입하고(공공부조의 도입), 사회보장을 실현하기 위한 행정조직을 두며, 광범위한 무료의 사회보장제도를 실시할 것으로 되어 있다. 이 전제조건으로서 아동수당제도, 재활을 포함한 종합적 국영의료서비스, 완전고용이라는 제도를 들고 있다.

이러한 '베버리지'의 구상은 1943년의 「신체장애자고용법」, 1945년의 「가족수당법」, 「국민보험법」, 1946년의 「국민보건서비스법」 등으로 구체화되었다. 그리고 공공부조에 관한 입법은 「국가부조법」(National Assistance Act)으로 제정되었다. 이 법의 제정을 계기로 「빈민법」은 약 340여 년간의 역사를 마무리하고 국민의 기초생활보장이라는 이념에 바탕을 둔 「공공부조법」으로 전환되었다.

(2) 독일의 사회보호법

독일은 후발 산업국가이지만, 산업화가 매우 빠른 속도로 이루어지면서 도시화, 노동계급의 형성, 사회주의 사상의 영향 등으로 전통적 지배계급인 지주계급, 신흥 자본계급, 노동계급 사이에 치열한 계급갈등이 전개되었다(윤찬영, 2004: 37).

이 당시 독일은 영국보다 앞서서 세계 최초로 사회보험제도 실시를 내용으로 하는 사회보험법을 제정하였다. 즉, 당시 독일의 집권자인 비스마르크(Bismarck)는 지주계급 출신인데, 한편으로는 사회주의 운동을 전개하는 노동계급을 「사회주의자 진압법」(Sozialistengesetz, 1878)이라는 한시법을 통하여 억압하면서 다른 한편으로는 경쟁계급인 자본계급을 통제하고 노동계급을 끌어들이기 위하여 「질병보험법」(1883), 「재해보험법」(1884), 「노령 및 폐질보험법」(1889) 등의 사회보험입법을 하였다.

이러한 사회보험법들은 근대적 의미의 「사회보장법」으로서의 형식을 갖추었기 때문에 급여청구권이 반사적 이익이 아니라 법적 청구권으로 되었다. 그러나 이 노동자의 급여청구권은 가부장적 국가가 이 권리를 노동자에게 준다는 것을 강조하고 있다는 점에서 전통적 국가의 시혜사상과 완전히 단절된 것은 아니었다.

본래 비스마르크는 가부장적 국가관의 소유자로서 군주국가를 옹호하여 사회주의 운동에 적극 가담하는 노동자는 사회체제를 위협하는 적이고 자신의 정치적 경쟁자인 부르주아의 적이라고 보았다. 그래서 비스마르크는 군주와 대립관계 있던 자유주의자인 부르주아를 꺾기 위해서 초기에는 노동계급을 보호하려는 입장을 취했으나, 노동조합 중심의 사회주의가 강화되자 사회주의 운동에 가입하지 않은 노동자에 대하여 복지향상을 도모하는 보호정책을 펴서 이러한 노동자를 자신의 편으로 끌어들였다. 이리하여 비스마르크의 사회(노동자)보험 세 가지가 완성되어 독일은 이때부터 「사회복지법」의 시대로 진입하였다.

(3) 미국의 사회보장법

20세기 초까지만 하더라도 미국인에게 자유주의, 개인주의는 삶 그 자체였고 국가가 시민 개개인의 사회 경제생활에 개입한다는 것은 전혀 생각을 하지 못하였다. 이러한 자유방임적 자본주의는 그것이 발전함에 따라 시민 간에 부익부 빈익빈의 경제적 격차가 크게 생겼고 마침내 소수의 자본가에 의한 시장 및 경제 독점, 다량의 실업자 발생, 빈곤의 일반화 등으로 대공황이 발생하였다. 이에 미국 연방정부는 뉴딜(New Deal)정책을 폈고 그 일환으로서 1935년에 사회보장법(Social Security Act)을 제정하였다.

이 법은 세계 최초로 '사회보장'이라는 용어를 사용하여 「사회보장법」이라는 새로운 법 영역을 만들었다. 이 「사회보장법」상의 사회보장은 미국 사회복지제도의 근간이 되었고 미국 복지국가의 권리장전으로 불린다(Jansson, 1988: 137).

이 「사회보장법」은 자유주의자들로부터는 사회주의 입법이라는 비판을 받았으나, 본격적 복지국가의 이념을 담은 사회복지입법으로 평가하기 어렵다는 비판도 있다(윤찬영, 2004: 39). 즉, 이 법의 수혜자는 권리의 주체로 인정받지 못했고 지방정부를 통해 재정을 조달하고 가치 있는 빈민만 연방정부에서 부조하도록 하는 점에서 영국의 빈민법적 전통을 유지하고, 더욱이 뉴딜정책의 기본입장이 국가가 국민의 생존권을 직접 책임지겠다는 취지보다는 노동자들로 하여금 민간기업에 취업하도록 하여 스스로 생존을 유지할 수 있도록 하는 것이므로 본격적 복지국가의 이념을 담은 사회복지입법으로 평가하기는 어렵다는 것이다.

그러나 이러한 비판에도 불구하고 1935년에 제정된 「사회보장법」에 의하여 미국의 현대적 「사회복지법」이 확립되었다고 할 수 있다. 즉, 이 「사회보장법」에 의하여 노령과 실업을 적용대상으로 하여 연방이 책임을 지는 국가적 차원의 노령보험제도와 연방정부 및 각 주정부가 공동으로 관리하는 실업보험이 실시되었고, 노인이나 맹인, 부모의 사망으로 양육받을 수 없는 아동 등에 제공되는 부조가 각 주정부에 의하여 실시되어 연방정부도 이에 대한 보조금을 지출하는 등 공공부조제도가 실시되었다.

이와 같이 「사회보장법」에 의하여 노령보험 등의 「사회보호법」과 「공공부조법」을 중심으로 하는 「사회복지법」에 관한 법들이 성립되어 현대적 「사회복지법」의 모태가 되었다.

(4) 근대시민사회와 근대법(시민법)

법은 역사적 발전의 소산이다. 오랜 기간을 지배했던 원시법의 단계를 거쳐 고대로 들어오면서 고대 동방 제 민족의 법문화를 바탕으로 해서 그리스에서는 폴리스(polis)의 법문화를 낳았다. 로마는 처음에는 로마시민의 법인 「시민법」(jus civile)을, 나중에는 법의 보편적 체계인 「만민법」(jus gentium)을 만들어 내었다. 이러한 고대법의 단계를 거쳐 인간이 사회적, 신분적으로 고정된 중세봉건사회로 도달했다. 장원경제를 기초로 한 봉건법과 신의 보편적 세계 지배를 기초로 한 「교회법」으로 이루어진 중세법은 형식적 엄격법을 원리로 한 것이다.

이러한 중세봉건제도는 그 후 자아의 자각에 따른 일련의 정신혁명을 통하여 무너지고 근대법의 단계가 막을 열게 된다. 여기에 법 앞에서 만민평등이라는 자유주의적, 개인주의적 법의 시대가 전개되고, 그 목적을 달성하기 위하여 국가는 개인의 권리와 자유를 보장하는 법치국가로 나타난다. 그러나 법 앞에 있어서의 형식적 평등은 마침내 사회적, 경제적 불평등을 초래하여 개인의 자유와 권리가 국가적 제한을 받지 않을 수 없는 현대법의 단계로 이른 것이다.

중세봉건사회는 봉건영주와 농노 간에 상하의 신분적 주종관계에 있었고, 농노는 영주와 독립된 인격을 가진 존재가 아니었다. 따라서 인격의 자유와 평등이라는 것이 전혀 있을 수 없었다. 그러나 시민사회는 그러한 봉건적 공동체를 분해시키고 개인이 사회활동의 단위가 되는 경쟁사회이므로 그에 따라 인격의 독립성이 요구되며, 그 시민사회의 단위는 재산의 소유자이고 그들이 서로 대등한 입장에서 자유의사에 따라 계약을 체결하여 거래하는 것이므로 인격의 자유와 평등이 요구된다. 이러한 근대시민사회는 자본주의를 성립시켰으므로 곧 근대 자본주의 사회이다. 이런 의미에서 영국의 법사학자 메인(H. T. S. Maine, 1822~1888)은 그의 저서 『고대법』에서 봉건사회로부터 근대시민사회에로의 발전을 "신분에서 계약으로(from statusto contract)"라는 말로 표현하였다.

근대법은 근대시민사회를 기반으로 성립하였으며, 다음과 같은 특징을 갖는다. 먼저 공법과 사법을 구별하는 데 그 특징을 볼 수 있다. 영미법에 있어서와 같이 「행정법」(공법)의 발달이 뒤늦게 이루어진 경우도 있으나, 근대국가는 국가와 시민사회를 이원화하고 국가에 대하여 특수한 법원리를 인정하여 이를 공법의 규율대상으로 하고 개인을 중심으로 하는 시민사회를 국가권력으로부터 분리하여 사적 자치를 기본으로 하는 사법의 규율대상으로 하였다.

공법분야에 있어서는 성문의 헌법전을 제정하여 권력분립을 통한 시민의 기본적 인권, 즉 재산권(소유권)의 자유, 신분의 자유, 신앙과 양심의 자유, 법 앞에 평등 및 참정권 등을 보장하며, 다른 한편 사회질서와 개인의 권익을 보호하기 위한 형벌제도에서도 봉건적 관습법의 지배를 배제하고 죄형법정주의와 인도적 형사절차 및 당사자주의(사람이 범죄의 혐의를 받고 소추될 때에는 피고인으로서 정당한 처우를 받고 자기를 위해 충분히 변명할 기회를 부여하여 정당한 재판을 받도록 하는 주의)를 확립하였다.

사법분야에 있어서는 자유인격을 최고원리로 하여 개인은 자기의 법률관계를 자기의 자유로운 의사에 기하여 형성할 수 있다는 사적 자치를 기본으로 했다. 이것은 국가는 개인의 활동, 특히 경제생활에 대하여 아무런 간섭을 하지 않고 각자의 자유에 맡겨두면 사회는 조화 있게 운영된다는 자유방임주의 사상을 토대로 한 것이다. 개인의 의사는 개인과 개인의 자유로운 의사의 합치인 계약에서 가장 많이 나타나므로 사적 자치의 원칙을 계약 자유원칙이라고도 한다.

사적 자치는 사적 생활의 주체는 모두 자유 평등한 인격자라는 것을 전제로 한다. 그러므로 고의나 과실로써 자기의 의사에 기하여 타인에게 손해를 끼친 경우에만 책임을 지고, 자기의 의사에 기하지 아니한 행위(자기에게 과실이 없는 행위)에 대하여는 책임을 지지 않았다(자기책임 또는 과실책임원칙). 이렇게 개인은 봉건사회와 같이 타인의 도움을 받아 생활하는 것이 아니라 자기의 의사와 자기의 책임으로 생활해야 하므로 그가 최후로 의지할 수 있는 것은 자기가 가지고 있는 재화(재산)이다. 따라서 자기의 모든 재산에 대한 완전한 지배를 인정하고 타인의 지배를 받지 않을 것이 요구된다.

이런 의미에서 각 개인의 사유재산에 대하여는 국가나 다른 타인이 간섭하거나 제한을 가하지 못한다는 사유재산권 존중의 원칙 또는 소유권 절대의 원칙이 나오게 되었다. 프랑스인권선언 제17조에서 소유권은 '신성불가침의 권리'라 했다. 이 소유권 절대 원칙은 사적 자치원칙(계약자유원칙), 과실책임원칙과 더불어 근대 사법(민법)의 3대 원칙이라고 부른다.

(5) 현대법의 출현과 사회복지법의 확립

근대법은 자유 평등한 시민사회를 바탕으로 성립하는 법으로서 개인의 사회적, 경제적 활동의 자유를 보장하였으며, 이로서 자본주의 경제는 급속한 발전을 보게 되었다. 그러나 19세기 말 이래 고도의 자본주의의 발달은 한편으로는 기업의 독점화 경향에 따라 종래의 자유조절적 시장기능을 마비시켰고, 다른 한편으로는 빈부의 격차가 심해져 근로자와 자본가의 계급적 대립을 격화시켰다. 이러한 자본주의의 내적 모순을 방치하면 자본주의 자체의 존립이 위협당하게 될 것이므로 여기에서 자본주의를 유지하기 위해서는 그 내적 모순에 대한 국가의 관여가 불가피하게 되었다.

다시 말해서 계약의 자유라는 이름 밑에 경제적 강자에 의한 계약의 강제가 있게 되어 계약자유 그것은 '가지는 자'의 무기가 되고 '가지지 않는 자'는 계약자유의 원칙하에 점점 계약의 자유를 잃어 갔다. 또한 소유권 절대의 원칙은 가지는 자가 가지지 않는 자에 대한 지배권으로서의 성격을 가지게 되었다. 이리하여 봉건사회에 있어서의 신분의 고하에 대신하여 부에 의한 상하의 계급이 생기고, 평등은 자유의 이름으로 유린되었다.

따라서 종래에 법률상으로 규정된 자유 평등은 형식적인 것이 되고 현실로 나타난 것은 경제적 실질적 부자유 불평등이었다. 여기서 국가는 현실적 불평등을 직시하고 개인을 추상적 인격자로서가 아니라, 구체적 인간으로서의 실질적 자유와 평등을 실현하기 위하여 적극적으로 시민의 사회생활, 특히 경제생활에 관여하게 되었다. 이에 따라

「현대법」은 종래의 「시민법」(사법) 분야와 공법분야에 중대한 수정을 가하게 된 것이다.

먼저 근대 「시민법」(사법)에 있어서는 인간을 자유 평등한 인격자라는 추상적인 면으로 파악한 데 대하여, 「현대법」은 그 밖에도 구체적 인간으로 파악하여 근로자의 노동조합, 중소기업자, 농어민, 소시민, 소비자 등 각계 각층을 주체로 하는 법으로 변모하였다. 이것은 국가의 시민생활에 대한 적극적 간섭이나 통제의 결과로 나타난 각종의 「근로기준법」, 「노동조합법」 등의 「노동법」이나 각종의 「소비자보호법」, 「공정거래법」 등의 「경제법」의 제정으로 나타난다. 또한 국민의 인간다운 생활을 보장하는 생존권을 보장하기 위하여 국가는 「사회보장법」(광의의 사회복지법)을 제정하고, 국가가 적극적으로 국민이 빈곤상태에 빠지지 않도록 하는 협의의 사회복지를 실현하기 위하여 여러 가지 「사회복지법」(협의의)을 제정하고 있다. 이러한 「노동법」, 「경제법」, 「사회보장법」 등의 「사회복지법」을 사회법이라고 한다.

이 사회법은 인간의 실질적, 경제적 평등을 실현하기 위하여 개인의 사익을 공공복리의 입장에서 수정하는 것이며 전통적 의미에서의 사법이나 공법 가운데 그 어느 것에도 속하지 않는 독자적인 법 영역을 형성하였다. 이에 응하여 자유인격을 최고원리로 하는 근대의 사법 원리는 공공복리의 원칙에 의하여 수정되었다. 즉, 소유권절대원칙은 소유권도 공공복리를 위하여는 법률에 의하여 제한될 수 있다는 소유권상대의 원칙으로, 계약자유원칙도 공공복리를 위해서 국가의 간섭에 의하여 수정되고 있으며(계약공정의 원칙), 나아가 과실책임의 원칙도 대기업의 수많은 재해위험과 더불어 무과실책임의 방향으로 수정되고 있는 것이다. 요컨대, 「현대법」은 개인의 이익보호에만 치우치지 않고 널리 일반의 공공복리 증진에 봉사하는 법으로 되었다. 이것은 개인주의적인 법으로부터 사회본위의 법으로의 진화, 즉 법의 사회화를 의미하는 것이다. 다음으로 공법분야에 있어서도 근대법은 인간의 기본권 가운데 자유권 보장을 그 중심으로 하였으나, 「현대법」은 구체적 인간에게 실체적, 경제적 평등을 보장하기 위하여 '인간다운 생존(menschenwürdiges Dasein)'을 실현하는 것을 목적으로 하는 생존권 보장이 중심과제로 되어 있다. 이리하여 「현대법」은 자유방임주의 정책을 지양하고 공공복리의 증진을 위해 적극적으로 개인이나 기업의 재산의 자유권, 영업의 자유권을 제한 통제하게 되었다.

여기서 필연적으로 국민의 생존권, 즉 복지권을 보장하는 것이 「헌법상」의 권리로 된 것이다.

이런 의미에서 현대국가를 복지국가라고 하는 것이다. 그런데 복지권을 확대 강화하면, 국가권력이 개인의 사적 경제생활과 기업의 경제활동을 지나치게 제한하는 부작용을 낳기 쉽다. 따라서 현대복지국가에서는 국민의 자유권(자유로운 경제활동을 할 권리)과 복지권의 기능을 어떻게 조화하느냐가 중대한 과제이다.

2. 우리나라 사회복지법의 역사적 전개

본 서에서는 일제강점기, 미국 군정시대, 1950년대, 1960~1970년대, 1980년대, 1990년대 이후로 나누어 우리나라 사회복지법의 변천과정을 살펴보겠다.

1) 일제강점기의 사회복지입법

우리나라에서 이루어진 일제강점기의 사회복지입법은 1944년 조선구호령 이외에는 별반 특별한 법제를 발견할 수 없다. 일본은 내선일체를 부르짖으며 한편으로는 한국을 일본의 영토로 편입하고 천황의 신민으로서 통치하려고 하였으나, 사회복지정책이나 법제에는 관심을 갖지 않았다. 이 조선구호령은 1929년에 제정된 일본의 「구호법」을 시혜적 차원에서 한국에도 확대시행키로 한 법령이다.

일본의 1929년 「구호법」은 구호기관, 구호내용, 구호방법 내지 구호비 분담 등을 자세하게 규정하였다. 그리고 구호대상을 65세 이상의 노약자, 13세 이하의 유아, 임산부, 질병, 상병, 심신장애 때문에 노무에 지장이 있는 자를 위한 제한적 부조의 입장을 취하였다.

일제강점기의 조선구호령은 광복 후 미군정기를 거쳐 1961년에 「생활보호법」이 제정되기 까지 한국의 공공부조의 기본법으로 위치를 가지고 있었으며, 1961년 이후에도 「생활보호법」의 기본골격으로 남아 있었다는 점에서 사회복지입법사의 중요한 역사적 의미를 부여할 수 있다. 이는 1999년에 와서 「국민기초생활 보장법」이 제정됨에 따라 새로운 공공부조의 기본 틀을 갖추게 되면서, 구법시대는 막을 내렸다.

2) 미국 군정시대의 사회복지입법

미국 군정하의 사회복지입법은 빈곤과 사회적 혼란에 대처하기 위한 구호적, 응급적 대책으로서의 성격을 가진다. 구호정책과 연관된 미군정의 사회복지입법은 후생국보 제3호(1946. 1. 12.)와 후생국보 제3A호(1946. 1. 14.) 및 후생국보 제3C호를 들 수 있다. 후생국보 제3호의 C항은 공공구호를 규정하고 있는데, 조선구호령과 유사하게 구호의 대상으로 65세 이상인 자, 6세 이하의 소아를 부양하고 있는 모, 13세 이하의 소아, 불치의 병자, 분만 시 도움을 요하는 자, 정신적 육체적 결함이 있는 자로서 구호시설에 수용되지 않고 가족이나 친척의 보호가 없고 노동할 수 없는 자로 규정하고, 구호내용으로는 식량, 주택, 연료, 의류, 매장으로 분류하였다. 후생국보 3A호는 이재민과 피난민에 대한 구호를 규정하고, 구호내용으로는 식량, 의류, 숙사, 연료, 주택부조, 긴급의료, 매장, 차표 제공 등을 들고 있다. 후생국보 3C호는 궁민과 실업자에 대한 구호규칙으로서 거택구호 시 세대인원에 대한 지급한도액을 규정하고 있다.

미군정은 1946년 9월 18일에 「아동노동법규」를 발표하여 아동의 노동을 보호하였다. 그 후 이 정신을 발전시켜 1947년 5월 16일에는 전문 12조로 된 과도정부 법령 제4호로 미성년자노동보호법을 공포하여 미성년자를 유해, 위험한 직업 또는 과중한 노동으로부터 보호하고 아동의 선선한 발육과 정당한 이익을 보장하도록 하였다.

미군정기의 사회복지입법은 「구호법규」, 「아동노동법규」 혹은 「미성년자노동보호법」

등과 같이 당시의 시대적 환경에 대응하는 임시변통적 구호정책이 주류를 차지하고 있었고, 이 역시 일제강점기의 조선구호령이 가진 기본적 성격의 연장선상에서 전개된 것으로 이해할 수 있으므로, 계획적이고 창의적인 정책이나 입법은 발견할 수 없다. 다만, 「미성년자노동보호입법」은 1953년 8월 9일에 「근로기준법」이 실시되어 폐기되기 전까지의 아동복지에 영향을 미친 것으로 이해될 수 있다.

3) 1950년대의 사회복지입법

1948년에 대한민국 정부가 수립되었으나, 정치적, 사회적으로 안정되지 못하였고 1950년에 한국전쟁이 발발한 이후에는 전쟁고아의 수용과 보호, 전쟁이재민을 구호하기 위한 각종 구호시설이 등장하였고 이들 시설을 지도 감독하기 위하여 사회부장관의 훈령으로 후생시설운영요령을 제정하여 시행하였다.

그리고 1953년 5월 1일에는 「근로기준법」을 제정하여 근로자보호제도의 기틀을 마련하였고, 1956년에는 어린이헌장을 제정 공포하여 미래의 국가사회의 주역으로 성장할 어린이를 밝고 건전하게 육성하려는 정책의지를 밝혔다.

1950년대 중반 이후의 시기는 국가사회적 혼란을 종결하고 외부원조기관으로부터 유입된 물자를 통해 빈곤과 고통을 해결해 가는 시기로 볼 수 있다. 그리하여 점진적으로 정부는 독자적 사회복지입법을 준비할 수 있는 사회적 기반을 마련해 가는 시기로 이해할 수 있다.

4) 1960~1970년대의 사회복지입법(태동기)

1960년대부터 1970년대에 이르기까지 20년간은 박정희 정권의 강력한 근대화 정책으로 말미암아 국가 전반에 획기적 변화를 가져온 시기이고 오늘날의 근대화 내지 경제적 번영을 가져오게 된 기틀을 마련한 시기이다. 그러나 다른 한편으로는 급격한 도시화와 산업화로 인하여 지역 간의 빈부격차, 상대적 빈곤감, 분배의 불평등, 빈부의 격차로 인한 노동자의 희생 내지 심한 갈등 및 투쟁이 일어났던 시기이기도 하였다. 이와 같은 시대적 배경에서 새로운 「사회복지법」을 제정 시행하게 되었다.

이 시기의 사회복지입법을 살펴보면, 1961년 1월 1일에 제정된 「공무원연금법」이 있다. 이 법은 한국 「사회보험법」의 효시로서 의미를 찾을 수 있다. 다음으로는 1961년 9월 30일에 제정된 「갱생보호법」으로서, 동법은 징역 또는 가석방자, 선고유예, 가퇴원자 등을 대상으로 재범의 위험을 방지하고 자립활동의 경제적 기반을 조성시켜 사회를 보호하고 공공의 복리증진을 목적으로 하고 있다. 1961년 11월 1일 「군사원호보상법」이 제정되었는데, 이는 한국전쟁 후의 상이군경, 전몰군경, 그리고 그 유족을 보호하기 위한 법적 장치이다.

한편으로는 1961년 11월 9일에 「윤락행위 등 방지법」을 제정하여 전쟁의 후유증과 서구적 가치관의 유입으로 인한 윤락 등의 문제가 발생하자 여기에 대처하기 위하여 법적 제도적 장치를 서둘렀다. 그리고 역시 과거의 조선구호령을 폐지하고 새로운 시대상황에 요청되는 「생활보호법」을 1961년 12월 30일에 제정하였다. 이 법은 2000년 10월 1일에 시행된 「국민기초생활 보장법」이 있기까지 약 40여 년간 공공부조의 기본적 법제로서 중요한 역할을 수행하였다고 볼 수 있다.

「아동복리법」이 「생활보호법」과 함께 1961년 12월 30일에 제정되었는데, 이는 앞에서 보았던 미군정기의 어린이헌장과 미성년자노동보호입법 등이 아동복지에 대한 관심이 고조되자 독립적 입법으로 형성된 것이다. 이와 비슷한 시기인 1961년 9월 30일에는 「고아입양특례법」이 제정되어 외국 입양을 합법화시켰다.

1962년도에 들어와서는 「선원보험법」이 1월 10일에 제정되었는데, 아직까지 실시되지 못하고 사장되어 있다. 같은 해 3월 30일에 「재해구호법」이 제정되었다.

1963년에는 「군인연금법」, 「산업재해보상보험법」, 「사회보장에 관한 법률」 및 「의료보험법」이 가가 제정되었다. 특히 「산재보험법」은 국가의 경제성장정책을 추진하기 위한 중요한 기반으로서 노동자의 업무상 재해에 대하여 신속하고 공정한 보상을 행하는 것이 목적이다. 또한 사회보장에 관한 법은 당초 이 법 초기에는 사회보장 관계 전문가들이 장래의 국가발전에 따른 사회보장계획을 구상하여 원대한 꿈을 가지고 입법을 추진하였으나, 이 법 과정에서 실제적 내용은 빠지고 형식적인 법으로 모습을 갖추고 말았다. 하지만 동법은 1995년 사회보장기본법으로 확대 개편됨으로써 폐지되는 운명에 처하게 된다.

「의료보험법」 역시 1963년에 제정되었으나, 실시할 수 있는 경제적, 기술적 여건의 미비로 인하여 1977년 7월 1일에 가서야 500명 이상 사업장을 중심으로 강제적용을 하는 사회보험제도로 실시되었다.

1968년에는 「자활지도에 관한 임시조치법」이 제정되어 「생활보호법」의 보충적 성격을 띤 법으로서 기능하였다.

1970년대 초기에도 사회복지입법이 활발하였는데, 1970년에는 「사회서비스법」의 모법이라고 할 수 있는 「사회복지사업법」이 제정 시행되었다. 동법은 사회복지사업을 공정하고 효과적으로 운영할 수 있는 법적 근거를 제공하는 역할을 수행하고 있다.

1973년 12월 20일에는 「사립학교교원연금법」이, 그리고 동년 12월 24일에는 「국민복지연금법」이 제정되었다. 그러나 「국민복지연금법」 역시 「의료보험법」과 유사하게 경제적, 기술적 여건의 성숙이 이루어질 때까지 기다려야 했는데, 1988년에 「국민연금법」으로 개정되어 비로소 실시되었다.

「의료보호법」이 1977년에 실시되었는데, 이는 「생활보호법」과 함께 공공부조의 양대 지주를 이루는 법제로서 공공부조의 기본골격이 이루어졌다고 할 수 있다. 또 1977년에는 「공무원 및 사립학교교원의료보험법」이 제정 실시되어, 사업장과 함께 의료보험제도의 적용범위가 확장되었다.

이상과 같이 1960년대와 1970년대에는 사회복지에 관한 입법을 만들었으되, 시행할 만한 여건이 갖추어져 있지 않았다. 정부책임자나 시민도 사회복지에 대한 인식을 갖지 못하던 시기였다. 국민 대다수가 절대빈곤에 처해 있던 1960년대는 「공공부조법」이 중심이 되었고 이런 점에서 1961년에 제정된 「생활보호법」은 중요한 뜻을 가진다. 그러나 이 법은 그 내용이 부분적이고 보잘것없는 것이었다. 그리고 국가의 경제개발 5개년 계획에 따라 사회복지도 이러한 수출주도의 국가정책에 따라 필요한 경우에만 도입했다. 즉, 1963년의 「산업재해보상보험법」이 그것이다. 이 법도 형식은 사회복지입법이지만 그 내용은 보잘것없었다.

그러나 1970년 이후 점차 경제가 고도로 성장하게 됨에 따라 도시화, 산업화가 급속히 진행되었고 다른 한편, 가족구조도 핵가족화가 되었다. 그 결과 도시빈민문제, 노동자의 생존권문제, 계층 간의 소득불평등문제 등이 발생하여 사회복지입법에 대한 관심이 높아지게 되었다. 이리하여 1970년 중엽에 들어와서 내용적으로 부실하였던 1960년대의 사회복지입법을 개선하여 그 내실을 다지고 현대적 사회복지입법의 기틀을 마련하였다고 할 수 있다.

5) 1980년대의 사회복지입법(발전기)

이른바 제5공화국 시대인 이 시기는 노동조합의 획기적 증대, 산업화 및 도시화의 가속화, 산업의 발전과 생활의 현대화로 인한 산업재해와 환경오염 등은 물론이고 핵가족의 가속으로 인한 가정문제, 장애인문제, 청소년비행문제, 노인문제 등 지금까지 경험하지 못했던 사회복지에 대한 수요와 필요성이 나타나게 되었다. 이에 1960년대와 1970년에는 알지도 못했던 사회복지입법을 하게 되었다.

1980년 12월 13일에는 「사회복지사업기금법」이 제정되어 사회복지사업의 기금조성에 법적기틀을 마련하였다. 그리고 1981년에는 사회서비스법 중 「노인복지법」과 「심신장애자복지법」이 독립된 법으로 입법화되고 1961년에 처음으로 제정되었던 「아동복리법」이 「아동복지법」으로 전면 개정되었다.

1983년에는 「사회복지사업법」과 「생활보호법」이 개정되었고, 1986년 12월 23일에는 「갱생보호법」도 개정되었다. 동시에 1986년에는 「국민연금법」이 「국민복지연금법」을 대신하여 개정되어 1988년에 비로소 실시되는 한편 「최저임금법」도 제정되어 1988년

1월 1일부터 시행되기에 이르렀다.

1988년부터는 농어촌지역 의료보험이 전면 실시되었다. 동년 11월에는 「보호관찰법」이 입법화됨으로써 갱생보호제도와 함께 범죄자의 건전한 사회복귀를 도울 수 있는 제도적 장치를 마련하였다. 또한 1989년에는 「모자복지법」이 입법되고, 동년 7월 1일부터는 도시지역 의료보험이 시행되어 「의료보험법」 시행 12년 만에 전 국민을 대상으로 한 의료보험제도가 정착되었다.

1980년대의 사회복지입법은 기존의 「사회복지법」의 확대 개편이라는 경향과 또 다른 한편으로 「사회서비스법」의 입법화로 요약할 수 있다. 예컨대, 「국민연금법」의 전면 실시와 「의료보험법」의 확대가 주요한 사례로 기록되고 있다. 이는 결국 「사회보험법」을 실시할 수 있는 토대를 마련한 것이다. 다음으로는 각종 「사회서비스법」의 입법이다. 「사회복지사업법」의 제정은 「사회서비스법」의 모법으로서 각종의 서비스법을 위한 기틀을 마련했다는 점에서 그 의의가 크다.

1981년에 있었던 「노인복지법」과 「심신장애자복지법」의 입법과 「아동복리법」의 전면 개정은 사회복지 대상자의 요구가 활발하게 제기되고 이와 관련된 문제가 사회문제로 나타나게 된 것을 입법배경으로 한 것이다. 이는 경제 사회적 변화에 따른 새로운 욕구와 문제의 발생에 대응한 입법이며 입법순서로 보면, 사회보험, 공공부조를 뒤이어 사회서비스법의 제정시대를 연 사례로 평가된다.

이러한 「사회서비스법」과 함께 1980년대의 입법은 1988년 「최저임금법」과 「보호관찰법」이 마련됨으로써 사회복지관련법이 한층 광범위하고 기본적인 내용까지 제정되어 가는 과정의 입법이라고 할 수 있다.

6) 1990년대 이후의 사회복지입법(정착기)

이 시기는 정치적으로는 1988년 2월 노태우 정권, 1993년 김영삼 정권, 1998년 김대중 정권으로 이어지면서 평화적 정권교체와 민주화가 이루어졌던 시대이다. 경제적으로는 1997년에 IMF 구제금융을 받게 되는 위기를 겪었지만 2005년 1명당 국민소득이 약 16,000달러로 전체 경제규모가 세계 11위가 되었다. 그러나 그간의 고도의 산업화 및 재벌경제의 폐단의 결과와 정치적 변혁의 결과로 기업의 연쇄부도와 파산이 이어지고 이를 개선하기 위하여 기업과 금융의 과감한 구조조정이 있게 되어 이에 따라 명예퇴직자와 실업자가 양산된 것이 새로운 사회문제로 되었다. 또 실직노숙자의 문제, 과도한 노동조합운동으로 인한 경제의 불안정과 생산력의 저하, 가정파탄, 자살, 생활범죄 등의 사회문제가 나타났다. 그리고 소득의 증대로 중산층이 튼튼하게 형성되고 빈민의 비율이 많이 줄어들고 빈부의 격차가 예전보다는 어느 정도 개선되기도 했으나, 아직도 빈부의 갈등이 여전하고 그 격차를 개선 해소해야 할 과제를 낳고 있다. 더욱이 이 시기는 과거 어느 때보다 부동산 투기가 극심하여 상대적 박탈감에 빠진 시민이 많았다. 위와 같은 시대적 배경에서 1990년대 이후 2005년까지 우리나라 사회복지입법은 법제의 내실화를 기하고 범위를 확대 개편하였다. 1995년의 「사회보장기본법」은 현재까지 다양하게 입법화한 「사회복지법」의 상호연계를 위한 사회보장에 관한 법을 확대 개편한 것으로 이해할 수 있다.

다음으로는 여권신장의 결과 여성의 복지에 대한 내용을 입법화한 것을 찾을 수 있다.

1991년의 「영유아보육법」은 영유아의 복지증진을 위한 것이기도 하거니와 한편으로는 여성의 사회진출과 여권신장을 위한 것으로 해석될 수 있다. 또 1994년 1월 5일에 「성폭력범죄의 처벌 및 피해자보호 등에 관한 법률」의 제정과 1997년 12월 13일에 제정된 「가정폭력방지 및 피해자보호 등에 관한 법률」은 같은 맥락에서 이해될 수 있다. 여성의 권익과 가정의 평화를 위한 입법은 「사회복지법」이 보다 기본적인 문제에 접근하고 있는 것으로 보인다. 그리고 1995년에 제정된 「여성발전기본법」은 여성복지에 관한 획기적 입법이다. 또한 역시 통합의료보험법인 「국민건강보험법」과 공공부조법인 「국민기초생활 보장법」의 제정이다. 이는 구법인 「의료보험법」과 「생활보호법」을 확대 개편한 의미가 있지만, 「국민기초생활 보장법」에서 더욱 강조하고 있는 것은 생활보호

급여를 하나의 권리로 파악한 점이다.

이 시기의 사회복지입법을 보면 다음과 같다.

1991년에는 「영유아보육법」이 제정되어, 영유아를 건전하게 보육 보호할 책임을 국가사회가 공동으로 지게 됨을 명시하였다. 또한 동년 12월 13일에는 「청소년기본법」을 제정하여 청소년에 대한 정책을 체계화하였다. 이 「청소년기본법」은 새 시대에 맞게 2004년 2월 9일에 전면개정되었다. 동시에 동년에는 「고령자고용촉진법」을 제정(1991. 12. 31.)하여 증가하는 고령자문제에 대응하는 법적 체계를 수립하였다.

1993년에는 그동안 실업과 고용촉진 등의 문제를 취급하던 기구를 종합화, 체계화하여 12월 27일에 「고용보험법」을 마련하였다. 1995년 7월 1일부터 시행한 동법은 근로자의 소득보장과 함께 실업의 예방, 고용의 촉진, 근로자의 직업능력개발과 향상에 이바지할 수 있도록 제도적 장치를 마련하였다.

1990년대에 들어오면서 경제성장으로 인한 풍요로운 사회가 도래함에 따라 가치관의 혼란과 한편으로는 여권신장으로 성폭력문제가 사회적 쟁점으로 되면서, 드디어 1994년 1월 5일에 「성폭력범죄의 처벌 및 피해자보호 등에 관한 법률」이 제정되었다(2001. 1. 29. 등 개정).

1995년은 농어민연금의 시행, 「사회보장기본법」의 제정 및 「정신보건법」 제정 등이 이루어졌다. 동년 12월 30일에 제정되었던 「사회보장기본법」은 1963년 제정되었던 사회보장에 관한 법률을 새로운 사회경제적 변화에 따라 대체한 입법이다. 또 「정신보건법」은 정신질환자의 증가에 따라 이들을 효과적으로 예방 치료함은 물론 건전한 사회적 복귀를 위한 체계적 법제화가 요청되었던 것에 대응한 법적 조치라고 생각된다. 나아가 남녀평등을 촉진하고 여성의 발전을 도모하기 위하여 「여성발전기본법」을 제정(1995. 12. 30.)하였다.

1997년에는 「사회복지공동모금회법」이 제정(2004. 1. 29. 등 개정)되었는데, 이 법은 사회복지사업을 지원하기 위한 국민의 자발적 성금 등으로 모금된 재원을 효과적으로 관리 운용하여 사회복지의 증진에 이바지하기 위한 목적에서 제정된 법이다. 또한

1997년에는 새로운 「사회복지사업법」과 「청소년보호법」이 제정되었고, 동년 12월 13일에는 「가정폭력방지 및 피해자보호 등에 관한 법률」이 제정되었다. 이 법은 점증하는 가정폭력을 예방하고 그 피해자를 보호하여 건전한 가정을 육성하는 것을 목적으로 하고 있다. 또한 동년 8월에는 「노인복지법」을 제정하여 노인의 복지증진에 기여하도록 했다.

1999년 2월 8일에는 「남녀차별금지 및 구제에 관한 법률」과 「장애인복지법」이 제정되었는데 「장애인복지법」은 장애인의 복지증진과 사회참여 증진에 기여함을 목적으로 한다. 그리고 「국민건강보험법」이 제정되었는데, 특히 「국민건강보험법」은 종래의 「의료보험법」을 확대개편하여 직장근로자, 공무원 및 교직원, 농어촌 및 도시 자영업자 전체를 포괄하는 통합의료보험체계를 구축하는 기반을 만들었다. 동법에 의거하여 2000년 7월 1일부터 국민건강보험공단이 설립되어 동법이 실시되기에 이르렀다.

또한 1999년 9월 7일에는 「국민기초생활 보장법」이 제정되었는데, 이는 1961년에 제정되었던 구법인 생활보호법을 시대적 변화에 맞추어 확대 개편한 것으로 풀이되는데, 특히 IMF 경제위기를 맞이하여 생계유지가 어려운 계층을 포괄적이고 적극적으로 보호한다는 입장과 한편으로는 자활과 자립을 촉진하는 입법상의 목적을 가지고 추진되었다. 동법은 2000년 10월 1일에 전면적으로 실시되어 공공부조의 새로운 시대를 열었다.

이어서 2001년 1월 12일에는 「장애인고용촉진 및 직업재활법」을 제정하여 장애인의 고용과 직업재활을 촉진하고 있다. 또한 같은 날에 「아동복지법」을 개정하여 아동이 건강하게 출생하여 행복하고 안전하게 자라나도록 보장하고 있다. 이후 2001년에 재해구호법을 제정(2001. 12. 19)하여 재해피해자의 보호와 생활안정에 기여하고 있다. 또 2001년 5월에 종래의 「의료보험법」을 폐지하고 생활이 어려운 자에 대한 의료급여를 실시함으로써 새 국민보건과 사회복지의 증진에 이바지하고자 「의료급여법」을 제정하였다.

그리고 2003년 12월 30일에는 「청소년활동진흥법」을 제정하여 청소년활동의 진흥을 꾀하고 있다. 또 2004년 2월 9일에는 「건강가정기본법」을 제정하여 가족구성원의 복지

증진에 이바지할 수 있는 지원정책을 강화함으로써 건강가정 구현에 기여하고 있다. 또 2004년 3월 22일에는 「성매매방지 및 피해자보호 등에 관한 법률」을 제정하여 성매매를 방지하고 성매매 피해자의 자립을 지원하고 있다. 그리고 「여성발전기본법」(1995. 12. 30. 제정)이 2005년 12월 29일에 개정되면서 「남녀차별금지 및 구제에 관한 법률」이 폐지되었다.

이상과 같이 1990년 이후에는 종래의 사회복지입법을 개정하거나 확대하였고 특히 2000년대 이후에는 새로운 사회복지관련법을 제정하거나 현대적 복지국가의 실현을 꾀하기 위하여 종래의 사회복지관련법을 크게 개정하고 있다. 특히 2007년에는 「기초노령연금법」, 「노인장기요양보험법」, 「근로자퇴직급여 보장법」 등을 새로 제정하여 사회복지를 크게 확대하였다. 2000년대는 「사회복지법」의 정착기라고 할 수 있다.

7) 2012년 이후의 복지

2011년 말에 와서 우리나라의 복지형태를 주로 저소득층 중심의 소득향상을 위한 전통적인 소득보장형으로부터 모든 국민을 평생 동안 겪게 되는 다양한 사회 위험에서 벗어나도록 소득과 아울러 사회서비스를 함께 보장하는 생활보장형으로 전환하기 위하여, 각종 「사회복지법」의 기본법(모법)이라고 할 수 있는 「사회보장기본법」을 전부 개정하고 이를 토대로 각종 「사회복지법」도 크게 또는 부분적으로 개정하였고 5세 이하의 영유아 무상보육도 전면 실시하게 되었다. 또한 장애아동복지시설에서의 아동 성범죄 실태를 고발한 영화 "도가니"를 계기로 삼아 각종 복지시설에서의 청소년 · 아동 관련 성범죄를 근절하기 위하여 관련법을 크게 개정하였다. 이처럼 2012년 이후에는 우리나라의 사회복지는 모든 국민을 대상으로 하고 청소년 아동복지기 크게 개선되고 영유아에 대한 무상보육도 전면 실시되는 등 복지 수혜대상이 보편적으로 확대되었다. 보편적 복지 및 영유아 무상복지와 청소년 · 아동복지 시대가 열린 것이다. 특히 2013년에 들어선 박근혜 정부는 65세 이상 노인들에 대한 기초연금제도를 도입하는 등 무상복지를 확대하여 국민행복시대를 여는 정책을 펴고, 생애주기별 맞춤형 복지라는 정책을 폈다.

8) 2018년 이후

문재인 정부의 출범으로, 문재인 정부는 65세 이상 노인들에 대한 기초연금을 월 20만 원에서 월 25만 원으로 인상 지급하고, 아동수당을 월 5만 원에서 월 10만 원으로 확대하였다.

또는 기초생활수급대상자의 수급급여를 인상하고 국민건강보험의 본인 부담 및 그 보험 비급여 대상을 철폐하여 모든 요양 치료 급여를 국민건강보험 급여대상으로 하였다.

제3장 사회복지법의 연구방법론

「사회복지법」은 법이기 때문에 법학 연구방법을 통해서 연구한다. 법학의 연구방법에는 법해석학적 방법, 법철학적 방법, 법사학적 방법, 법사회학적 방법, 법심리학적 방법, 법정책학적 방법, 판례연구를 통한 방법 등이 있다. 이 가운데 사회복지관련 국가 실정법(실정법이란 국가에 의하여 공동생활의 규범으로 승인된 법임. 여기에는 국가기관의 제정절차에 따라 문장으로 표현되어 제정된 법인 성문법과 관습법, 판례법, 조리 등의 불문법이 있음. 이에 대하여 국가와는 관계없이 인간의 본성이나 사물의 본성 또는 이성에 따라 파악되는 정의의 이념을 자연법이라고 함. 자연법은 국가 실정법인 사회복지법의 연구대상이 아님)을 적용하여 구체적 사회복지관계를 실현하는 것은 법해석을 통해서 이루어진다. 따라서 「사회복지법」의 실천적 연구에는 법해석학적 방법에 의하여 법을 어떻게 해석하는지가 가장 중요하다. 이 장에서 이와 같은 여러 가지의 연구방법을 살펴보겠다.

1. 법해석학적 방법

법해석학이란, 국가 실정법의 해석과 적용에 관한 연구를 말한다. 법해석학은 당위규범인 법규범을 대상으로 그 의미 내용을 명확히 하고, 법규범 상호 간의 관계를 논리적으로 체계화하며, 나아가 불명확하거나 흠결이 있는 부분을 보완한다.

그러므로 「사회복지법」의 법해석학적 접근은 사회복지법규범을 해석하여 사회복지 현장에 적용시키는 길잡이가 된다. 또한 「사회복지법」의 내용 및 의미와 사회복지에 관한 정책의지나 목표를 명확하게 하며 「사회복지법」을 체계화한다.

법해석학적 접근방법에서 제일 중요한 것은 법을 어떻게 해석하는가이다. 법의 해석이란 법규범이 가지는 의미 내용을 확정하는 것을 말한다.

법은 일반적 추상적 규범이기 때문에 그것을 구체적 사실에 적용하기 위해서는 그 법의 의미 내용을 구체화하고 명백히 하는 것이 필요하다. 이것이 법의 해석이다. 법의 해석은 법의 적용에 이르는 한 과정이지 법의 적용 자체가 아님을 주의해야 한다.

어떠한 법이든 그 내용이 의문의 여지가 없을 정도로 충분히 명확하지는 않으며, 이것은 비단 성문법뿐만 아니라 불문법인 관습법이나 판례법에서도 마찬가지다. 여기에서 법의 해석이 필요하게 된다. 그러나 가장 중요하고 어려운 것은 성문법의 해석이다. 성문법은 문자로 표현되어 있어 일견 명백한 것처럼 보이나, 사실은 그 문자는 추상적으로 표현되어 있는 것이 보통이고, 또한 아무리 완벽하게 규정한다 하더라도 유동적인 사회생활에 적응하는 데 고정적 일반적 추상적 성문법은 불완전함을 면하기 어렵다. 그러므로 법의 해석은 성문법의 해석이 중심으로 되어 있다.

2. 법해석의 종류

1) 유권해석

유권해석은 국가의 기관에 의하여 법규범의 의미가 확정되고 설명되는 경우를 말한다. 구속력 있는 해석이며 공권해석이라고도 한다. 여기에는 입법해석(legislative interpretation), 사법해석(judicial interpretation) 및 행정해석(administrative interpretation)의 세 가지가 있다.

(1) 입법해석

법령에서 법령의 용어를 해석하는 경우이다. 예컨대, "본법에서 물건이라 함은 유체물 및 전기 기타 관리할 수 있는 자연력을 말한다"(민법 제98조)고 한 것이 대표적인 예이다. 이 입법해석은 그 자체가 법규이므로 절대적 구속력을 갖는다.

(2) 사법해석

법원이 판결의 형식으로 하는 법의 해석이다. 그런데 우리나라, 일본, 독일과 같은 대륙법계 국가에 있어서는 영미와 같이 선례구속의 원칙이 없기 때문에 사법해석은 절대적 구속력이 없으므로 유권해석에서 제외해야 한다고 하는 견해가 있다. 그러나 사법해석은 입법해석과 같은 절대적 구속력은 없지만 대륙법계 국가에 있어서도 전술한 바와 같이 사실상 판례법이 많이 형성되고 있으며, 법원조직법 제8조에서는 "상급법원의 재판에 있어서의 판단은 해당 사건에 하급심을 기속한다"고 하고 있으므로 사법해석은 최종적 구속력이 있다. 따라서 이런 의미에서 유권해석으로 보는 것이 옳을 것이다.

(3) 행정해석

행정관청에 의하여 행해지는 해석을 말하며, 이것은 법집행의 형식으로 또는 상급관청의 하급관청에 대한 회답 훈령 지령의 형식으로 나타난다. 행정해석도 물론 절대적 구속력을 갖는 것은 아니며, 행정관청이 법의 집행을 잘못하는 경우에는 최종적으로 법원의 판단에 맡겨지므로 행정관청은 최종적 해석을 할 수 없다. 그러나 동일계통의 상급관청의 회답이나 훈령 지령 등은 하급관청에 대해 사실상의 구속력을 갖게 되며, 또한 행정해석이 행정처분(행정행위)의 형식으로 행하여질 때는 그 행정처분이 취소되지 않는 한 일반국민을 구속하므로 행정해석도 일종의 유권해석으로 볼 것이다.

2) 학리해석

학리해석이란 학리적 입장에서 입법취지, 법문 자체, 그 법을 적용할 사건의 성질 등을 기초로 하여 어학적 논리적 방법에 의하여 행하는 법해석을 말한다. 형식적 권위를 갖는 유권해석도 학리해석을 기초로 하게 된다. 학리해석은 다시 문리해석과 논리해석으로 나누어진다.

(1) 문리해석

문리해석이란 성문법규를 해석함에 있어서 법규의 문자나 문장에 중점을 두는 해석방법을 말한다. 이것은 법해석의 전 단계적 방법이지만 경우에 따라서는 너무 여기에만 치중하면 법령의 진의를 파악하기 어려운 수가 많다. 문리해석은 논리해석의 절차적 방법으로서만 의의가 있다.

(2) 논리해석

논리해석이란 법문의 자구나 문장의 문법적 의미에만 구애받지 않고, 입법목적, 사회적 요구, 법적용의 효과 등을 고려하여, 법질서 전체와 법조 간의 체계를 유기적, 논리적으로 관련시켜 행하는 법의 해석을 말한다. 이러한 논리해석 가운데는 당연히 문리해석도 포함되나 논리해석은 그것에 그치지 않고 문리해석을 기초로 하면서도 다시 그것을 넘어서 전개되는 것이다.

① 확장해석

문리해석의 결과로서는 법문의 자구가 협소하기 때문에 야기될 수 있는 불합리성을 해결하고 법의 타당성을 확보하기 위하여 법문의 자구를 그 의미보다 확장시켜 해석하는 것을 말한다. 확장해석은 그 범위에 있어서는 법문의 자구의 원래의 의미에서 이탈하지만, 그 정신으로 보아서는 입법의 목적에 합당한 것이다. 형법 366조의 재물손괴

죄에서 보통 손괴란 물건의 물리적 형태를 파괴하는 것을 의미하나, 법원에서는 이것을 확장해석하여 영업상 내객의 음식용에 제공하는 식기에 방뇨한 것을 식기의 손괴에 해당한다고 판시한 것이 그 예이다.

② 축소해석

법문의 자구를 그 의미보다 축소시켜 해석함으로써 법의 타당성을 확보하려는 해석방법이다. 예컨대, '제차통행금지'라는 푯말이 붙은 경우에 문면으로 보아서는 자전거도 제차의 차에 포함되지만, 그 입법취지로 보아 자전거라면 통행해도 무방하다는 식으로 해석하는 방법이다.

③ 반대해석

법문에 일정한 사항이 규정되어 있는 경우에 그 규정에서 빠져 있는 사항에 대하여는 법문과 반대의 취지로 해석하는 방법이다. 예컨대, 「민법」 제303조 제1항에 "전세권자는 타인의 부동산을 점유하여 그 부동산의 용도에 좇아 사용, 수익하며"라고 하였으므로 전세권의 목적이 될 수 있는 것은 부동산에 한하고, 동산에 대하여는 전세권을 설정할 수 없다고 해석하는 것이다.

④ 물론해석

법령에 일정한 사항을 규정하고 있는 경우에 그 성질로 보아 어떤 사항도 여기에 포함시키는 것이 당연하다고 해석하는 방법이다. 예컨대, '우마차통행금지'라는 푯말이 붙은 경우에 자동차의 통행도 할 수 없다고 해석하는 것이다.

⑤ 유추해석

해당 사항에 대하여 명문의 규정이 없는 경우, 입법취지가 같은 유사사항을 규정한 다른 규정을 해당 사항에 적용하는 해석방법이다. 유추는 문제된 사항에 관하여 전혀 법규가 존재하지 않을 때에 다른 법규를 가져다가 이를 보충하여 적용하는 해석방법이라는 점에서, 법조문에 근거를 두고서 그 법조문을 확장해석하거나 축소해석하거나 반

대해석하는 것과는 다르다. 유추를 법의 해석이 아니라고 하는 견해도 있으나 '해당'사항에 대한 법규는 아니지만 그와 유사한 사항을 규정한 다른 법규를 해석하여 적용하는 것이므로 법해석의 한 방법이라고 보아도 무방하다.

유추(analogie)와 준용(anwendung)은 비슷하지만 역시 구별하여야 한다. 가령, 「민법」 제10조에서 제5조 내지 제8조의 규정은 한정치산자에 준용한다고 규정한 것과 같이, 한정치산자의 능력에 관하여는 미성년자의 능력과 같이 취급할 필요가 있으므로 다시 중복하여 앞의 4개 조문을 그대로 규정할 필요가 없기 때문에 입법경제상(기술상) 준용한다고 한 것이다. 준용이라는 것은 비슷한 사항에 관하여 법규를 제정할 때에 법률을 간결하게 할 목적으로 다른 유사한 법규를 유추 적용할 것을 명문으로 규정한 것이다. 따라서 전혀 명문의 법규가 없을 때에 다른 법규를 유추하는 것과는 근본적으로 다르다.

법은 사회생활에 대한 규범이지만, 모든 구체적 사실에 관한 문제를 남김없이 규정한다는 것은 불가능하다. 따라서 유추를 허용하지 않는다면 사회규범으로서의 법의 효용은 크게 감퇴될 것이다. 형법에서는 죄형법정주의 원칙상 유추해석이 금지되는 것이 원칙이다.

⑥ 연혁해석

법의 해석에 있어서 법성립의 연혁, 특히 법안이유서와 입안자의 의견, 의사록 및 정부위원의 설명 등을 자료로 해서 법원의 의미를 보충하여 그 진의를 찾아내는 방법이다.

⑦ 보정해석

법문의 용어에 명백한 착오 내지 잘못이 있고 그것을 문리해석할 때는 법의에 반하는 결과가 되는 경우, 그 법문의 자구를 보정 또는 변경하여 참다운 법의에 맞도록 해석하는 방법이다. 예컨대, 「상법」 제679조는 피보험자가 보험의 목적을 양도한 때는 보험계약으로 인하여 생긴 권리를 동시에 양도한 것으로 추정한다고 규정하고 있으나,

양도된 것으로 추정되는 것은 권리뿐만 아니라 계약상의 의무도 포함되는 것이다. 따라서 이 법문의 부분은 명백히 잘못된 것이므로 보정해석에 의하여 앞과 같이 그 의미를 이해해야 한다.

3) 법해석 태도의 변천

법해석의 태도로서 가장 기본적인 것은 앞에서 말한 바와 같이 법규를 문리적 내지 논리적으로 해석하는 방법이다. 성문법규를 절대적으로 숭배하고 그 논리적 해석을 엄격하게 행하는 법학을 개념법학(Begriffsiurisprudenz)이라고 하는 바, 그 개념법학은 죄형법정주의를 통하여 절대군주의 자의적 재판을 막고, 국민의 기본권을 보장하여 개인의 자유를 보장하려는 시대적 임무를 가지고 있었다. 그 결과 이 개념법학은 19세기의 개인주의적 법문화를 완성시켰다. 그러나 19세기 말부터 20세기 초에 걸쳐서 격심해진 사회적 변동은 너무 법조문의 논리적 해석에만 치우쳐, 법규를 적용할 대상이 되는 현실의 사회생활을 도외시하는 개념법학으로서는 도저히 실생활의 요구에 적응하지 못하게 되었다. 법규의 형식에만 열중하게 되면 나중에 법관도 윗구멍에다 사건을 넣으면 아랫구멍에서 판결이 저절로 나오는 자동판매기처럼 되어 버린다. 이리하여 개념법학은 19세기 말부터 20세기에 걸쳐 일어난 자유법론에 의하여 비판되어 점차 밀려나고, 오늘날에 와서는 자유법론(Freirechtslehre)이 진보적 학설로 되고 있다.

이러한 자유법론이 전개되기 이전에 법규의 문리적 또는 논리적 해석을 기초로 하면서도 법의 목적에 좇아서 해석하여야 한다는 목적법학(Zweckjurisprudenz)이 예링(Rudollf von Ehering, 1818~1892)에 의하여 주장되었다. 예링은 법의 목적은 이익을 확보하는 데 있다고 하였으므로 목적법학을 이익법학이라고도 한다. 이 목적법학도 19세기 말부터 20세기 초에 독일, 프랑스의 일부학자들에 의하여 주장된 자유법론에 의하여 아직도 논리적 해석임을 면하지 못한다는 비판을 받았다.

자유법론은 법관이 법을 해석하는 데 있어서는 보다 많은 자유재량권을 가져야 하며, 법관은 성문의 법규 이외에 과학적 자유연구에 의하여 사물의 본성에 따르는 살아있는 법(das lebendige Recht)을 발견하여야 한다고 주장한다. 이 자유법론은 법사회학의 성립, 발전에 커다란 도움을 주었다. 자유법론의 대표자는 제니(F. Geny, 1861~1956), 엘리히(Erlich, 1862~1922), 칸토로비츠(Kantorowicz, 1877~1940) 등이다. 이러한 자유법론은 지나치게 형식적인 개념법학의 반성을 촉구하고 실생활에 적응할 수 있는 법해석을 할 수 있다는 장점이 인정되는 반면, 자칫하면 법해석을 법관의 주관적 판단에 일임하는 결과가 되어 법적 안정성을 해칠 염려가 생긴다. 따라서 법의 해석은 우선 논리적 해석 그것은 형식논리적이 아니라 법의 목적을 고려한 목적을 토대로 하되 자유법론의 주장인 사회적 합목적성을 존중하는 해석이어야 할 것이다.

3. 기타의 연구방법

1) 법철학적 방법

법철학은 법의 본질을 추구하고 법의 이상 또는 이념을 분명히 하여 법학의 근본을 찾는 것을 목적으로 한다. 그러므로 사회복지법의 법철학적 연구방법은, 「사회복지법」의 본질을 추구하고 「사회복지법」의 이상 또는 이념을 분명히 하며, 나아가서 사회복지법학의 근본을 확립하는 것을 목적으로 한다. 따라서 이를 통하여 사회복지의 이상과 이념이 되고 있는 '인간다운 생활'을 실현하기 위한 '법의 이념이 무엇인가?'라는 문제를 해결하려고 노력하는 것이다.

「사회복지법」의 이념과 목적은 인간다운 생활에 대한 생존권의 확보이다. 이러한 뜻에서 「사회복지법」의 법철학적 접근에서 주로 논의할 수 있는 주제들은 인간다운 생활을 실현하기 위한 법의 이념은 무엇인가? 생존권 또는 복지권이란 무엇이며, 법적으로 어떻게 실현되어 왔는가? 복지국가의 이념과 사상, 정치 경제적 배경에 관한 연구, 평등, 형평, 사회적 적절성, 사회정의 등에 관한 연구 등이다.

특히 생존권을 기본권으로 보장하고 있는 「헌법」상의 생존권적 기본권이 어떤 의미를 지니며(선언적 의미냐?) 어떤 성질의 권리(국가가 이에 위반했을 경우 개인은 국가에 대하여 이 헌법 규정에 근거하여 곧 바로 생존권을 보장하는 구체적 청구를 할 수 있는 권리, 즉 구체적 권리인가?)인가? 또 생존권적 기본권의 내용이 되는 소득, 의료, 주택, 교육 및 사회복지서비스의 수준을 국가가 어느 정도까지 보장해야 하는가 등과 같은 근본적 문제를 따지는 것은 법철학적 접근방법을 통해서 가능하다.

2) 법사학적 방법

법사학은 법의 역사적 변천과정의 연구를 통해서 일정 영역에서의 법칙성을 발견하고 또 법의 변화원인과 결과를 이해하여, 현행법의 성격과 기능 및 그 의미를 보다 명확히 파악함으로써 법환경의 미래를 예측하려는 방법이다. 「사회복지법」의 연구에서 법사학적 접근은 「사회복지법」의 역사적 변화를 연구하여 현행 「사회복지법」의 성격과 기능, 의미를 보다 명확히 파악하려는 것이다. 그러므로 이 연구는 사회복지법제사의 연구성격을 띤다.

3) 법사회학적 방법

법사회학은 법현상을 역사적 사회적 현상으로 보고, 그 인과적 방법에 따라 법의 성립, 발전, 소멸을 고찰하여 새로운 법칙성을 발견하려는 것이다. 이것은 접근연구의 대상에서는 법이지만, 접근의 방법에서는 사회학의 일부라고 할 수 있다.

법사회학은 '공동체의 행동에 참여하는 사람들이 일정한 규범을 타당한 것으로 보고 왜 구속되어야 하는가'라는 의문에서 출발한다. 법사회학은 사회의 생활현실에서 법이 어떻게 발생하고, 어떻게 존재하고, 어떻게 작용하는지에 관심을 둔다. 그러므로 성문법 이외에 규범력이 있는 관습을 찾아낸다든가, 실정법의 실효성을 고찰하는 일이 여기에 해당한다. 이와 같은 법사회학적 연구의 결과는 법의 해석, 적용, 입법에서 매우 중요한 자료가 된다.

4) 비교법적 방법

비교법학은 두 나라 이상의 법제도를 비교하는 법학연구의 한 방법이다. 이 접근에서 보통 비교의 대상이 되는 것은 입법과정, 법제도, 법이념, 법철학, 법의 역사적 발전과정, 법의 적용과 해석, 판례, 입법구조, 정치행정의 문화 등이다.

사회복지법의 비교법학적 연구 또한 두 나라 이상의 사회복지법 제도의 비교를 통해서 사회복지법의 입법과정, 법이념, 법철학, 법의 역사적 발전과정, 법의 적용과 해석, 판례, 입법구조, 정치행정의 문화 등을 탐구한다.

5) 법정책학적 방법

법정책은 입법정책을 연구의 주요대상으로 하면서, 법과 정책결정에 관한 제반학문적 지식 및 그것과 관련된 제반 기법을 탐구하는 접근방법이다. 그러므로 사회복지법의 법정책학은 사회복지입법정책을 연구대상으로 하여 복지와 관련된 법과 정책결정에 관한 제반 학문적 지식 및 기법을 탐구한다. 또한, 사회복지에 관한 정책결정과 입법과정에서의 의사 결정구조를 탐구하는 것도 중요하다.

오늘날은 복잡한 사회에 다양한 복지문제가 발생하고, 이 사회문제에 대한 대응으로서의 법정책과 입법기술이 필요한 시대다. 그러므로 「사회복지법」의 입법과정과 정책결정과정에 관한 탐구는 입법을 이해하는 데 매우 중요하다. 결과적으로, 「사회복지법」의 법정책학적 연구는 현재의 각종 사회문제를 규제하고, 그 해결을 위한 방책의 하나로서 법적 의사결정 또는 법적 정책결정을 하는 자에게 조언하는 것을 목적으로 한다.

6) 판례연구

판례연구(判例研究)란 판례를 통해서 국가 실정법이 어떻게 해석 또는 적용되는지를 이해하기 위한 연구이다. 그러므로 사회복지법 연구에서의 판례연구 접근은 사회복지법의 실제해석과 적용이 어떠하며, 어떤 사회적 경제적 배경에서 어떤 판결이 이루어지고 있는지를 탐구하는 것이다.

이상과 같은 다양한 연구방법은「사회복지법」의 이해를 돕고, 사회복지학의 지식체계의 발전에 도움을 준다. 그런데 주의할 것은 특정 연구방법이 전적으로 적용되고, 다른 연구방법이 전적으로 배척되는 것이 아니라 이러한 여러 연구방법들이 상호 유기적으로 관련되어 활용되어야 한다는 점이다.

제4장

사회복지법상의 법률관계

1. 개요

우리의 사회생활관계는 복잡다단하여 단순히 도덕 종교 관습 등의 사회규범에 의하여 규율되는 것이 있는 한편 법규범에 의하여 규율되는 것도 있다. 그중에서 법에 의하여 평가되고 규율되는 생활관계를 법률관계라고 한다. 원시사회에서는 법의 규율을 받는 생활관계가 적었으나 사회가 진보하고 법률제도가 완비하여 감에 따라서 법이 규율하는 생활관계의 범위는 확대되어 가고 있으며, 현대의 법치국가에 있어서 우리의 생활관계는 대부분이 법의 규율을 받게 되는 법률관계이다. 법률관계는 이를 당사자의 입장에서 본다면, 법에 의하여 옹호되는 자와 법에 의하여 구속되는 자로 나타난다. 전자의 지위를 권리라 하고 후자의 지위를 의무라 한다면, 법률관계는 보통 권리의무관계로 나타난다(예컨대, 매매라는 법률관계를 보면 매도인은 매수인에 대하여 대금청구권이라는 권리를 갖고, 매수인은 그에 대응하는 대금지급의무를 지며, 매수인은 매도인에 대하여 목적물의 소유권과 점유의 이전청구권이라는 권리를 갖고, 매도인은 그에 대응하는 소유권과 점유의 이전의무를 짐. 그러나 모든 법률관계가 권리의무관계로 나타나는 것은 아니고, 법률관계에는 능력 거주 등과 같이 개개의 권리 의무로 환원할 수 없는 것도 있음을 주의).

권리란 법이 보호하고자 하는 일정한 이익(법익)을 특정인에게 향수시키기 위하여 법이 부여한 힘이다. 법을 공법과 사법 및 사회법으로 나눈다면, 그 법에 의하여 주어지는 권리도 공권, 사권, 사회권으로 나눌 수 있다. 공권은 공법상의 권리이고 사권은 사법상의 권리이며 사회권은 사회법상의 권리이다. 이에 대하여 의무란 법의 지배를 받는 자들이 받는 법상의 구속을 말한다. 「사회복지법」상의 법률관계란 사회복지법에 의하여 규율되는 생활관계이다. 「사회복지법」상의 법률관계의 내용은 주로 사회복지법상의 권리와 의무로 되어 있다.

「사회복지법」은 앞에서 본 바와 같이 사회법의 영역에 속하는 법이다. 이 「사회복지법」상의 권리는 사회복지급여와 사회서비스를 국가로부터 받을 사회복지수급권을 말하고 이른바 사회권에 속한다. 「사회복지법」에 규정되어 있는 각종의 사회복지수급권은 헌법에 기본권으로 규정하고 있는 생존권적 기본권(복지권, 즉 사회보장수급권)을 바탕으로 하여 이를 실현하기 위한 구체적인 권리이며, 국가에 대한 법적 청구가 가능한 권리이다.

이하에서는 「사회복지법」상의 법률관계를 파악하기 위한 전제로서 「사회복지법」의 효력(적용범위)과 사회복지주체에 대하여 먼저 알아본 후 「사회복지법」상의 권리와 의무를 살펴본다. 그리고 「사회복지법」상의 권리를 살핌에 있어서는 「사회복지법」상의 권리인 사회복지수급권을 구체적으로 설명하고 이를 위하여 이 권리가 흘러나온 「헌법」상의 생존권적 기본권의 개념도 살펴본다. 또 이 사회복지수급권이 침해되었을 경우의 구제에 대하여도 구체적으로 살펴보겠다.

2. 사회복지법의 효력

「사회복지법」도 법이므로 그 효력은 일반적인 법의 효력과 다를 바 없다. 여기의 법의 효력이란 법이 미치는 범위, 즉 법의 적용범위를 말한다. 이를 법의 형식적 효력이라고 한다. 이것은 때에 관한 효력, 사람에 관한 효력, 장소에 관한 효력으로 나누어 볼 수 있다.

1) 때에 관한 효력

(1) 법의 시행

법은 시행일로부터 폐지일까지 효력을 갖는다. 이 기간을 시행기간이라고 한다. 법은 시행에 앞서 법의 내용을 국민에게 주지시키기 위하여 공포하여야 하는 바, 공포일부터 시행일까지의 일정한 기간을 두어 주지시키는 것이 보통이다. 이 기간을 주지기간이라고 한다. 법률은 특별한 규정이 없는 한 공포한 날로부터 20일이 경과함으로써 효력이 발생한다. 그러나 시급하게 시행하여야 할 경우에는 공포한 즉일로 시행되는 수가 있으며(이런 경우는 주지기간이 없음), 법의 시행기일에 관하여는 부칙에서 특별히 정하는 수가 많다. 예컨대, 현행 「민법」 제정의 경우에는 부칙에서 약 2년간의 주지기간을 둔 일도 있다.

(2) 법의 폐지

법의 폐지라 함은 법이 종래 가졌던 구속력을 소멸시키는 것을 말한다. 법의 폐지에는 명시적 폐지와 묵시적 폐지의 두 가지가 있으며, 전자는 명문으로 규정함으로써 폐지하는 경우이고, 후자는 그렇지 않은 경우이다.

명시적 폐지에는 다음의 두 가지가 있다. 첫째, 법이 미리 시행기간을 정하였을 때는 법의 시행기간 만료로 폐지된다. 이런 법을 한시법이라고 한다. 둘째, 신법에서 명시적 규정으로 구법의 일부 또는 전부를 폐지한다고 정한 때는 구법은 당연히 폐지된다.

묵시적 폐지에도 다음의 두 가지를 생각할 수 있다. 첫째는 동일한 사항에 관하여 동일순위의 신법과 구법이 저촉되는 경우에는 그 저촉되는 범위 안에서는 구법은 묵시적으로 당연히 폐지된 것으로 된다. 이를 신법우선의 원칙이라고 한다. 그러나 순위가 서로 다른 신구 양 법이 존재하는 경우에는 이 원칙이 적용되지 않는다. 예컨대, 신법이라 하더라도 일반적 신법은 특별법인 구법을 개폐하지 못한다. 둘째는 어떤 특정한 사항을 목적으로 법이 제정된 때는 그 목적이 소멸되면 그 법이 자연히 폐지되는 경우이다.

(3) 법률불소급원칙과 기득권 존중원칙

원칙적으로 법률이 소급효를 인정하지 아니하는 결과 구법에 의하여 생긴 기득권은 신법의 시행으로 말미암아 변경되거나 소멸되는 일이 없다. 이것을 기득권 존중의 원칙 또는 불가침의 원칙이라고 한다.

그러나 이 원칙도 절대적인 것은 아니고 법해석상의 원칙이며, 입법정책상 필요한 경우에는 입법에 의하여 기득권을 변경 소멸시킬 수 있다. 그렇다고 일단 부여된 권리를 함부로 제외하거나 소멸시켜서는 사회생활의 법적 안정성을 해치고 국민생활을 불안하게 할 우려가 있으므로, 법해석상은 물로 입법정책상으로도 될 수 있는 대로 기득권을 존중하고 이를 침해하지 않도록 배려해야 할 것이다. 현행 민법이 소급효를 인정하면서, 동법 부칙 제2조 단서에 "그러나 이미 구법에 의하여 생긴 효력에 영향을 미치지 아니한다"고 규정한 것은 이런 의미이다. 이 기득권 존중의 원칙도 법의 부칙에 규정하는 것이 보통이다.

(4) 경과법

법률불소급의 원칙상 구법시대에 발생한 사항에 대하여는 구법을 적용하는 것이 원칙이지만, 구법시대에 발생한 사항이 신법시대에까지 계속하여 진행되고 있는 경우에는 그것에 구법을 적용하여야 할 것이냐, 또는 신법을 적용하여야 할 것이냐 하는 것이 문제가 된다. 이런 경우의 해결을 위하여 규정된 것을 경과법(경과규정)이라고 한다. 경과법은 보통 부칙에 규정하는 일이 많으나 시행법에서 규정하는 수도 있다. 「민법」 부칙 14조는 구법이 적용된 예이고, 「민법」 부칙 5조, 10조, 15조, 16조, 24조, 「상법」 시행법 4조 1항은 신법이 적용된 예이다.

2) 사람에 관한 효력

(1) 속지주의와 속인주의

법은 어떠한 범위의 사람에게 적용하여야 하는가 하는 문제가 사람에 관한 효력의 문제이다. 여기에 대해서는 속지주의와 속인주의가 인정되고 있다.

속지주의란 이른바 국가의 영토고권의 효력으로 자국 영토 내에 있는 사람이면 자국민이거나 외국인이거나를 불문하고 모든 사람에게 자국법을 적용하는 주의를 말하고, 속인주의란 국가의 대인고권의 효력으로 국내에 있건 국외에 있건 간에 소재 여하를 불문하고 모든 자국민에게 자국법을 적용하는 주의를 말한다. 그러나 외국에 거주하는 자국민의 경우에는 자국법을 적용하려는 속인주의와 그 체류국의 법을 적용하려는 속지주의가 충돌 저촉하는 바, 이와 같은 때에는 국가의 대인고권은 국제법의 제한을 받아 영토고권이 대인고권에 우선한다는 것이 일반적으로 인정되어 속지주의를 원칙으로 하게 된다. 다만, 그 경우에도 참정권, 병역의무, 청원권 등은 본국법의 적용을 받고, 또 신분이나 능력에 관한 사항은 본국법의 적용을 받는 속인주의를 따르고 있다. 예컨대, 국제사법 제11조에서 "사람의 권리능력은 그 본국법에 의한다"고 규정하는 것이 그것이다. 그러나 이러한 속지주의와 속인주의에 대해서는 여러 가지 예외가 인정되고 있다.

(2) 예 외

① 치외법권

속지주의의 원칙상 외국에 체류하는 사람에 대해서는 해당 체류국의 법을 적용하는 것이 원칙이나, 일정한 자는 체류국의 법이 아니라 본국법의 적용을 받는 국제법상의 특권을 갖는다. 이것을 치외법권이라 한다. 치외법권을 가지는 자는 일국의 국가원수, 외교사절 및 그 가족, 수행원, 군선의 승무원 등을 말하며, 군인에 관하여는 파견국과 주둔국 간의 협정에서 그 지위가 정해지는 것이 보통이며 당연히 치외법권이 인정되는 것은 아니다. 치외법권은 체류국의 과세권, 재판권, 경찰권으로부터의 면제를 내용으로 한다.

② 대통령과 국회의원의 특권

국내법상 대통령과 국회의원은 제한된 법의 적용을 받는 특권을 가진다. 「헌법」 제84조에서 "대통령은 내란 또는 외환의 죄를 범한 경우를 제외하고는 재직 중 형사상의 소추를 받지 아니한다"고 규정한 대통령의 형사상 특권과 「헌법」 제44조에서 "국회의원은 현행범인 경우를 제외하고는 회기 중 국회의 동의 없이 체포 구속되지 아니한다. 국회의원이 회기 전에 체포 또는 구금된 때에는 현행범인이 아닌 한 국회의 요구가 있으면 회기 중 석방된다"고 규정한 국회의원의 불체포특권과 동 제45조에서 "국회의원은 국회에서 직무상 행한 발언과 표결에 관하여 국회 외에서 책임을 지지 아니한다"고 규정한 국회의원의 면책특권이 그것이다.

③ 특별법에 의한 제한

일정한 신분을 가진 사람에 관하여 규정한 특별법은 일정한 범위 내의 사람에게만 적용된다. 예를 들면, 「국가공무원법」은 국가공무원에게만 적용되는 법이고, 「선원법」은 선원에게만 적용되는 법이다.

3) 장소에 관한 효력

(1) 원 칙

장소에 관한 효력의 문제는 법이 어떠한 지역적 범위에서 적용되는가 하는 문제이다. 특정한 국가의 법은 영육 영해 영공을 포함하는 그 국가의 전 영토에 걸쳐서 적용된다. 이러한 영토 안에서는 내외국인을 불문하고 모든 사람에게 일률적으로 적용되는 것이 원칙이다.

(2) 예 외

그러나 이 원칙에는 약간의 예외가 인정되어 있다. 즉, 치외법권을 갖는 자에게는 타국에 있는 경우에도 자국법이 적용되고, 또 반대로 타국에 있는 일반 자국민이라 하더라도 참정권, 청원권, 병역의무 등이나 능력, 친족 상속 등에 관하여는 자국법이 적용된다는 것은 이미 말한 바와 같다. 그리고 타국의 영토 내에 있는 자국의 군함 공함이나 타국의 영공 안에 있는 자국의 군용 공용항공기 안에서도 자국법이 적용된다.

제5장

권리로서의 사회복지

1. 사회보장급여의 이용 · 제공 및 수급권자 발굴에 관한 법률 [시행 2021. 9. 1.] [법률 제17781호, 2020. 12. 29., 일부개정]

1) 개요

(1) 목적

이 법의 목적은 「사회보장기본법」에 따른 사회보장급여의 이용 및 제공에 관한 기준과 절차 등 기본적 사항을 규정하고 지원을 받지 못하는 지원대상자를 발굴하여 지원함으로써 사회보장급여를 필요로 하는 사람의 인간다운 생활을 할 권리를 최대한 보장하고, 사회보장급여가 공정하고 효과적으로 제공되도록 하며, 사회보장제도가 지역사회에서 통합적으로 시행될 수 있도록 그 기반을 구축하는 것을 목적으로 한다. 또한, 이 법에서 사용하는 용어의 뜻은 다음과 같다.

첫째, "사회보장급여"란 제5호의 보장기관이 「사회보장기본법」 제3조제1호에 따라 제공하는 현금, 현물, 서비스 및 그 이용권을 말한다.

둘째, "수급권자"란 「사회보장기본법」 제9조에 따른 사회보장급여를 제공받을 권리를 가진 사람을 말한다.

셋째, "수급자"란 사회보장급여를 받고 있는 사람을 말한다.

넷째, "지원대상자"란 사회보장급여를 필요로 하는 사람을 말한다.

다섯째, "보장기관"이란 관계 법령 등에 따라 사회보장급여를 제공하는 국가기관과 지방자치단체를 말한다.

(2) 기본원칙

첫째, 사회보장급여가 필요한 사람은 누구든지 자신의 의사에 따라 사회보장급여를 신청할 수 있으며, 보장기관은 이에 필요한 안내와 상담 등의 지원을 충분히 제공하여야 한다.

둘째, 보장기관은 지원이 필요한 국민이 급여대상에서 누락되지 아니하도록 지원대상자를 적극 발굴하여 이들이 필요로 하는 사회보장급여를 적절하게 제공받을 수 있도록 노력하여야 한다.

셋째, 보장기관은 국민의 다양한 복지욕구를 충족시키고 생애주기별 필요에 맞는 사회보장급여가 공정 · 투명 · 적정하게 제공될 수 있도록 노력하여야 한다.

넷째, 보장기관은 사회보장급여와 「사회복지사업법」 제2조제3호 및 제4호의 사회복지법인, 사회복지시설 등 사회보장 관련 민간 법인 · 단체 · 시설이 제공하는 복지혜택 또는 서비스를 효과적으로 연계하여 제공할 수 있도록 노력하여야 한다.

다섯째, 보장기관은 국민이 사회보장급여를 편리하게 이용할 수 있도록 사회보장 정책 및 관련 제도를 수립 · 시행하기 위하여 노력하여야 한다.

여섯째, 보장기관은 지역의 사회보장 수준이 균등하게 실현될 수 있도록 노력하여야 한다.

2) 주요내용

(1) 사회보장급여의 이용

① 사회보장급여의 신청(5조)

첫째, 지원대상자와 그 친족, 「민법」에 따른 후견인, 「청소년 기본법」에 따른 청소년

상담사 · 청소년지도사, 지원대상자를 사실상 보호하고 있는 자(관련 기관 및 단체의 장을 포함한다) 등(이하 "사회보장급여 신청권자"라 한다)은 지원대상자의 주소지 관할 보장기관에 사회보장급여를 신청할 수 있다. 다만, 중앙행정기관의 장이 지원대상자의 이용 편의, 사회보장급여의 제공 유형 등을 고려하여 필요하다고 결정한 사회보장급여의 경우에는 지원대상자의 주소지 관할이 아닌 보장기관에도 신청할 수 있다. 〈개정 2020. 12. 29.〉

둘째, 보장기관의 업무담당자는 지원대상자가 누락되지 아니하도록 하기 위하여 관할 지역에 거주하는 지원대상자에 대한 사회보장급여의 제공을 직권으로 신청할 수 있다. 이 경우 지원대상자의 동의를 받아야 하며, 동의를 받은 경우에는 지원대상자가 신청한 것으로 본다.

셋째, 제2항 후단에도 불구하고 보장기관의 업무담당자는 지원대상자가 심신미약 또는 심신상실 등 대통령령으로 정하는 경우에 해당하면 지원대상자의 동의 없이 직권으로 사회보장급여의 제공을 신청할 수 있다. 이 경우 보장기관의 업무담당자는 직권 신청한 사실을 보장기관의 장에게 지체 없이 보고하여야 한다. 〈신설 2020. 12. 29.〉

넷째, 보장기관의 장이 지정한 법인 · 단체 · 시설 · 기관 등은 사회보장급여 신청권자의 요청에 따라 제1항에 따른 신청을 지원할 수 있다. 〈신설 2020. 12. 29.〉

다섯째, 보장기관의 업무담당자는 제1항 및 제2항에 따른 신청 시 신청인 또는 지원대상자에 대하여 근거 법령, 제7조에 따른 조사의 목적, 조사 정보의 범위 및 이용방법, 제20조에 따른 신고의무, 제34조에 따른 정보의 보유기간 및 파기사항을 고지하여야 한다. 〈개정 2020. 12. 29.〉

여섯째, 제1항부터 제5항까지에 따른 사회보장급여의 신청, 신청 지원 및 고지 방법 등에 필요한 사항은 대통령령으로 정한다. 〈개정 2020. 12. 29.〉 [시행일: 2022. 1. 1.] 제5조

② 사회보장 요구의 조사(6조)

보장기관의 장은 제5조에 따른 사회보장급여의 신청을 받으면 지원대상자의 사회보

장 요구와 관련된 사항, 지원대상자의 건강상태, 가구 구성 등 생활 실태에 관한 사항, 그 밖에 지원대상자에게 필요하다고 인정되는 사회보장급여에 관한 사항을 조사하여야 한다.

③ 수급자격의 조사(7조)

첫째, 보장기관의 장은 제5조에 따른 사회보장급여의 신청을 받으면 지원대상자와 그 부양의무자(배우자와 1촌의 직계혈족 및 그 배우자를 말한다. 이하 같다)에 대하여 사회보장급여의 수급자격 확인을 위하여 인적사항 및 가족관계 확인에 관한 사항, 소득·재산·근로능력 및 취업상태에 관한 사항, 사회보장급여 수급이력에 관한 사항, 그 밖에 수급권자를 선정하기 위하여 보장기관의 장이 필요하다고 인정하는 사항에 해당하는 자료 또는 정보를 제공받아 조사하고 처리(「개인정보 보호법」 제2조제2호의 처리를 말한다. 이하 같다)할 수 있다. 다만, 부양의무자에 대한 조사가 필요하지 아니하거나 그 밖에 대통령령으로 정하는 사유에 해당하는 경우는 제외한다.

둘째, 보장기관의 장은 제1항 각 호의 사항을 확인하기 위하여 필요한 자료의 확보가 곤란한 경우 신청인 또는 지원대상자와 그 부양의무자에게 필요한 자료의 제출을 요구할 수 있다.

셋째, 보장기관의 업무담당자는 제1항 각 호의 사항을 확인하기 위하여 필요한 경우 그 권한을 표시하는 증표 및 조사기간, 조사범위, 조사담당자, 관계 법령 등 보건복지부령으로 정하는 사항이 기재된 서류를 제시하고 거주지 및 사실 확인에 필요한 관련 장소를 방문할 수 있다. 〈개정 2016. 2. 3.〉

넷째, 보장기관의 장이 제1항 각 호의 조사를 실시하기 위하여 주민등록전산정보·가족관계등록전산정보, 금융·국세·지방세, 토지·건물·건강보험·국민연금·고용보험·산업재해보상보험·출입국·병무·보훈급여·교정 등 대통령령으로 정하는 관련 전산망 또는 자료를 이용하고자 하는 경우에는 관계 중앙행정기관, 법원행정처, 지방자치단체, 관련 기관 및 단체, 법인·시설 등에 협조를 요청할 수 있다. 이 경우 자료의 제출을 요청받은 기관 및 단체, 법인 · 시설 등은 정당한 사유가 없으면 이에 따라야 한다. 〈개정 2020. 12. 29.〉

다섯째, 보장기관의 장은 제1항에 따른 조사 과정에서 지원대상자에게 의견을 진술할 기회를 제공하여야 한다.

여섯째, 보장기관은 신청인 또는 지원대상자와 그 부양의무자가 제1항에 따른 조사를 방해 또는 기피하거나 제2항에 따른 자료 제출 요구를 두 번 이상 거부하는 경우에는 해당 사회보장급여의 신청을 각하할 수 있다. 〈신설 2020. 12. 29.〉

일곱째, 제1항에 따른 조사의 내용 · 절차 · 방법 등에 관하여 이 법에서 정하는 사항을 제외하고는 「행정조사기본법」에서 정하는 바를 따른다. 〈신설 2016. 2. 3., 2020. 12. 29.〉

[시행일: 2022. 1. 1.] 제7조

④ 사회보장급여 제공의 결정(9조)

첫째, 보장기관의 장이 제6조 및 제7조에 따른 조사를 실시한 경우에는 사회보장급여의 제공 여부 및 제공 유형을 결정하되, 제공하고자 하는 사회보장급여는 지원대상자가 현재 제공받고 있는 사회보장급여와 보장내용이 중복되도록 하여서는 아니 된다.

둘째, 보장기관의 장은 사회보장급여의 제공 결정에 필요한 경우 지원대상자와 그 친족, 그 밖에 관계인의 의견을 들을 수 있다.

셋째, 보장기관의 장은 제1항에 따라 결정된 사회보장급여의 제공 여부와 그 유형 및 변경사항 신고의무 등을 서면(신청인의 동의에 의한 전자문서를 포함한다)으로 신청인에게 통지하여야 하며, 필요한 경우 구두 등의 방법을 병행할 수 있다. 이 경우 통지에 필요한 사항은 대통령령으로 정한다.

넷째, 보장기관의 장이 제1항에 따른 사회보장급여의 제공 여부 및 제공 유형을 결정할 때 제7조제4항 또는 제8조제2항에 따라 제공받은 자료 · 정보의 전부 또는 일부를 통해 평가한 지원대상자와 그 부양의무자의 소득 · 재산 수준이 보건복지부장관이 정하는 기준 이하인 경우에는 소득 · 재산 관련 조사의 일부를 생략하고 사회보장급여의 지급을 결정할 수 있다. 〈신설 2020. 12. 29.〉 [시행일: 2022. 1. 1.] 제9조

2. 지원대상자의 발굴

1) 개요

(1) 위기가구의 발굴(제9조의2항)

첫째, 보장기관의 장은 누락된 지원대상자가 적절한 사회보장급여를 제공받을 수 있도록 지원이 필요한 다음 각 호의 가구(이하 이 조에서 “위기가구”라 한다)를 발굴하기 위하여 노력하여야 한다. 〈**개정** 2020. 4. 7.〉

① 제11조제1항 각 호에 해당하는 관계 기관 · 법인 · 단체 · 시설의 장에게 공유받은 정보와 제12조제1항 각 호의 자료 또는 정보의 처리 결과 보장기관의 장이 위기상황에 처하여 있다고 판단한 사람의 가구

② 자살자가 발생한 가구 또는 자살시도자가 발생한 가구로서 대통령령으로 정하는 기준에 해당하는 가구

둘째, 보장기관의 장은 제1항에 따라 발굴한 위기가구의 구성원이 필요로 하는 적절한 사회보장급여를 제공받을 수 있도록 지원하여야 한다. [**본조신설** 2018. 12. 11.]

2) 주요내용

(1) 대통령령으로 정하는 기관 · 법인 · 단체 · 시설

첫째, 보장기관의 장은 제12조의2에 따른 발굴조사를 실시하기 위하여 보장기관이 보유 중인 행정정보 중 대통령령으로 정하는 정보를 활용할 수 있다. 〈**신설** 2020. 4. 7.〉

둘째, 그 밖에 지원대상자의 발굴을 위하여 필요한 정보로서, 대통령령으로 정하는 정보로서 보건복지부장관은 제1항 각 호에 해당하는 가구 또는 개인이 위기가구에 포함되는지를 판단하기 위하여 「국민건강보험법」 제69조에 따른 보험료 정보를 처리할 수 있다. 〈**신설** 2020. 4. 7.〉

셋째, 보건복지부장관은 관계 중앙행정기관, 지방자치단체 및 관계 기관 · 법인 · 단체 · 시설의 장에게 제1항 각 호 및 제2항의 자료 또는 정보의 제공을 요청할 수 있다. 이 경우 관계 중앙행정기관의 장 등은 정당한 사유가 없으면 이에 따라야 한다. 〈개정 2020. 4. 7.〉

넷째, 보건복지부장관은 제1항에 따른 자료 또는 정보를 사회보장의 사각지대 해소를 위하여 보장기관의 장에게 제공할 수 있으며, 보장기관의 장은 필요한 경우 지원대상자의 동의를 받아 대통령령으로 정하는 법인 · 단체 · 시설의 장이 이를 활용할 수 있도록 지원할 수 있다. 〈개정 2020. 4. 7.〉

(2) 자료 또는 정보의 처리 등(12조)

첫째, 보건복지부장관은 보장기관이 제10조에 따른 업무를 효율적으로 수행할 수 있도록 지원하기 위하여 「사회보장기본법」 제37조에 따른 사회보장정보시스템(이하 "사회보장정보시스템"이라 한다)을 통하여 다음 각 호의 자료 또는 정보를 처리할 수 있다. 〈개정 2017. 3. 21., 2019. 12. 3., 2020. 4. 7.〉

둘째, 보건복지부장관은 제1항 각 호에 해당하는 가구 또는 개인이 위기가구에 포함되는지를 판단하기 위하여 「국민건강보험법」 제69조에 따른 보험료 정보를 처리할 수 있다. 〈신설 2020. 4. 7.〉

셋째, 보건복지부장관은 관계 중앙행정기관, 지방자치단체 및 관계 기관 · 법인 · 단체 · 시설의 장에게 제1항 각 호 및 제2항의 자료 또는 정보의 제공을 요청할 수 있다. 이 경우 관계 중앙행정기관의 장 등은 정당한 사유가 없으면 이에 따라야 한다. 〈개정 2020. 4. 7.〉

넷째, 보건복지부장관은 제1항에 따른 자료 또는 정보를 사회보장의 사각지대 해소를 위하여 보장기관의 장 또는 특별시 · 광역시 · 특별자치시 · 도 · 특별자치도(이하 "시 · 도"라 한다)의 교육감에게 제공할 수 있다. 〈개정 2020. 4. 7., 2021. 7. 27.〉

다섯째, 보장기관의 장 또는 시 · 도의 교육감은 필요한 경우 제4항에 따라 보건복지부장관으로부터 제공받은 자료 또는 정보를 지원대상자의 동의를 받아 대통령령으로 정하는 법인 · 단체 · 시설의 장이 활용할 수 있도록 지원할 수 있다. 〈신설 2021. 7. 27.〉

여섯째, 시 · 도의 교육감은 「아동복지법」 제22조의2에 따른 학생등(이하 이 조에서 "학생등"이라 한다)에 대한 학대 예방 및 지원을 위하여 제4항에 따라 보건복지부장관으로부터 제공받은 자료 또는 정보를 대통령령으로 정하는 바에 따라 「유아교육법」에 따른 유치원의 장 또는 「초 · 중등교육법」에 따른 학교의 장에게 제공할 수 있다. 〈신설 2021. 7. 27.〉

일곱째, 제6항에 따라 자료 또는 정보를 취득한 사람은 학생등에 대한 학대 예방 및 지원을 위한 목적 외로 해당 자료 또는 정보를 사용하거나 다른 사람에게 제공 또는 누설하여서는 아니 된다. 〈신설 2021. 7. 27.〉 [시행일: 2022. 1. 28.] 제12조

(3) 지원대상자 발견 시 신고의무(13조)

첫째, 누구든지 출산, 양육, 실업, 노령, 장애, 질병, 빈곤 및 사망 등의 사회적 위험으로 인하여 사회보장급여를 필요로 하는 지원대상자를 발견하였을 때에는 보장기관에 알려야 한다.

둘째, 다음 각 호의 어느 하나에 해당하는 사람은 그 직무상 제1항과 같은 사회적 위험으로 인하여 사망 또는 중대한 정신적 · 신체적 장애를 입을 위기에 처한 지원대상자를 발견한 경우 지체 없이 보장기관에 알리고, 지원대상자가 신속하게 지원을 받을 수 있도록 노력하여야 한다. 〈개정 2015. 5. 18., 2015. 12. 29., 2016. 5. 29., 2018. 12. 11., 2019. 12. 3., 2021. 1. 12.〉

셋째, 보장기관의 장은 제1항 및 제2항에 따른 신고 등을 통하여 사회보장급여가 필요하다고 인정되는 지원대상자에 대하여 제5조에 따른 신청이 이루어질 수 있도록 노력하여야 한다. [시행일: 2022. 1. 13.] 제13조

3. 수급권자등의 지원

1) 개요

(1) 지원계획의 수립 및 시행(15조)

첫째, 보장기관의 장은 제9조제1항에 따라 사회보장급여의 제공을 결정한 때에는 필요한 경우 다음 각 호의 사항이 포함된 수급권자별 사회보장급여 제공계획(이하 이 조에서 "지원계획"이라 한다)을 수립하여야 한다. 이 경우 수급권자 또는 그 친족이나 그 밖의 관계인의 의견을 고려하여야 한다.

둘째, 보장기관의 장은 지원계획에 따라 사회보장급여가 제공될 수 있도록 노력하여야 하며, 필요한 경우 사회보장급여 제공결과를 정기적으로 평가하고 그 결과에 따라 지원계획을 변경할 수 있다.

셋째, 보장기관의 장은 수급권자의 지원계획 수립 · 변경 시 사회보장정보시스템을 통하여 수급자격을 확인할 수 있다.

넷째, 보장기관의 장은 지원계획의 실행을 위하여 필요하다고 판단되는 최소한의 정보를 관계 보장기관과 공유할 수 있으며, 필요한 경우 수급권자의 동의를 받아 대통령령으로 정하는 법인 · 단체 · 시설과 공유할 수 있다.

다섯째, 보장기관의 장은 지원계획 수립 · 이행 등의 전문성 향상을 지원하기 위하여 교육, 컨설팅 등 필요한 업무를 「공공기관의 운영에 관한 법률」에 따른 공공기관 등 관계 기관에 위탁할 수 있다.

여섯째, 제1항 및 제2항에 따른 지원계획의 수립 및 사회보장급여의 제공 등에 필요한 사항은 대통령령으로 정한다.

2) 주요내용

(1) 수급권자등에 대한 상담 · 안내, 의뢰 등(16조)

첫째, 보장기관의 업무담당자는 수급권자 또는 지원대상자(이하 "수급권자등"이라 한다)가 필요한 사회보장급여를 편리하게 이용할 수 있도록 사회보장급여의 명칭, 수급권자의 선정기준, 보장내용 및 신청방법 등에 관한 사항을 상담하고 안내하여야 하며, 이를 위하여 사회보장정보시스템에서 지원하는 정보를 최대한 활용하여야 한다.

둘째, 보장기관의 업무담당자는 수급권자등이 필요로 하는 사회보장급여의 이용이 다른 보장기관의 권한에 속한다고 판단되는 경우 신청인 또는 수급권자등에게 제1항에 따른 사항과 해당 보장기관을 안내하고, 필요한 경우 해당 보장기관 또는 관계 기관 · 법인 · 단체 · 시설에 사회보장급여 또는 복지혜택 · 서비스의 제공을 의뢰하여야 한다.

셋째, 보건복지부장관은 제1항 및 제2항에 따른 상담 · 안내 · 의뢰가 사회보장정보시스템을 통하여 효율적으로 이루어질 수 있도록 하여야 한다.

넷째, 보장기관의 장은 수급권자등에게 사회보장급여의 이용 및 제공에 필요한 사항을 종합적으로 상담 · 안내 · 의뢰하는 등의 업무를 수행하기 위하여 전화상담센터 등을 설치 · 운영할 수 있다.

(2) 이의신청(17조)

첫째, 이 법에 따른 처분에 이의가 있는 수급권자등은 그 처분을 받은 날로부터 90일 이내에 처분을 결정한 보장기관의 장에게 이의신청을 할 수 있다. 다만, 정당한 사유로 인하여 그 기간 내에 이의신청을 할 수 없음을 증명한 때에는 그 사유가 소멸한 때부터 60일 이내에 이의신청을 할 수 있다.

둘째, 보장기관의 장은 이의신청을 받은 날부터 10일 이내에 그 이이신청에 내하여 결정하고 그 결과를 신청인에게 지세 없이 통지하여야 한다. 다만, 부득이한 사유로 정하여진 기간 이내에 결정할 수 없을 때에는 그 기간의 만료일 다음 날부터 기산하여

10일 이내의 범위에서 연장할 수 있으며, 연장 사유를 신청인에게 통지하여야 한다.

셋째, 제1항 또는 제2항에 따른 이의신청의 방법 및 절차 등에 관하여 필요한 사항은 대통령령으로 정한다.

4. 사회보장급여의 관리

1) 개요

(1) 제19조의2(사회보장급여 부정수급 실태조사)

첫째, 보건복지부장관은 속임수 등의 부정한 방법으로 사회보장급여를 받거나 타인으로 하여금 사회보장급여를 받게 한 경우에 대하여 보장기관이 효과적인 대책을 세울 수 있도록 그 발생 현황, 피해사례 등에 관한 실태조사를 3년마다 실시하고, 그 결과를 공개하여야 한다.

둘째, 보건복지부장관은 제1항에 따른 실태조사를 위하여 필요한 경우 관계 중앙행정기관의 장, 「공공기관의 운영에 관한 법률」에 따른 공공기관의 장, 그 밖에 관련 시설·법인·단체의 장에게 필요한 자료의 제출 또는 의견의 진술 등을 요청할 수 있다. 이 경우 관계 중앙행정기관의 장 등은 특별한 사유가 없으면 그 요청에 따라야 한다.

셋째, 제1항에 따른 실태조사의 방법, 내용 및 결과의 공개 등에 필요한 사항은 보건복지부령으로 정한다. [본조신설 2018. 12. 11.]

2) 주요내용

(1) 수급자의 변동신고(20조)

주기적으로 또는 기간을 정하여 사회보장급여를 제공받는 수급자는 거주지, 세대원,

소득 · 재산 상태, 근로능력, 다른 급여의 수급이력 등 제7조제1항 각 호의 사항이 변동되었을 때에는 지체 없이 관할 보장기관의 장에게 신고하여야 한다.

(2) 사회보장급여의 변경 · 중지(21조)

첫째, 보장기관의 장은 제19조에 따른 사회보장급여의 적정성 확인조사 및 제20조에 따른 수급자의 변동신고에 따라 수급자 및 그 부양의무자의 인적사항, 가족관계, 소득 · 재산 상태, 근로능력 등에 변동이 있는 경우에는 직권 또는 수급자나 그 친족, 그 밖의 관계인의 신청에 따라 수급자에 대한 사회보장급여의 종류 · 지급방법 등을 변경할 수 있다.

둘째, 보장기관의 장은 제1항에 따른 변동으로 수급자에 대한 사회보장급여의 전부 또는 일부가 필요 없게 된 때에는 사회보장급여의 전부 또는 일부를 중지하거나 그 종류 · 지급방법 등을 변경하여야 한다. 다만, 제1항에 따른 변동이 소득 · 재산 상태 등의 변동수준, 수급기간 등을 고려하여 보건복지부장관이 정하는 기준에 해당하는 경우에는 그러하지 아니하다. **〈개정 2020. 12. 29.〉**

셋째, 제1항 또는 제2항에 따른 사회보장급여의 변경 또는 중지는 서면(수급자의 동의에 의한 전자문서를 포함한다)으로 그 이유를 명시하여 수급자에게 통지하여야 하며, 필요한 경우 구두 등의 방법을 병행할 수 있다. **[시행일: 2022. 1. 1.] 제21조**

(3) 사회보장급여의 환수(22조)

첫째, 수급자가 제20조에 따른 신고를 고의로 회피하거나 속임수 등의 부정한 방법으로 사회보장급여를 받거나 타인으로 하여금 사회보장급여를 받게 한 경우에는 사회보장급여를 제공한 보장기관의 장은 그 사회보장급여의 전부 또는 일부를 그 사회보장급여를 받거나 받게 한 자(이하 "부정수급자"라 한다)로부터 환수할 수 있다. **〈개정 2017. 3. 21.〉**

둘째, 보장기관의 장은 수급권이 없는 자에게 사회보장급여를 제공하거나 그 변경·중지로 인하여 수급자에게 이미 제공한 사회보장급여 중 과잉지급분이 발생한 경우에는 즉시 이를 제공받은 사람에 대하여 그 전부 또는 일부의 반환을 명하여야 한다. 다만, 이를 이미 소비하였거나 그 밖에 수급자에게 부득이한 사유가 있는 때에는 그 반환을 면제할 수 있다.

셋째, 제1항 및 제2항에 따라 환수 또는 반환받을 금액은 각각 부정수급자 또는 사회보장급여를 제공받은 사람에게 통지하여 이를 환수하거나 반환받고, 이에 응하지 아니하는 경우 국세 체납처분의 예 또는 「지방행정제재·부과금의 징수 등에 관한 법률」에 따라 징수한다. **〈개정 2017. 3. 21., 2020. 3. 24.〉**

넷째, 제1항부터 제3항까지에 따른 환수 및 반환명령의 대상, 범위, 방법 등은 대통령령으로 정한다. **〈개정 2017. 3. 21.〉**

5. 사회보장정보

1) 개요

(1) 사회보장정보의 처리 등(23조)

첫째, 보건복지부장관은 보장기관이 수급권자의 선정 및 급여관리 등에 관한 업무를 효율적으로 수행할 수 있도록 사회보장정보시스템을 통하여 다음 각 호에 해당하는 자료 또는 정보(이하 "사회보장정보"라 한다)를 처리할 수 있다. **〈개정 2017. 3. 21.〉**

① 근거 법령, 보장대상 및 내용, 예산 등 사회보장급여 현황에 관한 자료 또는 정보

② 제5조부터 제22조까지에 따른 상담, 신청, 조사 및 자격의 변동관리에 필요한 인적사항·소득·재산 등에 관한 자료 또는 정보

③ 사회보장급여 수급이력에 관한 자료 또는 정보

④ 제51조에 따라 보건복지부장관이 위임 · 위탁받은 업무를 수행하는 데 필요한 자료 또는 정보

⑤ 사회보장정보와 관련된 법령 등에 따른 상담, 신청(제25조제3항에 따른 신청을 포함한다), 조사, 결정, 제공, 환수 등의 업무처리내역에 관한 자료 또는 정보

⑥ 사회보장 관련 민간 법인 · 단체 · 시설의 사회보장급여 제공 현황 및 보조금 수급 이력에 관한 자료 또는 정보

⑦ 그 밖에 사회보장급여의 제공 · 관리 및 사회보장정보시스템 구축 · 운영에 필요한 정보로서 대통령령으로 정하는 자료 또는 정보

둘째, 보건복지부장관은 사회보장정보를 처리하기 위하여 관계 중앙행정기관, 지방자치단체, 관계 기관 · 법인 · 단체 · 시설의 장에게 필요한 자료 또는 정보를 요청할 수 있다. 이 경우 관계 중앙행정기관의 장 등은 정당한 사유가 없으면 그 요청에 따라야 한다.

셋째, 사회보장 관련 민간 법인 · 단체 · 시설의 장은 사회보장정보시스템이 원활히 운영될 수 있도록 적극 협력하여야 한다.

넷째, 보건복지부장관은 사회보장정보를 사회보장 관련 예측조사, 연구개발 등에 활용할 수 있도록 지원할 수 있다.

다섯째, 사회보장정보의 처리 방법 및 절차 등은 대통령령으로 정한다.

2) 주요내용

(1) 사회보장정보시스템의 이용 등(24조)

첫째, 보장기관의 장은 제5조부터 제22조까지에 따른 업무를 효율적으로 수행하기 위하여 사회보장정보시스템을 이용하거나 관할 업무시스템과 사회보장정보시스템을 연계하여 이용할 수 있다. 이 경우 보장기관의 장은 사회보장정보시스템을 이용하여 처리하고자 하는 자료 또는 정보와 그 범위, 처리 목적 · 방식, 해당 자료 또는 정보의 보유

기관(이하 "정보보유기관"이라 한다) 등을 특정하여 보건복지부장관과 협의하여야 한다.

둘째, 보건복지부장관은 사회보장의 사각지대를 해소하기 위하여 사회보장정보시스템을 통하여 처리된 정보를 보장기관의 장에게 제공할 수 있으며, 보장기관의 장은 필요한 경우 지원대상자의 동의를 받아 대통령령으로 정하는 법인 · 단체 · 시설의 장이 활용할 수 있도록 지원할 수 있다.

셋째, 보장기관의 장은 사회보장정보시스템을 통한 사회보장정보를 이 법에서 정한 목적 외의 용도로 이용하여서는 아니 된다. 〈개정 2017. 3. 21.〉

넷째, 제2항에 따라 보건복지부장관이 사회보장정보를 제공하는 경우에는 이용 목적을 고려하여 필요 최소한의 사회보장정보를 제공하여야 한다.

다섯째, 제1항부터 제4항까지에 규정된 사항 외에 사회보장정보시스템의 이용 범위 · 방법 및 절차 등은 대통령령으로 정한다.

(2) 사회보장정보시스템의 이용 등(24조)

첫째, 보장기관의 장은 제5조부터 제22조까지에 따른 업무를 효율적으로 수행하기 위하여 사회보장정보시스템을 이용하거나 관할 업무시스템과 사회보장정보시스템을 연계하여 이용할 수 있다. 이 경우 보장기관의 장은 사회보장정보시스템을 이용하여 처리하고자 하는 자료 또는 정보와 그 범위, 처리 목적 · 방식, 해당 자료 또는 정보의 보유기관(이하 "정보보유기관"이라 한다) 등을 특정하여 보건복지부장관과 협의하여야 한다.

둘째, 보장기관의 장이 제1항에 따라 보건복지부장관과 협의하는 경우 제27조에 따라 보건복지부장관이 정하는 소득 · 재산조사의 유형 등 사회보장정보의 표준화에 관한 사항을 준수하여야 한다. 〈신설 2020. 12. 29.〉

셋째, 보건복지부장관은 사회보장의 사각지대를 해소하기 위하여 사회보장정보시스템을 통하여 처리된 정보를 보장기관의 장에게 제공할 수 있으며, 보장기관의 장은 필요한 경우 지원대상자의 동의를 받아 대통령령으로 정하는 법인 · 단체 · 시설의 장이 활용할 수 있도록 지원할 수 있다. 〈개정 2020. 12. 29.〉

넷째, 보장기관의 장은 사회보장정보시스템을 통한 사회보장정보를 이 법에서 정한 목적 외의 용도로 이용하여서는 아니 된다. 〈개정 2017. 3. 21., 2020. 12. 29.〉

다섯째, 제3항에 따라 보건복지부장관이 사회보장정보를 제공하는 경우에는 이용 목적을 고려하여 필요 최소한의 사회보장정보를 제공하여야 한다. 〈개정 2020. 12. 29.〉

여섯째, 제1항에 따라 협의를 완료하고 사회보장정보시스템을 이용하여 처리하는 사회보장급여의 목록은 보건복지부장관이 정하여 고시한다. 〈신설 2020. 12. 29.〉

일곱째, 제1항부터 제6항까지에 규정된 사항 외에 사회보장정보시스템의 이용 범위·방법 및 절차 등은 대통령령으로 정한다. 〈개정 2020. 12. 29.〉 [시행일: 2022. 1. 1.] 제24조

(3) 사회서비스정보시스템의 구축·운영 등(제24조의2)

첫째, 보건복지부장관은 보장기관이 다음 각 호의 법인·단체·시설·기관(이하 "사회서비스 제공기관"이라 한다)의 업무를 전자화하고 업무 수행에 필요한 정보를 통합·연계하여 처리·기록 및 관리하는 정보시스템(이하 "사회서비스정보시스템"이라 한다)을 구축·운영할 수 있다.

둘째, 사회서비스 제공기관의 운영자, 종사자 및 그 밖에 보건복지부령으로 정하는 자는 다음 각 호의 업무를 수행하기 위하여 사회서비스정보시스템을 이용할 수 있다.

① 제11조·제12조, 제12조의2 및 제13조에 따른 위기가구의 발굴 지원
② 제14조에 따른 민관협력 및 제15조에 따른 지원계획의 실행에 필요한 업무
③ 제16조에 따라 보장기관이 의뢰한 사회보장급여의 이용 및 제공에 관한 업무
④ 제42조의2에 따른 통합사례관리의 수행에 관한 업무
⑤ 제42조의2에 따른 통합사례관리 및 「아동복지법」 제37조에 따른 통합서비스, 「지역보건법」 제11조제5호에 따른 지역보건의료서비스 등 보건복지부령으로 정하는 사례관리 사업 사이의 연계 및 협업에 관한 업무
⑥ 「사회복지사업법」 제6조의2에 따른 사회복지법인 및 사회복지시설의 종사자, 거주자 및 이용자에 관한 자료 등 운영에 필요한 정보의 처리·기록·관리 업무

⑦ 「사회서비스 이용 및 이용권 관리에 관한 법률」 제28조에 따른 사회서비스전자이용권의 관리에 관한 업무

⑧ 그 밖에 사회서비스 제공기관의 사회보장급여 제공, 종사자 및 이용자 등의 관리, 사회서비스 제공기관의 운영 등 대통령령으로 정하는 업무

셋째, 보건복지부장관은 사회서비스제공기관이 제2항 각 호에 따른 업무를 수행하는 데 필요한 자료 또는 정보를 사회서비스정보시스템을 통하여 처리할 수 있다.

넷째, 보건복지부장관은 제3항에 따른 자료 또는 정보를 처리하기 위하여 관계 중앙행정기관, 지방자치단체, 관련 기관 · 법인 · 시설 · 단체에 필요한 자료 또는 정보를 요청할 수 있다. 이 경우 관계 중앙행정기관의 장 등은 정당한 사유가 없으면 그 요청에 따라야 한다.

다섯째, 보건복지부장관이 제3항 또는 제4항에 따라 처리하거나 요청하는 자료 또는 정보는 사회서비스제공기관이 사회보장급여를 제공 · 관리하는 데 필요한 정보로서 그 범위와 절차 등은 대통령령으로 정한다.

여섯째, 보건복지부장관은 보장기관과 사회서비스 제공기관이 수급권자에게 사회보장급여를 효과적으로 제공할 수 있도록 사회서비스정보시스템을 사회보장정보시스템과 연계하여 운영한다.

일곱째, 보건복지부장관은 사회서비스 제공기관이 제4조제4항의 사회보장급여와 복지혜택 또는 서비스를 제공하거나 상담 · 안내하는 데 필요할 경우 보건복지부령으로 정하는 절차에 따라 대상자의 동의를 받아 사회보장정보시스템 또는 사회서비스정보시스템에 등록된 대상자의 정보를 이용하게 할 수 있다. 다만, 개별법에서 규정하는 불가피한 경우에는 동의 절차를 생략할 수 있다.

여덟째, 사회서비스정보시스템의 정보보호에 대해서는 제30조제1항 및 제2항, 제31조, 제31조의2, 제32조 및 제33조를 준용한다. 이 경우 "사회보장정보시스템"은 "사회서비스정보시스템"으로, "사회보장정보"는 "사회서비스정보시스템의 정보"로, "보장기관의 장"은 "사회서비스 제공기관의 장"으로 본다.

아홉째, 그 밖에 사회서비스정보시스템의 구축 및 관리 등에 필요한 사항은 대통령령으로 정한다.

열째, 보건복지부장관은 제1항에 따른 사회서비스정보시스템의 운영을 제29조에 따른 한국사회보장정보원에 위탁할 수 있다. [본조신설 2020. 12. 29.] [시행일: 2022. 1. 1.] 제24조의2

6. 사회보장정보의 보호

1) 개요

(1) 사회보장정보의 보호대책 수립 · 시행(30조)

첫째, 보건복지부장관은 사회보장정보시스템의 사회보장정보를 안전하게 보호하기 위하여 물리적 · 기술적 대책을 포함한 보호대책을 수립 · 시행하여야 한다.

둘째, 한국사회보장정보원의 장은 제1항에 따른 보호대책을 시행하기 위한 실행계획을 매년 수립하여 보건복지부장관에게 제출하여야 한다. 〈개정 2019. 12. 3.〉

셋째, 사회보장정보시스템을 이용하는 보장기관의 장은 보안에 관한 업무를 총괄하는 자(이하 이 항에서 "정보보호책임자"라 한다)를 지정하여 보건복지부장관에게 통보하여야 하며, 정보보호책임자의 지정 및 업무 등에 필요한 사항은 대통령령으로 정한다.

2) 주요내용

(1) 사회보장정보 침해행위 등의 금지(31조)

누구든지 사회보장정보를 처리할 때 다음 각 호의 어느 하나에 해당하는 행위를 하여서는 아니 된다. 〈개정 2019. 12. 3.〉

첫째, 사회보장정보의 처리업무를 방해할 목적으로 사회보장정보를 위조 · 변경 · 훼손하거나 말소하는 행위

둘째, 정당한 사유 없이 사회보장정보를 위조 · 변경 · 훼손 · 말소 · 유출하거나 그 방법 또는 프로그램을 공개 · 유포 · 사용하는 행위

셋째, 정당한 사유 없이 사회보장정보시스템을 위조 · 변경 · 훼손하거나 이용하는 행위

넷째, 정당한 권한이 없거나 허용된 권한을 초과하여 사회보장정보를 처리하는 행위

다섯째, 업무 외의 목적으로 사회보장정보를 열람하거나 조회하는 행위

(2) 사회보장정보 보호 교육(제31조의2)

첫째, 보건복지부장관은 사회보장정보를 처리하는 자에게 사회보장정보 보호에 관한 교육을 실시하여야 한다.

둘째, 보건복지부장관은 제1항에 따른 교육을 한국사회보장정보원 또는 「한국보건복지인재원법」에 따른 한국보건복지인재원에 위탁할 수 있다. 〈개정 2021. 7. 27.〉

셋째, 제1항에 따른 교육의 내용 및 방법 등에 필요한 사항은 보건복지부령으로 정한다. [본조신설 2019. 12. 3.] [시행일: 2022. 1. 28.] 제31조의2

(3) 사회보장정보시스템의 복구조치(32조)

첫째, 한국사회보장정보원의 장 및 사회보장정보시스템을 이용하는 보장기관의 장은 사회보장정보시스템에 제31조에 따른 침해행위가 발생한 때에는 사회보장정보시스템의 피해복구 및 보호에 필요한 조치를 신속히 취하고 보건복지부장관에게 즉시 통보하여야 한다. 〈개정 2019. 12. 3.〉

둘째, 보건복지부장관은 제1항에 따른 피해복구가 신속히 이루어질 수 있도록 필요한 지원을 하여야 한다.

(4) 사회보장정보 등에 대한 침해행위의 시정요구(33조)

보건복지부장관은 사회보장정보 또는 사회보장정보시스템에 대한 침해행위가 발생하였다고 판단할 상당한 근거가 있고 이를 방치할 경우 회복하기 어려운 피해가 발생할 우려가 있다고 인정되면 침해행위를 한 자에 대하여 다음 각 호에 해당하는 조치를 요구할 수 있다. 이 경우 요구를 받은 자는 이에 따라야 한다.

첫째, 사회보장정보 또는 사회보장정보시스템 침해행위의 중지

둘째, 정보처리의 일시적인 정지

셋째, 그 밖에 사회보장정보의 보호 및 침해행위 방지를 위하여 필요한 조치

(5) 사회보장정보의 파기(34조)

보장기관의 장 및 한국사회보장정보원의 장은 사회보장정보를 5년이 지나면 파기하여야 한다. 다만, 대통령령으로 정하는 지원대상자의 보호에 필요한 사회보장정보는 5년을 초과하여 보유할 수 있다. 〈개정 2019. 12. 3.〉

7. 지역사회보장에 관한 계획

1) 개요

(1) 지역사회보장에 관한 계획의 수립(35조)

첫째, 특별시장 · 광역시장 · 특별자치시장 · 도지사 · 특별자치도지사(이하 "시 · 도지사"라 한다) 및 시장 · 군수 · 구청장은 지역사회보장에 관한 계획(이하 "지역사회보장계획"이라 한다)을 4년마다 수립하고, 매년 지역사회보장계획에 따라 연차별 시행계획을 수립하여야 한다. 이 경우 「사회보장기본법」 제16조에 따른 사회보장에 관한 기본계획과 연계되도록 하여야 한다. 〈개정 2017. 3. 21.〉

둘째, 시장 · 군수 · 구청장은 해당 시(「제주특별자치도 설치 및 국제자유도시 조성을 위한 특별법」 제10조제2항에 따른 행정시를 포함한다. 이하 같다) · 군 · 구(자치구를 말한다. 이하 같다)의 지역사회보장계획(연차별 시행계획을 포함한다. 이하 이 조에서 같다)을 지역주민 등 이해관계인의 의견을 들은 후 수립하고, 제41조에 따른 지역사회보장협의체의 심의와 해당 시 · 군 · 구 의회의 보고(보고의 경우 「제주특별자치도 설치 및 국제자유도시 조성을 위한 특별법」에 따른 행정시장은 제외한다)를 거쳐 시 · 도지사에게 제출하여야 한다. **〈개정 2017. 3. 21.〉**

셋째, 시 · 도지사(특별자치시장은 제외한다)는 제2항에 따라 제출받은 시 · 군 · 구의 지역사회보장계획을 지원하는 내용 등을 포함한 해당 특별시 · 광역시 · 도 · 특별자치도의 지역사회보장계획을 수립하여야 한다. **〈개정 2017. 3. 21.〉**

넷째, 특별자치시장은 지역주민 등 이해관계인의 의견을 들어 지역사회보장계획을 수립하여야 한다. **〈신설 2017. 3. 21.〉**

다섯째, 시 · 도지사는 제3항 및 제4항에 따른 지역사회보장계획을 제40조에 따른 시 · 도사회보장위원회의 심의와 해당 시 · 도 의회의 보고를 거쳐 보건복지부장관에게 제출하여야 한다. 이 경우 보건복지부장관은 제출된 계획을 사회보장위원회에 보고하여야 한다. **〈신설 2017. 3. 21., 2021. 7. 27.〉**

여섯째, 시 · 도지사 또는 시장 · 군수 · 구청장은 지역사회보장계획을 수립할 때 필요하다고 인정하는 경우에는 사회보장 관련 기관 · 법인 · 단체 · 시설에 자료 또는 정보의 제공과 협력을 요청할 수 있다. **〈개정 2017. 3. 21.〉**

일곱째, 보장기관의 장은 지역사회보장계획의 수립 및 지원 등을 위하여 지역 내 사회보장 관련 실태와 지역주민의 사회보장에 관한 인식 등에 관하여 필요한 조사(이하 "지역사회보장조사"라 한다)를 실시할 수 있으며, 시 · 도지사 및 시장 · 군수 · 구청장은 지역사회보장계획 수립 시 지역사회보장조사 결과를 반영할 수 있다. **〈개정 2017. 3. 21.〉**

여덟째, 보건복지부장관 또는 시 · 도지사는 지역사회보장계획의 내용이 대통령령으로 정하는 사유에 해당하는 경우에는 시 · 도지사 또는 시장 · 군수 · 구청장에게 그 조정을 권고할 수 있다. 이 경우 보건복지부장관은 관계 중앙행정기관의 장의 의견을 들을 수 있다. 〈개정 2017. 3. 21.〉

아홉째, 지역사회보장계획의 수립 및 지역사회보장조사의 시기 · 방법 등에 필요한 사항은 대통령령으로 정한다. 〈개정 2017. 3. 21.〉

2) 주요내용

(1) 지역사회보장계획의 내용(36조)

첫째, 제35조제2항에 따른 시 · 군 · 구 지역사회보장계획은 다음 각 호의 사항을 포함하여야 한다. 〈개정 2018. 12. 11.〉

① 지역사회보장 수요의 측정, 목표 및 추진전략

② 지역사회보장의 목표를 점검할 수 있는 지표(이하 "지역사회보장지표"라 한다)의 설정 및 목표

③ 지역사회보장의 분야별 추진전략, 중점 추진사업 및 연계협력 방안

④ 지역사회보장 전달체계의 조직과 운영

⑤ 사회보장급여의 사각지대 발굴 및 지원 방안

⑥ 지역사회보장에 필요한 재원의 규모와 조달 방안

⑦ 지역사회보장에 관련한 통계 수집 및 관리 방안

⑧ 지역 내 부정수급 발생 현황 및 방지대책

⑨ 그 밖에 대통령령으로 정하는 사항

둘째, 5조제3항에 따른 특별시 · 광역시 · 도 · 특별자치도 지역사회보장계획은 다음 각 호의 사항을 포함하여야 한다. 〈개정 2017. 3. 21., 2018. 12. 11.〉

① 시 · 군 · 구의 사회보장이 균형적이고 효과적으로 추진될 수 있도록 지원하기 위한 목표 및 전략

② 지역사회보장지표의 설정 및 목표

③ 시 · 군 · 구에서 사회보장급여가 효과적으로 이용 및 제공될 수 있는 기반 구축 방안

④ 시 · 군 · 구 사회보장급여 담당 인력의 양성 및 전문성 제고 방안

⑤ 지역사회보장에 관한 통계자료의 수집 및 관리 방안

⑥ 시 · 군 · 구의 부정수급 방지대책을 지원하기 위한 방안

⑦ 그 밖에 지역사회보장 추진에 필요한 사항

셋째, 제35조제4항에 따른 특별자치시 지역사회보장계획은 다음 각 호의 사항을 포함하여야 한다. 〈신설 2017. 3. 21.〉

① 제1항 각 호의 사항

② 사회보장급여가 효과적으로 이용 및 제공될 수 있는 기반 구축 방안

③ 사회보장급여 담당 인력의 양성 및 전문성 제고 방안

④ 그 밖에 지역사회보장 추진에 필요한 사항

(2) 지역사회보장계획의 시행(37조)

첫째, 시 · 도지사 또는 시장 · 군수 · 구청장은 지역사회보장계획을 시행하여야 한다.

둘째, 시 · 도지사 또는 시장 · 군수 · 구청장은 지역사회보장계획을 시행할 때 필요하다고 인정하는 경우에는 사회보장 관련 민간 법인 · 단체 · 시설에 인력, 기술, 재정 등의 지원을 할 수 있다.

(3) 지역사회보장계획의 변경(38조)

시 · 도지사 또는 시장 · 군수 · 구청장은 사회보장의 환경 변화, 「사회보장기본법」 제16조에 따른 사회보장에 관한 기본계획의 변경 등이 있는 경우에는 지역사회보장계획을 변경할 수 있으며, 그 변경 절차는 제35조를 준용한다.

(4) 지역사회보장계획 시행결과의 평가(39조)

첫째, 보건복지부장관은 시 · 도 지역사회보장계획의 시행결과를, 시 · 도지사는 시 · 군 · 구 지역사회보장계획의 시행결과를 각각 보건복지부령으로 정하는 바에 따라 평가할 수 있다.

둘째, 시 · 도지사는 제1항에 따른 평가를 시행한 경우 그 결과를 보건복지부장관에게 제출하여야 한다. 보건복지부장관은 이를 종합 · 검토하여 사회보장위원회에 보고하여야 한다.

셋째, 보건복지부장관 또는 시 · 도지사는 필요한 경우 제1항에 따른 평가결과를 제47조에 따른 지원에 반영할 수 있다.

(5) 시 · 도사회보장위원회(40조)

첫째, 시 · 도지사는 시 · 도의 사회보장 증진을 위하여 시 · 도사회보장위원회를 둔다.

둘째, 시 · 도사회보장위원회는 다음 각 호의 업무를 심의 · 자문한다. 〈개정 2017. 3. 21.〉

① 시 · 도의 지역사회보장계획 수립 · 시행 및 평가에 관한 사항
② 시 · 도의 지역사회보장조사 및 지역사회보장지표에 관한 사항
③ 시 · 도의 사회보장급여 제공에 관한 사항
④ 시 · 도의 사회보장 추진과 관련한 중요 사항
⑤ 제41조제7항에 따른 읍 · 면 · 동 단위 지역사회보장협의체의 구성 및 운영에 관한 사항(특별자치시에 한정한다)
⑥ 사회보장과 관련된 서비스를 제공하는 관계 기관 · 법인 · 단체 · 시설과의 연계 · 협력 강화에 관한 사항(특별자치시에 한정한다)
⑦ 그 밖에 위원장이 필요하다고 인정되는 사항

셋째, 시 · 도사회보장위원회는 다음 각 호의 사람 중 시 · 도지사가 임명 또는 위촉한 사람으로 구성한다. 〈개정 2017. 3. 21.〉

① 사회보장에 관한 전문적 지식이나 경험을 가진 사람
② 사회보장 관련 기관 및 단체의 대표자
③ 사회보장을 필요로 하는 사람의 이익 등을 대표하는 사람
④ 제41조제3항에 따른 지역사회보장협의체의 대표자
⑤ 「비영리민간단체지원법」 제2조의 비영리민간단체에서 추천한 사람
⑥ 「사회복지공동모금회법」 제14조에 따른 사회복지공동모금지회에서 추천한 사람
⑦ 제41조제7항에 따른 읍 · 면 · 동 단위 지역사회보장협의체의 위원장(특별자치시에 한정하며, 공동위원장이 있는 경우에는 민간위원 중에서 선출된 공동위원장을 말한다)
⑧ 사회보장에 관한 업무를 담당하는 공무원

넷째, 보장기관의 장은 시 · 도사회보장위원회의 효율적 운영을 위하여 필요한 운영비 등 경비를 지원할 수 있다. 〈신설 2020. 4. 7.〉

다섯째, 시 · 도사회보장위원회의 조직 · 운영에 필요한 사항은 보건복지부령으로 정하는 바에 따라 해당 시 · 도의 조례로 정한다. 〈개정 2020. 4. 7.〉

(6) 지역사회보장협의체(41조)

첫째, 시장 · 군수 · 구청장은 지역의 사회보장을 증진하고, 사회보장과 관련된 서비스를 제공하는 관계 기관 · 법인 · 단체 · 시설과 연계 · 협력을 강화하기 위하여 해당 시 · 군 · 구에 지역사회보장협의체를 둔다.

둘째, 지역사회보상협의체는 다음 각 호의 업무를 심의 · 자문한다.

그것은 시 · 군 · 구의 지역사회보장계획 수립 · 시행 및 평가, 지역사회보장조사 및 지역사회보장지표, 사회보장급여 제공, 사회보장 추진에 관한 사항과 읍 · 면 · 동 단위 지역사회보장협의체의 구성 및 운영에 관한 사항, 그리고 그 밖에 위원장이 필요하다고 인정하는 사항이다.

셋째, 지역사회보장협의체의 위원은 다음 각 호의 사람 중 시장 · 군수 · 구청장이 임명 또는 위촉한다. 다만, 제40조제4항에 해당되는 사람은 위원이 될 수 없다. **〈개정 2017. 3. 21.〉**

① 사회보장에 관한 학식과 경험이 풍부한 사람

② 지역의 사회보장 활동을 수행하거나 서비스를 제공하는 기관 · 법인 · 단체 · 시설의 대표자

③ 「비영리민간단체지원법」 제2조의 비영리민간단체에서 추천한 사람

④ 제7항에 따른 읍 · 면 · 동 단위 지역사회보장협의체의 위원장(공동위원장이 있는 경우에는 민간위원 중에서 선출된 공동위원장을 말한다)

⑤ 사회보장에 관한 업무를 담당하는 공무원

넷째, 지역사회보장협의체의 업무를 효율적으로 수행하기 위하여 지역사회보장협의체에 실무협의체를 둔다.

다섯째, 보장기관의 장은 지역사회보장협의체의 효율적 운영을 위하여 필요한 인력 및 운영비 등 재정을 지원할 수 있다.

여섯째, 제1항부터 제5항까지에 규정된 사항 외에 지역사회보장협의체 및 실무협의체의 조직 · 운영에 필요한 사항은 보건복지부령으로 정하는 바에 따라 해당 시 · 군 · 구의 조례(「제주특별자치도 설치 및 국제자유도시 조성을 위한 특별법」 제10조제2항에 따른 행정시의 경우에는 특별자치도의 조례를 말한다. 이하 같다)로 정한다. **〈개정 2017. 3. 21.〉**

일곱째, 특별자치시장 및 시장 · 군수 · 구청장은 읍 · 면 · 동 단위로 읍 · 면 · 동의 사회보장 관련 업무의 원활한 수행을 위하여 해당 읍 · 면 · 동에 읍 · 면 · 동 단위 지역사회보장협의체를 둔다. **〈신설 2017. 3. 21.〉**

여덟째, 제7항에 따른 읍 · 면 · 동 단위 지역사회보장협의체의 조직 · 운영에 필요한 사항은 보건복지부령으로 정하는 바에 따라 해당 특별자치시 및 시 · 군 · 구의 조례로 정한다. **〈신설 2017. 3. 21.〉**

(7) 사회보장사무 전담기구(42조)

첫째, 특별자치시장 및 시장 · 군수 · 구청장은 사회보장에 관한 업무를 효율적으로 수행하기 위하여 관련 조직, 인력, 관계 기관 간 협력체계 등을 마련하여야 하며, 필요한 경우에는 사회보장에 관한 사무를 전담하는 기구(이하 "사회보장사무 전담기구"라 한다)를 별도로 설치할 수 있다. 〈개정 2017. 3. 21.〉

둘째, 사회보장사무 전담기구는 사회보장정보시스템을 활용하여 수급권자에게 필요한 정보를 종합 안내하고, 사회보장급여에 대한 신청 등이 편리하게 이루어질 수 있도록 운영되어야 한다.

셋째, 사회보장사무 전담기구의 사무 범위, 조직 및 운영 등에 필요한 사항은 해당 특별자치시 및 시 · 군 · 구의 조례로 정한다. 〈개정 2017. 3. 21.〉

(8) 통합사례관리(제42조의2)

첫째, 보건복지부장관, 시 · 도지사 및 시장 · 군수 · 구청장은 지원대상자의 사회보장 수준을 높이기 위하여 지원대상자의 다양하고 복합적인 특성에 따른 상담과 지도, 사회보장에 대한 욕구조사, 서비스 제공 계획의 수립을 실시하고, 그 계획에 따라 지원대상자에게 보건 · 복지 · 고용 · 교육 등에 대한 사회보장급여 및 민간 법인 · 단체 · 시설 등이 제공하는 서비스를 종합적으로 연계 · 제공하는 통합사례관리를 실시할 수 있다.

둘째, 제1항에 따른 통합사례관리를 실시하기 위하여 필요한 경우에는 특별자치시 및 시 · 군 · 구에 통합사례관리사를 둘 수 있다.

셋째, 보건복지부장관은 통합사례관리 사업의 전문적인 지원을 위하여 해당 업무를 공공 또는 민간 기관 · 단체 등에 위탁하여 실시할 수 있다.

넷째, 제2항에 따른 통합사례관리사의 자격 · 업무 등 운영에 필요한 사항과 제3항에 따른 통합사례관리 사업의 지원업무 위탁에 필요한 사항은 보건복지부령으로 정한다. 〈개정 2019. 12. 3.〉 [본조신설 2017. 3. 21.]

(9) 사회복지전담공무원(43조)

첫째, 사회복지사업에 관한 업무를 담당하게 하기 위하여 시 · 도, 시 · 군 · 구, 읍 · 면 · 동 또는 사회보장사무 전담기구에 사회복지전담공무원을 둘 수 있다.

둘째, 사회복지전담공무원은 「사회복지사업법」 제11조에 따른 사회복지사의 자격을 가진 사람으로 하며, 그 임용 등에 필요한 사항은 대통령령으로 정한다.

셋째, 사회복지전담공무원은 사회보장급여에 관한 업무 중 취약계층에 대한 상담과 지도, 생활실태의 조사 등 보건복지부령으로 정하는 사회복지에 관한 전문적 업무를 담당한다.

넷째, 국가는 사회복지전담공무원의 보수 등에 드는 비용의 전부 또는 일부를 보조할 수 있다.

다섯째, 시 · 도지사 및 시장 · 군수 · 구청장은 「지방공무원 교육훈련법」 제3조에 따라 사회복지전담공무원의 교육훈련에 필요한 시책을 수립 · 시행하여야 한다.

다 함께 생각해 보기

1. "사회보장급여"에 대한 정의에 대해 생각해 봅시다.
2. "수급권자"에 대한 정의에 대해 생각해 봅시다.
3. "수급자"에 대한 정의에 대해 생각해 봅시다.
4. "지원대상자"에 대한 정의에 대해 생각해 봅시다.
5. "보장기관"에 대한 정의에 대해 생각해 봅시다.

제2부

사회복지법률

제6장 사회복지사업법의 이해

[시행 2021. 6. 30.] [법률 제17782호, 2020. 12. 29., 일부개정]

1. 사회복지사업법

1) 개요

(1) 사회복지법의 목적과 개념

이 법의 목적은 사회복지사업에 관한 기본적 사항을 규정하여 사회복지를 필요로 하는 사람에 대하여 인간의 존엄성과 인간다운 생활을 할 권리를 보장하고 사회복지의 전문성을 높이며, 사회복지사업의 공정 · 투명 · 적정을 도모하고, 지역사회복지의 체계를 구축하고 사회복지서비스의 질을 높여 사회복지의 증진에 이바지함을 목적으로 한다(제1조). 〈**개정** 2012. 1. 26., 2017. 10. 24.〉

그리고 기본이념은, 첫째, 사회복지를 필요로 하는 사람은 누구든지 자신의 의사에 따라 서비스를 신청하고 제공받을 수 있다.

둘째, 사회복지법인 및 사회복지시설은 공공성을 가지며 사회복지사업을 시행하는 데 있어서 공공성을 확보하여야 한다.

셋째, 사회복지사업을 시행하는 데 있어서 사회복지를 제공하는 자는 사회복지를 필요로 하는 사람의 인권을 보장하여야 한다.

넷째, 사회복지서비스를 제공하는 자는 필요한 정보를 제공하는 등 사회복지서비스를 이용하는 사람의 선택권을 보장하여야 한다(제2조).

(2) 용어

이 법에서 사용하는 용어의 뜻은 다음과 같다. 〈개정 2011. 8. 4., 2012. 1. 26., 2014. 5. 20., 2016. 2. 3., 2016. 5. 29., 2017. 10. 24.〉

첫째, "사회복지사업"이란 다음 각 목의 법률에 따른 보호 · 선도(善導) 또는 복지에 관한 사업과 사회복지상담, 직업지원, 무료 숙박, 지역사회복지, 의료복지, 재가복지(在家福祉), 사회복지관 운영, 정신질환자 및 한센병력자의 사회복귀에 관한 사업 등 각종 복지사업과 이와 관련된 자원봉사활동 및 복지시설의 운영 또는 지원을 목적으로 하는 사업을 말한다.

둘째, "지역사회복지"란 주민의 복지증진과 삶의 질 향상을 위하여 지역사회 차원에서 전개하는 사회복지를 말한다.

셋째, "사회복지법인"이란 사회복지사업을 할 목적으로 설립된 법인을 말한다.

넷째, "사회복지시설"이란 사회복지사업을 할 목적으로 설치된 시설을 말한다.

다섯째, "사회복지관"이란 지역사회를 기반으로 일정한 시설과 전문인력을 갖추고 지역주민의 참여와 협력을 통하여 지역사회의 복지문제를 예방하고 해결하기 위하여 종합적인 복지서비스를 제공하는 시설을 말한다.

여섯째, "사회복지서비스"란 국가 · 지방자치단체 및 민간부문의 도움을 필요로 하는 모든 국민에게 「사회보장기본법」 제3조제4호에 따른 사회서비스 중 사회복지사업을 통한 서비스를 제공하여 삶의 질이 향상되도록 제도적으로 지원하는 것을 말한다.

일곱째, "보건의료서비스"란 국민의 건강을 보호 · 증진하기 위하여 보건의료인이 하는 모든 활동을 말한다.

2) 주요내용

(1) 복지와 인권증진의 책임(4조)

첫째, 국가와 지방자치단체는 사회복지서비스를 증진하고, 서비스를 이용하는 사람에 대하여 인권침해를 예방하고 차별을 금지하며 인권을 옹호할 책임을 진다. 〈개정 2012. 1. 26.〉

둘째, 국가와 지방자치단체는 사회복지서비스와 보건의료서비스를 함께 필요로 하는 사람에게 이들 서비스가 연계되어 제공되도록 노력하여야 한다.

셋째, 국가와 지방자치단체, 그 밖에 사회복지사업을 하는 자는 사회복지를 필요로 하는 사람에 대하여 그 사업과 관련한 상담, 작업치료(作業治療), 직업훈련 등을 실시하고 필요한 경우에는 주민의 복지 욕구를 조사할 수 있다.

넷째, 국가와 지방자치단체는 도움을 필요로 하는 국민이 본인의 선호와 필요에 따라 적절한 사회복지서비스를 제공받을 수 있도록 사회복지서비스 수요자 등을 고려하여 사회복지시설이 균형 있게 설치되도록 노력하여야 한다.

다섯째, 국가와 지방자치단체는 민간부문의 사회복지 증진활동이 활성화되고 국가 및 지방자치단체의 사회복지사업과 민간부문의 사회복지 증진활동이 원활하게 연계될 수 있도록 노력하여야 한다.

여섯째, 국가와 지방자치단체는 사회복지를 필요로 하는 사람의 인권이 충분히 존중되는 방식으로 사회복지서비스를 제공하고 사회복지와 관련된 인권교육을 강화하여야 한다. 〈신설 2012. 1. 26.〉

일곱째, 국가와 지방자치단체는 사회복지서비스를 이용하는 사람이 긴급한 인권침해 상황에 놓인 경우 신속히 대응할 체계를 갖추어야 한다. 〈신설 2012. 1. 26.〉

여덟째, 국가와 지방자치단체는 시설 거주자의 희망을 반영하여 지역사회보호체계에서 서비스가 제공될 수 있도록 노력하여야 한다. 〈신설 2012. 1. 26., 2019. 1. 15.〉

아홉째, 국가와 지방자치단체는 사회복지서비스를 필요로 하는 사람들에게 사회복

지서비스의 실시에 대한 정보를 제공하여야 한다. 〈신설 2012. 1. 26.〉

열째, 국가와 지방자치단체는 사회복지서비스를 제공하는 자로부터 위법 또는 부당한 처분을 받아 권리나 이익을 침해당한 사람을 위하여 간이하고 신속한 구제조치를 마련하여야 한다. 〈신설 2017. 10. 24.〉

(2) 인권존중 및 최대 봉사의 원칙(5조)

첫째, 이 법에 따라 복지업무에 종사하는 사람은 그 업무를 수행할 때에 사회복지를 필요로 하는 사람을 위하여 인권을 존중하고 차별 없이 최대로 봉사하여야 한다. 〈개정 2012. 1. 26., 2017. 10. 24.〉

둘째, 국가와 지방자치단체는 복지업무에 종사하는 사람이 그 업무를 수행할 때에 사회복지를 필요로 하는 사람의 인권을 침해하는 행위를 한 경우에는 제2조제1호 각 목의 법률이 정하는 바에 따라 처분하고 그 사실을 공표하는 등의 조치를 하여야 한다. 〈신설 2017. 10. 24.〉

(3) 사회복지서비스 제공의 원칙(5조 2항)

첫째, 사회복지서비스를 필요로 하는 사람(이하 "보호대상자"라 한다)에 대한 사회복지서비스 제공(이하 "서비스 제공"이라 한다)은 현물(現物)로 제공하는 것을 원칙으로 한다.

둘째, 시장(「제주특별자치도 설치 및 국제자유도시 조성을 위한 특별법」 제11조제2항에 따른 행정시장을 포함한다. 이하 같다) · 군수 · 구청장(자치구의 구청장을 말한다. 이하 같다)은 국가 또는 지방자치단체 외의 자로 하여금 제1항의 서비스 제공을 실시하게 하는 경우에는 보호대상자에게 사회복지서비스 이용권(이하 "이용권"이라 한다)을 지급하여 국가 또는 지방자치단체 외의 자로부터 그 이용권으로 서비스 제공을 받게 할 수 있다.

셋째, 국가와 지방자치단체는 사회복지서비스의 품질향상과 원활한 제공을 위하여 필요한 시책을 마련하여야 한다.

넷째, 국가와 지방자치단체는 사회복지서비스의 품질을 관리하기 위하여 사회복지서비스를 제공하는 기관 · 법인 · 시설 · 단체의 서비스 환경, 서비스 제공 인력의 전문성 등을 평가할 수 있다.

다섯째, 보건복지부장관은 제4항에 따른 평가를 위하여 평가기관을 설치 · 운영하거나, 평가의 전부 또는 일부를 관계 기관 또는 단체에 위탁할 수 있다.

여섯째, 보건복지부장관은 제5항에 따라 평가를 위탁한 기관 또는 단체에 대하여 그 운영에 필요한 비용을 지원할 수 있다. **[본조신설 2017. 10. 24.]**

(4) 사회복지시설 업무의 전자화(6조 2항)

첫째, 보건복지부장관은 사회복지법인 및 사회복지시설의 종사자, 거주자 및 이용자에 관한 자료 등 운영에 필요한 정보의 효율적 처리와 기록 · 관리 업무의 전자화를 위하여 정보시스템을 구축 · 운영할 수 있다.

둘째, 보건복지부장관은 제1항에 따른 정보시스템을 구축 · 운영하는 데 필요한 자료를 수집 · 관리 · 보유할 수 있으며 관련 기관 및 단체에 필요한 자료의 제공을 요청할 수 있다. 이 경우 요청을 받은 기관 및 단체는 정당한 사유가 없으면 그 요청에 따라야 한다.

셋째, 지방사치딘체의 장은 사회복지사업을 수행할 때 관할 복지행정시스템과 제1항에 따른 정보시스템을 전자적으로 연계하여 활용하여야 한다.

넷째, 사회복지법인의 대표이사와 사회복지시설의 장은 국가와 지방자치단체가 실시하는 사회복지업무의 전자화 시책에 협력하여야 한다.

다섯째, 보건복지부장관은 세1항에 따른 정보시스템을 효율적으로 운영하기 위하여 「사회보장기본법」 제37조제7항에 따른 전담기구에 그 운영에 관한 업무를 위탁할 수 있다.

(5) 사회복지 자원봉사활동의 지원 · 육성(9조)

첫째, 국가와 지방자치단체는 사회복지 자원봉사활동을 지원 · 육성하기 위하여 다음 각 호의 사항을 실시하여야 한다.

- 자원봉사활동의 홍보 및 교육
- 자원봉사활동 프로그램의 개발 · 보급
- 자원봉사활동 중의 재해에 대비한 시책의 개발
- 그 밖에 자원봉사활동의 지원에 필요한 사항

둘째, 국가와 지방자치단체는 제1항 각 호의 사항을 효율적으로 수행하기 위하여 사회복지법인이나 그 밖의 비영리법인 · 단체에 이를 위탁할 수 있다.

(6) 사회복지사 자격증의 발급 등(1조)

첫째, 보건복지부장관은 사회복지에 관한 전문지식과 기술을 가진 사람에게 사회복지사 자격증을 발급할 수 있다. 다만, 자격증 발급 신청일 기준으로 제11조의2에 따른 결격사유에 해당하는 사람에게 자격증을 발급해서는 아니 된다. 〈개정 2019. 12. 3.〉

둘째, 제1항에 따른 사회복지사의 등급은 1급 · 2급으로 하되, 정신건강 · 의료 · 학교 영역에 대해서는 영역별로 정신건강사회복지사 · 의료사회복지사 · 학교사회복지사의 자격을 부여할 수 있다. 〈개정 2017. 10. 24., 2018. 12. 11.〉

셋째, 사회복지사 1급 자격은 국가시험에 합격한 사람에게 부여하고, 정신건강사회복지사 · 의료사회복지사 · 학교사회복지사의 자격은 1급 사회복지사의 자격이 있는 사람 중에서 보건복지부령으로 정하는 수련기관에서 수련을 받은 사람에게 부여한다. 〈개정 2018. 12. 11.〉

넷째, 제2항에 따른 사회복지사의 등급별 · 영역별 자격기준 및 자격증의 발급절차 등은 대통령령으로 정한다. 〈신설 2018. 12. 11.〉

나섯째, 보건복지부장관은 제4항에 따른 사회복지사 자격증을 발급받거나 재발급받으려는 사람에게 보건복지부령으로 정하는 바에 따라 수수료를 내게 할 수 있다. 〈개정 2018. 12. 11.〉

여섯째, 제1항에 따라 사회복지사 자격증을 발급받은 사람은 다른 사람에게 그 자격증을 빌려주어서는 아니 되고, 누구든지 그 자격증을 빌려서는 아니 된다. 〈신설 2020. 3. 31.〉

일곱째, 누구든지 제6항에 따라 금지된 행위를 알선하여서는 아니 된다. 〈신설 2020. 3. 31.〉

(7) 사회복지의 날(15조 2항)

첫째, 국가는 국민의 사회복지에 대한 이해를 증진하고 사회복지사업 종사자의 활동을 장려하기 위하여 매년 9월 7일을 사회복지의 날로 하고, 사회복지의 날부터 1주간을 사회복지주간으로 한다.

둘째, 국가와 지방자치단체는 사회복지의 날의 취지에 적합한 행사 등 사업을 하도록 노력하여야 한다.

다 함께 생각해 보기

1. 「사회복지법」의 목적에 대해서 정리하여 봅시다.
2. 사회복지의 전문성을 높이는 방안에 대해 토의해 봅시다.
3. 사회복지서비스의 질을 높여 사회복지의 증진에 이바지할 수 있는 방안에 대해 토의해 봅시다.

제7장

사회복지법인

〈개정 2011. 8. 4.〉

1. 사회복지법인의 개요

1) 개요

법인의 설립허가(제16조)는, 첫째, 사회복지법인(이하 이 장에서 "법인"이라 한다)을 설립하려는 자는 대통령령으로 정하는 바에 따라 시·도지사의 허가를 받아야 한다.

둘째, 제1항에 따라 허가를 받은 자는 법인의 주된 사무소의 소재지에서 설립등기를 하여야 한다. 〈개정 2012. 1. 26.〉

2) 주요내용

(1) 정관(제17조)

첫째, 법인의 정관에는 다음 각 호의 사항이 포함되어야 한다.

- 목적
- 명칭
- 주된 사무소의 소재지
- 사업의 종류

- 자산 및 회계에 관한 사항
- 임원의 임면(任免) 등에 관한 사항
- 회의에 관한 사항
- 수익(收益)을 목적으로 하는 사업이 있는 경우 그에 관한 사항
- 정관의 변경에 관한 사항
- 존립시기와 해산 사유를 정한 경우에는 그 시기와 사유 및 남은 재산의 처리 방법
- 공고 및 공고방법에 관한 사항

둘째, 법인이 정관을 변경하려는 경우에는 시·도지사의 인가를 받아야 한다. 다만, 보건복지부령으로 정하는 경미한 사항의 경우에는 그러하지 아니하다.

(2) 임원(제18조)

첫째, 법인은 대표이사를 포함한 이사 7명 이상과 감사 2명 이상을 두어야 한다. 〈개정 2012. 1. 26.〉

둘째, 법인은 제1항에 따른 이사 정수의 3분의 1(소수점 이하는 버린다) 이상을 다음 각 호의 어느 하나에 해당하는 기관이 3배수로 추천한 사람 중에서 선임하여야 한다. 〈개정 2012. 1. 26., 2017. 10. 24.〉

- 「사회보장급여의 이용·제공 및 수급권자 발굴에 관한 법률」 제40조제1항에 따른 시·도사회보장위원회
- 「사회보장급여의 이용·제공 및 수급권자 발굴에 관한 법률」 제41조제1항에 따른 지역사회보장협의체

셋째, 이사회의 구성에 있어서 대통령령으로 정하는 특별한 관계에 있는 사람이 이사 현원(現員)의 5분의 1을 초과할 수 없다. 〈개정 2012. 1. 26.〉

넷째, 이사의 임기는 3년으로 하고 감사의 임기는 2년으로 하며, 각각 연임할 수 있다. 〈개정 2012. 1. 26.〉

다섯째, 외국인인 이사는 이사 현원의 2분의 1 미만이어야 한다. 〈개정 2012. 1. 26.〉

여섯째, 법인은 임원을 임면하는 경우에는 보건복지부령으로 정하는 바에 따라 지체 없이 시 · 도지사에게 보고하여야 한다. 〈개정 2012. 1. 26.〉

일곱째, 감사는 이사와 제3항에 따른 특별한 관계에 있는 사람이 아니어야 하며, 감사 중 1명은 법률 또는 회계에 관한 지식이 있는 사람 중에서 선임하여야 한다. 다만, 대통령령으로 정하는 일정 규모 이상의 법인은 시 · 도지사의 추천을 받아 「주식회사 등의 외부감사에 관한 법률」 제2조제7호에 따른 감사인에 속한 사람을 감사로 선임하여야 한다. 〈신설 2012. 1. 26., 2017. 10. 31.〉

여덟째, 제2항 각 호의 기관은 제2항에 따라 이사를 추천하기 위하여 매년 다음 각 호의 어느 하나에 해당하는 사람으로 이사 후보군을 구성하여 공고하여야 한다. 다만, 사회복지법인의 대표자, 사회복지사업을 하는 비영리법인 또는 단체의 대표자, 「사회보장급여의 이용 · 제공 및 수급권자 발굴에 관한 법률」 제41조에 따른 지역사회보장협의체의 대표자는 제외한다. 〈신설 2017. 10. 24.〉

- 사회복지 또는 보건의료에 관한 학식과 경험이 풍부한 사람
- 사회복지를 필요로 하는 사람의 이익 등을 대표하는 사람
- 「비영리민간단체 지원법」 제2조에 따른 비영리민간단체에서 추천한 사람
- 「사회복지공동모금회법」 제14조에 따른 사회복지공동모금지회에서 추천한 사람

다 함께 생각해 보기

1. 사회복지법인과 사단법인, 재단법인, 비영리단체에 대한 개념을 정리해 봅시다.

제8장

사회복지시설

〈개정 2011. 8. 4.〉

1, 사회복지시설의 개요

1) 개요

(1) 사회복지시설의 설치(제34조)

첫째, 국가나 지방자치단체는 사회복지시설(이하 "시설"이라 한다)을 설치 · 운영할 수 있다. **〈개정 2011. 8. 4.〉**

둘째, 국가 또는 지방자치단체 외의 자가 시설을 설치 · 운영하려는 경우에는 보건복지부령으로 정하는 바에 따라 시장 · 군수 · 구청장에게 신고하여야 한다. 다만, 다음 각 호의 어느 하나에 해당하는 자는 시설의 설치 · 운영 신고를 할 수 없다. **〈개정 2011. 8. 4., 2012. 1. 26., 2016. 2. 3., 2017. 10. 24.〉**

- 제40조에 따라 폐쇄명령을 받고 3년이 지나지 아니한 자
- 제19조제1항제1호 및 제1호의2부터 제1호의8까지의 어느 하나에 해당하는 개인 또는 그 개인이 임원인 법인

셋째, 시장 · 군수 · 구청장은 제2항에 따른 신고를 받은 경우 그 내용을 검토하여 이 법에 적합하면 신고를 수리하여야 한다. **〈신설 2019. 1. 15.〉**

넷째, 시설을 설치 · 운영하는 자는 보건복지부령으로 정하는 재무 · 회계에 관한 기

준에 따라 시설을 투명하게 운영하여야 한다. 〈신설 2011. 8. 4., 2019. 1. 15.〉

다섯째, 제1항에 따라 국가나 지방자치단체가 설치한 시설은 필요한 경우 사회복지법인이나 비영리법인에 위탁하여 운영하게 할 수 있다. 〈개정 2011. 8. 4., 2012. 1. 26., 2019. 1. 15.〉

여섯째, 제5항에 따른 위탁운영의 기준·기간 및 방법 등에 관하여 필요한 사항은 보건복지부령으로 정한다. 〈개정 2011. 8. 4., 2012. 1. 26., 2019. 1. 15.〉 [제목개정 2011. 8. 4.]

2) 주요내용

(1) 시설의 통합 설치·운영 등에 관한 특례(제34조의2항)

첫째, 이 법 또는 제2조제1호 각 목의 법률에 따른 시설을 설치·운영하려는 경우에는 지역특성과 시설분포의 실태를 고려하여 이 법 또는 제2조제1호 각 목의 법률에 따른 시설을 통합하여 하나의 시설로 설치·운영하거나 하나의 시설에서 둘 이상의 사회복지사업을 통합하여 수행할 수 있다. 이 경우 국가 또는 지방자치단체 외의 자는 통합하여 설치·운영하려는 각각의 시설이나 사회복지사업에 관하여 해당 관계 법령에 따라 신고하거나 허가 등을 받아야 한다.

둘째, 제1항에 따라 둘 이상의 시설을 통합하여 하나의 시설로 설치·운영하거나 하나의 시설에서 둘 이상의 사회복지사업을 통합하여 수행하는 경우 해당 시설에서 공동으로 이용하거나 배치할 수 있는 시설 및 인력 기준 등은 보건복지부령으로 정한다.

(2) 보험가입 의무(제34조의3항)

첫째, 시설의 운영자는 다음 각 호의 손해배상책임을 이행하기 위하여 손해보험회사의 책임보험에 가입하거나 「사회복지사 등의 처우 및 지위 향상을 위한 법률」 제4조에 따른 한국사회복지공제회의 책임공제에 가입하여야 한다. 〈개정 2012. 1. 26., 2012. 5. 23.,

2013. 6. 4.〉

- 화재로 인한 손해배상책임
- 화재 외의 안전사고로 인하여 생명 · 신체에 피해를 입은 보호대상자에 대한 손해배상책임

둘째, 국가나 지방자치단체는 예산의 범위에서 제1항에 따른 책임보험 또는 책임공제의 가입에 드는 비용의 전부 또는 일부를 보조할 수 있다. 〈**개정** 2012. 1. 26.〉

셋째, 제1항에 따라 책임보험이나 책임공제에 가입하여야 할 시설의 범위는 대통령령으로 정한다. 〈**개정** 2012. 1. 26.〉 [**전문개정** 2011. 8. 4.]

(3) 시설의 안전점검 등(제34조의4항)

첫째, 시설의 장은 시설에 대하여 정기 및 수시 안전점검을 실시하여야 한다.

둘째, 시설의 장은 제1항에 따라 정기 또는 수시 안전점검을 한 후 그 결과를 시장 · 군수 · 구청장에게 제출하여야 한다.

셋째, 시장 · 군수 · 구청장은 제2항에 따른 결과를 받은 후 필요한 경우에는 시설의 운영자에게 시설의 보완 또는 개수(改修) · 보수를 요구할 수 있으며, 이 경우 시설의 운영자는 요구에 따라야 한다.

넷째, 국가나 지방자치단체는 예산의 범위에서 제1항부터 제3항까지의 규정에 따른 안전점검, 시설의 보완 및 개수 · 보수에 드는 비용의 전부 또는 일부를 보조할 수 있다.

다섯째, 제1항부터 제4항까지의 규정에 따른 정기 또는 수시 안전점검을 받아야 하는 시설의 범위, 안전점검 시기, 안전점검기관 및 그 절차는 대통령령령으로 정한다.

(4) 사회복지관의 설치 등(제34조의5항)

첫째, 제34조제1항과 제2항에 따른 시설 중 사회복지관은 지역사회의 특성과 지역주민의 복지욕구를 고려하여 서비스 제공 등 지역복지증진을 위한 사업을 실시할 수 있다.

둘째, 사회복지관은 모든 지역주민을 대상으로 사회복지서비스를 실시하되, 다음 각 호의 지역주민에게 우선 제공하여야 한다.

- 「국민기초생활 보장법」에 따른 수급자 및 차상위계층
- 장애인, 노인, 한부모가족 및 다문화가족
- 직업 및 취업 알선이 필요한 사람
- 보호와 교육이 필요한 유아·아동 및 청소년
- 그 밖에 사회복지관의 사회복지서비스를 우선 제공할 필요가 있다고 인정되는 사람

셋째, 그 밖에 사회복지관의 설치·운영·사업 등에 필요한 사항은 보건복지부령으로 정한다.

(5) 시설의 장(제35조)

첫째, 시설의 장은 상근(常勤)하여야 한다.

둘째, 다음 각 호의 어느 하나에 해당하는 사람은 시설의 장이 될 수 없다. 〈개정 2012. 1. 26., 2017. 9. 19., 2017. 10. 24.〉

- 제19조제1항제1호, 제1호의2부터 제1호의8까지 및 제2호의2부터 제2호의4까지의 어느 하나에 해당하는 사람
- 제22조에 따른 해임명령에 따라 해임된 날부터 5년이 지나지 아니한 사람
- 사회복지분야의 6급 이상 공무원으로 재직하다 퇴직한 지 3년이 경과하지 아니한 사람 중에서 퇴직 전 5년 동안 소속하였던 기초자치단체가 관할하는 시설의 장이 되고자 하는 사람

다 함께 생각해 보기

1. 우리나라 사회복지시설의 종류에 대해 조사해 봅시다.

제9장

국민기초생활 보장법

(약칭: 기초생활보장법) [시행 2020. 6. 4.]
[법률 제16734호, 2019. 12. 3., 일부개정]

1. 국민기초생활 보장법

1) 개요

(1) 목적

첫째, 이 법의 목적은 생활이 어려운 사람에게 필요한 급여를 실시하여 이들의 최저 생활을 보장하고 자활을 돕는 것을 목적으로 한다(제1조). **[전문개정 2012. 2. 1.]**

(2) 용어〈개정 2014. 12. 30.〉

① "수급권자"란 이 법에 따른 급여를 받을 수 있는 자격을 가진 사람을 말한다.

② "수급자"란 이 법에 따른 급여를 받는 사람을 말한다.

③ "수급품"이란 이 법에 따라 수급자에게 지급하거나 대여하는 금전 또는 물품을 말한다.

④ "보장기관"이란 이 법에 따른 급여를 실시하는 국가 또는 지방자치단체를 말한다.

⑤ "부양의무자"란 수급권자를 부양할 책임이 있는 사람으로서 수급권자의 1촌의 직계혈족 및 그 배우자를 말한다. 다만, 사망한 1촌의 직계혈족의 배우자는 제외한다.

⑥ “최저보장수준”이란 국민의 소득 · 지출 수준과 수급권자의 가구 유형 등 생활실태, 물가상승률 등을 고려하여 제6조에 따라 급여의 종류별로 공표하는 금액이나 보장수준을 말한다.

⑦ “최저생계비”란 국민이 건강하고 문화적인 생활을 유지하기 위하여 필요한 최소한의 비용으로서 제20조의2제4항에 따라 보건복지부장관이 계측하는 금액을 말한다.

⑧ “개별가구”란 이 법에 따른 급여를 받거나 이 법에 따른 자격요건에 부합하는지에 관한 조사를 받는 기본단위로서 수급자 또는 수급권자로 구성된 가구를 말한다. 이 경우 개별가구의 범위 등 구체적인 사항은 대통령령으로 정한다.

⑨ “소득인정액”이란 보장기관이 급여의 결정 및 실시 등에 사용하기 위하여 산출한 개별가구의 소득평가액과 재산의 소득환산액을 합산한 금액을 말한다.

⑩ “차상위계층”이란 수급권자(제14조의2에 따라 수급권자로 보는 사람은 제외한다)에 해당하지 아니하는 계층으로서 소득인정액이 대통령령으로 정하는 기준 이하인 계층을 말한다.

⑪ “기준 중위소득”이란 보건복지부장관이 급여의 기준 등에 활용하기 위하여 제20조제2항에 따른 중앙생활보장위원회의 심의 · 의결을 거쳐 고시하는 국민 가구소득의 중위값을 말한다. **[전문개정 2012. 2. 1.]**

2) 주요내용

(1) 급여의 기본원칙(제3조)

첫째, 이 법에 따른 급여는 수급자가 자신의 생활의 유지 · 향상을 위하여 그의 소득, 재산, 근로능력 등을 활용하여 최대한 노력하는 것을 전제로 이를 보충 · 발전시키는 것을 기본원칙으로 한다.

둘째, 부양의무자의 부양과 다른 법령에 따른 보호는 이 법에 따른 급여에 우선하여

행하여지는 것으로 한다. 다만, 다른 법령에 따른 보호의 수준이 이 법에서 정하는 수준에 이르지 아니하는 경우에는 나머지 부분에 관하여 이 법에 따른 급여를 받을 권리를 잃지 아니한다.

(2) 급여의 기준 등(제4조)

첫째, 이 법에 따른 급여는 건강하고 문화적인 최저생활을 유지할 수 있는 것이어야 한다.

둘째, 이 법에 따른 급여의 기준은 수급자의 연령, 가구 규모, 거주지역, 그 밖의 생활여건 등을 고려하여 급여의 종류별로 보건복지부장관이 정하거나 급여를 지급하는 중앙행정기관의 장(이하 "소관 중앙행정기관의 장"이라 한다)이 보건복지부장관과 협의하여 정한다. 〈개정 2014. 12. 30.〉

셋째, 보장기관은 이 법에 따른 급여를 개별가구 단위로 실시하되, 특히 필요하다고 인정하는 경우에는 개인 단위로 실시할 수 있다.

넷째, 지방자치단체인 보장기관은 해당 지방자치단체의 조례로 정하는 바에 따라 이 법에 따른 급여의 범위 및 수준을 초과하여 급여를 실시할 수 있다. 이 경우 해당 보장기관은 보건복지부장관 및 소관 중앙행정기관의 장에게 알려야 한다. 〈신설 2014. 12. 30.〉

(3) 외국인에 대한 특례(제5조의2항)

국내에 체류하고 있는 외국인 중 대한민국 국민과 혼인하여 본인 또는 배우자가 임신 중이거나 대한민국 국적의 미성년 자녀를 양육하고 있거나 배우자의 대한민국 국적인 직계존속(直系尊屬)과 생계나 주거를 같이하고 있는 사람으로서 대통령령으로 정하는 사람이 이 법에 따른 급여를 받을 수 있는 자격을 가진 경우에는 수급권자가 된다. 〈개정 2014. 12. 30.〉

(4) 최저보장수준의 결정 등(제6조)

첫째, 보건복지부장관 또는 소관 중앙행정기관의 장은 급여의 종류별 수급자 선정기준 및 최저보장수준을 결정하여야 한다. 〈개정 2014. 12. 30.〉

둘째, 보건복지부장관 또는 소관 중앙행정기관의 장은 매년 8월 1일까지 제20조제2항에 따른 중앙생활보장위원회의 심의 · 의결을 거쳐 다음 연도의 급여의 종류별 수급자 선정기준 및 최저보장수준을 공표하여야 한다. 〈개정 2014. 12. 30.〉

(5) 기준 중위소득의 산정(제6조의2항)

첫째, 「통계법」 제27조에 따라 통계청이 공표하는 통계자료의 가구 경상소득(근로소득, 사업소득, 재산소득, 이전소득을 합산한 소득을 말한다)의 중간값에 최근 가구소득 평균 증가율, 가구규모에 따른 소득수준의 차이 등을 반영하여 가구규모별로 산정한다.

둘째, 그 밖에 가구규모별 소득수준 반영 방법 등 기준 중위소득의 산정에 필요한 사항은 제20조제2항에 따른 중앙생활보장위원회에서 정한다.

(6) 소득인정액의 산정(제6조의3항)

제2조제9호에 따른 개별가구의 소득평가액은 개별가구의 실제소득에도 불구하고 보장기관이 급여의 결정 및 실시 등에 사용하기 위하여 산출한 금액으로 다음 각 호의 소득을 합한 개별가구의 실제소득에서 장애 · 질병 · 양육 등 가구 특성에 따른 지출요인, 근로를 유인하기 위한 요인, 그 밖에 추가적인 지출요인에 해당하는 금액을 감하여 산정한다.

2. 급여의 종류와 방법

1) 개요

(1) 생계급여의 내용 등(8조)

첫째, 생계급여는 수급자에게 의복, 음식물 및 연료비와 그 밖에 일상생활에 기본적으로 필요한 금품을 지급하여 그 생계를 유지하게 하는 것으로 한다. 〈개정 2014. 12. 30.〉

둘째, 생계급여 수급권자는 부양의무자가 없거나, 부양의무자가 있어도 부양능력이 없거나 부양을 받을 수 없는 사람으로서 그 소득인정액이 제20조제2항에 따른 중앙생활보장위원회의 심의 · 의결을 거쳐 결정하는 금액(이하 이 조에서 "생계급여 선정기준"이라 한다) 이하인 사람으로 한다. 이 경우 생계급여 선정기준은 기준 중위소득의 100분의 30 이상으로 한다. 〈신설 2014. 12. 30.〉

셋째, 생계급여 최저보장수준은 생계급여와 소득인정액을 포함하여 생계급여 선정기준 이상이 되도록 하여야 한다. 〈신설 2014. 12. 30.〉

넷째, 제2항 및 제3항에도 불구하고 제10조제1항 단서에 따라 제32조에 따른 보장시설에 위탁하여 생계급여를 실시하는 경우에는 보건복지부장관이 정하는 고시에 따라 그 선정기준 등을 달리 정할 수 있다. 〈신설 2014. 12. 30.〉

(2) 부양능력 등(제8조의2항)

첫째, 부양의무자가 다음 각 호의 어느 하나에 해당하는 경우에는 제8조제2항, 제12조제3항, 제12조의3제2항에 따른 부양능력이 없는 것으로 본다.

- 기준 중위소득 수준을 고려하여 대통령령으로 정하는 소득 · 재산 기준 미만인 경우
- 직계존속 또는 「장애인연금법」 제2조제1호의 중증장애인인 직계비속을 자신의 주거에서 부양하는 경우로서 보건복지부장관이 정하여 고시하는 경우

- 그 밖에 질병, 교육, 가구 특성 등으로 부양능력이 없다고 보건복지부장관이 정하는 경우

둘째, 부양의무자가 다음 각 호의 어느 하나에 해당하는 경우에는 제8조제2항, 제12조제3항, 제12조의3제2항에 따른 부양을 받을 수 없는 것으로 본다.

- 부양의무자가 「병역법」에 따라 징집되거나 소집된 경우
- 부양의무자가 「해외이주법」 제2조의 해외이주자에 해당하는 경우
- 부양의무자가 「형의 집행 및 수용자의 처우에 관한 법률」 및 「치료감호법」 등에 따른 교도소, 구치소, 치료감호시설 등에 수용 중인 경우
- 부양의무자에 대하여 실종선고 절차가 진행 중인 경우
- 부양의무자가 제32조의 보장시설에서 급여를 받고 있는 경우
- 부양의무자의 가출 또는 행방불명으로 경찰서 등 행정관청에 신고된 후 1개월이 지났거나 가출 또는 행방불명 사실을 특별자치시장 · 특별자치도지사 · 시장 · 군수 · 구청장(자치구의 구청장을 말한다. 이하 "시장 · 군수 · 구청장"이라 한다)이 확인한 경우
- 부양의무자가 부양을 기피하거나 거부하는 경우
- 그 밖에 부양을 받을 수 없는 것으로 보건복지부장관이 정하는 경우

셋째, 「아동복지법」 제15조제1항제2호부터 제4호까지(제2호의 경우 친권자인 보호자는 제외한다)에 따라 부양 대상 아동이 보호조치된 경우에는 제8조제2항, 제12조제3항, 제12조의3제2항에 따른 부양을 받을 수 없는 것으로 본다. 〈신설 2019. 4. 23.〉

(3) 생계급여의 방법(9조)

첫째, 생계급여는 금전을 지급하는 것으로 한다. 다만, 금전으로 지급할 수 없거나 금전으로 지급하는 것이 적당하지 아니하다고 인정하는 경우에는 물품을 지급할 수 있다.

둘째, 제1항의 수급품은 대통령령으로 정하는 바에 따라 매월 정기적으로 지급하여

야 한다. 다만, 특별한 사정이 있는 경우에는 그 지급방법을 다르게 정하여 지급할 수 있다.

셋째, 제1항의 수급품은 수급자에게 직접 지급한다. 다만, 제10조제1항 단서에 따라 제32조에 따른 보장시설이나 타인의 가정에 위탁하여 생계급여를 실시하는 경우에는 그 위탁받은 사람에게 이를 지급할 수 있다. 이 경우 보장기관은 보건복지부장관이 정하는 바에 따라 정기적으로 수급자의 수급 여부를 확인하여야 한다.

넷째, 생계급여는 보건복지부장관이 정하는 바에 따라 수급자의 소득인정액 등을 고려하여 차등지급할 수 있다.

다섯째, 보장기관은 대통령령으로 정하는 바에 따라 근로능력이 있는 수급자에게 자활에 필요한 사업에 참가할 것을 조건으로 하여 생계급여를 실시할 수 있다. 이 경우 보장기관은 제28조에 따른 자활지원계획을 고려하여 조건을 제시하여야 한다.

(4) 생계급여를 실시할 장소(10조)

첫째, 생계급여는 수급자의 주거에서 실시한다. 다만, 수급자가 주거가 없거나 주거가 있어도 그곳에서는 급여의 목적을 달성할 수 없는 경우 또는 수급자가 희망하는 경우에는 수급자를 제32조에 따른 보장시설이나 타인의 가정에 위탁하여 급여를 실시할 수 있다.

둘째, 제1항에 따라 수급자에 대한 생계급여를 타인의 가정에 위탁하여 실시하는 경우에는 거실의 임차료와 그 밖에 거실의 유지에 필요한 비용은 수급품에 가산하여 지급한다. 이 경우 제7조제1항제2호의 주거급여가 실시된 것으로 본다.

2) 주요내용

(1) 주거급여(11조)

첫째, 주거급여는 수급자에게 주거 안정에 필요한 임차료, 수선유지비, 그 밖의 수급

품을 지급하는 것으로 한다. 〈개정 2014. 12. 30.〉

둘째, 주거급여에 관하여 필요한 사항은 따로 법률에서 정한다. 〈개정 2014. 12. 30.〉

(2) 교육급여(12조)

첫째, 교육급여는 수급자에게 입학금, 수업료, 학용품비, 그 밖의 수급품을 지급하는 것으로 하되, 학교의 종류·범위 등에 관하여 필요한 사항은 대통령령으로 정한다.

둘째, 교육급여는 교육부장관의 소관으로 한다. 〈개정 2014. 12. 30.〉

셋째, 교육급여 수급권자는 부양의무자가 없거나, 부양의무자가 있어도 부양능력이 없거나 부양을 받을 수 없는 사람으로서 그 소득인정액이 제20조제2항에 따른 중앙생활보장위원회의 심의·의결을 거쳐 결정하는 금액(이하 "교육급여 선정기준"이라 한다) 이하인 사람으로 한다. 이 경우 교육급여 선정기준은 기준 중위소득의 100분의 50 이상으로 한다. 〈신설 2014. 12. 30.〉

넷째, 교육급여의 신청 및 지급 등에 대하여는 「초·중등교육법」 제60조의4부터 제60조의9까지 및 제62조제3항에 따른 교육비 지원절차를 준용한다. 〈신설 2014. 12. 30.〉

(3) 교육급여의 적용특례(제12조의2항)

교육급여 수급권자를 선정하는 경우에는 제12조제1항의 교육급여와 「초·중등교육법」 제60조의4에 따른 교육비 지원과의 연계·통합을 위하여 제3조제2항 및 제12조제3항에도 불구하고 소득인정액이 교육급여 선정기준 이하인 사람을 수급권자로 본다.

(4) 의료급여(제12조의3항)

첫째, 의료급여는 수급자에게 건강한 생활을 유지하는 데 필요한 각종 검사 및 치료 등을 지급하는 것으로 한다.

둘째, 의료급여 수급권자는 부양의무자가 없거나, 부양의무자가 있어도 부양능력이 없거나 부양을 받을 수 없는 사람으로서 그 소득인정액이 제20조제2항에 따른 중앙생활보장위원회의 심의 · 의결을 거쳐 결정하는 금액(이하 이 항에서 "의료급여 선정기준"이라 한다) 이하인 사람으로 한다. 이 경우 의료급여 선정기준은 기준 중위소득의 100분의 40 이상으로 한다.

셋째, 의료급여에 필요한 사항은 따로 법률에서 정한다.

(5) 해산급여(13조)

첫째, 해산급여는 제7조제1항제1호부터 제3호까지의 급여 중 하나 이상의 급여를 받는 수급자에게 조산(助産), 분만 전과 분만 후에 필요한 조치와 보호의 급여를 실시하는 것으로 한다. 〈개정 2014. 12. 30.〉

둘째, 해산급여는 보건복지부령으로 정하는 바에 따라 보장기관이 지정하는 의료기관에 위탁하여 실시할 수 있다.

셋째, 해산급여에 필요한 수급품은 보건복지부령으로 정하는 바에 따라 수급자나 그 세대주 또는 세대주에 준하는 사람에게 지급한다. 다만, 제2항에 따라 그 급여를 의료기관에 위탁하는 경우에는 수급품을 그 의료기관에 지급할 수 있다.

(6) 장제급여(14조)

첫째, 장제급여는 제7조제1항제1호부터 제3호까지의 급여 중 하나 이상의 급여를 받는 수급자가 사망한 경우 사체의 검안(檢案) · 운반 · 화장 또는 매장, 그 밖의 장제조치를 하는 것으로 한다. 〈개정 2014. 12. 30.〉

둘째, 장제급여는 보건복지부령으로 정하는 바에 따라 실제로 장제를 실시하는 사람에게 장제에 필요한 비용을 지급하는 것으로 한다. 다만, 그 비용을 지급할 수 없거나 비용을 지급하는 것이 적당하지 아니하다고 인정하는 경우에는 물품을 지급할 수 있다.

셋째, 급여의 특례(제14조의2항)는 제8조, 제11조, 제12조, 제12조의3, 제13조, 제14조 및 제15조에 따른 수급권자에 해당하지 아니하여도 생활이 어려운 사람으로서 일정기간 동안 이 법에서 정하는 급여의 전부 또는 일부가 필요하다고 보건복지부장관 또는 소관 중앙행정기관의 장이 정하는 사람은 수급권자로 본다.

(7) 자활급여(15조)

첫째, 자활급여는 수급자의 자활을 돕기 위하여 자활에 필요한 금품의 지급 또는 대여, 자활에 필요한 근로능력의 향상 및 기능습득의 지원, 취업알선 등 정보의 제공, 자활을 위한 근로기회의 제공, 자활에 필요한 시설 및 장비의 대여, 창업교육, 기능훈련 및 기술·경영 지도 등 창업지원, 자활에 필요한 자산형성 지원, 그 밖에 대통령령으로 정하는 자활을 위한 각종 지원의 급여를 실시하는 것으로 한다.

둘째, 제1항의 자활급여는 관련 공공기관·비영리법인·시설과 그 밖에 대통령령으로 정하는 기관에 위탁하여 실시할 수 있다. 이 경우 그에 드는 비용은 보장기관이 부담한다.

(8) 자활복지개발원(15조의 2항) 〈개정 2012. 2. 1.〉

첫째, 수급자 및 차상위자의 자활촉진에 필요한 사업을 수행하기 위하여 한국자활복지개발원(이하 "자활복지개발원"이라 한다)을 설립한다.

둘째, 자활복지개발원은 법인으로 한다.

셋째, 자활복지개발원은 그 주된 사무소의 소재지에서 설립등기를 함으로써 성립한다.

넷째, 보건복지부장관은 자활복지개발원을 지도·감독하며 자활복지개발원에 대하여 업무·회계 및 재산에 관하여 필요한 사항을 보고하게 하거나 소속 공무원에게 자활복지개발원에 출입하여 장부, 서류, 그 밖의 물건을 검사하게 할 수 있다.

다섯째, 제1항에서 제4항까지에서 규정한 사항 외에 자활복지개발원의 정관, 이사회, 회계, 그 밖에 자활복지개발원의 설립 · 운영에 필요한 사항은 대통령령으로 정한다.

여섯째, 자활복지개발원의 업무(제15조의3항)는 다음 각 호의 사업을 수행한다.

일곱째, 자활 지원을 위한 사업(이하 "자활지원사업"이라 한다)의 개발 및 평가

여덟째, 자활 지원을 위한 조사 · 연구 및 홍보

아홉째, 제15조의10항에 따른 광역자활센터, 제16조에 따른 지역자활센터 및 제18조에 따른 자활기업의 기술 · 경영 지도 및 평가

열째, 제1항제5호 및 제7호에 따라 구축 · 운영되는 정보시스템은 「사회복지사업법」 제6조의2제1항에 따른 정보시스템 및 「사회보장기본법」 제37조제2항에 따른 사회보장 정보시스템과 연계할 수 있다.

열 한번 째, 자활복지개발원장은 제1항제8호에 따른 교육 · 훈련을 위하여 자활복지개발원에 한국자활연수원을 둔다.

(9) 지역자활센터 등(16조)

첫째, 보장기관은 수급자 및 차상위자의 자활 촉진에 필요한 다음 각 호의 사업을 수행하게 하기 위하여 사회복지법인, 사회적협동조합 등 비영리법인과 단체(이하 이 조에서 "법인등"이라 한다)를 법인등의 신청을 받아 지역자활센터로 지정할 수 있다. 이 경우 보장기관은 법인등의 지역사회복지사업 및 자활지원사업 수행능력 · 경험 등을 고려하여야 한다. 〈개정 2014. 12. 30.〉

둘째, 보장기관은 제1항에 따라 지정을 받은 지역자활센터에 대하여 지역자활센터의 설립 · 운영 비용 또는 제1항 각 호의 사업수행 비용의 전부 또는 일부, 국유 · 공유 재산의 무상임대, 보장기관이 실시하는 사업의 우선 위탁의 지원을 할 수 있다.

셋째, 보장기관은 지역자활센터에 대하여 정기적으로 사업실적 및 운영실태를 평가하고 수급자의 자활촉진을 달성하지 못하는 지역자활센터에 대하여는 그 지정을 취소할 수 있다.

넷째, 지역자활센터는 수급자 및 차상위자에 대한 효과적인 자활 지원과 지역자활센터의 발전을 공동으로 도모하기 위하여 지역자활센터협회를 설립할 수 있다.

다섯째, 제1항부터 제3항까지에서 규정한 사항 외에 지역자활센터의 신청 · 지정 및 취소 절차와 평가, 그 밖에 운영 등에 필요한 사항은 보건복지부령으로 정한다.

(10) 자활기관협의체(17조)

첫째, 시장 · 군수 · 구청장은 자활지원사업의 효율적인 추진을 위하여 제16조에 따른 지역자활센터, 「직업안정법」 제2조의2제1호의 직업안정기관, 「사회복지사업법」 제2조제4호의 사회복지시설의 장 등과 상시적인 협의체계(이하 "자활기관협의체"라 한다)를 구축하여야 한다. 〈개정 2014. 12. 30.〉

둘째, 자활기관협의체의 구성 및 운영 등에 필요한 사항은 보건복지부령으로 정한다.

(11) 자활기업(18조)

첫째, 수급자 및 차상위자는 상호 협력하여 자활기업을 설립 · 운영할 수 있다.

둘째, 자활기업은 조합 또는 「부가가치세법」상의 사업자로 한다.

셋째, 보장기관은 자활기업에게 직접 또는 자활복지개발원, 제15조의10에 따른 광역자활센터 및 제16조에 따른 지역자활센터를 통하여 자활을 위한 사업자금 융자, 국유지 · 공유지 우선 임대, 국가나 지방자치단체가 실시하는 사업의 우선 위탁, 국가나 지방자치단체의 조달구매 시 자활기업 생산품의 우선 구매, 그 밖에 수급자의 자활촉진을 위한 각종 사업의 지원을 할 수 있다. 〈개정 2019. 1. 15.〉

넷째, 그 밖에 자활기업의 설립 · 운영 및 지원에 필요한 사항은 보건복지부령으로 정한다.

다섯째, 고용촉진(18조 2항)에서 보장기관은 수급자 및 차상위자의 고용을 촉진하기 위하여 상시근로자의 일정비율 이상을 수급자 및 차상위자로 채용하는 기업에 대하여는 대통령령으로 정하는 바에 따라 제18조제3항 각 호에 해당하는 지원을 할 수 있다. 〈개정 2012. 2. 1., 2014. 12. 30.〉

여섯째, 시장 · 군수 · 구청장은 수급자 및 차상위자에게 가구별 특성을 감안하여 관련 기관의 고용지원서비스를 연계할 수 있다. 〈신설 2011. 6. 7., 2014. 12. 30.〉

일곱째, 시장 · 군수 · 구청장은 수급자 및 차상위자의 취업활동으로 인하여 지원이 필요하게 된 해당 가구의 아동 · 노인 등에게 사회복지서비스를 지원할 수 있다. 〈신설 2011. 6. 7., 2014. 12. 30.〉

① 공공기관의 우선구매(제18조의2항)

첫째, 「중소기업제품 구매촉진 및 판로지원에 관한 법률」 제2조제2호에 따른 공공기관의 장(이하 "공공기관의 장"이라 한다)은 자활기업이 직접 생산하는 물품, 제공하는 용역 및 수행하는 공사(이하 "자활기업생산품"이라 한다)의 우선구매를 촉진하여야 한다.

둘째, 공공기관의 장은 소속 기관 등에 대한 평가를 시행하는 경우에는 자활기업생산품의 구매실적을 포함하여야 한다.

셋째, 자활기금의 적립(제18조의3항)에서 보장기관은 이 법에 따른 자활지원사업의 원활한 추진을 위하여 자활기금을 적립한다. 〈개정 2019. 1. 15.〉

넷째, 보장기관은 자활지원사업의 효율적 추진을 위하여 필요하다고 인정하는 경우에는 자활기금의 관리 · 운영을 자활복지개발원 또는 자활지원사업을 수행하는 비영리법인에 위탁할 수 있다. 이 경우 그에 드는 비용은 보장기관이 부담한다. 〈개정 2019. 1. 15.〉

다섯째, 제1항에 따른 자활기금의 적립에 필요한 사항은 대통령령으로 정한다. [전문개정 2012. 2. 1.]

② 보고 등(제18조의3항)

첫째, 자활기업은 보건복지부장관이 정하는 바에 따라 설립 · 운영현황, 사업실적 등의 사항을 적은 사업보고서를 작성하여 매 회계연도 4월 말 및 10월 말까지 보장기관에 제출하여야 한다.

둘째, 보장기관은 자활기업을 지도 · 감독하며, 필요하다고 인정하는 경우에는 자활기업과 그 구성원에 대하여 업무에 필요한 보고나 관계 서류의 제출을 명할 수 있다.

셋째, 보장기관은 제1항 및 제2항에 따른 보고 사항의 검토 및 지도 · 감독을 한 결과 필요하면 시정을 명할 수 있다. 다만, 제18조제2항에 따른 인정요건을 갖추지 못하게 된 경우에는 시정을 명하여야 한다.

③ 자산형성지원(제18조의4항)

첫째, 보장기관은 수급자 및 차상위자가 자활에 필요한 자산을 형성할 수 있도록 재정적인 지원을 할 수 있다. 〈개정 2014. 12. 30.〉

둘째, 보장기관은 수급자 및 차상위자가 자활에 필요한 자산을 형성하는 데 필요한 교육을 실시할 수 있다. 〈개정 2014. 12. 30.〉

셋째, 제1항에 따른 지원으로 형성된 자산은 대통령령으로 정하는 바에 따라 수급자의 재산의 소득환산액 산정 시 이를 포함하지 아니한다. 〈개정 2014. 12. 30.〉

넷째, 보장기관은 제1항 및 제2항에 따른 자산형성지원과 그 교육에 관한 업무의 전부 또는 일부를 자활복지개발원 등의 법인 또는 단체 등에 위탁할 수 있다. 〈개정 2019. 1. 15.〉

다섯째, 제1항에 따른 자산형성지원의 대상과 기준 및 제2항에 따른 교육의 내용은 대통령령으로 정하고, 자산형성지원의 신청, 방법 및 지원금의 반환절차 등에 필요한 사항은 보건복지부령으로 정한다. 〈신설 2019. 1. 15.〉

④ 자활의 교육 등(제18조의5항)

첫째, 보건복지부장관, 특별시장 · 광역시장 · 특별자치시장 · 도지사 · 특별자치도지사(이하 "시 · 도지사"라 한다), 시장 · 군수 · 구청장은 수급자 및 차상위자의 자활촉진을 위하여 교육을 실시할 수 있다.

둘째, 보건복지부장관은 제1항에 따른 교육의 전부 또는 일부를 법인·단체 등에 위탁할 수 있다. 〈개정 2019. 1. 15.〉

셋째, 보건복지부장관은 제2항에 따른 교육을 위탁받은 법인·단체 등에 대하여 그 운영에 필요한 비용을 지원할 수 있다. 〈개정 2019. 1. 15.〉

넷째, 제1항부터 제3항까지에 따른 교육과 교육기관의 조직·운영 등에 필요한 사항은 보건복지부장관이 정한다.

⑤ 자활지원사업 통합정보전산망의 구축·운영 등(제18조의6항)

첫째, 보건복지부장관은 근로능력이 있는 수급자 등 자활지원사업 참여자의 수급이력 및 근로활동 현황 등 자활지원사업의 수행·관리 및 효과분석에 필요한 각종 자료 및 정보를 효율적으로 처리하고 기록·관리하는 자활지원사업 통합정보전산망(이하 "통합정보전산망"이라 한다)을 구축·운영할 수 있다.

둘째, 보건복지부장관은 통합정보전산망의 구축·운영을 위하여 고용노동부, 국가보훈처, 국세청 등 국가기관과 지방자치단체의 장 및 관련 기관·단체의 장에게 다음 각 호의 자료 제공 및 관계 전산망의 이용을 요청할 수 있다. 이 경우 자료의 제공 등을 요청받은 기관의 장은 정당한 사유가 없으면 그 요청에 따라야 한다.

셋째, 보건복지부장관은 제2항에 따른 자료 및 관계 전산망의 이용 등 통합정보전산망의 구축·운영에 필요한 자료의 조사를 위하여 「사회보장기본법」 제37조제2항에 따른 사회보장정보시스템을 연계하여 사용할 수 있다.

넷째, 자활지원사업을 수행하는 중앙행정기관, 지방자치단체 및 위탁받은 기관·단체의 장과 자활복지개발원의 원장은 자활지원사업의 수행·관리 및 효과분석을 위하여 제2항 각 호의 정보를 활용하고자 하는 경우 보건복지부장관에게 통합정보전산망의 사용을 요청할 수 있다.

다섯째, 보건복지부장관은 통합정보전산망 구축·운영에 관한 업무의 전부 또는 일부를 자활복지개발원에 위탁할 수 있다.

여섯째, 제2항부터 제4항까지에 따른 자료 또는 관계 전산망의 이용 및 제공에 대해서는 수수료 · 사용료 등을 면제한다. [본조신설 2019. 1. 15.]

⑥ 고용촉진(제18조의6항)

첫째, 보장기관은 수급자 및 차상위자의 고용을 촉진하기 위하여 상시근로자의 일정 비율 이상을 수급자 및 차상위자로 채용하는 기업에 대하여는 대통령령으로 정하는 바에 따라 제18조제3항 각 호에 해당하는 지원을 할 수 있다. 〈개정 2012. 2. 1., 2014. 12. 30.〉

둘째, 시장 · 군수 · 구청장은 수급자 및 차상위자에게 가구별 특성을 감안하여 관련 기관의 고용지원서비스를 연계할 수 있다. 〈신설 2011. 6. 7., 2014. 12. 30.〉

셋째, 시장 · 군수 · 구청장은 수급자 및 차상위자의 취업활동으로 인하여 지원이 필요하게 된 해당 가구의 아동 · 노인 등에게 사회복지서비스를 지원할 수 있다. 〈신설 2011. 6. 7., 2014. 12. 30.〉

⑦ 자활기금의 적립(제18조의7항)

첫째, 보장기관은 이 법에 따른 자활지원사업의 원활한 추진을 위하여 자활기금을 적립한다. 〈개정 2019. 1. 15.〉

둘째, 보장기관은 자활지원사업의 효율적 추진을 위하여 필요하다고 인정하는 경우에는 자활기금의 관리 · 운영을 자활복지개발원 또는 자활지원사업을 수행하는 비영리법인에 위탁할 수 있다. 이 경우 그에 드는 비용은 보장기관이 부담한다. 〈개정 2019. 1. 15.〉

셋째, 제1항에 따른 자활기금의 적립에 필요한 사항은 대통령령으로 정한다.

⑧ 자산형성지원(제18조의8항)

첫째, 보장기관은 수급자 및 차상위자가 자활에 필요한 자산을 형성할 수 있도록 재정적인 지원을 할 수 있다. 〈개정 2014. 12. 30.〉

둘째, 보장기관은 수급자 및 차상위자가 자활에 필요한 자산을 형성하는 데 필요한 교육을 실시할 수 있다. 〈개정 2014. 12. 30.〉

셋째, 제1항에 따른 지원으로 형성된 자산은 대통령령으로 정하는 바에 따라 수급자의 재산의 소득환산액 산정 시 이를 포함하지 아니한다. 〈개정 2014. 12. 30.〉

넷째, 보장기관은 제1항 및 제2항에 따른 자산형성지원과 그 교육에 관한 업무의 전부 또는 일부를 자활복지개발원 등의 법인 또는 단체 등에 위탁할 수 있다. 〈개정 2019. 1. 15.〉

다섯째, 제1항에 따른 자산형성지원의 대상과 기준 및 제2항에 따른 교육의 내용은 대통령령으로 정하고, 자산형성지원의 신청, 방법 및 지원금의 반환절차 등에 필요한 사항은 보건복지부령으로 정한다. 〈신설 2019. 1. 15.〉

⑨ 자활의 교육 등(제18조의9항)

첫째, 보건복지부장관, 특별시장 · 광역시장 · 특별자치시장 · 도지사 · 특별자치도지사(이하 "시 · 도지사"라 한다), 시장 · 군수 · 구청장은 수급자 및 차상위자의 자활촉진을 위하여 교육을 실시할 수 있다.

둘째, 보건복지부장관은 제1항에 따른 교육의 전부 또는 일부를 법인 · 단체 등에 위탁할 수 있다. 〈개정 2019. 1. 15.〉

셋째, 보건복지부장관은 제2항에 따른 교육을 위탁받은 법인 · 단체 등에 대하여 그 운영에 필요한 비용을 지원할 수 있다. 〈개정 2019. 1. 15.〉

넷째, 제1항부터 제3항까지에 따른 교육과 교육기관의 조직 · 운영 등에 필요한 사항은 보건복지부장관이 정한다.

⑩ 자활지원사업 통합정보전산망의 구축 · 운영 등(제18조의10항)

첫째, 보건복지부장관은 근로능력이 있는 수급자 등 자활지원사업 참여자의 수급이력 및 근로활동 현황 등 자활지원사업의 수행 · 관리 및 효과분석에 필요한 각종 자료 및 정보를 효율적으로 처리하고 기록 · 관리하는 자활지원사업 통합정보전산망(이하

"통합정보전산망"이라 한다)을 구축 · 운영할 수 있다.

둘째, 보건복지부장관은 통합정보전산망의 구축 · 운영을 위하여 고용노동부, 국가보훈처, 국세청 등 국가기관과 지방자치단체의 장 및 관련 기관 · 단체의 장에게 다음 각 호의 자료 제공 및 관계 전산망의 이용을 요청할 수 있다. 이 경우 자료의 제공 등을 요청받은 기관의 장은 정당한 사유가 없으면 그 요청에 따라야 한다.

셋째, 보건복지부장관은 제2항에 따른 자료 및 관계 전산망의 이용 등 통합정보전산망의 구축 · 운영에 필요한 자료의 조사를 위하여 「사회보장기본법」 제37조제2항에 따른 사회보장정보시스템을 연계하여 사용할 수 있다.

넷째, 자활지원사업을 수행하는 중앙행정기관, 지방자치단체 및 위탁받은 기관 · 단체의 장과 자활복지개발원의 원장은 자활지원사업의 수행 · 관리 및 효과분석을 위하여 제2항 각 호의 정보를 활용하고자 하는 경우 보건복지부장관에게 통합정보전산망의 사용을 요청할 수 있다.

다섯째, 보건복지부장관은 통합정보전산망 구축 · 운영에 관한 업무의 전부 또는 일부를 자활복지개발원에 위탁할 수 있다.

여섯째, 제2항부터 제4항까지에 따른 자료 또는 관계 전산망의 이용 및 제공에 대해서는 수수료 · 사용료 등을 면제한다.

(12) 보장기관(제19조)

이 법에 따른 급여는 수급권자 또는 수급자의 거주지를 관할하는 시 · 도지사와 시장 · 군수 · 구청장[제7조제1항제4호의 교육급여인 경우에는 특별시 · 광역시 · 특별자치시 · 도 · 특별자치도의 교육감(이하 "시 · 도교육감"이라 한다)을 말한다. 이하 같다]이 실시한다. 다만, 주거가 일정하지 아니한 경우에는 수급권자 또는 수급자가 실제 거주하는 지역을 관할하는 시장 · 군수 · 구청장이 실시한다. 〈개정 2014. 12. 30.〉

제1항에도 불구하고 보건복지부장관, 소관 중앙행정기관의 장과 시 · 도지사는 수급자를 각각 국가나 해당 지방자치단체가 경영하는 보장시설에 입소하게 하거나 다른

보장시설에 위탁하여 급여를 실시할 수 있다. 〈개정 2014. 12. 30.〉

또한, 수급권자나 수급자가 거주지를 변경하는 경우의 처리방법과 보장기관 간의 협조, 그 밖에 업무처리에 필요한 사항은 보건복지부령으로 정한다.

그리고 보장기관은 수급권자 · 수급자 · 차상위계층에 대한 조사와 수급자 결정 및 급여의 실시 등 이 법에 따른 보장업무를 수행하게 하기 위하여 「사회복지사업법」 제14조에 따른 사회복지 전담공무원(이하 "사회복지 전담공무원"이라 한다)을 배치하여야 한다. 이 경우 제15조에 따른 자활급여 업무를 수행하는 사회복지 전담공무원은 따로 배치하여야 한다. [전문개정 2012. 2. 1.]

(13) 생활보장위원회(20조)

첫째, 이 법에 따른 생활보장사업의 기획 · 조사 · 실시 등에 관한 사항을 심의 · 의결하기 위하여 보건복지부와 시 · 도 및 시 · 군 · 구(자치구를 말한다. 이하 같다)에 각각 생활보장위원회를 둔다. 다만, 시 · 도 및 시 · 군 · 구에 두는 생활보장위원회는 그 기능을 담당하기에 적합한 다른 위원회가 있고 그 위원회의 위원이 제4항에 규정된 자격을 갖춘 경우에는 시 · 도 또는 시 · 군 · 구의 조례로 정하는 바에 따라 그 위원회가 생활보장위원회의 기능을 대신할 수 있다.

둘째, 보건복지부에 두는 생활보장위원회(이하 "중앙생활보장위원회"라 한다)는 제20조의2제3항에 따른 기초생활보장 종합계획의 수립, 소득 인정액 산정방식과 기준 중위소득의 결정, 급여의 종류별 수급자 선정기준과 최저보장수준의 결정, 제20조의2제2항 및 제4항에 따른 급여기준의 적정성 등 평가 및 실태조사에 관한 사항, 급여의 종류별 누락 · 중복, 차상위 계층의 지원사업 등에 대한 조정, 제18조의7에 따른 자활기금의 적립 · 관리 및 사용에 관한 지침의 수립, 그 밖에 위원장이 회의에 부치는 사항을 심의 · 의결한다. 〈개정 2014. 12. 30., 2021. 7. 27.〉

셋째, 중앙생활보장위원회는 위원장을 포함하여 16명 이내의 위원으로 구성하고 위원은 보건복지부장관이 공공부조 또는 사회복지와 관련된 학문을 전공한 전문가로서 대학의 조교수 이상인 사람 또는 연구기관의 연구원으로 재직 중인 사람 5명 이내, 공익을 대표하는 사람 5명 이내, 관계 행정기관 소속 3급 이상 공무원 또는 고위공무원단에 속하는 일반직공무원 5명 이내에 해당하는 사람 중에서 위촉 · 지명하며 위원장은 보건복지부장관으로 한다. 〈**개정** 2014. 12. 30.〉

넷째, 제1항에 따른 시 · 도 및 시 · 군 · 구 생활보장위원회의 위원은 시 · 도지사 또는 시장 · 군수 · 구청장이 사회보장에 관한 학식과 경험이 있는 사람, 공익을 대표하는 사람, 관계 행정기관 소속 공무원의 어느 하나에 해당하는 사람 중에서 위촉 · 지명하며 위원장은 해당 시 · 도지사 또는 시장 · 군수 · 구청장으로 한다. 다만, 제1항 단서에 따라 다른 위원회가 생활보장위원회의 기능을 대신하는 경우 위원장은 조례로 정한다.

다섯째, 제1항에 따른 생활보장위원회는 심의 · 의결과 관련하여 필요한 경우 보장기관에 대하여 그 소속 공무원의 출석이나 자료의 제출을 요청할 수 있다. 이 경우 해당 보장기관은 정당한 사유가 없으면 요청에 따라야 한다.

여섯째, 시 · 도 및 시 · 군 · 구 생활보장위원회의 기능과 각 생활보장위원회의 구성 · 운영 등에 필요한 사항은 대통령령으로 정한다.

(14) 기초생활보장 계획의 수립 및 평가(제20조의2항)

첫째, 소관 중앙행정기관의 장은 수급자의 최저생활을 보장하기 위하여 3년마다 소관별로 기초생활보장 기본계획을 수립하여 보건복지부장관에게 제출하여야 한다.

둘째, 보건복지부장관 및 소관 중앙행정기관의 장은 제4항에 따른 실태조사 결과를 고려하여 급여기준의 적정성 등에 대한 평가를 실시할 수 있으며, 이와 관련하여 전문적인 조사 · 연구 등을 「공공기관의 운영에 관한 법률」에 따른 공공기관 또는 민간 법인 · 단체 등에 위탁할 수 있다.

셋째, 보건복지부장관은 제1항에 따른 기초생활보장 기본계획 및 제2항에 따른 평가결과를 종합하여 기초생활보장 종합계획을 수립하여 중앙생활보장위원회의 심의를 받아야 한다.

넷째, 보건복지부장관은 수급권자, 수급자 및 차상위계층 등의 규모 · 생활실태 파악, 최저생계비 계측 등을 위하여 3년마다 실태조사를 실시 · 공표하여야 한다.

다섯째, 보건복지부장관 및 소관 중앙행정기관의 장은 관계 행정기관, 지방자치단체, 「공공기관의 운영에 관한 법률」에 따른 공공기관 등에 대하여 평가에 관한 의견 또는 자료의 제출을 요구할 수 있다. 이 경우 관계 행정기관 등은 특별한 사유가 없으면 이에 따라야 한다.

(15) 급여의 신청(21조)

첫째, 수급권자와 그 친족, 그 밖의 관계인은 관할 시장 · 군수 · 구청장에게 수급권자에 대한 급여를 신청할 수 있다. 차상위자가 급여를 신청하려는 경우에도 같으며, 이 경우 신청방법과 절차 및 조사 등에 관하여는 제2항부터 제5항까지, 제22조, 제23조 및 제23조의2를 준용한다. **〈개정 2014. 12. 30.〉**

둘째, 사회복지 전담공무원은 이 법에 따른 급여를 필요로 하는 사람이 누락되지 아니하도록 하기 위하여 관할지역에 거주하는 수급권자에 대한 급여를 직권으로 신청할 수 있다. 이 경우 수급권자의 동의를 구하여야 하며 수급권자의 동의는 수급권자의 신청으로 볼 수 있다.

셋째, 제1항에 따라 급여신청을 할 때나 제2항에 따라 사회복지 전담공무원이 급여신청을 하는 것에 수급권자가 동의하였을 때에는 수급권자와 부양의무자는 다음 각 호의 자료 또는 정보의 제공에 대하여 동의한다는 서면을 제출하여야 한다.

- 「금융실명거래 및 비밀보장에 관한 법률」 제2조제2호 및 제3호에 따른 금융자산 및 금융거래의 내용에 대한 자료 또는 정보 중 예금의 평균잔액과 그 밖에 대통령령으로 정하는 자료 또는 정보(이하 "금융정보"라 한다)
- 「신용정보의 이용 및 보호에 관한 법률」 제2조제1호에 따른 신용정보 중 채무액과 그 밖에 대통령령으로 정하는 자료 또는 정보(이하 "신용정보"라 한다)
- 「보험업법」 제4조제1항 각 호에 따른 보험에 가입하여 낸 보험료와 그 밖에 대

통령령으로 정하는 자료 또는 정보(이하 "보험정보"라 한다)

넷째, 제1항에 따라 수급권자 등이 급여를 신청할 경우 사회복지 전담공무원은 신청한 사람이 급여에 관한 정보의 부족 등으로 불리한 입장에 놓이지 아니하도록 수급권자의 선정기준, 급여의 내용 및 신청방법 등을 알기 쉽게 설명하여야 한다. 〈신설 2016. 2. 3.〉

다섯째, 시장 · 군수 · 구청장은 신청자에게 급여 신청의 철회나 포기를 유도하는 행위를 하여서는 아니 된다. 〈신설 2016. 2. 3.〉

여섯째, 제1항 및 제2항에 따른 급여의 신청 방법 및 절차 등에 관하여 필요한 사항은 보건복지부령으로 정한다. 〈개정 2016. 2. 3.〉

일곱째, 제3항에 따른 동의의 방법 · 절차 등에 관하여 필요한 사항은 대통령령으로 정한다. 〈개정 2016. 2. 3.〉

(16) 신청에 의한 조사(22조)

첫째, 시장 · 군수 · 구청장은 제21조에 따른 급여신청이 있는 경우에는 사회복지 전담공무원으로 하여금 급여의 결정 및 실시 등에 필요한 부양의무자의 유무 및 부양능력 등 부양의무자와 관련된 사항, 수급권자 및 부양의무자의 소득 · 재산에 관한 사항, 수급권자의 근로능력, 취업상태, 자활욕구 등 제28조에 따른 자활지원계획 수립에 필요한 사항, 그 밖에 수급권자의 건강상태, 가구 특성 등 생활실태에 관한 사항의 사항을 조사하게 하거나 수급권자에게 보장기관이 지정하는 의료기관에서 검진을 받게 할 수 있다. 〈개정 2014. 12. 30.〉

둘째, 시장 · 군수 · 구청장은 제1항에 따라 신청한 수급권자 또는 그 부양의무자의 소득, 재산 및 건강상태 등을 확인하기 위하여 필요한 자료를 확보하기 곤란한 경우 보건복지부령으로 정하는 바에 따라 수급권자 또는 부양의무자에게 필요한 자료의 제출을 요구할 수 있다. 〈개정 2014. 12. 30.〉

셋째, 시장 · 군수 · 구청장은 급여의 결정 또는 실시 등을 위하여 필요한 경우에는

제1항 각 호의 조사를 관계 기관에 위촉하거나 수급권자 또는 그 부양의무자의 고용주, 그 밖의 관계인에게 이에 관한 자료의 제출을 요청할 수 있다. 〈개정 2014. 12. 30.〉

넷째, 보장기관이 제1항 각 호의 조사를 하기 위하여 금융 · 국세 · 지방세 · 토지 · 건물 · 자동차 · 건강보험 · 국민연금 · 고용보험 · 출입국 · 병무 · 교정 등 관련 전산망 또는 자료를 이용하려는 경우에는 관계 기관의 장에게 협조를 요청할 수 있다. 이 경우 관계 기관의 장은 정당한 사유가 없으면 협조하여야 한다. 〈개정 2017. 12. 12.〉

다섯째, 제1항에 따라 조사를 하는 사회복지 전담공무원은 그 권한을 표시하는 증표 및 조사기간, 조사범위, 조사담당자, 관계 법령 등 보건복지부령으로 정하는 사항이 기재된 서류를 지니고 이를 관계인에게 보여 주어야 한다. 〈개정 2016. 2. 3.〉

여섯째, 보장기관의 공무원 또는 공무원이었던 사람은 제1항부터 제4항까지의 규정에 따라 얻은 정보와 자료를 이 법에서 정한 보장목적 외에 다른 용도로 사용하거나 다른 사람 또는 기관에 제공하여서는 아니 된다.

일곱째, 보장기관은 제1항부터 제4항까지의 규정에 따른 조사 결과를 대장으로 작성하여 갖추어 두어야 하며 그 밖에 조사에 필요한 사항은 보건복지부장관이 정한다. 다만, 전산정보처리조직에 의하여 관리되는 경우에는 전산 파일로 대체할 수 있다.

여덟째, 보장기관은 수급권자 또는 부양의무자가 제1항 및 제2항에 따른 조사 또는 자료제출 요구를 2회 이상 거부 · 방해 또는 기피하거나 검진 지시에 따르지 아니하면 급여신청을 각하(却下)할 수 있다. 이 경우 제29조제2항을 준용한다.

아홉째, 제1항에 따른 조사의 내용 · 절차 · 방법 등에 관하여 이 법에서 정하는 사항을 제외하고는 「행정조사기본법」에서 정하는 바를 따른다. 〈신설 2016. 2. 3.〉

(17) 확인조사(23조)

첫째, 시장 · 군수 · 구청장은 수급자 및 수급자에 대한 급여의 적정성을 확인하기 위하여 매년 연간조사계획을 수립하고 관할구역의 수급자를 대상으로 제22조제1항 각 호의 사항을 매년 1회 이상 정기적으로 조사하여야 하며, 특히 필요하다고 인정하는 경우에는 보장기관이 지정하는 의료기관에서 검진을 받게 할 수 있다. 다만, 보건복지부장관이 정하는 사항은 분기마다 조사하여야 한다. 〈**개정** 2014. 12. 30.〉

둘째, 수급자의 자료제출, 조사의 위촉, 관련 전산망의 이용, 그 밖에 확인조사를 위하여 필요한 사항에 관하여는 제22조제2항부터 제7항까지의 규정을 준용한다.

셋째, 보장기관은 수급자 또는 부양의무자가 제1항에 따른 조사나 제2항에 따라 준용되는 제22조제2항에 따른 자료제출 요구를 2회 이상 거부·방해 또는 기피하거나 검진 지시에 따르지 아니하면 수급자에 대한 급여 결정을 취소하거나 급여를 정지 또는 중지할 수 있다. 이 경우 제29조제2항을 준용한다.

넷째, 보건복지부장관은 「금융실명거래 및 비밀보장에 관한 법률」 제4조제1항과 「신용정보의 이용 및 보호에 관한 법률」 제32조제1항에도 불구하고 수급권자와 그 부양의무자가 제21조제3항에 따라 제출한 동의 서면을 전자적 형태로 바꾼 문서에 의하여 금융기관등(「금융실명거래 및 비밀보장에 관한 법률」 제2조제1호에 따른 금융회사등, 「신용정보의 이용 및 보호에 관한 법률」 제25조에 따른 신용정보집중기관을 말한다. 이하 같다)의 장에게 금융정보·신용정보 또는 보험정보(이하 "금융정보등"이라 한다)의 제공을 요청할 수 있다.

다섯째, 보건복지부장관은 제23조에 따른 확인조사를 위하여 필요하다고 인정하는 경우 「금융실명거래 및 비밀보장에 관한 법률」 제4조제1항과 「신용정보의 이용 및 보호에 관한 법률」 제32조제1항에도 불구하고 대통령령으로 정하는 기준에 따라 인적사항을 적은 문서 또는 정보통신망으로 금융기관등의 장에게 수급자와 부양의무자의 금융정보등을 제공하도록 요청할 수 있다.

여섯째, 제1항 및 제2항에 따라 금융정보등의 제공을 요청받은 금융기관등의 장은 「금융실명거래 및 비밀보장에 관한 법률」 제4조와 「신용정보의 이용 및 보호에 관한 법률」 제32조에도 불구하고 명의인의 금융정보등을 제공하여야 한다.

일곱째, 제3항에 따라 금융정보등을 제공한 금융기관등의 장은 금융정보등의 제공사실을 명의인에게 통보하여야 한다. 다만, 명의인이 동의한 경우에는 「금융실명거래 및 비밀보장에 관한 법률」 제4조의2제1항과 「신용정보의 이용 및 보호에 관한 법률」 제35조에도 불구하고 통보하지 아니할 수 있다.

여덟째, 제1항부터 제3항까지의 규정에 따른 금융정보등의 제공요청 및 제공은 「정보통신망 이용촉진 및 정보보호 등에 관한 법률」 제2조제1항제1호에 따른 정보통신망을 이용하여야 한다. 다만, 정보통신망의 손상 등 불가피한 사유가 있는 경우에는 그러하지 아니하다.

아홉째, 제1항부터 제3항까지의 규정에 따른 업무에 종사하고 있거나 종사하였던 사람은 업무를 수행하면서 취득한 금융정보등을 이 법에서 정한 목적 외의 다른 용도로 사용하거나 다른 사람 또는 기관에 제공하거나 누설하여서는 아니 된다.

열째, 제1항부터 제3항까지와 제5항에 따른 금융정보등의 제공요청 및 제공 등에 필요한 사항은 대통령령으로 정한다.

(18) 차상위계층에 대한 조사(24조)

첫째, 시장 · 군수 · 구청장은 급여의 종류별 수급자 선정기준의 변경 등에 의하여 수급권자의 범위가 변동함에 따라 다음 연도에 이 법에 따른 급여가 필요할 것으로 예측되는 수급권자의 규모를 조사하기 위하여 보건복지부령으로 정하는 바에 따라 차상위계층에 대하여 조사할 수 있다. 〈개정 2014. 12. 30.〉

둘째, 시장 · 군수 · 구청장은 제1항에 따른 조사를 하려는 경우 조사대상자의 동의를 받아야 한다. 이 경우 조사대상자의 동의는 다음 연도의 급여신청으로 본다. 〈개정 2014. 12. 30.〉

셋째, 조사대상자의 자료제출, 조사의 위촉, 관련 전산망의 이용, 그 밖에 차상위계층에 대한 조사를 위하여 필요한 사항에 관하여는 제22조제2항부터 제7항까지의 규정을 준용한다.

(19) 급여의 결정 등(26조)

첫째, 시장 · 군수 · 구청장은 제22조에 따라 조사를 하였을 때에는 지체 없이 급여 실시 여부와 급여의 내용을 결정하여야 한다. 〈개정 2014. 12. 30.〉

둘째, 제24조에 따라 차상위계층을 조사한 시장 · 군수 · 구청장은 제27조제1항 단서에 규정된 급여개시일이 속하는 달에 급여 실시 여부와 급여 내용을 결정하여야 한다. 〈개정 2014. 12. 30.〉

셋째, 시장 · 군수 · 구청장은 제1항 및 제2항에 따라 급여 실시 여부와 급여 내용을 결정하였을 때에는 그 결정의 요지(급여의 산출 근거를 포함한다), 급여의 종류 · 방법 및 급여의 개시 시기 등을 서면으로 수급권자 또는 신청인에게 통지하여야 한다. 〈개정 2014. 12. 30., 2019. 12. 3.〉

넷째, 신청인에 대한 제3항의 통지는 제21조에 따른 급여의 신청일부터 30일 이내에 하여야 한다. 다만, 다음 각 호의 어느 하나에 해당하는 경우에는 신청일부터 60일 이내에 통지할 수 있다. 이 경우 통지서에 그 사유를 구체적으로 밝혀야 한다. 〈개정 2014. 12. 30.〉

- 부양의무자의 소득 · 재산 등의 조사에 시일이 걸리는 특별한 사유가 있는 경우
- 수급권자 또는 부양의무자가 제22조제1항 · 제2항 및 관계 법률에 따른 조사나 자료제출 요구를 거부 · 방해 또는 기피하는 경우

(20) 급여의 실시 등(27조)

첫째, 제26조제1항에 따라 급여 실시 및 급여 내용이 결정된 수급자에 대한 급여는 제21조에 따른 급여의 신청일부터 시작한다. 다만, 제6조에 따라 보건복지부장관 또는 소관중앙행정기관의 장이 매년 결정 · 공표하는 급여의 종류별 수급자 선정기준의 변경으로 인하여 매년 1월에 새로 수급자로 결정되는 사람에 대한 급여는 해당 연도의 1월 1일을 그 급여개시일로 한다. 〈개정 2014. 12. 30.〉

둘째, 시장 · 군수 · 구청장은 제26조제1항에 따른 급여 실시 여부의 결정을 하기 전이라도 수급권자에게 급여를 실시하여야 할 긴급한 필요가 있다고 인정할 때에는 제7조제1항 각 호에 규정된 급여의 일부를 실시할 수 있다. 〈개정 2014. 12. 30.〉

셋째, 제27조의2항에서 급여의 지급방법 등과 관련하여 보장기관이 급여를 금전으로 지급할 때에는 수급자의 신청에 따라 수급자 명의의 지정된 계좌(이하 "급여수급계좌"라 한다)로 입금하여야 한다. 다만, 정보통신장애나 그 밖에 대통령령으로 정하는 불가피한 사유로 급여수급계좌로 이체할 수 없을 때에는 대통령령으로 정하는 바에 따라 급여를 지급할 수 있다.

넷째, 급여수급계좌의 해당 금융기관은 이 법에 따른 급여와 제4조제4항에 따라 지방자치단체가 실시하는 급여만이 급여수급계좌에 입금되도록 관리하여야 한다. 〈개정 2018. 12. 11.〉

다섯째, 제1항에 따른 계좌 입금이나 현금 지급 등의 방법 · 절차와 제2항에 따른 급여수급계좌의 관리에 필요한 사항은 대통령령으로 정한다.

(21) 자활지원계획의 수립(28조)

첫째, 시장 · 군수 · 구청장은 수급자의 자활을 체계적으로 지원하기 위하여 보건복지부장관이 정하는 바에 따라 제22조, 제23조, 제23조의2 및 제24조에 따른 조사 결과를 고려하여 수급자 가구별로 자활지원계획을 수립하고 그에 따라 이 법에 따른 급여를 실시하여야 한다. 〈개정 2014. 12. 30.〉

둘째, 보장기관은 수급자의 자활을 위하여 필요한 경우에는 「사회복지사업법」 등 다른 법률에 따라 보장기관이 제공할 수 있는 급여가 있거나 민간기관 등이 후원을 제공하는 경우 제1항의 자활지원계획에 따라 급여를 지급하거나 후원을 연계할 수 있다.

셋째, 시장 · 군수 · 구청장은 수급자의 자활여건 변화와 급여 실시 결과를 정기적으로 평가하고 필요한 경우 자활지원계획을 변경할 수 있다. 〈개정 2014. 12. 30.〉

(22) 급여의 변경(29조)

첫째, 보장기관은 수급자의 소득 · 재산 · 근로능력 등이 변동된 경우에는 직권으로 또는 수급자나 그 친족, 그 밖의 관계인의 신청에 의하여 그에 대한 급여의 종류 · 방법 등을 변경할 수 있다.

둘째, 제1항에 따른 급여의 변경은 산출 근거 등 이유를 구체적으로 밝혀 서면으로 수급자에게 통지하여야 한다. 〈개정 2019. 12. 3.〉

다 함께 생각해 보기

1. 다음의 블로그를 시청하고 본인의 견해를 말해 보세요.
   https://blog.naver.com/bnstujx871/222274718553

제10장

아동복지법

[시행 2021. 6. 30.]
[법률 제17784호, 2020. 12. 29., 일부개정]

1. 아동복지법

1) 개요

(1) 목적과 기본이념

이 법의 목적(1조)은 아동이 건강하게 출생하여 행복하고 안전하게 자랄 수 있도록 아동의 복지를 보장하는 것을 목적으로 한다.

(2) 기본 이념(2조)

첫째, 아동은 자신 또는 부모의 성별, 연령, 종교, 사회적 신분, 재산, 장애유무, 출생지역, 인종 등에 따른 어떠한 종류의 차별도 받지 아니하고 자라나야 한다.

둘째, 아동은 완전하고 조화로운 인격발달을 위하여 안정된 가정환경에서 행복하게 자라나야 한다.

셋째, 아동에 관한 모든 활동에 있어서 아동의 이익이 최우선적으로 고려되어야 한다.

넷째, 아동은 아동의 권리보장과 복지증진을 위하여 이 법에 따른 보호와 지원을 받을 권리를 가진다.

(3) 용어(3조) 〈개정 2014. 1. 28.〉

첫째, "아동"이란 18세 미만인 사람을 말한다.

둘째, "아동복지"란 아동이 행복한 삶을 누릴 수 있는 기본적인 여건을 조성하고 조화롭게 성장 · 발달할 수 있도록 하기 위한 경제적 · 사회적 · 정서적 지원을 말한다.

셋째, "보호자"란 친권자, 후견인, 아동을 보호 · 양육 · 교육하거나 그러한 의무가 있는 자 또는 업무 · 고용 등의 관계로 사실상 아동을 보호 · 감독하는 자를 말한다.

넷째, "보호대상아동"이란 보호자가 없거나 보호자로부터 이탈된 아동 또는 보호자가 아동을 학대하는 경우 등 그 보호자가 아동을 양육하기에 적당하지 아니하거나 양육할 능력이 없는 경우의 아동을 말한다.

다섯째, "지원대상아동"이란 아동이 조화롭고 건강하게 성장하는 데에 필요한 기초적인 조건이 갖추어지지 아니하여 사회적 · 경제적 · 정서적 지원이 필요한 아동을 말한다.

여섯째, "가정위탁"이란 보호대상아동의 보호를 위하여 성범죄, 가정폭력, 아동학대, 정신질환 등의 전력이 없는 보건복지부령으로 정하는 기준에 적합한 가정에 보호대상아동을 일정 기간 위탁하는 것을 말한다.

일곱째, "아동학대"란 보호자를 포함한 성인이 아동의 건강 또는 복지를 해치거나 정상적 발달을 저해할 수 있는 신체적 · 정신적 · 성적 폭력이나 가혹행위를 하는 것과 아동의 보호자가 아동을 유기하거나 방임하는 것을 말한다.

여덟째, "아동학대관련범죄"란 「아동학대범죄의 처벌 등에 관한 특례법」 제2조제4호에 따른 아동학대범죄, 아동에 대한 「형법」 제2편 제24장 살인의 죄 중 제250조부터 제255조까지의 죄에 해당하는 죄를 말한다.

아홉째, "피해아동"이란 아동학대로 인하여 피해를 입은 아동을 말한다.

열째, "아동복지시설"이란 제50조에 따라 설치된 시설을 말한다.

열한째, "아동복지시설 종사자"란 아동복지시설에서 아동의 상담 · 지도 · 치료 · 양육, 그 밖에 아동의 복지에 관한 업무를 담당하는 사람을 말한다.

2) 주요내용

(1) 국가와 지방자치단체의 책무(4조)

첫째, 국가와 지방자치단체는 아동의 안전 · 건강 및 복지 증진을 위하여 아동과 그 보호자 및 가정을 지원하기 위한 정책을 수립 · 시행하여야 한다.

둘째, 국가와 지방자치단체는 보호대상아동 및 지원대상아동의 권익을 증진하기 위한 정책을 수립 · 시행하여야 한다.

셋째, 국가와 지방자치단체는 아동이 태어난 가정에서 성장할 수 있도록 지원하고, 아동이 태어난 가정에서 성장할 수 없을 때에는 가정과 유사한 환경에서 성장할 수 있도록 조치하며, 아동을 가정에서 분리하여 보호할 경우에는 신속히 가정으로 복귀할 수 있도록 지원하여야 한다. 〈신설 2016. 3. 22.〉

넷째, 국가와 지방자치단체는 장애아동의 권익을 보호하기 위하여 필요한 시책을 강구하여야 한다. 〈개정 2016. 3. 22.〉

다섯째, 국가와 지방자치단체는 아동이 자신 또는 부모의 성별, 연령, 종교, 사회적 신분, 재산, 장애유무, 출생지역 또는 인종 등에 따른 어떠한 종류의 차별도 받지 아니하도록 필요한 시책을 강구하여야 한다. 〈개정 2016. 3. 22.〉

여섯째, 국가와 지방자치단체는 「아동의 권리에 관한 협약」에서 규정한 아동의 권리 및 복지 증진 등을 위하여 필요한 시책을 수립 · 시행하고, 이에 필요한 교육과 홍보를 하여야 한다. 〈개정 2016. 3. 22.〉

일곱째, 국가와 지방자치단체는 아동의 보호자가 아동을 행복하고 안전하게 양육하기 위하여 필요한 교육을 지원하여야 한다. 〈신설 2014. 1. 28., 2016. 3. 22.〉

(2) 보호자 등의 책무(5조)

첫째, 아동의 보호자는 아동을 가정에서 그의 성장시기에 맞추어 건강하고 안전하게 양육하여야 한다.

둘째, 아동의 보호자는 아동에게 신체적 고통이나 폭언 등의 정신적 고통을 가하여서는 아니 된다. 〈신설 2015. 3. 27.〉

셋째, 모든 국민은 아동의 권익과 안전을 존중하여야 하며, 아동을 건강하게 양육하여야 한다. 〈개정 2015. 3. 27.〉

(3) 어린이날 및 어린이주간(6조)

어린이에 대한 사랑과 보호의 정신을 높임으로써 이들을 옳고 아름답고 슬기로우며 씩씩하게 자라나도록 하기 위하여 매년 5월 5일을 어린이날로 하며, 5월 1일부터 5월 7일까지를 어린이주간으로 한다.

2. 아동복지정책의 수립 및 시행

1) 개요

(1) 아동정책기본계획의 수립(7조)

첫째, 보건복지부장관은 아동정책의 효율적인 추진을 위하여 5년마다 아동정책기본계획(이하 "기본계획"이라 한다)을 수립하여야 한다.

둘째, 기본계획은 이전의 기본계획에 관한 분석 · 평가, 아동정책에 관한 기본방향 및 추진목표, 주요 추진과제 및 추진방법, 재원조달방안, 그 밖에 아동정책을 시행하기 위하여 특히 필요하다고 인정되는 사항을 포함하여야 한다.

셋째, 보건복지부장관은 기본계획을 수립할 때에는 미리 관계 중앙행정기관의 장과 협의하여야 한다.

넷째, 기본계획은 제10조에 따른 아동정책조정위원회의 심의를 거쳐 확정한다. 이 경우 보건복지부장관은 확정된 기본계획을 관계 중앙행정기관의 장 및 특별시장 · 광역시장 · 도지사 · 특별자치도지사(이하 "시 · 도지사"라 한다)에게 알려야 한다.

(2) 연도별 시행계획의 수립 · 시행 등(8조)

첫째, 보건복지부장관, 관계 중앙행정기관의 장 및 시 · 도지사는 매년 기본계획에 따라 연도별 아동정책시행계획(이하 "시행계획"이라 한다)을 수립 · 시행하여야 한다.

둘째, 관계 중앙행정기관의 장 및 시 · 도지사는 다음 연도의 시행계획 및 전년도의 시행계획에 따른 추진실적을 대통령령으로 정하는 바에 따라 매년 보건복지부장관에게 제출하고, 보건복지부장관은 매년 시행계획에 따른 추진실적을 평가하여야 한다.

셋째, 시행계획의 수립 · 시행 및 추진실적의 평가 등에 필요한 사항은 대통령령으로 정한다.

2) 주요내용

(1) 계획수립의 협조(9조)

첫째, 보건복지부장관, 관계 중앙행정기관의 장 및 시 · 도지사는 기본계획 또는 시행계획의 수립 · 시행을 위하여 필요한 경우에는 관계 기관 · 단체나 그 밖의 민간기업체의 장에게 협조를 요청할 수 있다.

둘째, 제1항에 따른 요청을 받은 자는 정당한 사유가 없는 한 이에 따라야 한다.

(2) 아동정책조정위원회(10조)

첫째, 아동의 권리증진과 건강한 출생 및 성장을 위하여 종합적인 아동정책을 수립하고 관계 부처의 의견을 조정하며 그 정책의 이행을 감독하고 평가하기 위하여 국무총리 소속으로 아동정책조정위원회(이하 "위원회"라 한다)를 둔다.

둘째, 위원회는 기본계획의 수립에 관한 사항, 아동의 권익 및 복지 증진을 위한 기본방향에 관한 사항, 아동정책의 개선과 예산지원에 관한 사항, 아동 관련 국제조약의 이행 및 평가 · 조정에 관한 사항, 아동정책에 관한 관련 부처 간 협조에 관한 사항, 그 밖에 위원장이 부의하는 사항을 심의 · 조정한다.

셋째, 위원회는 위원장을 포함한 25명 이내의 위원으로 구성하되, 위원장은 국무총리가 되고 위원은 기획재정부장관 · 교육부장관 · 법무부장관 · 행정안전부장관 · 문화체육관광부장관 · 산업통상자원부장관 · 보건복지부장관 · 고용노동부장관 · 여성가족부장관, 아동 관련 단체의 장이나 아동에 대한 학식과 경험이 풍부한 사람 중 위원장이 위촉하는 15명 이내의 위원이 된다. 〈**개정** 2013. 3. 23., 2014. 11. 19., 2017. 7. 26.〉

넷째, 위원회는 제2항제4호에 따른 국제조약의 이행확인을 위하여 필요한 업무를 관계 전문기관 또는 단체에게 위탁할 수 있다.

다섯째, 위원회는 필요하다고 인정하는 때에는 관계 행정기관에 대하여 그 소속 직원의 출석 · 설명과 자료의 제출을 요구할 수 있다.

여섯째, 제1항부터 제3항까지의 규정에서 정한 것 외에 위원회의 구성 및 운영 등에 필요한 사항은 대통령령으로 정한다.

(3) 아동권리보장원의 설립 및 운영(제10조의2)

첫째, 보건복지부장관은 아동정책에 대한 종합적인 수행과 아동복지 관련 사업의 효과적인 추진을 위하여 필요한 정책의 수립을 지원하고 사업평가 등의 업무를 수행할 수 있도록 아동권리보장원(이하 "보장원"이라 한다)을 설립한다.

둘째, 보장원은 아동정책 수립을 위한 자료 개발 및 정책 분석, 제7조의 기본계획 수립 및 제8조제2항의 시행계획 평가 지원, 제10조의 위원회 운영 지원, 제11조의2의 아동정책영향평가 지원, 제15조, 제15조의2, 제15조의3, 제16조, 제16조의2의 아동보호서비스에 대한 기술지원, 아동학대의 예방과 방지를 위한 제22조제6항 각 호의 업무, 가정위탁사업 활성화 등을 위한 제48조제6항 각 호의 업무, 지역 아동복지사업 및 아동복지시설의 원활한 운영을 위한 지원의 업무, 아동 관련 조사 및 통계 구축, 아동 관련 교육 및 홍보, 아동 관련 해외정책 조사 및 사례분석, 「입양특례법」에 따른 국내입양 활성화 및 입양 사후관리, 그 밖에 이 법 또는 다른 법령에 따라 보건복지부장관, 국가 또는 지방자치단체로부터 위탁받은 업무를 수행한다. **〈개정 2020. 4. 7.〉**

셋째, 보장원은 법인으로 하고, 주된 사무소의 소재지에 설립등기를 함으로써 성립한다.

넷째, 보장원에는 보장원을 대표하고 그 업무를 총괄하기 위하여 원장을 두며, 원장은 보건복지부장관이 임면한다.

다섯째, 보건복지부장관은 보장원의 설립·운영에 필요한 비용을 지원할 수 있다.

여섯째, 보장원에 관하여 이 법에서 정한 사항 외에는 「민법」 중 재단법인에 관한 규정을 준용한다.

일곱째, 보장원은 「기부금품의 모집 및 사용에 관한 법률」에도 불구하고 기부금품을 모집할 수 있다.

여덟째, 보장원의 설립 및 운영에 필요한 사항은 대통령령으로 정한다. **[본조신설 2019. 1. 15.] [시행일: 2022. 7. 1.] 제10조의 2항**

(4) 아동종합실태조사(11조)

첫째, 보건복지부장관은 5년마다 아동의 양육 및 생활환경, 언어 및 인지 발달, 정서적·신체적 건강, 아동안전, 아동학대 등 아동의 종합실태를 조사하여 그 결과를 공표하고, 이를 기본계획과 시행계획에 반영하여야 한다. 다만, 보건복지부장관은 필요한 경우 보건복지부령으로 정하는 바에 따라 분야별 실태조사를 할 수 있다.

둘째, 보건복지부장관은 제1항에 따른 실태조사를 위하여 관계 기관·법인·단체·시설의 장에게 필요한 자료의 제출 또는 의견의 진술을 요청할 수 있다. 이 경우 요청

을 받은 자는 정당한 사유가 없으면 이에 협조하여야 한다. 〈신설 2016. 3. 22.〉

셋째, 제1항에 따른 아동종합실태조사의 내용과 방법 등에 필요한 사항은 보건복지부령으로 정한다. 〈개정 2016. 3. 22.〉

(5) 아동정책영향평가(제11조의2항)

첫째, 국가와 지방자치단체는 대통령령으로 정하는 바에 따라 아동 관련 정책이 아동복지에 미치는 영향을 분석 · 평가(이하 "아동정책영향평가"라 한다)하고, 그 결과를 아동 관련 정책의 수립 · 시행에 반영하여야 한다.

둘째, 국가와 지방자치단체는 제10조의2에 따른 보장원에 아동정책영향평가를 위탁할 수 있다. 〈신설 2019. 1. 15.〉

셋째, 그 밖에 아동정책영향평가의 방법과 절차, 위탁 등에 필요한 사항은 대통령령으로 정한다. 〈개정 2019. 1. 15.〉

(6) 아동복지심의위원회(12조)

첫째, 시 · 도지사, 시장 · 군수 · 구청장(자치구의 구청장을 말한다. 이하 같다)은 다음 각 호의 사항을 심의하기 위하여 그 소속으로 아동복지심의위원회(이하 "심의위원회"라 한다)를 각각 둔다. 이 경우 제2호부터 제7호까지의 사항에 관한 심의 업무를 효율적으로 수행하기 위하여 대통령령으로 정하는 바에 따라 심의위원회 소속으로 사례결정위원회를 두고, 사례결정위원회의 심의를 거친 사항은 심의위원회의 심의를 거친 사항으로 본다. 〈개정 2020. 12. 29.〉

둘째, 심의위원회의 조직 · 구성 및 운영 등에 필요한 사항은 대통령령으로 정하는 기준에 따라 해당 지방자치단체의 조례로 정한다.

셋째, 시 · 도지사, 시장 · 군수 · 구청장은 대통령령으로 정하는 바에 따라 심의위원회의 구성 및 운영 현황에 관한 사항을 연 1회 보건복지부장관에게 보고하여야 한다.

〈신설 2017. 9. 19.〉

(7) 아동복지전담공무원 등(13조)

첫째, 아동복지에 관한 업무를 담당하기 위하여 특별시 · 광역시 · 도 · 특별자치도(이하 "시 · 도"라 한다) 및 시 · 군 · 구(자치구를 말한다. 이하 같다)에 각각 아동복지전담공무원(이하 "전담공무원"이라 한다)을 둘 수 있다.

둘째, 전담공무원은 「사회복지사업법」 제11조에 따른 사회복지사의 자격을 가진 사람으로 하고 그 임용 등에 필요한 사항은 해당 시 · 도 및 시 · 군 · 구의 조례로 정한다.

셋째, 전담공무원은 아동에 대한 상담 및 보호조치, 가정환경에 대한 조사, 아동복지시설에 대한 지도 · 감독, 아동범죄 예방을 위한 현장확인 및 지도 · 감독 등 지역 단위에서 아동의 복지증진을 위한 업무를 수행한다.

넷째, 시 · 도지사 또는 시장 · 군수 · 구청장은 전담공무원의 업무를 지원하기 위하여 보건복지부령으로 정하는 바에 따라 민간전문인력을 둘 수 있다. 〈신설 2020. 12. 29.〉

다섯째, 관계 행정기관, 아동복지시설 및 아동복지단체(아동의 권리를 보장하고 복지증진을 목적으로 설립된 기관 및 단체를 말한다. 이하 같다)를 설치 · 운영하는 자는 전담공무원 또는 제4항에 따른 민간전문인력(이하 "민간전문인력"이라 한다)이 협조를 요청하는 경우 정당한 사유가 없는 한 이에 따라야 한다. 〈개정 2016. 3. 22., 2020. 12. 29.〉

(8) 아동위원(14조)

첫째, 시 · 군 · 구에 아동위원을 둔다.

둘째, 아동위원은 그 관할 구역의 아동에 대하여 항상 그 생활상태 및 가정환경을 상세히 파악하고 아동복지에 필요한 원조와 지도를 행하며 전담공무원, 민간전문인력 및 관계 행정기관과 협력하여야 한다. 〈개정 2020. 12. 29.〉

셋째, 아동위원은 그 업무의 원활한 수행을 위하여 적절한 교육을 받을 수 있다.

넷째, 아동위원은 명예직으로 하되, 아동위원에 대하여는 수당을 지급할 수 있다.
다섯째, 그 밖에 아동위원에 관한 사항은 해당 시 · 군 · 구의 조례로 정한다.

3. 아동에 대한 보호서비스 및 아동학대의 예방 및 방지

1) 개요

(1) 보호조치(15조)

첫째, 시 · 도지사 또는 시장 · 군수 · 구청장은 그 관할 구역에서 보호대상아동을 발견하거나 보호자의 의뢰를 받은 때에는 아동의 최상의 이익을 위하여 대통령령으로 정하는 바에 따라 전담공무원, 민간전문인력 또는 아동위원에게 보호대상아동 또는 그 보호자에 대한 상담 · 지도를 수행하게 하는 것, 「민법」 제777조제1호 및 제2호에 따른 친족에 해당하는 사람의 가정에서 보호 · 양육할 수 있도록 조치하는 것, 보호대상아동을 적합한 유형의 가정에 위탁하여 보호 · 양육할 수 있도록 조치하는 것, 보호대상아동을 그 보호조치에 적합한 아동복지시설에 입소시키는 것, 약물 및 알콜 중독, 정서 · 행동 · 발달 장애, 성폭력 · 아동학대 피해 등으로 특수한 치료나 요양 등의 보호를 필요로 하는 아동을 전문치료기관 또는 요양소에 입원 또는 입소시키는 것, 「입양특례법」에 따른 입양과 관련하여 필요한 조치를 하는 것에 해당하는 보호조치를 하여야 한다. 〈개정 2014. 1. 28., 2020. 12. 29.〉

둘째, 시 · 도지사 또는 시장 · 군수 · 구청장 이외의 자가 보호대상아동을 발견하거나 보호자의 의뢰를 받은 때에는 지체 없이 시 · 도지사 또는 시장 · 군수 · 구청장에게 보호조치를 의뢰하여야 한다. 〈신설 2020. 12. 29.〉

셋째, 시 · 도지사 또는 시장 · 군수 · 구청장은 제1항제1호 및 제2호의 보호조치가 적합하지 아니한 보호대상아동에 대하여 제1항제3호부터 제6호까지의 보호조치를 할 수 있다. 이 경우 제1항제3호부터 제6호까지의 보호조치를 하기 전에 보호대상아동에 대한 상담, 건강검진, 심리검사 및 가정환경에 대한 조사를 실시하여야 한다. 〈개정 2016. 3. 22., 2020. 12. 29.〉

넷째, 시 · 도지사 또는 시장 · 군수 · 구청장은 제1항에 따른 보호조치를 하려는 경우 보호대상아동에 대하여 다음 각 호의 사항이 포함된 개별 보호 · 관리 계획을 세워 보호하여야 하며, 그 계획을 수립할 때 해당 보호대상아동의 보호자를 참여시킬 수 있다. 〈신설 2016. 3. 22., 2020. 12. 29.〉

다섯째, 시 · 도지사 또는 시장 · 군수 · 구청장은 제1항제3호부터 제6호까지의 보호조치 및 제6항의 일시보호조치를 함에 있어서 해당 보호대상아동의 의사를 존중하여야 하며, 보호자가 있을 때에는 그 의견을 들어야 한다. 다만, 아동의 보호자가 「아동학대범죄의 처벌 등에 관한 특례법」 제2조제5호의 아동학대행위자(이하 "아동학대행위자"라 한다)인 경우에는 그러하지 아니하다. 〈개정 2014. 1. 28., 2016. 3. 22., 2017. 10. 24., 2020. 12. 29.〉

여섯째, 시 · 도지사 또는 시장 · 군수 · 구청장은 다음 각 호의 어느 하나에 해당하는 경우 제1항제3호부터 제6호까지의 보호조치를 할 때까지 필요하면 제52조제1항제2호에 따른 아동일시보호시설 또는 제53조의2에 따른 학대피해아동쉼터에 보호대상아동을 입소시켜 보호하거나, 적합한 위탁가정 또는 적당하다고 인정하는 자에게 일시 위탁하여 보호(이하 "일시보호조치"라 한다)하게 할 수 있다. 이 경우 보호기간 동안 보호대상아동에 대한 상담, 건강검진, 심리검사 및 가정환경에 대한 조사를 실시하고 그 결과를 보호조치 시에 고려하여야 한다. 〈개정 2016. 3. 22., 2020. 12. 29.〉

일곱째, 시 · 도지사 또는 시장 · 군수 · 구청장은 그 관할 구역에서 약물 및 알콜 중독, 정서 · 행동 · 발달 장애 등의 문제를 일으킬 가능성이 있는 아동의 가정에 대하여 예방차원의 적절한 조치를 강구하여야 한다. 〈개정 2016. 3. 22., 2020. 12. 29.〉

여덟째, 누구든지 제1항에 따른 보호조치 및 일시보호조치와 관련하여 그 대상이 되는 아동복지시설의 종사자를 신체적 · 정신적으로 위협하는 행위를 하여서는 아니

된다. 〈개정 2016. 3. 22., 2020. 12. 29.〉

아홉째, 시 · 도지사 또는 시장 · 군수 · 구청장은 아동의 가정위탁보호를 희망하는 사람에 대하여 범죄경력을 확인하여야 한다. 이 경우 본인의 동의를 받아 관계 기관의 장에게 범죄의 경력 조회를 요청하여야 한다. 〈개정 2016. 3. 22., 2020. 12. 29.〉

열째, 보장원의 장 또는 제48조에 따른 가정위탁지원센터의 장은 위탁아동, 가정위탁보호를 희망하는 사람, 위탁아동의 부모 등의 신원확인 등의 조치를 시 · 도지사 또는 시장 · 군수 · 구청장에게 협조 요청할 수 있으며, 요청을 받은 시 · 도지사 또는 시장 · 군수 · 구청장은 정당한 사유가 없는 한 이에 응하여야 한다. 〈개정 2016. 3. 22., 2019. 1. 15., 2020. 12. 29.〉

열한째, 제3항 및 제6항에 따른 상담, 건강검진, 심리검사 및 가정환경에 대한 조사, 제9항에 따른 범죄경력 조회 및 제10항에 따른 신원확인의 요청 절차 · 범위 등에 필요한 사항은 대통령령으로 정한다. 〈개정 2016. 3. 22., 2020. 12. 29.〉

(2) 사회보장정보시스템의 이용(제15조의2항)

시 · 도지사 또는 시장 · 군수 · 구청장은 「사회보장기본법」 제37조제2항에 따라 설치된 사회보장정보시스템을 이용하여 제15조에 따른 보호대상아동에 대한 상담, 건강검진, 심리검사, 가정환경에 대한 조사 및 개별 보호 · 관리 계획 등 보호조치에 필요한 정보를 관리하여야 한다. [본조신설 2016. 3. 22.]

(3) 아동통합정보시스템의 구축 · 운영(제15조의2항)

첫째, 보건복지부장관은 아동복지 관련 자료 또는 정보의 효율적 처리 및 통합관리를 위하여 「사회보장기본법」 제37조제2항에 따라 설치된 사회보장정보시스템 및 「사회보장급여의 이용 · 제공 및 수급권자 발굴에 관한 법률」 제24조의2에 따라 설치된 사회서비스정보시스템을 연계 · 활용하여 아동통합정보시스템(이하 "아동정보시스템"이라 한다)을 구축 · 운영하여야 한다.

둘째, 보건복지부장관은 아동정보시스템을 구축 · 운영하는 데 필요한 정보로서 다음 각 호의 어느 하나에 해당하는 정보를 수집 · 관리 · 보유할 수 있으며 중앙행정기관의 장, 지방자치단체의 장, 관계 기관 및 단체의 장 등에게 필요한 정보의 제공을 요청할 수 있다. 이 경우 요청을 받은 기관의 장은 정당한 사유가 없으면 요청에 따라야 한다.

① 제3조제10호에 따른 아동복지시설이 보유한 정보
② 제15조, 제16조 및 제16조의2에 따른 보호대상아동의 보호조치, 퇴소조치 및 사후관리에 관한 정보
③ 제28조의2에 따른 아동학대 관련 정보
④ 제37조에 따른 취약계층 아동에 대한 통합서비스지원에 관한 정보
⑤ 제38조부터 제44조까지의 규정에 따른 자립지원에 관한 정보
⑥ 제44조의2에 따른 다함께돌봄센터가 보유한 정보
⑦ 제45조 및 제46조에 따른 아동보호전문기관이 보유한 정보
⑧ 제48조 및 제49조에 따른 가정위탁지원센터가 보유한 정보
⑨ 「입양특례법」에 따른 입양아동에 관한 정보
⑩ 「사회보장급여의 이용 · 제공 및 수급권자 발굴에 관한 법률」 제2조제1호의 사회보장급여 중 아동 관련 정보
⑪ 「주민등록법」에 따른 주민등록 자료 또는 정보
⑫ 「가족관계의 등록 등에 관한 법률」에 따른 가족관계등록 자료 또는 정보
⑬ 아동학대행위자의 「형의 집행 및 수용자의 처우에 관한 법률」, 「치료감호 등에 관한 법률」에 따른 시설 입소 및 퇴소에 관한 자료 또는 정보(아동학대관련범죄로 인한 시설 입소 및 퇴소에 관한 자료 또는 정보로 한정한다)
⑭ 그 밖에 대통령령으로 정하는 아동복지 관련 업무 수행에 필요한 정보

셋째, 보건복지부장관은 아동정보시스템 구축 · 운영의 전 과정에서 개인정보 보호

를 위하여 필요한 시책을 마련하여야 한다.

넷째, 보건복지부장관은 아동에 대한 효과적인 보호와 지원을 하기 위하여 제2항 각 호의 정보를 처리하는 민간단체 및 기관과 필요한 정보연계를 위한 조치를 할 수 있다. 이 경우 정보연계 목적의 범위에서 해당 단체와 기관은 연계된 정보를 이용할 수 있다.

다섯째, 보건복지부장관은 아동정보시스템의 구축 · 운영에 관한 업무를 대통령령으로 정하는 바에 따라 전문기관에 위탁할 수 있다.

여섯째, 그 밖에 아동정보시스템의 구축 · 운영 등에 필요한 사항은 대통령령으로 정한다. [전문개정 2020. 12. 29.] [시행일: 2022. 7. 1.] 제15조의2

(4) 보호대상아동의 양육상황 점검(제15조의3항)

첫째, 시 · 도지사 또는 시장 · 군수 · 구청장은 제15조제1항제2호부터 제6호까지의 보호조치 중인 보호대상아동의 양육상황을 보건복지부령으로 정하는 바에 따라 매년 점검하여야 한다.

둘째, 시 · 도지사 또는 시장 · 군수 · 구청장은 제1항에 따른 양육상황을 점검한 결과에 따라 보호대상아동의 복리를 보호할 필요가 있거나 해당 보호조치가 적절하지 아니하다고 판단되는 경우에는 지체 없이 보호조치를 변경하여야 한다. [본조신설 2016. 3. 22.]

(5) 아동보호 사각지대 발굴 및 실태조사(제15조의4항)

첫째, 보건복지부장관은 보호가 필요한 아동을 발견하고 양육환경을 개선할 수 있도록 지원하기 위하여 「사회보장기본법」 제37조에 따른 사회보장정보시스템(이하 "사회보장정보시스템"이라 한다)을 통하여 다음 각 호의 자료 또는 정보를 처리할 수 있으며, 해당 자료를 토대로 아동보호를 위한 실태조사 대상 아동을 선정할 수 있다.

① 「국민건강보험법」 제41조제1항 각 호에 따른 요양급여 실시 기록
② 「국민건강보험법」 제52조에 따른 영유아건강검진 실시 기록
③ 「초 · 중등교육법」 제25조에 따른 학교생활기록 정보
④ 「사회보장급여의 이용 · 제공 및 수급권자 발굴에 관한 법률」 제12조제1항 각 호에 따른 정보

둘째, 보건복지부장관은 아동보호의 사각지대 해소를 위하여 제1항에 따른 자료 또는 정보 및 실태조사 대상 아동의 명단을 시 · 도지사 또는 시장 · 군수 · 구청장에게 제공할 수 있다.

셋째, 시 · 도지사 및 시장 · 군수 · 구청장은 보건복지부장관이 제2항에 따라 제공한 자료 또는 정보 및 실태조사 대상 아동의 명단을 토대로 아동의 주소지 등을 방문하여 양육환경 조사를 실시하여야 한다.

넷째, 보건복지부장관, 시 · 도지사 및 시장 · 군수 · 구청장은 제3항에 따른 조사 결과 필요하다고 인정하는 경우에는 복지서비스의 제공, 제15조에 따른 보호조치, 수사기관 또는 아동보호전문기관과의 연계 등 적절한 조치를 하여야 한다.

다섯째, 보건복지부장관은 아동보호 사각지대 발굴 및 아동 보호 체계를 갖추기 위하여 필요한 정보시스템을 구축 · 운영할 수 있으며, 이 경우 사회보장정보시스템을 연계하여 이용할 수 있다.

여섯째, 제3항에 따라 조사를 실시하는 사람은 그 권한을 표시하는 증표를 지니고 이를 관계인에게 보여 주어야 한다.

일곱째, 제3항에 따른 조사의 시기 · 절차 · 방법 등에 관하여 필요한 사항은 보건복지부령으로 정한다. **[본조신설 2020. 12. 29.]**

(6) 면접교섭 지원(제15조의5항)

첫째, 시 · 도지사 또는 시장 · 군수 · 구청장은 제15조제1항제3호부터 제5호까지의 보호조치 중인 아동과 「민법」 제779조에 따른 가족 간의 면접교섭을 지원하여야 한다.

다만, 아동학대 등 아동의 안전과 복지를 해할 우려가 있는 경우에는 지원을 제한하거나 중단할 수 있다.

둘째, 제1항에 따른 면접교섭의 방법과 절차 등에 필요한 사항은 보건복지부령으로 정한다. [본조신설 2020. 12. 29.] [시행일: 2021. 12. 30.] 제15조의5

(7) 보호대상아동의 퇴소조치 등(16조)

첫째, 제15조제1항제3호부터 제5호까지의 보호조치 중인 보호대상아동의 연령이 18세에 달하였거나, 보호 목적이 달성되었다고 인정되면 해당 시 · 도지사, 시장 · 군수 · 구청장은 대통령령으로 정하는 절차와 방법에 따라 그 보호 중인 아동의 보호조치를 종료하거나 해당 시설에서 퇴소시켜야 한다. 〈개정 2016. 3. 22.〉

둘째, 제15조제1항제2호부터 제4호까지의 보호조치 중인 보호대상아동의 친권자, 후견인 등 보건복지부령으로 정하는 자는 관할 시 · 도지사 또는 시장 · 군수 · 구청장에게 해당 보호대상아동의 가정 복귀를 신청할 수 있다. 〈신설 2016. 3. 22.〉

셋째, 시 · 도지사 또는 시장 · 군수 · 구청장은 제2항에 따른 가정 복귀 신청을 받은 경우에는 보장원 또는 아동보호전문기관 등 아동복지시설의 장, 아동을 상담 · 치료한 의사의 의견을 들은 후 보호조치의 종료 또는 퇴소조치가 보호대상아동의 복리에 반하지 아니한다고 인정되면 해당 보호대상아동을 가정으로 복귀시킬 수 있다. 다만, 보호대상아동이 복귀하는 가정에 거주하는 아동학대행위자가 대통령령으로 정하는 상담 · 교육 · 심리적 치료 등에 참여하지 아니한 경우에는 그러하지 아니한다. 〈신설 2016. 3. 22., 2020. 12. 29.〉

넷째, 제1항에도 불구하고 제15조에 따라 보호조치 중인 아동이 다음 각 호의 어느 하나에 해당하면 시 · 도지사, 시장 · 군수 · 구청장은 해당 아동의 보호기간을 연장할 수 있다. 〈개정 2016. 3. 22.〉

① 「고등교육법」 제2조에 따른 대학 이하의 학교(대학원은 제외한다)에 재학 중인 경우

② 제52조제1항제1호의 아동양육시설 또는 「근로자직업능력 개발법」 제2조제3호에

따른 직업능력개발훈련시설에서 직업 관련 교육·훈련을 받고 있는 경우

③ 그 밖에 위탁가정 및 각종 아동복지시설에서 해당 아동을 계속하여 보호·양육할 필요가 있다고 대통령령으로 정하는 경우

다섯째, 시·도지사 또는 시장·군수·구청장은 제3항 본문에도 불구하고 제28조제1항에 따른 확인 결과 아동학대의 재발이 의심되는 경우에는 사례결정위원회의 심의를 거쳐 보호대상아동의 가정 복귀 결정을 취소할 수 있다. 다만, 아동학대 재발의 위험이 현저하여 긴급히 취소하여야 하는 경우에는 사례결정위원회의 심의를 거치지 아니하고 취소하고 사후에 보고할 수 있다. 〈신설 2020. 12. 29.〉

(8) 보호대상아동의 퇴소조치 등(16조)

첫째, 제15조제1항제3호부터 제5호까지의 보호조치 중인 보호대상아동의 연령이 18세에 달하였거나, 보호 목적이 달성되었다고 인정되면 해당 시·도지사, 시장·군수·구청장은 대통령령으로 정하는 절차와 방법에 따라 그 보호 중인 아동의 보호조치를 종료하거나 해당 시설에서 퇴소시켜야 한다. 〈개정 2016. 3. 22.〉

둘째, 제15조제1항제2호부터 제4호까지의 보호조치 중인 보호대상아동의 친권자, 후견인 등 보건복지부령으로 정하는 자는 관할 시·도지사 또는 시장·군수·구청장에게 해당 보호대상아동의 가정 복귀를 신청할 수 있다. 〈신설 2016. 3. 22.〉

셋째, 시·도지사 또는 시장·군수·구청장은 제2항에 따른 가정 복귀 신청을 받은 경우에는 보장원 또는 아동보호전문기관 등 아동복지시설의 장, 아동을 상담·치료한 의사의 의견을 들은 후 보호조치의 종료 또는 퇴소조치가 보호대상아동의 복리에 반하지 아니한다고 인정되면 해당 보호대상아동을 가정으로 복귀시킬 수 있다. 다만, 보호대상아동이 복귀하는 가정에 거주하는 아동학대행위자가 대통령령으로 정하는 상담·교육·심리적 치료 등에 참여하지 아니한 경우에는 그러하지 아니한다. 〈신설 2016. 3. 22., 2020. 12. 29.〉

넷째, 제1항에도 불구하고 제15조에 따라 보호조치 중인 아동이 다음 각 호의 어느

하나에 해당하면 시 · 도지사, 시장 · 군수 · 구청장은 해당 아동의 보호기간을 연장할 수 있다. 〈개정 2016. 3. 22., 2021. 8. 17.〉

① 「고등교육법」 제2조에 따른 대학 이하의 학교(대학원은 제외한다)에 재학 중인 경우

② 제52조제1항제1호의 아동양육시설 또는 「국민 평생 직업능력 개발법」 제2조제3호에 따른 직업능력개발훈련시설에서 직업 관련 교육 · 훈련을 받고 있는 경우

③ 그 밖에 위탁가정 및 각종 아동복지시설에서 해당 아동을 계속하여 보호 · 양육할 필요가 있다고 대통령령으로 정하는 경우

다섯째, 시 · 도지사 또는 시장 · 군수 · 구청장은 제3항 본문에도 불구하고 제28조제1항에 따른 확인 결과 아동학대의 재발이 의심되는 경우에는 사례결정위원회의 심의를 거쳐 보호대상아동의 가정 복귀 결정을 취소할 수 있다. 다만, 아동학대 재발의 위험이 현저하여 긴급히 취소하여야 하는 경우에는 사례결정위원회의 심의를 거치지 아니하고 취소하고 사후에 보고할 수 있다. 〈신설 2020. 12. 29.〉 [시행일: 2022. 2. 18.] 제16조

(9) 보호대상아동의 사후관리(제16조의2항)

시 · 도지사 또는 시장 · 군수 · 구청장은 전담공무원 등 관계 공무원 및 민간전문인력으로 하여금 보호조치의 종료로 가정으로 복귀한 보호대상아동의 가정을 방문하여 해당 아동의 복지 증진을 위하여 필요한 지도 · 관리를 제공하게 하여야 한다. 〈개정 2020. 12. 29.〉

(10) 금지행위(17조)

누구든지 아동을 매매하는 행위, 아동에게 음란한 행위를 시키거나 이를 매개하는 행위 또는 아동에게 성적 수치심을 주는 성희롱 등의 성적 학대행위, 아동의 신체에 손상을 주거나 신체의 건강 및 발달을 해치는 신체적 학대행위, 아동의 정신건강 및 발달에 해를 끼치는 정서적 학대행위, 자신의 보호 · 감독을 받는 아동을 유기하거나

의식주를 포함한 기본적 보호·양육·치료 및 교육을 소홀히 하는 방임행위, 장애를 가진 아동을 공중에 관람시키는 행위, 아동에게 구걸을 시키거나 아동을 이용하여 구걸하는 행위, 공중의 오락 또는 흥행을 목적으로 아동의 건강 또는 안전에 유해한 곡예를 시키는 행위 또는 이를 위하여 아동을 제3자에게 인도하는 행위, 정당한 권한을 가진 알선기관 외의 자가 아동의 양육을 알선하고 금품을 취득하거나 금품을 요구 또는 약속하는 행위, 아동을 위하여 증여 또는 급여된 금품을 그 목적 외의 용도로 사용하는 행위에 해당하는 행위를 하여서는 아니 된다. 〈개정 2014. 1. 28.〉

(11) 친권상실 선고의 청구 등(18조)

첫째, 시·도지사, 시장·군수·구청장 또는 검사는 아동의 친권자가 그 친권을 남용하거나 현저한 비행이나 아동학대, 그 밖에 친권을 행사할 수 없는 중대한 사유가 있는 것을 발견한 경우 아동의 복지를 위하여 필요하다고 인정할 때에는 법원에 친권행사의 제한 또는 친권상실의 선고를 청구하여야 한다.

둘째, 아동복지시설의 장 및 「초·중등교육법」에 따른 학교의 장(이하 "학교의 장"이라 한다)은 제1항의 사유에 해당하는 경우 시·도지사, 시장·군수·구청장 또는 검사에게 법원에 친권행사의 제한 또는 친권상실의 선고를 청구하도록 요청할 수 있다. 〈개정 2016. 3. 22.〉

셋째, 시·도지사, 시장·군수·구청장 또는 검사는 제1항 및 제2항에 따라 친권행사의 제한 또는 친권상실의 선고 청구를 할 경우 보장원 또는 아동보호전문기관 등 아동복지시설의 장, 아동을 상담·치료한 의사 및 해당 아동의 의견을 존중하여야 한다. 〈개정 2020. 12. 29.〉

넷째, 시·도지사, 시장·군수·구청장 또는 검사는 제2항에 따라 친권행사의 제한 또는 친권상실의 선고 청구를 요청받은 경우에는 요청받은 날부터 30일 내에 청구 여부를 결정한 후 해당 요청기관에 청구 또는 미청구 요지 및 이유를 서면으로 알려야 한다.

다섯째, 제4항에 따라 처리결과를 통보받은 아동복지시설의 장 및 학교의 장은 그 처리결과에 대하여 이의가 있을 경우 통보받은 날부터 30일 내에 직접 법원에 친권행사의 제한 또는 친권상실의 선고를 청구할 수 있다. **〈개정 2014. 1. 28., 2016. 3. 22.〉**

(12) 아동의 후견인의 선임 청구 등(19조)

첫째, 시·도지사, 시장·군수·구청장, 아동복지시설의 장 및 학교의 장은 친권자 또는 후견인이 없는 아동을 발견한 경우 그 복지를 위하여 필요하다고 인정할 때에는 법원에 후견인의 선임을 청구하여야 한다. **〈개정 2016. 3. 22.〉**

둘째, 시·도지사, 시장·군수·구청장, 아동복지시설의 장, 학교의 장 또는 검사는 후견인이 해당 아동을 학대하는 등 현저한 비행을 저지른 경우에는 후견인 변경을 법원에 청구하여야 한다. **〈개정 2016. 3. 22.〉**

셋째, 제1항에 따른 후견인의 선임 및 제2항에 따른 후견인의 변경 청구를 할 때에는 해당 아동의 의견을 존중하여야 한다.

넷째, 아동복지시설에 입소 중인 보호대상아동에 대하여는 「보호시설에 있는 미성년자의 후견직무에 관한 법률」을 적용한다.

(13) 아동의 후견인 선임(20조)

1항은 삭제〈2020. 12. 29.〉 되었고, 법원은 제19조제1항 및 제2항에 따라 후견인의 선임청구를 받은 경우 후견인이 없는 아동에 대하여 후견인을 선임하기 전까지 시·도지사, 시장·군수·구청장, 제45조에 따른 아동보호전문기관(이하 "아동보호전문기관"이라 한다)의 장, 가정위탁지원센터의 장 및 보장원의 장으로 하여금 임시로 그 아동의 후견인 역할을 하게 할 수 있다. 이 경우 해당 아동의 의견을 존중하여야 한다. **〈개정 2016. 3. 22., 2017. 10. 24., 2019. 1. 15., 2020. 12. 29.〉**

(14) 보조인의 선임 등(21조)

첫째, 법원의 심리과정에서 변호사, 법정대리인, 직계 친족, 형제자매, 제22조제4항에 따른 아동학대전담공무원, 보장원 또는 아동보호전문기관의 상담원은 학대아동사건의 심리에 있어서 보조인이 될 수 있다. 다만, 변호사가 아닌 경우에는 법원의 허가를 받아야 한다. 〈개정 2019. 1. 15., 2020. 4. 7.〉

둘째, 법원은 피해아동을 증인으로 신문하는 경우 검사, 피해아동과 그 보호자 또는 보장원, 아동보호전문기관의 신청이 있는 경우에는 피해아동과 신뢰관계에 있는 사람의 동석을 허가할 수 있다. 〈개정 2019. 1. 15.〉

셋째, 수사기관이 피해아동을 조사하는 경우에도 제1항 및 제2항과 같다.

2) 주요내용

(1) 아동학대의 예방과 방지 의무(22조)

첫째, 국가와 지방자치단체는 아동학대의 예방과 방지를 위하여 아동학대의 예방과 방지를 위한 각종 정책의 수립 및 시행, 아동학대의 예방과 방지를 위한 연구 · 교육 · 홍보 및 아동학대 실태조사, 아동학대에 관한 신고체제의 구축 · 운영, 피해아동의 보호와 치료 및 피해아동의 가정에 대한 지원, 그 밖에 대통령령으로 정하는 아동학대의 예방과 방지를 위한 사항의 조치를 취하여야 한다.

둘째, 지방자치단체는 아동학대를 예방하고 수시로 신고를 받을 수 있도록 긴급전화를 설치하여야 한다. 이 경우 그 설치 · 운영 등에 필요한 사항은 대통령령으로 정한다. 〈개정 2014. 1. 28.〉

셋째, 시 · 도지사 또는 시장 · 군수 · 구청장은 피해아동의 발견 및 보호 등을 위하여 아동학대 신고접수, 현장조사 및 응급보호, 피해아동, 피해아동의 가족 및 아동학대행위자에 대한 상담 · 조사, 그 밖에 대통령령으로 정하는 아동학대 관련 업무를 수행하

여야 한다. 〈신설 2020. 4. 7.〉

넷째, 시 · 도지사 또는 시장 · 군수 · 구청장은 제3항 각 호의 업무를 수행하기 위하여 아동학대전담공무원(이하 "아동학대전담공무원"이라 한다)을 두어야 한다. 〈신설 2020. 4. 7.〉

다섯째, 아동학대전담공무원은 「사회복지사업법」 제11조에 따른 사회복지사의 자격을 가진 사람으로 하고 그 임용 등에 필요한 사항은 해당 시 · 도 또는 시 · 군 · 구의 조례로 정한다. 〈신설 2020. 4. 7.〉

여섯째, 보장원은 아동학대예방사업의 활성화 등을 위하여 아동보호전문기관에 대한 지원, 아동학대예방사업과 관련된 연구 및 자료 발간, 효율적인 아동학대예방사업을 위한 연계체계 구축, 아동학대예방사업을 위한 프로그램 개발 및 평가, 아동보호전문기관 · 학대피해아동쉼터 직원 및 아동학대전담공무원 직무교육, 아동학대예방 관련 교육 및 홍보, 아동보호전문기관 전산시스템 구축 및 운영, 그 밖에 대통령령으로 정하는 아동학대예방사업과 관련된 업무를 수행한다. 〈신설 2019. 1. 15., 2020. 4. 7.〉

일곱째, 시 · 도지사 또는 시장 · 군수 · 구청장, 보장원의 장 또는 아동보호전문기관의 장은 다음 각 호의 구분에 따른 업무를 수행하기 위하여 필요한 경우 아동정보시스템의 아동학대 관련 정보 또는 자료를 활용할 수 있다. 〈개정 2020. 4. 7., 2020. 12. 29.〉

가) 시 · 도지사 또는 시장 · 군수 · 구청장: 제3항 각 호의 업무

나) 보장원의 장: 제6항 각 호의 업무

다) 아동보호전문기관의 장: 제46조제2항 각 호의 업무[시행일: 2022. 7. 1.] 제22조

(2) 학생등에 대한 학대 예방 및 지원 등(제22조의2)

첫째, 국가와 지방자치단체는 「유아교육법」에 따른 유치원의 유아 및 「초 · 중등교육법」에 따른 학교의 학생(이하 이 조에서 "학생등"이라 한다)에 대한 아동학대의 조기 발견 체계 및 아동보호전문기관 등 관련 기관과의 연계 체계를 구축하고, 학대피해 학생등이 유치원 또는 학교에 안정적으로 적응할 수 있도록 지원하여야 한다. 〈개정 2019. 1. 15.〉

둘째, 교육부장관 또는 교육감은 아동학대의 조기 발견과 신속한 보호조치를 위하여 대통령령으로 정하는 바에 따라 장기결석 학생등의 정보 등을 보건복지부장관과 공유하여야 한다. 〈개정 2020. 12. 29.〉

셋째, 보건복지부장관과 지방자치단체의 장은 아동학대의 조기 발견과 신속한 보호조치를 위하여 대통령령으로 정하는 바에 따라 학대피해 우려가 있는 아동에 대한 정보를 교육부장관 또는 교육감과 공유하여야 한다. 〈신설 2020. 12. 29.〉

넷째, 제1항에 따른 학교 적응 지원 등 대통령령으로 정하는 업무는 교육부장관 또는 「지방교육자치에 관한 법률」에 따른 교육감이 지정하는 기관에 위탁할 수 있다. 〈개정 2020. 12. 29.〉

(3) 피해아동 등에 대한 신분조회 등 조치(제22조의3)

첫째, 보장원의 장 및 아동보호전문기관의 장은 피해아동의 보호, 치료 등을 수행함에 있어서 피해아동, 그 보호자 또는 아동학대행위자에 대한 다음 각 호의 조치를 관계 중앙행정기관의 장, 시 · 도지사 또는 시장 · 군수 · 구청장에게 협조 요청할 수 있으며, 요청을 받은 관계 중앙행정기관의 장, 시 · 도지사 또는 시장 · 군수 · 구청장은 정당한 사유가 없으면 이에 따라야 한다. 〈개정 2018. 12. 11., 2019. 1. 15.〉

① 「출입국관리법」에 따른 외국인등록 사실증명의 열람 및 발급
② 「가족관계의 등록 등에 관한 법률」 제15조제1항제1호부터 제4호까지에 따른 증명서의 발급
③ 「주민등록법」에 따른 주민등록표 등본 · 초본의 열람 및 발급
④ 「국민기초생활 보장법」에 따른 수급자 여부의 확인
⑤ 「장애인복지법」에 따른 장애인등록증의 열람 및 발급

둘째, 제1항에 따라 관계 중앙행정기관의 장, 시 · 도지사 또는 시장 · 군수 · 구청장이 아동보호전문기관의 장에게 발급 등을 하는 서류에 대해서는 수수료를 면제한다. 〈신설 2018. 12. 11.〉

(4) 피해아동보호계획의 수립 등(제22조의4)

첫째, 시ㆍ도지사 또는 시장ㆍ군수ㆍ구청장은 피해아동에 대한 조사를 한 후 다음 각 호의 사항이 포함된 피해아동보호계획(이하 "보호계획"이라 한다)을 수립하고 그 계획을 아동보호전문기관의 장에게 통보하여야 한다.

① 피해아동에 대한 제15조제1항에 따른 보호조치 여부

② 아동학대행위에 대한 고발 여부 등 아동학대행위에 대한 개입 방향 및 절차

③ 피해아동 및 그 가족에 대한 지원 여부

④ 그 밖에 대통령령으로 정하는 사항

둘째, 시ㆍ도지사 또는 시장ㆍ군수ㆍ구청장은 보호계획의 수립과 관련하여 의학적ㆍ법률적 판단 등 보건복지부령으로 정하는 전문적인 판단이 필요한 경우에는 제22조의5제1항에 따른 아동학대사례전문위원회의 의견을 들어 보호계획을 수립할 수 있다.

셋째, 시ㆍ도지사 또는 시장ㆍ군수ㆍ구청장은 해당 지역에서 발생한 아동학대 사건에 대하여 보장원의 장, 아동보호전문기관의 장 및 관할 경찰서장에게 관련 자료를 요청할 수 있다.

넷째, 제1항에 따라 보호계획을 통보받은 아동보호전문기관의 장은 아동학대 재발 가능성 등 위험도를 고려하여 피해아동 및 그 가족, 아동학대행위자를 대상으로 치료ㆍ교육ㆍ상담 프로그램 등이 포함된 피해아동사례관리계획(이하 "사례관리계획"이라 한다)을 수립하여 시행하여야 한다.

다섯째, 아동보호전문기관의 장은 사례관리계획에 따라 서비스를 제공한 후 그 결과를 시ㆍ도지사 또는 시장ㆍ군수ㆍ구청장에게 보고하여야 한다.

여섯째, 보호계획 및 사례관리계획의 수립ㆍ시행 등에 필요한 사항은 대통령령으로 정한다.

(5) 아동학대사례전문위원회(제22조의5)

첫째, 보건복지부장관은 제22조의4제2항에 따른 자문에 응하게 하기 위하여 보건복지부에 아동학대사례전문위원회(이하 "사례전문위원회"라 한다)를 둔다.

둘째, 사례전문위원회에 참석한 사람은 업무상 알게 된 비밀을 누설하거나 이를 이용하여 부당한 이익을 취하여서는 아니 된다.

셋째, 사례전문위원회의 구성 · 운영 등에 필요한 사항은 보건복지부령으로 정한다. [본조신설 2020. 4. 7.]

(6) 아동학대예방의 날(23조)

첫째, 아동의 건강한 성장을 도모하고, 범국민적으로 아동학대의 예방과 방지에 관한 관심을 높이기 위하여 매년 11월 19일을 아동학대예방의 날로 지정하고, 아동학대예방의 날부터 1주일을 아동학대예방주간으로 한다.

둘째, 국가와 지방자치단체는 아동학대예방의 날의 취지에 맞는 행사와 홍보를 실시하도록 노력하여야 한다.

(7) 홍보영상의 제작 · 배포 · 송출(24조)

첫째, 보건복지부장관은 아동학대의 예방과 방지, 위반행위자의 계도를 위한 교육 등에 관한 홍보영상을 제작하여 「방송법」 제2조제23호의 방송편성책임자에게 배포하여야 한다.

둘째, 보건복지부장관은 「방송법」 제2조제3호에 따른 방송사업자에게 같은 법 제73조제4항에 따라 대통령령으로 정하는 비상업적 공익광고 편성비율의 범위에서 제1항의 홍보영상을 채널별로 송출하도록 요청할 수 있다. 〈개정 2020. 4. 7.〉

셋째, 제2항에 따른 방송사업자는 제1항의 홍보영상 외에 독자적인 홍보영상을 제작하여 송출할 수 있다. 이 경우 보건복지부장관에게 필요한 협조 및 지원을 요청할 수

있다. 〈개정 2020. 4. 7.〉

(8) 아동학대 신고의무자에 대한 교육(26조)

첫째, 관계 중앙행정기관의 장은 「아동학대범죄의 처벌 등에 관한 특례법」 제10조제2항 각 호의 어느 하나에 해당하는 사람(이하 "아동학대 신고의무자"라 한다)의 자격 취득 과정이나 보수교육 과정에 아동학대 예방 및 신고의무와 관련된 교육 내용을 포함하도록 하여야 한다. 〈개정 2014. 1. 28., 2015. 3. 27.〉

둘째, 관계 중앙행정기관의 장 및 시·도지사는 아동학대 신고의무자에게 본인이 아동학대 신고의무자라는 사실을 고지할 수 있고, 아동학대 예방 및 신고의무와 관련한 교육(이하 이 조에서 "신고의무 교육"이라 한다)을 실시할 수 있다. 〈신설 2015. 3. 27.〉

셋째, 아동학대 신고의무자가 소속된 기관·시설 등의 장은 소속 아동학대 신고의무자에게 신고의무 교육을 실시하고, 그 결과를 관계 중앙행정기관의 장에게 제출하여야 한다. 〈신설 2015. 3. 27., 2017. 10. 24.〉

넷째, 제1항부터 제3항까지에 따른 교육 내용·시간 및 방법 등 그 밖에 필요한 사항은 대통령령으로 정한다. 〈개정 2015. 3. 27.〉

(9) 아동학대 예방교육의 실시(제26조의2)

첫째, 국가기관과 지방자치단체의 장, 「공공기관의 운영에 관한 법률」에 따른 공공기관과 대통령령으로 정하는 공공단체의 장은 아동학대의 예방과 방지를 위하여 필요한 교육을 연 1회 이상 실시하고, 그 결과를 보건복지부장관에게 제출하여야 한다.

둘째, 아동의 보호자 등 제1항에 따른 교육 대상이 아닌 사람은 아동보호전문기관 또는 대통령령으로 정하는 교육기관에서 아동학대의 예방과 방지에 필요한 교육을 받을 수 있다. 〈개정 2019. 1. 15., 2020. 12. 29.〉

셋째, 보건복지부장관은 제1항 및 제2항에 따른 교육을 위하여 전문인력을 양성하고, 교육 프로그램을 개발 · 보급하여야 한다.

넷째, 제1항 및 제2항에 따른 교육 내용 · 시간 및 방법, 그 밖에 필요한 사항은 대통령령으로 정한다. [본조신설 2017. 10. 24.]

(10) 아동학대 등의 통보(제27조의2)

첫째, 사법경찰관리는 아동 사망 및 상해사건, 가정폭력 사건 등에 관한 직무를 행하는 경우 아동학대가 있었다고 의심할 만한 사유가 있는 때에는 시 · 도지사, 시장 · 군수 · 구청장 또는 보장원의 장에게 그 사실을 통보하여야 한다. 〈개정 2019. 1. 15., 2020. 4. 7.〉

둘째, 사법경찰관 또는 보호관찰관은 「아동학대범죄의 처벌 등에 관한 특례법」 제14조제1항에 따라 임시조치의 청구를 신청하였을 때에는 시 · 도지사, 시장 · 군수 · 구청장 또는 보장원의 장에게 그 사실을 통보하여야 한다. 〈개정 2019. 1. 15., 2020. 4. 7.〉

셋째, 제1항 및 제2항의 통보를 받은 시 · 도지사, 시장 · 군수 · 구청장 또는 보장원의 장은 피해아동 보호조치 등 필요한 조치를 하여야 한다. 〈개정 2019. 1. 15., 2020. 4. 7.〉

(11) 피해아동 응급조치에 대한 거부금지(제27조의3)

「아동학대범죄의 처벌 등에 관한 특례법」 제12조제1항제3호 또는 제4호에 따라 사법경찰관리, 아동학대전담공무원이 피해아동을 인도하는 경우에는 아동학대 관련 보호시설이나 의료기관은 정당한 사유 없이 이를 거부하여서는 아니 된다. 〈개정 2019. 1. 15., 2020. 4. 7.〉

(12) 사후관리 등(28조)

첫째, 보장원의 장 또는 아동보호전문기관의 장은 아동학대가 종료된 이후에도 가정

방문, 전화상담 등을 통하여 아동학대의 재발 여부를 확인하여야 한다. 〈개정 2019. 1. 15.〉

둘째, 보장원의 장 또는 아동보호전문기관의 장은 아동학대가 종료된 이후에도 아동학대의 재발 방지 등을 위하여 필요하다고 인정하는 경우 피해아동 및 보호자를 포함한 피해아동의 가족에게 필요한 지원을 제공할 수 있다. 〈개정 2019. 1. 15.〉

셋째, 보장원 또는 아동보호전문기관이 제1항 및 제2항에 따라 업무를 수행하는 경우 보호자는 정당한 사유 없이 이를 거부하거나 방해하여서는 아니 된다. 〈신설 2016. 3. 22., 2019. 1. 15.〉

(13) 국가아동학대정보시스템(제28조의2)

첫째, 보건복지부장관은 아동학대 관련 정보를 공유하고 아동학대를 예방하기 위하여 대통령령으로 정하는 바에 따라 국가아동학대정보시스템을 구축·운영하여야 한다. 〈개정 2016. 3. 22.〉

둘째, 보건복지부장관은 피해아동, 그 가족 및 아동학대행위자에 관한 정보와 아동학대예방사업에 관한 정보를 제1항에 따른 국가아동학대정보시스템에 입력·관리하여야 한다. 이 경우 보건복지부장관은 관계 중앙행정기관의 장, 시·도지사, 시장·군수·구청장, 보장원, 아동보호전문기관 등에 필요한 자료를 요청할 수 있다. 〈개정 2016. 3. 22., 2017. 10. 24., 2019. 1. 15.〉

셋째, 다음 각 호의 어느 하나에 해당하는 자는 아동의 보호 및 아동학대 발생 방지를 위하여 필요한 경우 국가아동학대정보시스템상의 피해아동, 그 가족 및 아동학대행위자에 관한 정보를 보건복지부장관에게 요청할 수 있다. 이 경우 대통령령으로 정하는 바에 따라 목적과 필요한 정보의 범위를 구체적으로 기재하여야 한다. 〈신설 2017. 10. 24., 2019. 1. 15., 2020. 12. 29.〉

① 시·도지사 및 시장·군수·구청장

② 판사, 검사 및 경찰관서의 장

③ 「초·중등교육법」에 따른 학교의 장
④ 제29조의7에 따른 아동학대 전담의료기관의 장
⑤ 제52조제1항제1호부터 제6호까지 및 제9호부터 제11호까지에 해당하는 아동복지 시설의 장
⑥ 「입양특례법」 제20조에 따른 입양기관의 장
⑦ 그 밖에 대통령령으로 정하는 피해아동의 보호 및 지원 관련 기관 또는 단체의 장

넷째, 보건복지부장관은 제3항에 따른 요청이 있는 경우 국가아동학대정보시스템상의 해당 정보를 제공할 수 있다. 다만, 피해아동의 보호를 위하여 필요한 경우로서 대통령령으로 정하는 경우에는 정보의 제공을 제한할 수 있다. 〈신설 2017. 10. 24.〉

다섯째, 제3항 및 제4항에 따라 피해아동관련 정보를 취득한 사람은 제3항에 따른 요청 목적 외로 해당 정보를 사용하거나 다른 사람에게 제공 또는 누설하여서는 아니 된다. 〈신설 2017. 10. 24.〉

여섯째, 보건복지부장관은 「사회보장급여의 이용·제공 및 수급권자 발굴에 관한 법률」 제29조에 따른 한국사회보장정보원에 제1항에 따른 국가아동학대정보시스템 운영을 위탁할 수 있다. 〈개정 2016. 3. 22., 2017. 10. 24., 2019. 1. 15., 2019. 12. 3.〉

(14) 아동학대정보의 관리 및 제공(제28조의2)

첫째, 보건복지부장관은 아동학대 관련 정보를 공유하고 아동학대를 예방하기 위하여 피해아동, 그 가족 및 아동학대행위자에 관한 정보와 아동학대예방사업에 관한 정보를 아동정보시스템에 입력·관리하여야 한다. 〈개정 2016. 3. 22., 2017. 10. 24., 2019. 1. 15., 2020. 12. 29.〉

둘째, 다음 각 호의 어느 하나에 해당하는 자는 아동의 보호 및 아동학대 발생 방지를 위하여 필요한 경우 아동정보시스템상의 피해아동, 그 가족 및 아동학대행위자에 관한 정보를 보건복지부장관에게 요청할 수 있다. 이 경우 대통령령으로 정하는 바에

따라 목적과 필요한 정보의 범위를 구체적으로 기재하여야 한다. 〈신설 2017. 10. 24., 2019. 1. 15., 2020. 12. 29.〉

① 시 · 도지사 및 시장 · 군수 · 구청장
② 판사, 검사 및 경찰관서의 장
③ 「초 · 중등교육법」에 따른 학교의 장
④ 제29조의7에 따른 아동학대 전담의료기관의 장
⑤ 제52조제1항제1호부터 제6호까지 및 제9호부터 제11호까지에 해당하는 아동복지 시설의 장
⑥ 「입양특례법」 제20조에 따른 입양기관의 장
⑦ 그 밖에 대통령령으로 정하는 피해아동의 보호 및 지원 관련 기관 또는 단체의 장

셋째, 보건복지부장관은 제3항에 따른 요청이 있는 경우 아동정보시스템상의 해당 정보를 제공할 수 있다. 다만, 피해아동의 보호를 위하여 필요한 경우로서 대통령령으로 정하는 경우에는 정보의 제공을 제한할 수 있다. 〈신설 2017. 10. 24., 2020. 12. 29.〉

넷째, 제3항 및 제4항에 따라 피해아동관련 정보를 취득한 사람은 제3항에 따른 요청 목적 외로 해당 정보를 사용하거나 다른 사람에게 제공 또는 누설하여서는 아니 된다. 〈신설 2017. 10. 24.〉

(15) 피해아동 및 그 가족 등에 대한 지원(29조)

첫째, 보장원의 장 또는 아동보호전문기관의 장은 아동의 안전 확보와 재학대 방지, 건전한 가정기능의 유지 등을 위하여 피해아동 및 보호자를 포함한 피해아동의 가족에게 상담, 교육 및 의료적 · 심리적 치료 등의 필요한 지원을 제공하여야 한다. 〈개정 2019. 1. 15.〉

둘째, 보장원의 장 또는 아동보호전문기관의 장은 제1항의 지원을 위하여 관계 기관에 협조를 요청할 수 있다. 〈개정 2019. 1. 15.〉

셋째, 보호자를 포함한 피해아동의 가족은 보장원 또는 아동보호전문기관이 제1항에 따라 제공하는 지원에 성실하게 참여하여야 한다. 〈개정 2019. 1. 15.〉

넷째, 보장원의 장 또는 아동보호전문기관의 장은 제1항의 지원 여부의 결정 및 지원의 제공 등 모든 과정에서 피해아동의 이익을 최우선으로 고려하여야 한다. 〈개정 2019. 1. 15.〉

다섯째, 국가와 지방자치단체는 「초 · 중등교육법」 제2조 각 호의 학교에 재학 중인 피해아동 및 피해아동의 가족이 주소지 외의 지역에서 취학(입학 · 재입학 · 전학 · 편입학을 포함한다. 이하 같다)할 필요가 있을 때에는 그 취학이 원활하게 이루어질 수 있도록 지원하여야 한다. 〈신설 2014. 1. 28.〉

여섯째, 제5항에 따른 취학에 필요한 사항은 대통령령으로 정한다. 〈신설 2014. 1. 28.〉

(16) 아동학대행위자에 대한 상담 · 교육 등의 제공(제29조의2)

첫째, 시 · 도지사, 시장 · 군수 · 구청장, 보장원의 장 또는 아동보호전문기관의 장은 아동학대행위자에 대하여 상담 · 교육 및 심리적 치료 등 필요한 지원을 제공하여야 하며, 이 경우 아동학대행위자는 상담 · 교육 및 심리적 치료 등에 성실히 참여하여야 한다. 〈개정 2016. 3. 22., 2019. 1. 15., 2020. 4. 7., 2020. 12. 29.〉

둘째, 제1항에 따른 상담 · 교육 및 심리적 치료 등에 참여할 수 없는 정당한 사유가 있는 아동학대행위자는 그 사유가 해소되는 즉시 이에 참여하여야 한다. 〈신설 2020. 12. 29.〉

셋째, 제1항에 따른 상담 · 교육 및 심리적 치료의 내용 · 방법 등에 관하여 필요한 사항은 보건복지부령으로 정한다. 〈신설 2020. 12. 29.〉

(17) 아동관련기관의 취업제한 등(제29조의3)

첫째, 법원은 아동학대관련범죄로 형 또는 치료감호를 선고하는 경우에는 판결(약식명령을 포함한다. 이하 같다)로 그 형 또는 치료감호의 전부 또는 일부의 집행을 종료하거나 집행이 유예·면제된 날(벌금형을 선고받은 경우에는 그 형이 확정된 날을 말한다)부터 일정기간(이하 "취업제한기간"이라 한다) 동안 다음 각 호에 따른 시설 또는 기관(이하 "아동관련기관"이라 한다)을 운영하거나 아동관련기관에 취업 또는 사실상 노무를 제공할 수 없도록 하는 명령(이하 "취업제한명령"이라 한다)을 아동학대관련범죄 사건의 판결과 동시에 선고(약식명령의 경우에는 고지를 말한다)하여야 한다. 다만, 재범의 위험성이 현저히 낮은 경우나 그 밖에 취업을 제한하여서는 아니 되는 특별한 사정이 있다고 판단하는 경우에는 그러하지 아니하다. 〈개정 2016. 1. 19., 2016. 3. 22., 2016. 5. 29., 2017. 9. 19., 2017. 10. 24., 2018. 12. 11., 2019. 1. 15., 2020. 4. 7., 2020. 12. 29.〉

- 보장원, 지방자치단체(전담공무원, 민간전문인력, 아동학대전담공무원으로 한정한다), 제37조에 따른 취약계층 아동 통합서비스 수행기관, 아동보호전문기관, 제44조의2에 따른 다함께돌봄센터, 제48조에 따른 가정위탁지원센터 및 제52조의 아동복지시설
- 「가정폭력방지 및 피해자보호 등에 관한 법률」 제4조의6의 긴급전화센터, 같은 법 제5조의 가정폭력 관련 상담소 및 같은 법 제7조의2의 가정폭력피해자 보호시설
- 「건강가정기본법」 제35조의 건강가정지원센터
- 「다문화가족지원법」 제12조의 다문화가족지원센터
- 「성매매방지 및 피해자보호 등에 관한 법률」 제5조의 성매매피해자등을 위한 지원시설 및 같은 법 제10조의 성매매피해상담소
- 「성폭력방지 및 피해자보호 등에 관한 법률」 제10조의 성폭력피해상담소 및 같은 법 제12조의 성폭력피해자보호시설 및 같은 법 제18조의 성폭력피해자통합지원센터
- 「영유아보육법」 제2조제3호의 어린이집, 같은 법 제7조에 따른 육아종합지원센터 및 같은 법 제26조의2에 따른 시간제보육서비스지정기관

- 「유아교육법」 제2조제2호의 유치원
- 「의료법」 제3조의 의료기관(같은 법 제2조의 의료인에 한정한다)
- 「장애인복지법」 제58조의 장애인복지시설
- 「정신건강증진 및 정신질환자 복지서비스 지원에 관한 법률」 제3조에 따른 정신건강복지센터, 정신건강증진시설, 정신요양시설 및 정신재활시설
- 「주택법」 제2조제3호의 공동주택의 관리사무소(경비업무 종사자에 한정한다)
- 「청소년기본법」 제3조에 따른 청소년시설, 청소년단체
- 「청소년활동진흥법」 제2조제2호의 청소년활동시설
- 「청소년복지 지원법」 제29조제1항의 청소년상담복지센터, 같은 법 제30조의 이주배경청소년지원센터 및 같은 법 제31조 각 호의 청소년쉼터, 청소년자립지원관, 청소년치료재활센터
- 「청소년 보호법」 제35조의 청소년 보호·재활센터
- 「체육시설의 설치·이용에 관한 법률」 제2조제1호의 체육시설 중 아동의 이용이 제한되지 아니하는 체육시설로서 문화체육관광부장관이 지정하는 체육시설
- 「초·중등교육법」 제2조 각 호의 학교 및 같은 법 제28조에 따라 학습부진아 등에 대한 교육을 실시하는 기관
- 「학원의 설립·운영 및 과외교습에 관한 법률」 제2조제1호의 학원 및 같은 조 제2호의 교습소 중 아동의 이용이 제한되지 아니하는 학원과 교습소로서 교육부장관이 지정하는 학원·교습소
- 「한부모가족지원법」 제19조의 한부모가족복지시설
- 아동보호전문기관 또는 학대피해아동쉼터를 운영하는 법인
- 「보호소년 등의 처우에 관한 법률」에 따른 소년원 및 소년분류심사원
- 「민법」 제32조에 따라 보건복지부장관의 설립 허가를 받아 아동인권, 아동복지 등 아동을 위한 사업을 수행하는 비영리법인(대표자 및 아동을 직접 대면하는 업무에 종사하는 사람에 한정한다)

• 「아이돌봄 지원법」 제11조에 따른 서비스제공기관

• 「입양특례법」 제20조에 따른 입양기관

둘째, 제1항에 따른 취업제한기간은 10년을 초과하지 못한다. 〈신설 2018. 12. 11.〉

셋째, 법원은 제1항에 따라 취업제한명령을 선고하려는 경우에는 정신건강의학과 의사, 심리학자, 사회복지학자, 아동학대 관련 전문가, 그 밖의 관련 전문가로부터 취업제한명령 대상자의 재범 위험성 등에 관한 의견을 들을 수 있다. 〈신설 2018. 12. 11.〉

넷째, 제1항 각 호(제12호 및 제22호는 제외한다)의 아동관련기관의 설치 또는 설립인가 · 허가 · 신고를 관할하는 중앙행정기관의 장, 지방자치단체의 장, 교육감 또는 교육장은 아동관련기관을 운영하려는 자에 대하여 본인의 동의를 받아 관계 기관의 장에게 아동학대관련범죄 전력 조회를 요청하여야 한다. 다만, 아동관련기관을 운영하려는 자가 아동학대관련범죄 전력 조회 회신서를 중앙행정기관의 장, 지방자치단체의 장, 교육감 또는 교육장에게 직접 제출한 경우에는 아동학대관련범죄 전력 조회를 한 것으로 본다. 〈개정 2017. 9. 19., 2018. 12. 11.〉

다섯째, 아동관련기관의 장은 그 기관에 취업 중이거나 사실상 노무를 제공 중인 사람 또는 취업하려 하거나 사실상 노무를 제공하려는 사람(이하 "취업자등"이라 한다)에 대하여 아동학대관련범죄 전력을 확인하여야 하며, 이 경우 본인의 동의를 받아 관계 기관의 장에게 아동학대관련범죄 전력 조회를 요청하여야 한다. 다만, 취업자등이 아동학대관련범죄 전력 조회 회신서를 아동관련기관의 장에게 직접 제출한 경우에는 아동학대관련범죄 전력 조회를 한 것으로 본다. 〈개정 2018. 12. 11.〉

여섯째, 제4항 및 제5항에 따라 아동학대관련범죄 전력 조회 요청을 받은 관계 기관의 장은 아동학대관련범죄 전력 조회 회신서를 발급하여야 한다. 〈개정 2018. 12. 11.〉

일곱째, 제4항부터 제6항까지의 규정에 따른 아동학대관련범죄 전력 조회의 요청 절차 · 범위 등에 관한 사항은 대통령령으로 정한다. 〈개정 2018. 12. 11.〉 [본조신설 2014. 1. 28.]

(18) 취업제한명령을 선고받은 자에 대한 취업 등의 점검 · 확인(제29조의4)

첫째, 보건복지부장관 또는 관계 중앙행정기관의 장은 아동학대관련범죄로 취업제한명령을 선고받은 자가 제29조의3제1항을 위반하여 다음 각 호의 아동관련기관을 운영하거나 아동관련기관에 취업 또는 사실상 노무를 제공하고 있는지를 직접 또는 관계기관 조회 등의 방법으로 연 1회 이상 점검 · 확인하여야 한다. 〈개정 2017. 9. 19., 2018. 12. 11., 2020. 4. 7., 2020. 12. 29.〉

① 교육부장관: 제29조의3제1항제8호 · 제18호 · 제19호에 따른 아동관련기관
② 문화체육관광부장관: 제29조의3제1항제17호에 따른 아동관련기관
③ 보건복지부장관: 제29조의3제1항제1호 · 제7호 · 제9호 · 제10호 · 제11호 · 제23호 · 제25호에 따른 아동관련기관
④ 여성가족부장관: 제29조의3제1항제2호 · 제3호 · 제4호 · 제5호 · 제6호 · 제13호 · 제14호 · 제15호 · 제16호 · 제20호 · 제24호에 따른 아동관련기관
⑤ 국토교통부장관: 제29조의3제1항제12호에 따른 아동관련기관
⑥ 법무부장관: 제29조의3제1항제22호에 따른 아동관련기관

둘째, 보건복지부장관 또는 관계 중앙행정기관의 장은 제1항에 따른 점검 · 확인을 위하여 필요한 경우에는 아동관련기관의 장 또는 그 감독기관에 관련 자료의 제출을 요구할 수 있다.

셋째, 보건복지부장관 또는 관계 중앙행정기관의 장은 제1항에 따른 점검 · 확인 결과를 대통령령으로 정하는 바에 따라 인터넷 홈페이지 등을 이용하여 공개하여야 한다. [본조신설 2014. 1. 28.] [제목개정 2018. 12. 11.]

(19) 아동학대 전담의료기관의 지정(제29조의7)

첫째, 보건복지부장관, 시 · 도지사 및 시장 · 군수 · 구청장은 국 · 공립병원, 보건소 또는 민간의료기관을 피해아동의 치료를 위한 전담의료기관(이하 이 조에서 "전담의료기관"이라 한다)으로 지정할 수 있다.

둘째, 전담의료기관은 시 · 도지사 또는 시장 · 군수 · 구청장, 피해아동 · 가족 · 친족, 보장원의 장, 아동보호전문기관 또는 아동복지시설의 장, 경찰관서의 장, 판사 또는 가정법원 등의 요청이 있는 경우 피해아동에 대하여 아동학대 피해에 대한 상담, 신체적 · 정신적 치료, 그 밖에 대통령령으로 정하는 의료에 관한 사항의 조치를 하여야 한다. 〈개정 2019. 1. 15., 2020. 4. 7.〉

셋째, 보건복지부장관, 시 · 도지사 및 시장 · 군수 · 구청장은 제1항에 따라 지정한 전담의료기관이 거짓이나 그 밖의 부정한 방법으로 지정을 받은 경우, 정당한 사유 없이 제2항에 따른 의료 지원을 거부한 경우, 그 밖에 전담의료기관으로서 적합하지 아니하다고 대통령령으로 정하는 경우의 어느 하나에 해당하는 경우에는 그 지정을 취소할 수 있다. 다만, 제1호에 해당하는 경우에는 그 지정을 취소하여야 한다.

넷째, 제1항과 제3항에 따른 지정 및 지정 취소의 기준, 절차 등에 필요한 사항은 대통령령으로 정한다. [본조신설 2017. 10. 24.]

4. 아동에 대한 지원서비스

1) 개요

(1) 안전기준의 설정(30조)

국가는 대통령령으로 정하는 바에 따라 아동복지시설과 아동용품에 대한 안전기준을 정하고 아동용품을 제작 · 설치 · 관리하는 자에게 이를 준수하도록 하여야 한다.

(2) 아동의 안전에 대한 교육(31조)

첫째, 아동복지시설의 장, 「영유아보육법」에 따른 어린이집의 원장, 「유아교육법」에 따른 유치원의 원장 및 「초 · 중등교육법」에 따른 학교의 장은 교육대상 아동의 연령을 고려하여 대통령령으로 정하는 바에 따라 매년 성폭력 및 아동학대 예방, 실종 · 유괴의 예방과 방지, 감염병 및 약물의 오남용 예방 등 보건위생관리, 재난대비 안전, 교통안전의 사항에 관한 교육계획을 수립하여 교육을 실시하여야 한다. 〈개정 2015. 12. 29.〉

둘째, 아동복지시설의 장, 「영유아보육법」에 따른 어린이집의 원장은 제1항에 따른 교육계획 및 교육실시 결과를 관할 시장 · 군수 · 구청장에게 매년 1회 보고하여야 한다.

셋째, 「유아교육법」에 따른 유치원의 원장 및 「초 · 중등교육법」에 따른 학교의 장은 제1항에 따른 교육계획 및 교육실시 결과를 대통령령으로 정하는 바에 따라 관할 교육감에게 매년 1회 보고하여야 한다.

(3) 아동보호구역에서의 영상정보처리기기 설치 등(32조)

첫째, 국가와 지방자치단체는 유괴 등 범죄의 위험으로부터 아동을 보호하기 위하여 필요하다고 인정하는 경우에는 다음 각 호의 어느 하나에 해당되는 시설의 주변구역을 아동보호구역으로 지정하여 범죄의 예방을 위한 순찰 및 아동지도 업무 등 필요한 조치를 할 수 있다. 〈개정 2012. 10. 22., 2020. 4. 7.〉

① 「도시공원 및 녹지 등에 관한 법률」 제15조에 따른 도시공원

② 「영유아보육법」 제2조제3호의 어린이집, 같은 법 제7조에 따른 육아종합지원센터 및 같은 법 제26조의2에 따른 시간제보육서비스지정기관

③ 「초 · 중등교육법」 제38조에 따른 초등학교 및 같은 법 제55조에 따른 특수학교

④ 「유아교육법」 제2조에 따른 유치원

둘째, 제1항에 따른 아동보호구역의 지정 기준 및 절차 등에 필요한 사항은 대통령령으로 정한다.

셋째, 국가와 지방자치단체는 제1항에 따라 지정된 아동보호구역에 「개인정보 보호법」 제2조제7호에 따른 영상정보처리기기를 설치하여야 한다. 〈신설 2012. 10. 22.〉

넷째, 이 법에서 정한 것 외에 영상정보처리기기의 설치 등에 관한 사항은 「개인정보 보호법」에 따른다. 〈개정 2012. 10. 22.〉

(4) 아동안전 보호인력의 배치 등(33조)

첫째, 국가와 지방자치단체는 실종 및 유괴 등 아동에 대한 범죄의 예방을 위하여 순찰활동 및 아동지도 업무 등을 수행하는 아동안전 보호인력을 배치 · 활용할 수 있다.

둘째, 제1항에 따라 순찰활동 및 아동지도 업무 등을 수행하는 아동안전 보호인력은 그 권한을 표시하는 증표를 지니고 이를 관계인에게 내보여야 한다.

셋째, 국가와 지방자치단체는 아동안전 보호인력으로 배치하고자 하는 사람에 대하여 본인의 동의를 받아 범죄경력을 확인하여야 한다.

넷째, 제1항에 따른 아동안전 보호인력의 업무범위 · 활용 및 제2항에 따른 범죄경력 확인의 절차 · 범위 등에 필요한 사항은 대통령령으로 정한다.

(5) 아동긴급보호소 지정 및 운영(34조)

첫째, 경찰청장은 유괴 등의 위험에 처한 아동을 보호하기 위하여 아동긴급보호소를 지정 · 운영할 수 있다.

둘째, 경찰청장은 제1항에 따른 아동긴급보호소의 지정을 원하는 자에 대하여 본인의 동의를 받아 범죄경력을 확인하여야 한다.

셋째, 제1항에 따른 아동긴급보호소의 지정 및 운영, 제2항에 따른 범죄경력 확인의 절차 · 범위 등에 필요한 사항은 대통령령으로 정한다.

(6) 취약계층 아동에 대한 통합서비스지원(37조)

첫째, 국가와 지방자치단체는 아동의 건강한 성장과 발달을 도모하기 위하여 대통령령으로 정하는 바에 따라 아동의 성장 및 복지 여건이 취약한 가정을 선정하여 그 가정의 지원대상아동과 가족을 대상으로 보건, 복지, 보호, 교육, 치료 등을 종합적으로 지원하는 통합서비스를 실시한다.

둘째, 제1항에 따른 통합서비스지원의 대상 선정, 통합서비스의 내용 및 수행기관 ·

수행인력 등에 필요한 사항은 대통령령으로 정한다.

셋째, 보건복지부장관은 통합서비스지원사업의 운영지원에 관한 업무를 법인, 단체 등에 위탁할 수 있다.

(7) 자립지원(38조)

첫째, 국가와 지방자치단체는 보호대상아동의 위탁보호 종료 또는 아동복지시설 퇴소 이후의 자립을 지원하기 위하여 자립에 필요한 주거 · 생활 · 교육 · 취업 등의 지원, 자립에 필요한 자산의 형성 및 관리 지원(이하 "자산형성지원"이라 한다), 자립에 관한 실태조사 및 연구, 사후관리체계 구축 및 운영, 그 밖에 자립지원에 필요하다고 대통령령으로 정하는 사항에 해당하는 조치를 시행하여야 한다.

둘째, 제1항에 따른 자립지원의 절차와 방법, 지원이 필요한 아동의 범위 등에 필요한 사항은 대통령령으로 정한다.

(8) 자립지원계획의 수립 등(39조)

첫째, 보장원의 장, 가정위탁지원센터의 장 및 아동복지시설의 장은 보호하고 있는 15세 이상의 아동을 대상으로 매년 개별 아동에 대한 자립지원계획을 수립하고, 그 계획을 수행하는 종사자를 대상으로 자립지원에 관한 교육을 실시하여야 한다. 〈**개정** 2019. 1. 15.〉

둘째, 제1항에 따른 자립지원계획의 수립 · 시행 등에 필요한 사항은 보건복지부령으로 정한다.

(9) 자립지원 관련 업무의 위탁(40조)

국가와 지방자치단체는 자립지원 관련 데이터베이스 구축 및 운영, 자립지원 프로그램의 개발 및 보급, 사례관리 등의 업무를 법인에 위탁할 수 있다. 〈**개정** 2019. 1. 15.〉

(10) 아동자립지원추진협의회(41조)

첫째, 보건복지부장관은 지원대상아동의 자립지원 정책을 효율적으로 수행하기 위하여 관계 행정기관의 공무원으로 구성되는 아동자립지원추진협의회를 둘 수 있다.

둘째, 제1항에 따른 아동자립지원추진협의회의 구체적인 구성 · 운영 등에 필요한 사항은 대통령령으로 정한다.

(11) 자산형성지원사업(42조)

첫째, 국가와 지방자치단체는 아동이 건전한 사회인으로 성장 · 발전할 수 있도록 자산형성지원사업을 실시할 수 있다.

둘째, 제1항에 따른 자산형성지원사업을 하여야 할 아동의 범위와 해당 아동의 선정 · 관리 등에 필요한 사항은 보건복지부령으로 정한다.

(12) 자산형성지원사업 관련 업무(43조)

첫째, 보건복지부장관은 제42조에 따른 자산형성지원사업을 효율적으로 추진하기 위하여 자산형성지원사업 운영업무 및 금융자산관리업무를 하여야 한다.

둘째, 제1항에 따른 자산형성지원사업의 운영업무는 자산형성지원사업 대상 아동의 관리, 자산형성지원사업의 후원자 발굴 및 관리, 자산형성지원사업에 관한 교육 및 홍보, 자산형성지원사업에 관한 조사 · 연구 및 평가, 그 밖에 자산형성지원사업과 관련하여 보건복지부령으로 정하는 사항과 같다.

셋째, 제1항에 따른 금융자산관리업무는 자산형성지원사업을 위한 금융상품의 개발 및 관리, 자산형성지원사업을 위한 금융상품의 운영에 관한 사항이다.

(13) 자산형성지원사업 관련 업무의 위탁(44조)

첫째, 보건복지부장관은 제43조제2항에 따른 자산형성지원사업의 운영업무를 법인

에 위탁할 수 있다. 〈개정 2019. 1. 15.〉

둘째, 보건복지부장관은 제43조제3항에 따른 금융자산관리업무를 「은행법」에 따른 은행, 「우체국예금 · 보험에 관한 법률」에 따른 체신관서, 「농업협동조합법」에 따른 농업협동조합중앙회, 「수산업협동조합법」에 따른 수산업협동조합중앙회 또는 「중소기업은행법」에 따른 중소기업은행에 위탁할 수 있다.

(14) 다함께돌봄센터(44조의2)

첫째, 시 · 도지사 및 시장 · 군수 · 구청장은 초등학교의 정규교육 이외의 시간 동안 아동의 안전한 보호, 안전하고 균형 있는 급식 및 간식의 제공, 등 · 하교 전후, 야간 또는 긴급상황 발생 시 돌봄서비스 제공, 체험활동 등 교육 · 문화 · 예술 · 체육 프로그램의 연계 · 제공, 돌봄 상담, 관련 정보의 제공 및 서비스의 연계, 그 밖에 보건복지부령으로 정하는 방과 후 돌봄서비스의 제공하기 위하여 다함께돌봄센터를 설치 · 운영할 수 있다.

둘째, 시 · 도지사 및 시장 · 군수 · 구청장은 다함께돌봄센터의 설치 · 운영을 보건복지부장관이 정하는 법인 또는 단체에 위탁할 수 있다.

셋째, 국가는 다함께돌봄센터의 설치 · 운영에 필요한 비용의 일부를 지방자치단체에 지원할 수 있다.

넷째, 다함께돌봄센터의 장은 시 · 도지사 및 시장 · 군수 · 구청장이 정하는 바에 따라 아동의 보호자에게 제1항 각 호의 방과 후 돌봄서비스 제공에 필요한 비용의 일부를 부담하게 할 수 있다.

다섯째, 「다함께돌봄센터의 설치기준과 운영, 종사자의 자격 등에 관한 사항은 보건복지부령으로 정한다. [본조신설 2019. 1. 15.]

5. 아동복지시설 〈개정 2016. 3. 22.〉

1) 개요

(1) 아동보호전문기관의 설치 등(45조)

첫째, 지방자치단체는 학대받은 아동의 치료, 아동학대의 재발 방지 등 사례관리 및 아동학대예방을 담당하는 아동보호전문기관을 시 · 도 및 시 · 군 · 구에 1개소 이상 두어야 한다. 다만, 시 · 도지사는 관할 구역의 아동 수 및 지리적 요건을 고려하여 조례로 정하는 바에 따라 둘 이상의 시 · 군 · 구를 통합하여 하나의 아동보호전문기관을 설치 · 운영할 수 있다. 〈개정 2014. 1. 28., 2019. 1. 15., 2020. 4. 7.〉

둘째, 제2항 단서에 따라 아동보호전문기관을 통합하여 설치 · 운영하는 경우 시 · 도지사는 아동보호전문기관의 설치 · 운영에 필요한 비용을 관할 구역의 아동의 수 등을 고려하여 시장 · 군수 · 구청장에게 공동으로 부담하게 할 수 있다. 〈개정 2019. 1. 15.〉

셋째, 시 · 도지사 및 시장 · 군수 · 구청장은 아동학대예방사업을 목적으로 하는 비영리법인을 지정하여 제2항에 따른 아동보호전문기관의 운영을 위탁할 수 있다. 〈개정 2019. 1. 15.〉

넷째, 아동보호전문기관의 설치기준과 운영, 상담원 등 직원의 자격과 배치기준, 제4항에 따른 지정의 요건 등에 필요한 사항은 대통령령으로 정한다.

2) 주요내용

(1) 아동보호전문기관의 업무(46조)

첫째, 아동보호전문기관은 피해아동, 피해아동의 가족 및 아동학대행위자를 위한 상담 · 치료 및 교육, 아동학대예방 교육 및 홍보, 피해아동 가정의 사후관리, 그 밖에 대통령령으로 정하는 아동학대예방사업과 관련된 업무를 수행한다. 〈개정 2014. 1. 28.,

2016. 3. 22., 2017. 10. 24., 2019. 1. 15.〉

(2) 가정위탁지원센터의 설치 등(48조)

첫째, 지방자치단체는 보호대상아동에 대한 가정위탁사업을 활성화하기 위하여 시·도 및 시·군·구에 가정위탁지원센터를 둔다. 다만, 시·도지사는 조례로 정하는 바에 따라 둘 이상의 시·군·구를 통합하여 하나의 가정위탁지원센터를 설치·운영할 수 있다. 〈개정 2019. 1. 15.〉

둘째, 제2항 단서에 따라 가정위탁지원센터를 통합하여 설치·운영하는 경우 시·도지사는 가정위탁지원센터의 설치·운영에 필요한 비용을 관할 구역의 아동의 수 등을 고려하여 시장·군수·구청장에게 공동으로 부담하게 할 수 있다. 〈개정 2019. 1. 15.〉

셋째, 시·도지사 및 시장·군수·구청장은 가정위탁지원을 목적으로 하는 비영리법인을 지정하여 제2항에 따른 가정위탁지원센터의 운영을 위탁할 수 있다. 〈개정 2019. 1. 15.〉

넷째, 가정위탁지원센터의 설치기준과 운영, 상담원 등 직원의 자격과 배치기준, 제4항에 따른 지정의 요건 등에 필요한 사항은 대통령령으로 정한다.

다섯째, 보장원은 가정위탁사업의 활성화 등을 위하여 가정위탁지원센터에 대한 지원, 효과적인 가정위탁사업을 위한 지역 간 연계체계 구축, 가정위탁사업과 관련된 연구 및 자료발간, 가정위탁사업을 위한 프로그램의 개발 및 평가, 상담원에 대한 교육 등 가정위탁에 관한 교육 및 홍보, 가정위탁사업을 위한 정보기반 구축 및 정보 제공, 그 밖에 대통령령으로 정하는 가정위탁사업과 관련된 업무를 수행한다. 〈신설 2019. 1. 15.〉

(3) 가정위탁지원센터의 업무(49조)

첫째, 가정위탁지원센터는 가정위탁사업의 홍보 및 가정위탁을 하고자 하는 가정의 발굴, 가정위탁을 하고자 하는 가정에 대한 조사 및 가정위탁 대상 아동에 대한 상담, 가정위탁을 하고자 하는 사람과 위탁가정 부모에 대한 교육, 위탁가정의 사례관리, 친부모 가정으로의 복귀 지원, 가정위탁 아동의 자립계획 및 사례 관리, 관할 구역 내 가정위탁 관련 정보 제공, 그 밖에 대통령령으로 정하는 가정위탁과 관련된 업무를 수행한다. 〈개정 2019. 1. 15.〉

(4) 아동복지시설의 설치(50조)

첫째, 국가 또는 지방자치단체는 아동복지시설을 설치할 수 있다.

둘째, 국가 또는 지방자치단체 외의 자는 관할 시장 · 군수 · 구청장에게 신고하고 아동복지시설을 설치할 수 있다.

셋째, 시장 · 군수 · 구청장은 제2항에 따른 신고를 받은 경우 그 내용을 검토하여 이 법에 적합하면 신고를 수리하여야 한다. 〈신설 2019. 1. 15.〉

넷째, 아동복지시설의 시설기준 및 설치 등에 필요한 사항은 보건복지부령으로 정한다. 〈개정 2019. 1. 15.〉

(5) 아동복지시설의 종류(52조)

첫째, 아동복지시설의 종류는 다음과 같다. 〈개정 2016. 3. 22., 2017. 10. 24., 2019. 1. 15.〉

① 아동양육시설: 보호대상아동을 입소시켜 보호, 양육 및 취업훈련, 자립지원 서비스 등을 제공하는 것을 목적으로 하는 시설

② 아동일시보호시설: 보호대상아동을 일시보호하고 아동에 대한 향후의 양육대책 수립 및 보호조치를 행하는 것을 목적으로 하는 시설

③ 아동보호치료시설: 아동에게 보호 및 치료 서비스를 제공하는 다음 각 목의 시설

가. 불량행위를 하거나 불량행위를 할 우려가 있는 아동으로서 보호자가 없거나 친권자나 후견인이 입소를 신청한 아동 또는 가정법원, 지방법원소년부지원에서 보호위탁된 19세 미만인 사람을 입소시켜 치료와 선도를 통하여 건전한 사회인으로 육성하는 것을 목적으로 하는 시설

나. 정서적 · 행동적 장애로 인하여 어려움을 겪고 있는 아동 또는 학대로 인하여

부모로부터 일시 격리되어 치료받을 필요가 있는 아동을 보호 · 치료하는 시설

④ 공동생활가정: 보호대상아동에게 가정과 같은 주거여건과 보호, 양육, 자립지원 서비스를 제공하는 것을 목적으로 하는 시설

⑤ 자립지원시설: 아동복지시설에서 퇴소한 사람에게 취업준비기간 또는 취업 후 일정 기간 동안 보호함으로써 자립을 지원하는 것을 목적으로 하는 시설

⑥ 아동상담소: 아동과 그 가족의 문제에 관한 상담, 치료, 예방 및 연구 등을 목적으로 하는 시설

⑦ 아동전용시설: 어린이공원, 어린이놀이터, 아동회관, 체육 · 연극 · 영화 · 과학실험전시 시설, 아동휴게숙박시설, 야영장 등 아동에게 건전한 놀이 · 오락, 그 밖의 각종 편의를 제공하여 심신의 건강유지와 복지증진에 필요한 서비스를 제공하는 것을 목적으로 하는 시설

⑧ 지역아동센터: 지역사회 아동의 보호 · 교육, 건전한 놀이와 오락의 제공, 보호자와 지역사회의 연계 등 아동의 건전육성을 위하여 종합적인 아동복지서비스를 제공하는 시설

⑨ 아동보호전문기관

⑩ 제48조에 따른 가정위탁지원센터

⑪ 제10조의2에 따른 보장원

둘째, 제1항에 따른 아동복지시설은 통합하여 설치할 수 있다.

셋째, 제1항에 따른 아동복지시설은 각 시설 고유의 목적 사업을 해치지 아니하고 각 시설별 설치기준 및 운영기준을 충족하는 경우 다음 각 호의 사업을 추가로 실시할 수 있다.

① 아동가정지원사업: 지역사회아동의 건전한 발날을 위하여 아동, 가정, 지역주민에게 상담, 조언 및 정보를 제공하여 주는 사업

② 아동주간보호사업: 부득이한 사유로 가정에서 낮 동안 보호를 받을 수 없는 아동을 대상으로 개별적인 보호와 교육을 통하여 아동의 건전한 성장을 도모하는 사업

③ 아동전문상담사업: 학교부적응아동 등을 대상으로 올바른 인격형성을 위한 상담, 치료 및 학교폭력예방을 실시하는 사업

④ 학대아동보호사업: 학대아동의 발견, 보호, 치료 및 아동학대의 예방 등을 전문적으로 실시하는 사업

⑤ 공동생활가정사업: 보호대상아동에게 가정과 같은 주거여건과 보호를 제공하는 것을 목적으로 하는 사업

⑥ 방과 후 아동지도사업: 저소득층 아동을 대상으로 방과 후 개별적인 보호와 교육을 통하여 건전한 인격형성을 목적으로 하는 사업

⑦ 아동전용시설의 설치(53조)

첫째, 국가와 지방자치단체는 아동이 항상 이용할 수 있는 아동전용시설을 설치하도록 노력하여야 한다.

둘째, 아동이 이용할 수 있는 문화 · 오락 시설, 교통시설, 그 밖의 서비스시설 등을 설치 · 운영하는 자는 대통령령으로 정하는 바에 따라 아동의 이용편의를 고려한 편익설비를 갖추고 아동에 대한 입장료와 이용료 등을 감면할 수 있다.

셋째, 아동전용시설의 설치기준 등에 필요한 사항은 보건복지부령으로 정한다.

⑧ 학대피해아동쉼터의 지정(제53조의2)

시장 · 군수 · 구청장은 제52조제1항제4호에 따른 공동생활가정 중에서 피해아동에 대한 보호, 치료, 양육 서비스 등을 제공하는 학대피해아동쉼터를 지정할 수 있다. **[본조 신설** 2016. 3. 22.]

다 함께 생각해 보기

1. 「아동복지법」의 목적에 대해서 정리하여 봅시다.
2. 아동복지의 전문성을 높이는 방안에 대해 토의해 봅시다.
3. 아동복지서비스의 질을 높여 사회복지의 증진에 이바지할 수 있는 방안에 대해 토의해 봅시다.

제11장

청소년복지 지원법

(약칭: 청소년복지법) [시행 2021. 9. 24.]
[법률 제17973호, 2021. 3. 23., 일부개정]

1. 청소년복지 지원법

1) 개요

(1) 목적(1조)

이 법은 「청소년기본법」 제49조제4항에 따라 청소년복지 향상에 관한 사항을 규정함을 목적으로 한다.

(2) 용어(2조) 〈개정 2021. 3. 23.〉

① "청소년"이란 「청소년기본법」 제3조제1호 본문에 해당하는 사람을 말한다.

② "청소년복지"란 「청소년기본법」 제3조제4호에 따른 청소년복지를 말한다.

③ "보호자"란 친권자, 법정대리인 또는 사실상 청소년을 양육하는 사람을 말한다.

④ "위기청소년"이란 가정 문제가 있거나 학업 수행 또는 사회 적응에 어려움을 겪는 등 조화롭고 건강한 성장과 생활에 필요한 여건을 갖추지 못한 청소년을 말한다.

⑤ "가정 밖 청소년"이란 가정 내 갈등·학대·폭력·방임, 가정해체, 가출 등의 사유로 보호자로부터 이탈된 청소년으로서 사회적 보호 및 지원이 필요한 청소년을 말한다.

⑥ "청소년부모"란 자녀를 양육하는 부모가 모두 청소년인 사람을 말한다.

2) 주요내용

(1) 실태조사(제2조의2)

첫째, 여성가족부장관은 청소년복지 향상을 위한 정책수립에 활용하기 위하여 3년마다 청소년의 의식 · 태도 · 생활 등에 관한 실태조사를 실시하고 그 결과를 공표하여야 한다.

둘째, 여성가족부장관은 제1항에 따른 실태조사에 필요한 경우에는 관계 중앙행정기관의 장, 지방자치단체의 장 또는「공공기관의 운영에 관한 법률」에 따른 공공기관의 장, 그 밖의 관련 법인 · 단체의 장에게 필요한 자료 제출 또는 의견 진술을 요청할 수 있다. 이 경우 요청을 받은 자는 정당한 사유가 없으면 이에 협조하여야 한다.

셋째, 제1항에 따른 실태조사의 대상, 방법, 절차 및 결과공표 등에 필요한 사항은 여성가족부령으로 정한다. [본조신설 2018. 12. 18.]

2. 청소년의 우대 등

1) 개요

(1) 청소년의 우대(3조)

첫째, 국가 또는 지방자치단체는 그가 운영하는 수송시설 · 문화시설 · 여가시설 등을 청소년이 이용하는 경우 그 이용료를 면제하거나 할인할 수 있다.

둘째, 국가 또는 지방자치단체는 국가 또는 지방자치단체의 재정적 보조를 받는 자, 관계 법령에 따라 세제상의 혜택을 받는 자, 국가 또는 지방자치단체로부터 위탁을 받아 업무를 수행하는 자에 해당하는 자가 청소년이 이용하는 시설을 운영하는 경우 청소년에게 그 시설의 이용료를 할인하여 주도록 권고할 수 있다.

셋째, 제1항 또는 제2항에 따라 이용료를 면제받거나 할인받으려는 청소년은 시설의 관리자에게 주민등록증, 학생증, 제4조에 따른 청소년증 등 나이를 확인할 수 있는 증표 또는 자료를 제시하여야 한다.

넷째, 제1항 또는 제2항에 따라 이용료를 면제받거나 할인받을 수 있는 시설의 종류 및 청소년의 나이 기준 등은 대통령령으로 정한다.

2) 주요내용

(1) 청소년증(4조)

첫째, 특별자치시장 · 특별자치도지사 또는 시장 · 군수 · 구청장(자치구의 구청장을 말한다. 이하 같다)은 9세 이상 18세 이하의 청소년에게 청소년증을 발급할 수 있다. 〈개정 2018. 12. 18.〉

둘째, 제1항에 따른 청소년증은 다른 사람에게 양도하거나 빌려주어서는 아니 된다.

셋째, 누구든지 제1항에 따른 청소년증 외에 청소년증과 동일한 명칭 또는 표시의 증표를 제작 · 사용하여서는 아니 된다.

넷째, 제1항에 따른 청소년증의 발급에 필요한 사항은 여성가족부령으로 정한다.

3. 청소년의 건강보장

1) 개요

(1) 건강한 성장지원(5조)

첫째, 국가 및 지방자치단체는 성별 특성을 고려하여 청소년의 건강 증진 및 체력 향상을 위한 질병 예방, 건강 교육 등의 필요한 시책을 수립하여야 하며, 보호자는 양육하는 청소년의 건강 증진 및 체력 향상에 노력하여야 한다. 〈개정 2016. 12. 20.〉

둘째, 국가 및 지방자치단체는 관련 기관과 협의하여 성별 특성을 반영한 청소년의 건강·체력 기준을 설정하여 보급할 수 있다. 〈개정 2016. 12. 20.〉

셋째, 국가 및 지방자치단체는 여성청소년의 건강한 성장을 위하여 여성청소년에게 보건위생에 필수적인 물품을 지원할 수 있다. 〈신설 2017. 12. 12.〉

넷째, 제1항에 따른 시책의 마련, 제2항에 따른 건강·체력 기준의 설정·보급 및 제3항에 따른 물품 지원의 기준·범위 등에 필요한 사항은 대통령령으로 정한다. 〈개정 2017. 12. 12.〉

(2) 건강한 성장지원(5조)

첫째, 국가 및 지방자치단체는 성별 특성을 고려하여 청소년의 건강 증진 및 체력 향상을 위한 질병 예방, 건강 교육 등의 필요한 시책을 수립하여야 하며, 보호자는 양육하는 청소년의 건강 증진 및 체력 향상에 노력하여야 한다. 〈개정 2016. 12. 20.〉

둘째, 국가 및 지방자치단체는 관련 기관과 협의하여 성별 특성을 반영한 청소년의 건강·체력 기준을 설정하여 보급할 수 있다. 〈개정 2016. 12. 20.〉

셋째, 국가 및 지방자치단체는 여성청소년의 건강한 성장을 위하여 여성청소년이 생리용품을 신청하는 경우 이를 지원한다. 〈신설 2017. 12. 12., 2021. 4. 20.〉

넷째, 제1항에 따른 시책의 마련, 제2항에 따른 건강·체력 기준의 설정·보급 및 제3항에 따른 생리용품 지원의 기준·범위, 방법, 신청 및 지급절차 등에 필요한 사항은 대통령령으로 정한다. 〈개정 2017. 12. 12., 2021. 4. 20.〉

2) 주요내용

(1) 체력검사와 건강진단(6조)

첫째, 국가 및 지방자치단체는 청소년의 체력검사와 건강진단을 실시할 수 있다.

둘째, 국가 및 지방자치단체는 제1항에 따른 체력검사 및 건강진단의 결과를 청소년 본인에게 알려주어야 한다.

셋째, 국가 및 지방자치단체는 제1항 및 제2항에 따른 체력검사 · 건강진단의 실시와 그 결과 통보를 전문기관 또는 단체에 위탁할 수 있다.

넷째, 제1항 및 제2항에 따른 체력검사 · 건강진단의 실시와 그 결과 통보에 필요한 사항은 여성가족부령으로 정한다.

(2) 건강진단 결과의 분석 등(7조)

첫째, 국가 및 지방자치단체는 제6조에 따른 건강진단 결과를 분석하여 청소년의 건강 증진을 위하여 필요한 시책을 수립 · 시행하여야 한다.

둘째, 국가 및 지방자치단체는 제1항에 따른 분석을 전문기관에 의뢰할 수 있다.

(3) 건강진단 결과의 공개 금지(8조)

제6조에 따라 건강진단을 실시한 국가 · 지방자치단체 · 전문기관 또는 단체에 근무하였거나 근무하는 사람은 제7조제1항에 따른 시책을 수립하거나 시행하기 위하여 불가피한 경우를 제외하고는 건강진단 결과를 공개하여서는 아니 된다.

4. 지역사회 청소년통합지원체계 등

1) 개요

(1) 지역사회 청소년통합지원체계의 구축 · 운영(9조)

첫째, 지방자치단체의 장은 관할구역의 위기청소년을 조기에 발견하여 보호하고, 청소년복지 및 「청소년기본법」 제3조제5호에 따른 청소년보호를 효율적으로 수행하기 위하여 지방자치단체, 공공기관,「청소년기본법」제3조제8호에 따른 청소년단체 등이 협력하여 업무를 수행하는 지역사회 청소년통합지원체계(이하 "통합지원체계"라 한다)를 구축 · 운영하여야 한다.

둘째, 국가는 통합지원체계의 구축 · 운영을 지원하여야 한다.

셋째, 통합지원체계에 반드시 포함되어야 하는 기관 또는 단체 등 통합지원체계의 구성 등에 필요한 사항은 대통령령으로 정한다.

(2) 통합지원체계 전담기구(제9조의2)

첫째, 특별시 · 광역시 · 특별자치시 · 도 · 특별자치도 및 시 · 군 · 구(자치구를 말한다. 이하 같다)는 통합지원체계에 관한 업무를 효율적으로 추진하기 위하여 통합지원체계 전담기구를 설치할 수 있다.

둘째, 제1항에 따른 통합지원체계 전담기구에 여성가족부령으로 정하는 바에 따라 전담공무원 및 민간 전문인력을 배치할 수 있다.

셋째, 관계 행정기관,「청소년 기본법」제3조제8호에 따른 청소년단체(이하 "청소년단체"라 한다) 및 같은 법 제3조제6호에 따른 청소년시설을 설치 · 운영하는 자는 전담공무원 및 민간 전문인력의 업무 수행에 협조하여야 한다.

넷째, 제1항에 따른 통합지원체계 전담기구의 사무 범위, 조직 및 운영, 제2항에 따른 전담공무원의 임용 등에 필요한 사항은 해당 지방자치단체의 조례로 정한다. [본조신설 2021. 3. 23.]

2) 주요내용

(1) 청소년복지심의위원회(10조)

첫째, 지방자치단체의 장은 통합지원체계의 원활한 운영을 위하여 필요하다고 인정하는 경우에는 위기청소년의 복지 및 보호와 관련된 정책 등 대통령령으로 정하는 사항을 심의하는 청소년복지심의위원회(이하 "심의위원회"라 한다)를 둘 수 있다. 〈개정 2021. 3. 23.〉

둘째, 심의위원회는 통합지원체계를 구성하는 기관 · 단체의 장 또는 종사자와 그 밖에 청소년복지에 대하여 지식과 경험이 풍부한 사람으로 구성한다. 〈개정 2021. 3. 23.〉

셋째, 심의위원회는 심의를 효율적으로 수행하기 위하여 필요하다고 인정하는 경우에는 실무위원회를 둘 수 있다. 〈신설 2021. 3. 23.〉

넷째, 제1항부터 제3항까지의 규정에서 정한 사항 외에 심의위원회 및 실무위원회의 구성, 위원의 위촉 및 회의 절차 등 심의위원회 및 실무위원회의 운영에 필요한 사항은 해당 지방자치단체의 규칙으로 정한다. 〈개정 2021. 3. 23.〉

(2) 주민의 자원 활동 지원(11조)

국가 및 지방자치단체는 지역 주민들이 자발적으로 단체를 구성하여 위기청소년의 발견 · 보호 및 지원을 위한 활동을 하는 경우에는 그 단체의 활동을 지원할 수 있다.

(3) 상담과 전화 설치 등(12조)

첫째, 국가 및 지방자치단체는 모든 청소년이 필요한 사항에 관하여 전문가의 상담을 받을 수 있도록 하여야 한다.

둘째, 국가 및 지방자치단체는 제1항에 따른 상담을 위하여 전화를 설치 · 운영하거나 정보통신망을 운영하여야 한다.

셋째, 제2항에 따른 전화의 설치 · 운영 및 정보통신망의 운영에 필요한 사항은 대통령령으로 정한다.

(4) 위기청소년통합지원정보시스템의 구축 및 운영 등(제12조의2)

첫째, 여성가족부장관은 위기청소년 관련 정보의 효율적 처리, 정보 공유 및 기관

간 서비스 연계 등 통합지원체계를 효율적으로 운영하기 위하여 대통령령으로 정하는 바에 따라 위기청소년통합지원정보시스템(이하 "통합정보시스템"이라 한다)을 구축·운영할 수 있다.

둘째, 여성가족부장관은 통합정보시스템을 구축·운영하는 데 필요한 정보로서 다음 각 호의 어느 하나에 해당하는 정보를 정보주체의 명시적 동의를 받아 수집·보유·이용·제공·연계할 수 있다.

① 제9조에 따른 지역사회 청소년통합지원체계 운영에 관한 정보
② 제12조에 따른 전문가 상담에 관한 정보
③ 제13조에 따른 위기청소년의 가족 및 보호자에 대한 상담 및 교육에 관한 정보
④ 제14조에 따른 위기청소년 특별지원에 관한 정보
⑤ 제16조에 따른 가정 밖 청소년 지원에 관한 정보
⑥ 제18조에 따른 이주배경청소년 지원에 관한 정보
⑦ 제19조에 따른 예방적·회복적 보호지원에 관한 정보
⑧ 제29조에 따른 청소년상담복지센터에 관한 정보
⑨ 제31조에 따른 청소년복지시설에 관한 정보
⑩ 「학교 밖 청소년 지원에 관한 법률」 제12조에 따른 학교 밖 청소년 지원센터 관련 정보
⑪ 「청소년 보호법」 제27조에 따른 인터넷게임 중독 등의 피해 청소년 지원 관련 정보
⑫ 「청소년 보호법」 제35조에 따른 청소년 보호·재활센터 관련 정보
⑬ 「사회보장급여의 이용·제공 및 수급권자 발굴에 관한 법률」 제2조제1호의 사회보장급여 중 청소년 관련 정보
⑭ 「주민등록법」에 따른 주민등록 자료 또는 정보
⑮ 「가족관계의 등록 등에 관한 법률」에 따른 가족관계등록 자료 또는 정보
⑯ 그 밖에 대통령령으로 정하는 위기청소년 지원 관련 업무 수행에 필요한 정보

셋째, 여성가족부장관은 관계 중앙행정기관, 지방자치단체 및 관련 기관 · 단체(이하 "관계 중앙행정기관등"이라 한다)에 통합정보시스템의 구축 · 운영에 필요한 자료 · 정보의 제공을 요청하고 제공받은 목적의 범위에서 이를 수집 · 보유 · 이용할 수 있다. 이 경우 자료 · 정보의 제공을 요청받은 관계 중앙행정기관등은 정당한 사유가 없으면 이에 따라야 한다.

넷째, 여성가족부장관은 위기청소년의 효과적인 보호와 지원을 위하여 제2항 각 호의 정보를 처리하는 민간단체 및 기관과 필요한 정보연계를 위한 조치를 할 수 있다. 이 경우 정보연계 목적의 범위에서 해당 단체와 기관은 연계된 정보를 이용할 수 있다.

다섯째, 관계 중앙행정기관등은 통합정보시스템이 보유하는 자료 · 정보의 활용이 필요한 경우 사전에 여성가족부장관과 협의하여야 한다. 이 경우 여성가족부장관은 관계 중앙행정기관등이 관련 업무에 필요한 범위에서 정보를 제공할 수 있고 정보를 제공받은 관계 중앙행정기관등은 제공받은 목적의 범위에서만 이를 보유 · 이용할 수 있다.

여섯째, 여성가족부장관은 통합정보시스템의 구축 · 운영의 전 과정에서 개인정보 보호를 위하여 필요한 시책을 마련하여야 한다.

일곱째, 통합정보시스템은 제1항에 따른 업무를 수행하기 위하여 「사회보장기본법」 제37조제2항에 따른 사회보장정보시스템 등 관계 전산망을 연계하여 운영할 수 있다.

여덟째, 여성가족부장관은 제22조에 따른 한국청소년상담복지개발원에 통합정보시스템의 운영을 위탁할 수 있다.

아홉째, 제2항부터 제5항까지의 규정에 따라 통합정보시스템의 자료 또는 정보를 취득하여 관리 · 이용하는 자는 그 직무상 알게 된 자료 · 정보를 목적 외로 사용하거나 제3자에게 제공 · 누설하여서는 아니 된다.

열째, 그 밖에 통합지원시스템의 구축과 운영에 필요한 사항은 대통령령으로 정한다. [본조신설 2021. 3. 23.]

5. 위기청소년 지원

1) 개요

(1) 상담 및 교육(13조)

첫째, 국가 및 지방자치단체는 위기청소년에게 효율적이고 적합한 지원을 하기 위하여 위기청소년의 가족 및 보호자에 대한 상담 및 교육을 실시할 수 있다.

둘째, 위기청소년의 가족 및 보호자는 국가 및 지방자치단체가 상담 및 교육을 권고하는 경우에는 이에 협조하여 성실히 상담 및 교육을 받아야 한다.

셋째, 국가 및 지방자치단체는 여성가족부령으로 정하는 일정 소득 이하의 가족 및 보호자가 제1항의 상담 및 교육을 받은 경우에는 예산의 범위에서 여비 등 실비(實費)를 지급할 수 있다.

(2) 위기청소년 특별지원(14조)

첫째, 국가 및 지방자치단체는 대통령령으로 정하는 바에 따라 위기청소년에게 필요한 사회적 · 경제적 지원(이하 "특별지원"이라 한다)을 할 수 있다.

둘째, 특별지원은 생활지원, 학업지원, 의료지원, 직업훈련지원, 청소년활동지원 등 대통령령으로 정하는 내용에 따라 물품 또는 서비스의 형태로 제공한다. 다만, 위기청소년의 지원에 반드시 필요하다고 인정되는 경우에는 금전의 형태로 제공할 수 있다.

셋째, 특별지원 대상 청소년의 선정 기준, 범위 및 기간과 그 밖에 필요한 사항은 대통령령으로 정한다.

2) 주요내용

(1) 특별지원의 신청 및 선정(15조)

첫째, 다음 각 호의 어느 하나에 해당하는 사람은 위기청소년을 특별지원 대상 청소년으로 선정하여 줄 것을 특별자치시장 · 특별자치도지사 또는 시장 · 군수 · 구청장에게 신청할 수 있다. 이 경우 제1호 중 보호자 및 제2호부터 제5호까지의 사람은 해당 청소년의 동의를 받아야 한다. 〈개정 2018. 12. 18.〉

① 청소년 본인 또는 그 보호자

②「청소년기본법」 제3조제7호에 따른 청소년지도자

③「초 · 중등교육법」 제19조제1항에 따른 교원

④「사회복지사업법」 제11조에 따른 사회복지사

⑤ 지방자치단체에서 청소년 업무를 담당하는 공무원

둘째, 특별자치시장 · 특별자치도지사 또는 시장 · 군수 · 구청장은 제1항에 따른 신청을 받은 경우에는 심의위원회의 심의를 거쳐 선정 여부와 지원 내용 및 기간을 결정하여야 한다. 〈개정 2018. 12. 18., 2021. 3. 23.〉

셋째, 특별자치시장 · 특별자치도지사 또는 시장 · 군수 · 구청장은 긴급하게 지원할 필요가 있다고 판단하는 경우 또는 심의위원회가 구성되지 아니한 경우에는 심의위원회의 심의를 거치지 아니하고 제2항의 결정을 할 수 있다. 〈개정 2018. 12. 18., 2021. 3. 23.〉

(2) 가정 밖 청소년에 대한 지원(16조)

첫째, 여성가족부장관 또는 지방자치단체의 장은 가정 밖 청소년의 발생을 예방하기 위한 교육 · 홍보 · 연구 · 조사 등 각종 정책을 수립 · 시행하여야 한다. 〈개정 2021. 3. 23.〉

둘째, 국가 및 지방자치단체는 가정 밖 청소년의 가정 · 사회 복귀를 돕기 위하여

상담, 보호, 자립 지원, 사후관리 등 필요한 조치를 하여야 한다. <신설 2021. 3. 23.>

셋째, 보호자는 가정 밖 청소년의 발생을 예방하기 위하여 노력하여야 하며, 가정 밖 청소년의 가정·사회 복귀를 위한 국가 및 지방자치단체 등의 노력에 적극 협조하여야 한다. <개정 2021. 3. 23.>

넷째, 여성가족부장관 또는 지방자치단체의 장은 제1항 및 제2항에 따른 가정 밖 청소년 발생 예방 및 보호·지원에 관한 업무를 청소년단체에 위탁할 수 있다. <개정 2021. 3. 23.>

(3) 이주배경청소년에 대한 지원(18조)

국가 및 지방자치단체는 「다문화가족지원법」 제2조제1호에 따른 다문화가족의 청소년, 그 밖에 국내로 이주하여 사회 적응 및 학업 수행에 어려움을 겪는 청소년의 어느 하나에 해당하는 청소년의 사회 적응 및 학습능력 향상을 위하여 상담 및 교육 등 필요한 시책을 마련하고 시행하여야 한다.

6. 청소년부모 지원(제5장의2) <신설 2021. 3. 23.>

1) 개요

(1) 청소년부모에 대한 가족지원서비스(제18조의2)

첫째, 국가 및 지방자치단체는 청소년부모에게 다음 각 호의 가족지원서비스를 제공할 수 있다.

① 아동의 양육 및 교육 서비스

② 「지역보건법」 제11조제1항제5호사목에 따른 방문건강관리사업 서비스

③ 교육·상담 등 가족 관계 증진 서비스

④ 그 밖에 대통령령으로 정하는 청소년부모에 대한 가족지원 서비스

둘째, 제1항에 따른 가족지원서비스 대상 청소년부모의 선정 기준, 범위 및 기간과 그 밖에 필요한 사항은 대통령령으로 정한다. **[본조신설 2021. 3. 23.]**

2) 주요내용

(1) 청소년부모에 대한 복지지원(제18조의3)

첫째, 국가 및 지방자치단체는 청소년부모와 그 자녀에게 복지지원을 할 수 있다.

둘째, 제1항에 따른 복지지원은 생활지원, 의료지원, 주거지원, 청소년활동지원 등 대통령령으로 정하는 내용에 따라 물품 또는 서비스의 형태로 제공한다.

셋째, 제1항에 따른 복지지원 대상 청소년부모의 선정 기준, 범위 및 기간과 그 밖에 필요한 사항은 대통령령으로 정한다. **[본조신설 2021. 3. 23.]**

(2) 청소년부모에 대한 교육지원(제18조의4)

첫째, 국가 및 지방자치단체는 청소년부모가 학업을 할 수 있도록 청소년부모의 선택에 따라 다음 각 호의 어느 하나에 해당하는 지원을 할 수 있다.

① 「초·중등교육법」 제2조에 따른 학교에서의 학적 유지를 위한 지원 및 교육비 지원 또는 검정고시 지원

② 「평생교육법」 제31조제2항에 따른 학력인정 평생교육시설에 대한 교육비 지원

③ 「초·중등교육법」 제28조에 따른 교육 지원

④ 그 밖에 청소년부모의 교육 지원을 위하여 여성가족부령으로 정하는 사항

둘째, 국가 및 지방자치단체는 청소년부모의 학업과 양육의 병행을 위하여 그 자녀가 청소년부모가 속한 「고등교육법」 제2조에 따른 학교에 설치된 직장어린이집을 이용할 수 있도록 지원할 수 있다.

셋째, 여성가족부장관은 청소년부모가 학업을 계속할 수 있도록 교육부장관에게 협조를 요청하여야 한다.

넷째, 제1항 및 제2항에 따른 교육지원 대상 청소년부모의 선정 기준, 범위 및 기간과 그 밖에 필요한 사항은 대통령령으로 정한다. **[본조신설 2021. 3. 23.]**

(3) 청소년부모에 대한 직업체험 및 취업지원(제18조의5)

첫째, 국가 및 지방자치단체는 청소년부모가 자녀를 안정적으로 양육할 수 있는 환경을 조성하기 위하여 직업의 체험과 훈련을 할 수 있도록 다음 각 호의 사항을 지원할 수 있다.

① 직업적성 검사 및 진로상담프로그램

② 직업체험 및 훈련프로그램

③ 직업소개 및 관리

④ 그 밖에 청소년부모의 직업체험 및 훈련에 필요한 사항

둘째, 국가 및 지방자치단체는 청소년부모를 대상으로 취업 및 직무수행에 필요한 지식 · 기술 및 태도를 습득 · 향상시키기 위하여 직업교육 훈련을 실시할 수 있다. **[본조신설 2021. 3. 23.]**

7. 예방적 · 회복적 보호지원 〈개정 2018. 12. 18.〉

1) 개요

(1) 예방적 · 회복적 보호지원의 실시 등(19조)

첫째, 특별자치시장 · 특별자치도지사 또는 시장 · 군수 · 구청장은 청소년의 비행 · 일탈을 예방하고 가정 · 학교 · 사회 생활에 복귀 및 적응하는 것을 돕기 위하여 다음

각 호의 어느 하나에 해당하는 청소년에 대하여 청소년 본인, 해당 청소년의 보호자 또는 청소년이 취학하고 있는 학교의 장의 신청에 따라 예방적 · 회복적 보호지원(이하 "보호지원"이라 한다)을 실시할 수 있다. 이 경우 해당 청소년의 보호자 또는 학교의 장이 보호지원을 신청하는 때에는 청소년 본인의 동의를 받아야 한다. 〈개정 2018. 12. 18.〉

① 비행 · 일탈을 저지른 청소년

② 일상생활에 적응하지 못하여 가정 또는 학교 외부의 교육적 도움이 필요한 청소년

둘째, 보호지원은 해당 청소년이 정상적인 가정 · 학교 · 사회 생활에 복귀 및 적응하는 데에 도움이 되는 방법으로서 상담 · 교육 · 자원봉사 · 수련 · 체육 · 단체활동 등 대통령령으로 정하는 방법에 따라 한다. 〈개정 2018. 12. 18.〉

셋째, 보호지원의 기간은 6개월 이내로 한다. 다만, 특별자치시장 · 특별자치도지사 또는 시장 · 군수 · 구청장은 보호지원의 결과를 검토하여 보호지원의 연장이 필요하다고 인정하는 경우 청소년 본인의 동의를 받아 6개월의 범위에서 한 번 연장할 수 있다. 〈개정 2018. 12. 18.〉

넷째, 보호지원 대상자의 선정 기준 및 절차에 관한 사항은 여성가족부령으로 정한다. 〈개정 2018. 12. 18.〉

(2) 시설의 설치 · 운영 등(20조)

국가 및 지방자치단체는 보호지원에 필요한 시설의 설치 · 운영, 보호지원 프로그램의 개발 · 보급, 보호지원 활동에 대한 지원 및 지도자 교육 등 보호지원의 실효성을 확보하기 위한 노력을 하여야 한다. 〈개정 2018. 12. 18.〉

(3) 보호지원후견인(21조)

첫째, 국가 및 지방자치단체(제42조제2항에 따라 보호지원 업무를 위탁한 경우에는 그 보호지원 업무를 위탁받은 청소년단체를 말한다)는 보호지원 대상 청소년을 개인별로 전담하여 지도하는 보호지원후견인을 지정할 수 있다. 〈개정 2018. 12. 18.〉

둘째, 제1항에 따른 보호지원후견인은 「청소년기본법」 제3조제7호에 따른 청소년지도자 및 같은 법 제27조에 따른 청소년지도위원 중에서 지정한다. 〈개정 2018. 12. 18.〉

셋째, 제1항에 따른 보호지원후견인의 임무 · 지정기준 등 세부적인 사항은 여성가족부령으로 정한다. 〈개정 2018. 12. 18.〉

8. 청소년복지지원기관

1) 개요

(1) 한국청소년상담복지개발원(22조)

첫째, 국가는 청소년복지 관련 정책 수립을 지원하고 사업을 효율적이고 체계적으로 수행하기 위하여 한국청소년상담복지개발원(이하 "청소년상담원"이라 한다)을 설립한다. 〈개정 2021. 3. 23.〉

둘째, 청소년상담원은 청소년 상담 및 복지와 관련된 정책의 연구, 청소년 상담 · 복지 사업의 개발 및 운영 · 지원, 청소년 상담기법의 개발 및 상담자료의 제작 · 보급, 청소년 상담 · 복지 인력의 양성 및 교육, 청소년 상담 · 복지 관련 기관 간의 연계 및 지원, 청소년상담복지센터, 청소년복지시설 및 「학교 밖 청소년 지원에 관한 법률」 제12조에 따른 학교 밖 청소년 지원센터에 대한 지도 및 지원, 청소년 가족에 대한 상담 · 교육, 통합정보시스템의 운영, 국가가 설치하는 청소년치료재활센터 및 「청소년 보호법」 제35조제1항에 따른 청소년 보호 · 재활센터의 유지 · 관리 및 운영, 그 밖에 청소년상담원의 목적을 수행하기 위하여 필요한 부수사업

셋째, 청소년상담원은 법인으로 한다. 〈개정 2021. 3. 23.〉

넷째, 청소년상담원은 정관으로 정하는 바에 따라 분원(分院)을 둘 수 있다. 〈개정 2021. 3. 23.〉

다섯째, 청소년상담원은 그 주된 사무소의 소재지에서 설립등기를 함으로써 성립한다. <개정 2021. 3. 23.>

2) 주요내용

(1) 정관(23조)

첫째, 청소년상담원의 정관에는 목적, 명칭, 주된 사무소의 소재지, 사업에 관한 사항, 임직원에 관한 사항, 이사회에 관한 사항, 재산 및 회계에 관한 사항, 업무와 그 집행에 관한 사항, 정관 변경에 관한 사항이 포함되어야 한다.

둘째, 청소년상담원이 정관을 변경하려는 경우에는 여성가족부장관의 인가를 받아야 한다.

(2) 사업계획서의 제출 등(24조)

첫째, 청소년상담원은 대통령령으로 정하는 바에 따라 사업계획서와 예산서를 작성하여 사업연도가 시작되기 전까지 여성가족부장관에게 제출하여 승인을 받아야 한다.

둘째, 청소년상담원은 회계연도가 종료된 때에는 지체 없이 그 회계연도의 결산서를 작성하고 감사원규칙이 정하는 바에 따라 공인회계사나 회계법인을 선정하여 회계감사를 받은 후 다음 회계연도 2월 말일까지 여성가족부장관에게 제출하고, 3월 말일까지 승인을 받아 결산을 확정하여야 한다. <개정 2015. 2. 3.>

(3) 보조금 및 출연 등(25조)

첫째, 정부는 예산의 범위에서 청소년상담원의 사업 및 운영에 드는 경비의 전부 또는 일부를 출연하거나 보조할 수 있다. <개정 2014. 3. 24.>

둘째, 개인 · 법인 또는 단체는 청소년상담원의 운영 또는 사업 등을 지원하기 위하

여 금전이나 그 밖의 재산을 출연하거나 기부할 수 있다. [제목개정 2014. 3. 24.]

(4) 임원(26조)

첫째, 청소년상담원에 이사장 1명을 포함한 15명 이내의 이사와 감사 1명을 둔다. 〈개정 2016. 12. 20.〉

둘째, 이사(이사장은 제외한다. 이하 이 조에서 같다) 및 감사는 비상임으로 한다. 〈개정 2016. 12. 20.〉

셋째, 이사는 여성가족부장관이 임면(任免)하고, 그 임기는 2년으로 한다.

넷째, 감사는 「공공기관의 운영에 관한 법률」 제29조에 따른 임원추천위원회(이하 "임원추천위원회"라 한다)가 복수로 추천한 사람 중에서 기획재정부장관이 임면하고, 그 임기는 2년으로 한다.

(5) 이사장(27조)

첫째, 이사장은 임원추천위원회가 복수로 추천한 사람 중에서 여성가족부장관이 임면하고, 그 임기는 3년으로 한다. 〈개정 2016. 12. 20.〉

둘째, 이사장은 청소년상담원을 대표하고 청소년상담원의 사무를 총괄한다. 〈개정 2016. 12. 20.〉

(6) 청소년상담복지센터(29조)

첫째, 특별시장 · 광역시장 · 특별자치시장 · 도지사 및 특별자치도지사(이하 "시 · 도지사"라 한다) 및 시장 · 군수 · 구청장은 청소년에 대한 상담 · 긴급구조 · 자활 · 의료지원 등의 업무를 수행하기 위하여 청소년상담복지센터를 설치 · 운영할 수 있다. 〈개정 2018. 12. 18.〉

둘째, 제1항에 따라 특별시 · 광역시 · 특별자치시 · 도 및 특별자치도에 설치된 청소년상담복지센터는 시 · 군 · 구의 청소년상담복지센터의 업무를 지도 · 지원하여야 한다. 〈개정 2018. 12. 18.〉

셋째, 시장 · 군수 · 구청장은 제1항에 따라 시 · 군 · 구에 설치하는 청소년상담복지센터를 「청소년활동 진흥법」 제7조제1항에 따라 시 · 군 · 구에 설치하는 지방청소년활동진흥센터와 통합하여 운영할 수 있다. 〈개정 2014. 1. 21.〉

넷째, 시 · 도지사 또는 시장 · 군수 · 구청장은 청소년상담복지센터를 청소년단체에 위탁하여 운영하도록 할 수 있다.

다섯째, 시 · 도지사 또는 시장 · 군수 · 구청장은 청소년상담복지센터를 법인으로 설치할 수 있다.

여섯째, 제1항에 따른 업무의 구체적인 내용과 청소년상담복지센터의 설치 · 운영 기준 및 종사자의 자격기준 등에 관하여 필요한 사항은 대통령령으로 정한다.

(7) 이주배경청소년지원센터(30조)

첫째, 여성가족부장관은 제18조에 따른 이주배경청소년 지원을 위한 이주배경청소년지원센터를 설치 · 운영할 수 있다.

둘째, 이주배경청소년지원센터의 설치 · 운영 등에 필요한 사항은 대통령령으로 정한다.

9. 청소년복지시설

1) 종류

(1) 청소년복지시설의 종류(31조)

「청소년기본법」 제17조에 따른 청소년복지시설(이하 "청소년복지시설"이라 한다)의 종

류는 다음 각 호와 같다. 〈개정 2016. 5. 29., 2021. 3. 23.〉

① 청소년쉼터: 가정 밖 청소년에 대하여 가정 · 학교 · 사회로 복귀하여 생활할 수 있도록 일정 기간 보호하면서 상담 · 주거 · 학업 · 자립 등을 지원하는 시설

② 청소년자립지원관: 일정 기간 청소년쉼터 또는 청소년회복지원시설의 지원을 받았는데도 가정 · 학교 · 사회로 복귀하여 생활할 수 없는 청소년에게 자립하여 생활할 수 있는 능력과 여건을 갖추도록 지원하는 시설

③ 청소년치료재활센터: 학습 · 정서 · 행동상의 장애를 가진 청소년을 대상으로 정상적인 성장과 생활을 할 수 있도록 해당 청소년에게 적합한 치료 · 교육 및 재활을 종합적으로 지원하는 거주형 시설

④ 청소년회복지원시설: 「소년법」 제32조제1항제1호에 따른 감호 위탁 처분을 받은 청소년에 대하여 보호자를 대신하여 그 청소년을 보호할 수 있는 자가 상담 · 주거 · 학업 · 자립 등 서비스를 제공하는 시설

(2) 청소년복지시설의 설치(32조)

첫째, 국가 또는 지방자치단체는 「청소년기본법」 제18조제1항에 따라 청소년복지시설을 설치 · 운영하여야 한다.

둘째, 국가 또는 지방자치단체 외의 자는 청소년복지시설을 설치 · 운영하려면 해당 시설이 있는 지역을 관할하는 특별자치시장 · 특별자치도지사 또는 시장 · 군수 · 구청장에게 신고하여야 한다. 〈개정 2018. 12. 18.〉

셋째, 특별자치시장 · 특별자치도지사 또는 시장 · 군수 · 구청장은 제2항에 따른 신고를 받은 날부터 여성가족부령으로 정하는 기간 내에 신고수리 여부를 신고인에게 통지하여야 한다. 〈신설 2018. 12. 18.〉

넷째, 특별자치시장 · 특별자치도지사 또는 시장 · 군수 · 구청장이 제3항에서 정한 기간 내에 신고수리 여부 또는 민원 처리 관련 법령에 따른 처리기간의 연장을 신고인에게 통지하지 아니하면 그 기간(민원 처리 관련 법령에 따라 처리기간이 연장 또는 재연장

된 경우에는 해당 처리기간을 말한다)이 끝난 날의 다음 날에 신고를 수리한 것으로 본다. 〈신설 2018. 12. 18.〉

다섯째, 청소년복지시설을 설치 · 운영하는 자는 대통령령으로 정하는 바에 따라 청소년복지시설을 이용하는 청소년의 생명 · 신체에 손해가 발생하는 경우 이를 배상하기 위한 보험에 가입하여야 한다. 〈개정 2018. 12. 18.〉

여섯째, 제1항과 제2항에 따른 청소년복지시설의 설치 · 운영에 필요한 사항은 대통령령으로 정하고, 제2항에 따른 신고의 방법 · 절차에 관하여 필요한 사항은 여성가족부령으로 정한다. 〈개정 2018. 12. 18.〉

(3) 가정 밖 청소년의 청소년쉼터 계속 이용(제32조의2)

청소년쉼터(가정 밖 청소년을 7일의 범위에서 일시적으로 보호하는 청소년쉼터는 제외한다)를 설치 · 운영하는 자는 해당 청소년쉼터에 입소한 가정 밖 청소년이 가정폭력, 친족에 의한 성폭력, 그 밖에 가정으로 복귀하여 생활하기 어려운 사유로서 대통령령으로 정하는 사유가 원인이 되어 입소한 경우에는 그 가정 밖 청소년 본인의 의사에 반하여 퇴소시켜서는 아니 된다. 다만, 해당 가정 밖 청소년이 다음 각 호의 어느 하나에 해당하는 경우에는 그러하지 아니하다. 〈개정 2021. 3. 23.〉

① 거짓 또는 부정한 방법으로 청소년쉼터에 입소한 경우

② 청소년쉼터 안에서 현저한 질서문란 행위를 한 경우

(4) 가정 밖 청소년의 청소년쉼터 계속 이용(제32조의2)

첫째, 청소년쉼터(가정 밖 청소년을 7일의 범위에서 일시적으로 보호하는 청소년쉼터는 제외한다. 이하 이 조에서 같다)를 설치 · 운영하는 자는 해당 청소년쉼터에 입소한 가정 밖 청소년이 가정폭력, 친족에 의한 성폭력, 그 밖에 가정으로 복귀하여 생활하기 어려운 사유로서 대통령령으로 정하는 사유가 원인이 되어 입소한 경우에는 그 가정 밖

청소년 본인의 의사에 반하여 퇴소시켜서는 아니 된다. 다만, 해당 가정 밖 청소년이 거짓 또는 부정한 방법으로 청소년쉼터에 입소한 경우, 청소년쉼터 안에서 현저한 질서문란 행위를 한 경우에는 그러하지 아니하다. 〈**개정** 2021. 3. 23., 2021. 4. 20.〉

둘째, 청소년쉼터를 설치 · 운영하는 자는 제1항 단서에 따라 가정 밖 청소년을 퇴소시키는 경우에는 여성가족부령으로 정하는 바에 따라 다른 청소년복지시설에의 입소 등 보호에 필요한 조치를 하도록 노력하여야 한다. 〈**신설** 2021. 4. 20.〉

다 함께 생각해 보기

1. 가출청소년 쉼터에 대해서 정리하여 봅시다.
2. 청소년들의 학교 폭력의 심각성을 인지하고 이에 대한 학교폭력의 피해를 줄이는 방안에 대해 토의해 봅시다.
3. 청소년복지서비스의 질을 높여 청소년들이 올바로 성장하여 사회참여를 통한 사회발전 증진에 이바지할 수 있는 방안에 대해 토의해 봅시다.

제12장

노인복지법

[시행 2021. 6. 30.]
[법률 제17776호, 2020. 12. 29., 일부개정]

1. 노인복지법

1) 개요

(1) 목적

노인복지법의 목적(1조)은 노인의 질환을 사전예방 또는 조기발견하고 질환상태에 따른 적절한 치료 · 요양으로 심신의 건강을 유지하고, 노후의 생활안정을 위하여 필요한 조치를 강구함으로써 노인의 보건복지증진에 기여함을 목적으로 한다.

(2) 용어

이 법에서 사용하는 용어의 정의(제1조의 2항)는 다음과 같다. 〈**개정** 2007. 1. 3., 2011. 8. 4., 2015. 12. 29., 2016. 12. 2.〉

첫째, "부양의무자"라 함은 배우자(사실상의 혼인관계에 있는 자를 포함한다)와 직계비속 및 그 배우자(사실상의 혼인관계에 있는 자를 포함한다)를 말한다.

둘째, "보호자"라 함은 부양의무자 또는 업무 · 고용 등의 관계로 사실상 노인을 보호하는 자를 말한다.

셋째, "치매"란 「치매관리법」 제2조제1호에 따른 치매를 말한다.

넷째, "노인학대"라 함은 노인에 대하여 신체적 · 정신적 · 정서적 · 성적 폭력 및 경제적 착취 또는 가혹행위를 하거나 유기 또는 방임을 하는 것을 말한다.

(3) 기본이념(2조)

첫째, 노인은 후손의 양육과 국가 및 사회의 발전에 기여하여 온 자로서 존경받으며 건전하고 안정된 생활을 보장받는다.

둘째, 노인은 그 능력에 따라 적당한 일에 종사하고 사회적 활동에 참여할 기회를 보장받는다.

셋째, 노인은 노령에 따르는 심신의 변화를 자각하여 항상 심신의 건강을 유지하고 그 지식과 경험을 활용하여 사회의 발전에 기여하도록 노력하여야 한다.

2) 주요내용

(1) 가족제도의 유지 · 발전(3조)

국가와 국민은 경로효친의 미풍양속에 따른 건전한 가족제도가 유지 · 발전되도록 노력하여야 한다.

(2) 보건복지증진의 책임(4조)

첫째, 국가와 지방자치단체는 노인의 보건 및 복지증진의 책임이 있으며, 이를 위한 시책을 강구하여 추진하여야 한다.

둘째, 국가와 지방자치단체는 제1항의 규정에 의한 시책을 강구함에 있어 제2조에 규정된 기본이념이 구현되도록 노력하여야 한다.

셋째, 노인의 일상생활에 관련되는 사업을 경영하는 자는 그 사업을 경영함에 있어 노인의 보건복지가 증진되도록 노력하여야 한다.

(3) 노인의 날 등(6조)

첫째, 노인에 대한 사회적 관심과 공경의식을 높이기 위하여 매년 10월 2일을 노인의 날로, 매년 10월을 경로의 달로 한다.

둘째, 부모에 대한 효사상을 앙양하기 위하여 매년 5월 8일을 어버이날로 한다.

셋째, 범국민적으로 노인학대에 대한 인식을 높이고 관심을 유도하기 위하여 매년 6월 15일을 노인학대예방의 날로 지정하고, 국가와 지방자치단체는 노인학대예방의 날의 취지에 맞는 행사와 홍보를 실시하도록 노력하여야 한다. 〈신설 2015. 12. 29.〉

(4) 인권교육(제6조의3항)

첫째, 제31조의 노인복지시설 중 대통령령으로 정하는 시설을 설치 · 운영하는 자와 그 종사자는 인권에 관한 교육(이하 이 조에서 "인권교육"이라 한다)을 받아야 한다.

둘째, 제31조의 노인복지시설 중 대통령령으로 정하는 시설을 설치 · 운영하는 자는 해당 시설을 이용하고 있는 노인들에게 인권교육을 실시할 수 있다.

셋째, 보건복지부장관은 제1항 및 제2항에 따른 인권교육을 효율적으로 실시하기 위하여 인권교육기관을 지정할 수 있다. 이 경우 예산의 범위에서 인권교육에 소요되는 비용을 지원할 수 있으며, 지정을 받은 인권교육기관은 보건복지부장관의 승인을 받아 인권교육에 필요한 비용을 교육대상자로부터 징수할 수 있다.

넷째, 보건복지부장관은 제3항에 따라 지정을 받은 인권교육기관이 거짓이나 그 밖의 부정한 방법으로 지정을 받은 경우, 제5항에 따라 보건복지부령으로 정하는 지정요건을 갖추지 못하게 된 경우, 인권교육의 수행능력이 현저히 부족하다고 인정되는 경우에 해당하면 그 지정을 취소하거나 6개월 이내의 기간을 정하여 업무를 정지할 수 있다. 다만, 제1호에 해당하면 그 지정을 취소하여야 한다.

다섯째, 제1항 및 제2항에 따른 인권교육의 대상 · 내용 · 방법, 제3항에 따른 인권교육기관의 지정 및 제4항에 따른 인권교육기관의 지정취소 · 업무정지 처분의 기준 등에

필요한 사항은 보건복지부령으로 정한다. [본조신설 2017. 10. 24.]

(5) 노인복지상담원(7조)

첫째, 노인의 복지를 담당하게 하기 위하여 특별자치도와 시 · 군 · 구(자치구를 말한다. 이하 같다)에 노인복지상담원을 둔다. 〈개정 2007. 8. 3.〉

둘째, 노인복지상담원의 임용 또는 위촉, 직무 및 보수 등에 관하여 필요한 사항은 대통령령으로 정한다. 〈개정 1999. 2. 8.〉

(6) 노인전용주거시설(8조)

국가 또는 지방자치단체는 노인의 주거에 적합한 기능 및 설비를 갖춘 주거용시설의 공급을 조장하여야 하며, 그 주거용시설의 공급자에 대하여 적절한 지원을 할 수 있다.

(7) 노인사회참여 지원(23조)

첫째, 국가 또는 지방자치단체는 노인의 사회참여 확대를 위하여 노인의 지역봉사 활동기회를 넓히고 노인에게 적합한 직종의 개발과 그 보급을 위한 시책을 강구하며 근로 능력이 있는 노인에게 일할 기회를 우선적으로 제공하도록 노력하여야 한다.

둘째, 국가 또는 지방자치단체는 노인의 지역봉사 활동 및 취업의 활성화를 기하기 위하여 노인지역봉사기관, 노인취업알선기관 등 노인복지관계기관에 대하여 필요한 지원을 할 수 있다.

(8) 노인일자리전담기관의 설치 · 운영 등(제23조의2항)

첫째, 노인의 능력과 적성에 맞는 일자리지원사업을 전문적 · 체계적으로 수행하기 위한 전담기관(이하 "노인일자리전담기관"이라 한다)은 노인인력개발기관(노인일자리개발 · 보급사업, 조사사업, 교육 · 홍보 및 협력사업, 프로그램인증 · 평가사업 등을 지원하는 기관), 노인일자리지원기관(지역사회 등에서 노인일자리의 개발 · 지원, 창업 · 육성 및 노인에 의한 재화의 생산 · 판매 등을 직접 담당하는 기관), 노인취업알선기관(노인에게 취업 상담 및 정보를 제공하거나 노인일자리를 알선하는 기관)으로 한다. 〈개정 2011. 4. 7.〉

둘째, 국가 또는 지방자치단체는 노인일자리전담기관을 설치 · 운영하거나 그 운영의 전부 또는 일부를 법인 · 단체 등에 위탁할 수 있다. 〈신설 2011. 4. 7.〉

셋째, 노인일자리전담기관의 설치 · 운영 또는 위탁에 관하여 필요한 사항은 대통령령으로 정한다. 〈개정 2011. 4. 7.〉

넷째, 제1항제2호의 노인일자리지원기관의 시설 및 인력에 관한 기준 등은 보건복지부령으로 정한다. 〈신설 2013. 6. 4.〉

(9) 지역봉사지도원 위촉 및 업무(24조)

첫째, 국가 또는 지방자치단체는 사회적 신망과 경험이 있는 노인으로서 지역봉사를 희망하는 경우에는 이를 지역봉사지도원으로 위촉할 수 있다.

둘째, 제1항의 규정에 의한 지역봉사지도원의 업무는 국가 또는 지방자치단체가 행하는 업무 중 민원인에 대한 상담 및 조언, 도로의 교통정리, 주 · 정차단속의 보조, 자연보호 및 환경침해 행위단속의 보조와 청소년 선도, 충효사상, 전통의례 등 전통문화의 전수교육, 문화재의 보호 및 안내, 노인에 대한 교통안전 및 교통사고예방 교육 등이다. 〈개정 2015. 1. 28.〉

(10) 생업지원(25조)

첫째, 국가, 지방자치단체, 그 밖의 공공단체 중 대통령령으로 정하는 기관은 소관 공공시설에 식료품 · 사무용품 · 신문 등 일상생활용품의 판매를 위한 매점이나 자동판매기의 설치를 허가 또는 위탁할 때에는 65세 이상 노인의 신청이 있는 경우 이를 우선적으로 반영하여야 한다. 〈개정 2018. 3. 13.〉

둘째, 국가, 지방자치단체, 그 밖의 공공단체 중 대통령령으로 정하는 기관은 소관 공공시설에 청소, 주차관리, 매표 등의 사업을 위탁하는 경우에는 65세 이상 노인을 100분의 20 이상 채용한 사업체를 우선적으로 고려할 수 있다. 〈신설 2018. 3. 13.〉

셋째, 제2항에 따른 위탁사업의 종류 및 절차 등에 필요한 사항은 대통령령으로 정한다. 〈신설 2018. 3. 13.〉

(11) 경로우대(26조)

첫째, 국가 또는 지방자치단체는 65세 이상의 자에 대하여 대통령령이 정하는 바에 의하여 국가 또는 지방자치단체의 수송시설 및 고궁 · 능원 · 박물관 · 공원 등의 공공시설을 무료로 또는 그 이용요금을 할인하여 이용하게 할 수 있다.

둘째, 국가 또는 지방자치단체는 노인의 일상생활에 관련된 사업을 경영하는 자에게 65세 이상의 자에 대하여 그 이용요금을 할인하여 주도록 권유할 수 있다.

셋째, 국가 또는 지방자치단체는 제2항의 규정에 의하여 노인에게 이용요금을 할인하여 주는 자에 대하여 적절한 지원을 할 수 있다.

(12) 건강진단 등(27조)

첫째, 국가 또는 지방자치단체는 대통령령이 정하는 바에 의하여 65세 이상의 자에 대하여 건강진단과 보건교육을 실시할 수 있다. 이 경우 보건복지부령으로 정하는 바에 따라 성별, 다빈도질환 등을 반영하여야 한다. 〈개정 2015. 1. 28.〉

둘째, 국가 또는 지방자치단체는 제1항의 규정에 의한 건강진단 결과 필요하다고 인정한 때에는 그 건강진단을 받은 자에 대하여 필요한 지도를 하여야 한다.

(13) 홀로 사는 노인에 대한 지원(제27조의2항)

첫째, 국가 또는 지방자치단체는 홀로 사는 노인에 대하여 방문요양과 돌봄 등의 서비스와 안전확인 등의 보호조치를 취하여야 한다. 〈개정 2017. 10. 24.〉

둘째, 국가 또는 지방자치단체는 제1항에 따른 사업을 노인 관련 기관 · 단체에 위탁할 수 있으며, 예산의 범위에서 그 사업 및 운영에 필요한 비용을 지원할 수 있다. 〈신설 2017. 10. 24.〉

셋째, 서비스 및 보호조치의 구체적인 내용 등에 관하여는 보건복지부장관이 정한다. 〈개정 2017. 10. 24.〉

(14) 독거노인종합지원센터(27조의3항)

첫째, 보건복지부장관은 홀로 사는 노인에 대한 돌봄과 관련된 홀로 사는 노인에 대한 정책 연구 및 프로그램의 개발, 홀로 사는 노인에 대한 현황조사 및 관리, 홀로 사는 노인 돌봄사업 종사자에 대한 교육, 홀로 사는 노인에 대한 돌봄사업의 홍보, 교육교재 개발 및 보급, 홀로 사는 노인에 대한 돌봄사업의 수행기관 지원 및 평가, 관련 기관 협력체계의 구축 및 교류, 홀로 사는 노인에 대한 기부문화 조성을 위한 기부금품의 모집, 접수 및 배부, 그 밖에 홀로 사는 노인의 돌봄을 위하여 보건복지부장관이 위탁하는 업무의 사업을 수행하기 위하여 독거노인종합지원센터를 설치 · 운영할 수 있다.

둘째, 보건복지부장관은 제1항에 따른 독거노인종합지원센터의 운영을 전문 인력과 시설을 갖춘 법인 또는 단체에 위탁할 수 있다.

셋째, 그 밖에 독거노인종합지원센터의 설치 · 운영 등에 필요한 사항은 보건복지부령으로 정한다. [본조신설 2017. 10. 24.]

(15) 상담 · 입소 등의 조치(28조)

첫째, 보건복지부장관, 특별시장 · 광역시장 · 특별자치시장 · 도지사 · 특별자치도지사(이하 "시 · 도지사"라 한다), 시장 · 군수 · 구청장(자치구의 구청장을 말한다. 이하 같다)은 노인에 대한 복지를 도모하기 위하여 필요하다고 인정한 때에는 65세 이상의 자 또는 그를 보호하고 있는 자를 관계공무원 또는 노인복지상담원으로 하여금 상담 · 지도하게 하는 것, 65세 이상의 자로서 신체적 · 정신적 · 경제적 이유 또는 환경상의 이유로 거택에서 보호받기가 곤란한 자를 노인주거복지시설 또는 재가노인복지시설에 입소시키거나 입소를 위탁하는 것, 65세 이상의 자로서 신체 또는 정신상의 현저한 결함으로 인하여 항상 보호를 필요로 하고 경제적 이유로 거택에서 보호받기가 곤란한 자를 노인의료복지시설에 입소시키거나 입소를 위탁하는 조치를 하여야 한다. 〈**개정** 1999. 2. 8., 2007. 8. 3., 2008. 2. 29., 2010. 1. 18., 2018. 3. 13.〉

둘째, 보건복지부장관, 시·도지사 또는 시장·군수·구청장(이하 "福祉實施機關"이라 한다)은 65세 미만의 자에 대하여도 그 노쇠현상이 현저하여 특별히 보호할 필요가 있다고 인정할 때에는 제1항 각 호의 조치를 할 수 있다. 〈**개정** 2008. 2. 29., 2010. 1. 18.〉

셋째, 복지실시기관은 제1항 또는 제2항에 따라 입소조치된 자가 사망한 경우에 그 자에 대한 장례를 행할 자가 없을 때에는 그 장례를 행하거나 해당 시설의 장으로 하여금 그 장례를 행하게 할 수 있다. 이 경우 복지실시기관 또는 노인복지시설의 장은 사망자가 유류한 금전 또는 유가증권을 그 장례에 필요한 비용에 충당할 수 있으며, 부족이 있을 때에는 유류물품을 처분하여 그 대금을 이에 충당할 수 있다. 〈**개정** 2019. 1. 15., 2020. 12. 29.〉

넷째, 제3항 후단에 따른 장례비용 충당의 세부절차는 보건복지부령으로 정한다. 〈신설 2020. 12. 29.〉

2. 노인복지시설의 설치·운영

1) 개요

(1) 노인복지시설의 종류(31조)

노인복지시설의 종류는 다음과 같다. 〈**개정** 2004. 1. 29., 2013. 6. 4., 2017. 3. 14.〉

- 노인주거복지시설

- 노인의료복지시설
- 노인여가복지시설
- 재가노인복지시설
- 노인보호전문기관
- 제23조의2제1항제2호의 노인일자리지원기관
- 제39조의19에 따른 학대피해노인 전용쉼터

(2) 노인주거복지시설(32조)

첫째, 노인주거복지시설은 다음 각 호의 시설로 한다. 〈개정 2007. 8. 3., 2015. 1. 28.〉

① 양로시설: 노인을 입소시켜 급식과 그 밖에 일상생활에 필요한 편의를 제공함을 목적으로 하는 시설

② 노인공동생활가정: 노인들에게 가정과 같은 주거여건과 급식, 그 밖에 일상생활에 필요한 편의를 제공함을 목적으로 하는 시설

③ 노인복지주택: 노인에게 주거시설을 임대하여 주거의 편의 · 생활지도 · 상담 및 안전관리 등 일상생활에 필요한 편의를 제공함을 목적으로 하는 시설

둘째, 노인주거복지시설의 입소대상 · 입소절차 · 입소비용 및 임대 등에 관하여 필요한 사항은 보건복지부령으로 정한다. 〈개정 2007. 8. 3., 2008. 2. 29., 2010. 1. 18., 2015. 1. 28.〉

셋째, 노인복지주택의 설치 · 관리 및 공급 등에 관하여 이 법에서 규정된 사항을 제외하고는 「주택법」 및 「공동주택관리법」의 관련규정을 준용한다. 〈신설 1999. 2. 8., 2003. 5. 29., 2007. 8. 3., 2015. 8. 11.〉

2) 주요내용

(1) 노인주거복지시설의 설치(33조)

첫째, 국가 또는 지방자치단체는 노인주거복지시설을 설치할 수 있다.

둘째, 국가 또는 지방자치단체 외의 자가 노인주거복지시설을 설치하고자 하는 경우에는 특별자치시장 · 특별자치도지사 · 시장 · 군수 · 구청장(이하 "시장 · 군수 · 구청장"이라 한다)에게 신고하여야 한다. 〈개정 2005. 3. 31., 2007. 8. 3., 2018. 3. 13.〉

셋째, 시장 · 군수 · 구청장은 제2항에 따른 신고를 받은 경우 그 내용을 검토하여 이 법에 적합하면 신고를 수리하여야 한다. 〈신설 2018. 3. 13.〉

넷째, 노인주거복지시설의 시설, 인력 및 운영에 관한 기준과 설치신고, 설치 · 운영자가 준수하여야 할 사항, 그 밖에 필요한 사항은 보건복지부령으로 정한다. 〈개정 1999. 2. 8., 2007. 8. 3., 2008. 2. 29., 2010. 1. 18., 2018. 3. 13.〉

(2) 노인복지주택의 입소자격 등(제33조의2항)

첫째, 노인복지주택에 입소할 수 있는 자는 60세 이상의 노인(이하 "입소자격자"라 한다)으로 한다. 다만, 입소자격자의 배우자, 입소자격자가 부양을 책임지고 있는 19세 미만의 자녀 · 손자녀에 해당하는 경우에는 입소자격자와 함께 입소할 수 있다. 〈개정 2015. 1. 28.〉

둘째, 노인복지주택을 설치하거나 설치하려는 자는 노인복지주택을 입소자격자에게 임대하여야 한다. 〈개정 2015. 1. 28.〉

셋째, 제2항에 따라 노인복지주택을 임차한 자는 해당 노인주거시설을 입소자격자가 아닌 자에게 다시 임대할 수 없다. 〈개정 2015. 1. 28.〉

넷째, 시장 · 군수 · 구청장은 지역 내 노인 인구, 노인주거복지시설의 수요와 공급실태 및 노인복지주택의 효율적인 이용 등을 고려하여 노인복지주택의 공급가구수와 가구별 건축면적(주거의 용도로만 쓰이는 면적에 한한다)을 일정규모 이하로 제한할 수 있다.

다섯째, 제33조제2항에 따라 노인복지주택을 설치한 자는 해당 노인복지주택의 전부 또는 일부 시설을 시장 · 군수 · 구청장의 확인을 받아 대통령령으로 정하는 자에게 위탁하여 운영할 수 있다. 〈개정 2019. 1. 15.〉

여섯째, 입소자격자가 사망하거나 노인복지주택에 거주하지 아니하는 경우 제1항에 따라 노인복지주택에 입소한 입소자격자의 배우자 및 자녀 · 손자녀는 보건복지부령으로 정하는 기간 내에 퇴소하여야 한다. 다만, 입소자격자의 해외 체류 등 보건복지부령으로 정하는 부득이한 사유가 있는 경우에는 그러하지 아니하다. 〈신설 2017. 10. 24.〉

일곱째, 시장 · 군수 · 구청장은 필요한 경우 제1항에 따른 입소자격 여부 및 제7항에 따른 입소자격자의 사망 또는 실제 거주 여부를 조사할 수 있다. 〈신설 2017. 10. 24.〉

여덟째, 시장 · 군수 · 구청장은 제8항에 따른 조사 결과 입소부자격자가 발견되면 퇴소하도록 하는 등 적절한 조치를 취하여야 한다. 〈신설 2017. 10. 24.〉

(3) 노인의료복지시설(34조)

첫째, 노인의료복지시설은 노인요양시설로서 치매 · 중풍 등 노인성질환 등으로 심신에 상당한 장애가 발생하여 도움을 필요로 하는 노인을 입소시켜 급식 · 요양과 그 밖에 일상생활에 필요한 편의를 제공함을 목적으로 하는 시설과 노인요양공동생활가정으로서 치매 · 중풍 등 노인성질환 등으로 심신에 상당한 장애가 발생하여 도움을 필요로 하는 노인에게 가정과 같은 주거여건과 급식 · 요양, 그 밖에 일상생활에 필요한 편의를 제공함을 목적으로 하는 시설로 한다. 〈개정 2007. 8. 3.〉

둘째, 노인의료복지시설의 입소대상 · 입소비용 및 입소절차와 설치 · 운영자의 준수사항 등에 관하여 필요한 사항은 보건복지부령으로 정한다. 〈개정 2007. 8. 3., 2008. 2. 29., 2010. 1. 18.〉

(4) 노인의료복지시설의 설치(35조)

첫째, 국가 또는 지방자치단체는 노인의료복지시설을 설치할 수 있다.

둘째, 국가 또는 지방자치단체 외의 자가 노인의료복지시설을 설치하고자 하는 경우에는 시장 · 군수 · 구청장에게 신고하여야 한다. 〈개정 2005. 3. 31., 2011. 6. 7.〉

셋째, 시장 · 군수 · 구청장은 제2항에 따른 신고를 받은 경우 그 내용을 검토하여 이 법에 적합하면 신고를 수리하여야 한다. 〈신설 2018. 3. 13.〉

넷째, 노인의료복지시설의 시설, 인력 및 운영에 관한 기준과 설치신고 및 설치허가 등에 관하여 필요한 사항은 보건복지부령으로 정한다. 〈개정 1999. 2. 8., 2007. 4. 11., 2008. 2. 29., 2010. 1. 18., 2011. 6. 7., 2018. 3. 13.〉

(5) 노인여가복지시설(36조)

첫째, 노인여가복지시설은 다음 각 호의 시설로 한다. 〈개정 2007. 8. 3.〉

① 노인복지관: 노인의 교양 · 취미생활 및 사회참여활동 등에 대한 각종 정보와 서비스를 제공하고, 건강증진 및 질병예방과 소득보장 · 재가복지, 그 밖에 노인의 복지증진에 필요한 서비스를 제공함을 목적으로 하는 시설

② 경로당: 지역노인들이 자율적으로 친목도모 · 취미활동 · 공동작업장 운영 및 각종 정보교환과 기타 여가활동을 할 수 있도록 하는 장소를 제공함을 목적으로 하는 시설

③ 노인교실: 노인들에 대하여 사회활동 참여욕구를 충족시키기 위하여 건전한 취미생활 · 노인건강유지 · 소득보장 기타 일상생활과 관련한 학습프로그램을 제공함을 목적으로 하는 시설

둘째, 노인여가복지시설의 이용대상 및 이용절차 등에 관하여 필요한 사항은 보건복지부령으로 정한다. 〈개정 2008. 2. 29., 2010. 1. 18.〉

(6) 노인여가복지시설의 설치(37조)

첫째, 국가 또는 지방자치단체는 노인여가복지시설을 설치할 수 있다.

둘째, 국가 또는 지방자치단체 외의 자가 노인여가복지시설을 설치하고자 하는 경우에는 시장 · 군수 · 구청장에게 신고하여야 한다.

셋째, 시장 · 군수 · 구청장은 제2항에 따른 신고를 받은 경우 그 내용을 검토하여 이 법에 적합하면 신고를 수리하여야 한다. 〈신설 2018. 3. 13.〉

넷째, 국가 또는 지방자치단체는 경로당의 활성화를 위하여 지역별 · 기능별 특성을 갖춘 표준 모델 및 프로그램을 개발 · 보급하여야 한다. 〈신설 2011. 6. 7., 2018. 3. 13.〉

다섯째, 노인여가복지시설의 시설, 인력 및 운영에 관한 기준과 설치신고 등에 관하여 필요한 사항은 보건복지부령으로 정한다. 〈개정 1999. 2. 8., 2008. 2. 29., 2010. 1. 18., 2011. 6. 7., 2018. 3. 13.〉

(7) 경로당에 대한 양곡구입비 등의 보조(제37조의2)

첫째, 국가 또는 지방자치단체는 경로당에 대하여 예산의 범위에서 양곡(「양곡관리법」에 따른 정부관리양곡을 포함한다)구입비의 전부 또는 일부를 보조할 수 있다. 〈개정 2018. 12. 11.〉

둘째, 국가 또는 지방자치단체는 예산의 범위에서 경로당의 냉난방 비용의 전부 또는 일부를 보조할 수 있다.

(8) 경로당에 대한 공과금 감면(제37조의3)

첫째, 「전기사업법」에 따른 전기판매사업자, 「전기통신사업법」에 따른 전기통신사업자 및 「도시가스사업법」에 따른 도시가스사업자는 경로당에 대하여 각각 전기요금 · 전기통신요금 및 도시가스요금을 감면할 수 있다

둘째, 「수도법」에 따른 수도사업자(수도사업자가 지방자치단체인 경우에는 해당 지방자치단체의 장을 말한다)는 경로당에 대하여 수도요금을 감면할 수 있다.

(9) 재가노인복지시설(38조)

첫째, 재가노인복지시설은 다음 각 호의 어느 하나 이상의 서비스를 제공함을 목적으로 하는 시설을 말한다.

① 방문요양서비스: 가정에서 일상생활을 영위하고 있는 노인(이하 "재가노인"이라 한다)으로서 신체적 · 정신적 장애로 어려움을 겪고 있는 노인에게 필요한 각종 편의를 제공하여 지역사회 안에서 건전하고 안정된 노후를 영위하도록 하는 서비스

② 주 · 야간보호서비스: 부득이한 사유로 가족의 보호를 받을 수 없는 심신이 허약한 노인과 장애노인을 주간 또는 야간 동안 보호시설에 입소시켜 필요한 각종 편의를 제공하여 이들의 생활안정과 심신기능의 유지 · 향상을 도모하고, 그 가족의 신체적 · 정신적 부담을 덜어 주기 위한 서비스

③ 단기보호서비스: 부득이한 사유로 가족의 보호를 받을 수 없어 일시적으로 보호가 필요한 심신이 허약한 노인과 장애노인을 보호시설에 단기간 입소시켜 보호함으로써 노인 및 노인가정의 복지증진을 도모하기 위한 서비스

④ 방문 목욕서비스: 목욕장비를 갖추고 재가노인을 방문하여 목욕을 제공하는 서비스

⑤ 그 밖의 서비스: 그 밖에 재가노인에게 제공하는 서비스로서 보건복지부령이 정하는 서비스

둘째, 제1항에 따른 재가노인복지시설의 이용대상 · 비용부담 및 이용절차 등에 관하여 필요한 사항은 보건복지부령으로 정한다. 〈개정 2010. 1. 18.〉

(10) 재가노인복지시설의 설치(39조)

첫째, 국가 또는 지방자치단체는 재가노인복지시설을 설치할 수 있다.

둘재, 국가 또는 지방자치단체 외의 자가 재가노인복지시설을 설치하고자 하는 경우에는 시장 · 군수 · 구청장에게 신고하여야 한다.

셋째, 시장 · 군수 · 구청장은 제2항에 따른 신고를 받은 경우 그 내용을 검토하여 이 법에 적합하면 신고를 수리하여야 한다. 〈신설 2018. 3. 13.〉

넷째, 재가노인복지시설의 시설, 인력 및 운영에 관한 기준과 설치신고 등에 관하여 필요한 사항은 보건복지부령으로 정한다. 〈개정 1999. 2. 8., 2008. 2. 29., 2010. 1. 18., 2018. 3. 13.〉

(11) 노인보호전문기관의 설치 등(제39조의5)

첫째, 국가는 지역 간의 연계체계를 구축하고 노인학대를 예방하기 위하여 다음 각 호의 업무를 담당하는 중앙노인보호전문기관을 설치 · 운영하여야 한다. 〈개정 2015. 12. 29.〉

① 노인인권보호 관련 정책제안

② 노인인권보호를 위한 연구 및 프로그램의 개발

③ 노인학대 예방의 홍보, 교육자료의 제작 및 보급

④ 노인보호전문사업 관련 실적 취합, 관리 및 대외자료 제공

⑤ 지역노인보호전문기관의 관리 및 업무지원

⑥ 지역노인보호전문기관 상담원의 심화교육

⑦ 관련 기관 협력체계의 구축 및 교류

⑧ 노인학대 분쟁사례 조정을 위한 중앙노인학대사례판정위원회 운영

⑨ 그 밖에 노인의 보호를 위하여 대통령령으로 정하는 사항

둘째, 학대받는 노인의 발견 · 보호 · 치료 등을 신속히 처리하고 노인학대를 예방하기 위하여 다음 각 호의 업무를 담당하는 지역노인보호전문기관을 특별시 · 광역시 · 도 · 특별자치도(이하 "시 · 도"라 한다)에 둔다. 〈개정 2015. 12. 29., 2020. 12. 29.〉

① 노인학대 신고전화의 운영 및 사례접수

② 노인학대 의심사례에 대한 현장조사

③ 피해노인 및 노인학대자에 대한 상담

④ 피해노인에 대한 법률 지원의 요청

⑤ 피해노인가족 관련자와 관련 기관에 대한 상담

⑥ 상담 및 서비스제공에 따른 기록과 보관

⑦ 일반인을 대상으로 한 노인학대 예방교육

⑧ 노인학대행위자를 대상으로 한 재발방지 교육

⑨ 노인학대사례 판정을 위한 지역노인학대사례판정위원회 운영 및 자체사례회의 운영

⑩ 그 밖에 노인의 보호를 위하여 보건복지부령으로 정하는 사항

셋째, 보건복지부장관 및 시 · 도지사는 노인학대예방사업을 목적으로 하는 비영리 법인을 지정하여 제1항에 따른 중앙노인보호전문기관과 제2항에 따른 지역노인보호전문기관의 운영을 위탁할 수 있다.

넷째, 제1항에 따른 중앙노인보호전문기관과 제2항에 따른 지역노인보호전문기관의 설치기준과 운영, 상담원의 자격과 배치기준 및 제3항에 따른 위탁기관의 지정 등에 필요한 사항은 대통령령으로 정한다.

(12) 노인학대 신고의무와 절차 등(제39조의6항)

첫째, 누구든지 노인학대를 알게 된 때에는 노인보호전문기관 또는 수사기관에 신고할 수 있다. **〈개정** 2007. 4. 11.**〉**

둘째, 다음 각 호의 어느 하나에 해당하는 자는 그 직무상 65세 이상의 사람에 대한 노인학대를 알게 된 때에는 즉시 노인보호전문기관 또는 수사기관에 신고하여야 한다. **〈개정** 2011. 6. 7., 2015. 12. 29., 2016. 12. 2., 2017. 10. 24., 2018. 3. 13., 2018. 12. 11.**〉**

① 의료법 제3조제1항의 의료기관에서 의료업을 행하는 의료인 및 의료기관의 장

② 제27조의2에 따른 방문요양과 돌봄이나 안전확인 등의 서비스 종사자, 제31조에 따른 노인복지시설의 장과 그 종사자 및 제7조에 따른 노인복지상담원

③ 「장애인복지법」 제58조의 규정에 의한 장애인복지시설에서 장애노인에 대한 상

담 · 치료 · 훈련 또는 요양업무를 수행하는 사람

④ 「가정폭력방지 및 피해자보호 등에 관한 법률」 제5조 및 제7조에 따른 가정폭력 관련 상담소 및 가정폭력피해자 보호시설의 장과 그 종사자

⑤ 「사회복지사업법」 제14조에 따른 사회복지전담공무원 및 같은 법 제34조에 따른 사회복지관, 부랑인 및 노숙인 보호를 위한 시설의 장과 그 종사자

⑥ 「노인장기요양보험법」 제31조에 따른 장기요양기관의 장과 그 종사자

⑦ 「119구조 · 구급에 관한 법률」 제10조에 따른 119구급대의 구급대원

⑧ 「건강가정기본법」 제35조에 따른 건강가정지원센터의 장과 그 종사자

⑨ 「다문화가족지원법」 제12조에 따른 다문화가족지원센터의 장과 그 종사자

⑩ 「성폭력방지 및 피해자보호 등에 관한 법률」 제10조에 따른 성폭력피해상담소 및 같은 법 제12조에 따른 성폭력피해자보호시설의 장과 그 종사자

⑪ 「응급의료에 관한 법률」 제36조에 따른 응급구조사

⑫ 「의료기사 등에 관한 법률」 제1조의2제1호에 따른 의료기사

⑬ 「국민건강보험법」에 따른 국민건강보험공단 소속 요양직 직원

⑭ 「지역보건법」 제2조에 따른 지역보건의료기관의 장과 종사자

⑮ 제31조에 따른 노인복지시설 설치 및 관리 업무 담당 공무원

셋째, 신고인의 신분은 보장되어야 하며 그 의사에 반하여 신분이 노출되어서는 아니된다.

넷째, 관계 중앙행정기관의 장은 제2항 각 호의 어느 하나에 해당하는 사람의 자격취득 교육과정이나 보수교육 과정에 노인학대 예방 및 신고의무와 관련된 교육 내용을 포함하도록 하여야 하며, 그 결과를 보건복지부장관에게 제출하여야 한다. 〈신설 2012. 10. 22., 2018. 3. 13.〉

다섯째, 제2항에 따른 노인학대 신고의무자가 소속된 제31조에 따른 노인복지시설, 「의료법」 제3조제2항제3호라목 및 마목에 따른 요양병원 및 종합병원, 「노인장기요양보험법」 제2조제4호에 따른 장기요양기관의 장은 소속 노인학대 신고의무자에게 노인

학대예방 및 신고의무에 관한 교육을 실시하고 그 결과를 보건복지부장관에게 제출하여야 한다. 〈신설 2018. 3. 13.〉

여섯째, 제4항 및 제5항에 따른 교육 내용 · 시간 및 방법 등에 관하여 필요한 사항은 보건복지부령으로 정한다. 〈신설 2012. 10. 22., 2018. 3. 13.〉

(13) 노인학대행위자에 대한 상담 · 교육 등의 제공(제39조의16항)

첫째, 노인보호전문기관의 장은 노인학대행위자에 대하여 상담 · 교육 및 심리적 치료 등 필요한 지원을 제공하여야 한다. 〈개정 2017. 3. 14., 2020. 12. 29.〉

둘째, 노인학대행위자는 노인보호전문기관의 장이 제1항에 따른 상담 · 교육 및 심리적 치료 등을 제공하는 경우에는 정당한 사유가 없으면 상담 · 교육 및 심리적 치료 등을 받아야 한다. 〈신설 2017. 3. 14., 2020. 12. 29.〉

(14) 노인관련기관의 취업제한 등(제39조의17항)

첫째, 법원은 노인학대관련범죄로 형 또는 치료감호를 선고하는 경우에는 판결(약식명령을 포함한다. 이하 같다)로 그 형 또는 치료감호의 전부 또는 일부의 집행을 종료하거나 집행이 유예 · 면제된 날(벌금형을 선고받은 경우에는 그 형이 확정된 날을 말한다)부터 일정기간(이하 "취업제한기간"이라 한다) 동안 제31조의 노인복지시설, 「노인장기요양보험법」 제31조에 따른 장기요양기관, 「가정폭력방지 및 피해자보호 등에 관한 법률」 제4조의6의 긴급전화센터, 같은 법 제5조의 가정폭력 관련 상담소 및 같은 법 제7조의2의 가정폭력피해자 보호시설, 「건강가정기본법」 제35조의 건강가정지원센터, 「다문화가족지원법」 제12조의 다문화가족지원센터, 「성폭력방지 및 피해자보호 등에 관한 법률」 제10조의 성폭력피해상담소 및 같은 법 제12조의 성폭력피해자보호시설 및 같은 법 제18조의 성폭력피해자통합지원센터, 「의료법」 제3조의 의료기관, 「장애인복지법」 제58조의 장애인복지시설, 「정신건강증진 및 정신질환자 복지서비스 지원에 관한 법률」 제3조에 따른 정신건강복지센터 및 정신건강증진시설에 따른 시설 또는 기관(이하 "노인관련기관"이라 한다)을 운영하거나 노인관련기관에 취업 또는 사실상 노무를 제공할 수 없도록 하는 명령(이하 "취업제한명령"이라 한다)을 판결과 동시에 선고(약식명령의 경우에는 고지를 말한다)하여야 한다. 다만, 재범의 위험성이 현저히 낮은 경우, 그 밖에 취업을 제한하여서는 아니 되는 특별한 사정이 있다고 판단하는 경우에는 그러하지 아니하다. 〈개정 2016. 5. 29., 2018. 12. 11.〉

둘째, 제1항에 따른 취업제한기간은 10년을 초과하지 못한다. 〈신설 2018. 12. 11.〉

셋째, 법원은 제1항에 따라 취업제한명령을 선고하려는 경우에는 정신건강의학과 의사, 심리학자, 사회복지학자, 노인학대 관련 전문가, 그 밖의 관련 전문가로부터 취업제한명령 대상자의 재범 위험성 등에 관한 의견을 들을 수 있다. 〈신설 2018. 12. 11.〉

넷째, 제1항 각 호의 노인관련기관의 설치 신고·인가·허가 등을 관할하는 행정기관의 장(이하 이 조에서 "관할행정기관의 장"이라 한다)은 노인관련기관을 운영하려는 자에 대하여 본인의 동의를 받아 관계 기관의 장에게 노인학대관련범죄 경력 조회를 요청하여야 한다. 다만, 노인관련기관을 운영하려는 자가 노인학대관련범죄 경력 조회 회신서를 관할행정기관의 장에게 직접 제출한 경우에는 노인학대관련범죄 경력 조회를 한 것으로 본다. 〈개정 2018. 12. 11.〉

다섯째, 노인관련기관의 장은 그 기관에 취업 중이거나 사실상 노무를 제공 중인 사람 또는 취업하려 하거나 사실상 노무를 제공하려는 사람(이하 "취업자등"이라 한다)에 대하여 노인학대관련범죄 경력을 확인하여야 하며, 이 경우 본인의 동의를 받아 관계 기관의 장에게 노인학대관련범죄 경력 조회를 요청하여야 한다. 다만, 취업자등이 노인학대관련범죄 경력 조회 회신서를 노인관련기관의 장에게 직접 제출한 경우에는 노인학대관련범죄 경력 조회를 한 것으로 본다. 〈개정 2018. 12. 11.〉

여섯째, 관할행정기관의 장은 취업제한명령을 선고받은 사람이 노인관련기관을 운영하거나 노인관련기관에 취업 또는 사실상 노무를 제공하고 있는지를 직접 또는 관계 기관 조회 등의 방법으로 연 1회 이상 점검·확인하고 그 결과를 관계 중앙행정기관의

장에게 제출하여야 한다. 〈개정 2018. 12. 11.〉

일곱째, 관할행정기관의 장은 제6항에 따른 점검 · 확인을 위하여 필요한 경우에는 노인관련기관의 장에게 관련 자료의 제출을 요구할 수 있다. 〈신설 2018. 12. 11.〉

여덟째, 노인관련기관의 장은 취업제한명령을 선고받은 사람이 노인관련기관에 취업 또는 사실상 노무를 제공하고 있는 것을 알게 된 때에는 즉시 해임하여야 한다. 〈신설 2018. 12. 11.〉

아홉째, 관할행정기관의 장은 취업제한명령을 위반하여 노인관련기관을 운영 중인 노인관련기관의 장에게 운영 중인 노인관련기관의 폐쇄를 요구하여야 하며, 취업제한명령을 위반하여 노인관련기관에 취업하거나 사실상 노무를 제공하고 있는 사람이 있으면 해당 노인관련기관의 장에게 그의 해임을 요구하여야 한다. 〈개정 2018. 12. 11.〉

열째, 관할행정기관의 장은 노인관련기관의 장이 정당한 사유 없이 제9항에 따른 폐쇄요구를 거부하거나 3개월 이내에 요구사항을 이행하지 아니하는 경우에는 대통령령으로 정하는 바에 따라 해당 노인관련기관을 폐쇄하거나 그 허가 · 인가 등을 취소하거나 관계 행정기관의 장에게 이를 요구할 수 있다. 〈개정 2018. 12. 11.〉

열한째, 제4항부터 제6항까지에 따라 노인학대관련범죄 경력 조회 요청을 받은 관계 기관의 장은 노인학대관련범죄 경력 조회 회신서를 발급하여야 한다. 〈개정 2018. 12. 11.〉

열두째, 제4항부터 제6항까지에 따른 노인학대관련범죄 경력 조회의 요청 절차 · 범위 및 확인 · 점검 결과의 제출방법 등에 필요한 사항은 대통령령으로 정한다. 〈개정 2018. 12. 11.〉

(15) 학대피해노인 전용쉼터의 설치(제39조의19항)

첫째, 국가와 지방자치단체는 노인학대로 인하여 피해를 입은 노인(이하 이 조에서 “학대피해노인”이라 한다)을 일정기간 보호하고 심신 치유 프로그램을 제공하기 위하여 학대피해노인 전용쉼터(이하 “쉼터”라 한다)를 설치 · 운영할 수 있다.

둘째, 쉼터의 업무는 다음 각 호와 같다. 〈개정 2020. 12. 29.〉

① 학대피해노인의 보호와 숙식제공 등의 쉼터생활 지원

② 학대피해노인의 심리적 안정을 위한 전문심리상담 등 치유프로그램 제공

③ 노인학대행위자에 대한 고소·고발 등 법률적 사항의 자문을 위한 대한변호사협회, 지방변호사회 또는「법률구조법」에 따른 법률구조법인 등에 대한 협조 및 지원 요청

④ 학대피해노인에게 학대로 인한 신체적, 정신적 치료를 위한 기본적인 의료비 지원

⑤ 학대 재발 방지와 원가정 회복을 위하여 노인학대행위자 등에게 전문상담서비스 제공

⑥ 그 밖에 쉼터에 입소하거나 쉼터를 이용하는 학대피해노인을 위하여 보건복지부령으로 정하는 사항

셋째, 국가와 지방자치단체는 쉼터의 운영업무를 제39조의5제1항 및 제2항에 따른 노인보호전문기관에 위탁할 수 있다. 이 경우 국가와 지방자치단체는 위탁에 소요되는 비용을 지원할 수 있다.

넷째, 제3항에 따른 쉼터 운영의 위탁과 위탁비용 지원에 관한 사항은 대통령령으로 정한다.

다섯째, 쉼터의 설치기준·운영 및 인력에 관한 사항과 쉼터의 입소·이용 대상, 기간 및 절차 등에 관한 사항은 보건복지부령으로 정한다.

다 함께 생각해 보기

1. 「노인복지법」의 목적에 대해서 정리하여 봅시다.
2. 노인복지의 전문성을 높이는 방안에 대해 토의해 봅시다.
3. 노인복지서비스의 질을 높여 건강한 노후를 준비할 수 있는 방안에 대해 토의해 봅시다.

제13장

장애인복지법

[시행 2021. 6. 30.]
[법률 제17791호, 2020. 12. 29., 일부개정]

1. 장애인복지법

1) 개요

(1) 목적(1조)

이 법은 장애인의 인간다운 삶과 권리보장을 위한 국가와 지방자치단체 등의 책임을 명백히 하고, 장애발생 예방과 장애인의 의료 · 교육 · 직업재활 · 생활환경개선 등에 관한 사업을 정하여 장애인복지대책을 종합적으로 추진하며, 장애인의 자립생활 · 보호 및 수당지급 등에 관하여 필요한 사항을 정하여 장애인의 생활안정에 기여하는 등 장애인의 복지와 사회활동 참여증진을 통하여 사회통합에 이바지함을 목적으로 한다.

(2) 장애인의 정의 등(2조)

첫째, "장애인"이란 신체적 · 정신적 장애로 오랫동안 일상생활이나 사회생활에서 상당한 제약을 받는 자를 말한다.

둘째, 이 법을 적용받는 장애인은 제1항에 따른 장애인 중 "신체적 장애"란 주요 외부 신체 기능의 장애, 내부기관의 장애 등을 말하며, "정신적 장애"란 발달장애 또는 정신 질환으로 발생하는 장애를 말한다. 이에 해당하는 장애가 있는 자로서 대통령령으로 정하는 장애의 종류 및 기준에 해당하는 자를 말한다.

셋째, "장애인학대"란 장애인에 대하여 신체적 · 정신적 · 정서적 · 언어적 · 성적 폭력이나 가혹행위, 경제적 착취, 유기 또는 방임을 하는 것을 말한다. 〈신설 2012. 10. 22., 2015. 6. 22.〉

넷째, "장애인학대관련범죄"란 장애인학대로서 다음 각 호의 어느 하나에 해당하는 죄를 말한다. 〈신설 2020. 12. 29.〉

① 「형법」 제2편제24장 살인의 죄 중 제250조(살인, 존속살해), 제252조(촉탁, 승낙에 의한 살인 등), 제253조(위계 등에 의한 촉탁살인 등) 및 제254조(미수범)의 죄

② 「형법」 제2편제25장 상해와 폭행의 죄 중 제257조(상해, 존속상해), 제258조(중상해, 존속중상해), 제258조의2(특수상해), 제259조(상해치사), 제260조(폭행, 존속폭행)제1항 · 제2항, 제261조(특수폭행) 및 262조(폭행치사상)의 죄

③ 「형법」 제2편제28장 유기와 학대의 죄 중 제271조(유기, 존속유기)제1항 · 제2항, 제272조(영아유기), 제273조(학대, 존속학대), 제274조(아동혹사) 및 제275조(유기등 치사상)의 죄

④ 「형법」 제2편제29장 체포와 감금의 죄 중 제276조(체포, 감금, 존속체포, 존속감금), 제277조(중체포, 중감금, 존속중체포, 존속중감금), 제278조(특수체포, 특수감금), 제280조(미수범) 및 제281조(체포 · 감금등의 치사상)의 죄

⑤ 「형법」 제2편제30장 협박의 죄 중 제283조(협박, 존속협박)제1항 · 제2항, 제284조(특수협박) 및 제286조(미수범)의 죄

⑥ 「형법」 제2편제31장 약취, 유인 및 인신매매의 죄 중 제287조(미성년자의 약취, 유인), 제288조(추행 등 목적 약취, 유인 등), 제289조(인신매매) 및 제290조(약취, 유인, 매매, 이송 등 상해 · 치상), 제291조(약취, 유인, 매매, 이송 등 살인 · 치사) 및 제292조(약취, 유인, 매매, 이송된 사람의 수수 · 은닉 등) 및 제294조(미수범)의 죄

⑦ 「형법」 제2편제32장 강간과 추행의 죄 중 제297조(강간), 제297조의2(유사강간), 제298조(강제추행), 제299조(준강간, 준강제추행), 제300조(미수범), 제301조(강간 등 상

해 · 치상), 제301조의2(강간 등 살인 · 치사), 제302조(미성년자 등에 대한 간음), 제303조(업무상위력 등에 의한 간음) 및 제305조(미성년자에 대한 간음, 추행)의 죄

⑧「형법」 제2편제33장 명예에 관한 죄 중 제307조(명예훼손), 제309조(출판물 등에 의한 명예훼손) 및 제311조(모욕)의 죄

⑨「형법」 제2편제36장 주거침입의 죄 중 제321조(주거 · 신체 수색)의 죄

⑩「형법」 제2편제37장 권리행사를 방해하는 죄 중 제324조(강요) 및 제324조의5(미수범)(제324조의 죄에만 해당한다)의 죄

⑪「형법」 제2편제39장 사기와 공갈의 죄 중 제347조(사기), 제347조의2(컴퓨터 등 사용사기), 제348조(준사기), 제350조(공갈), 제350조의2(특수공갈) 및 제352조(미수범)의 죄

⑫「형법」 제2편제40장 횡령과 배임의 죄 중 제355조(횡령, 배임), 제356조(업무상의 횡령과 배임) 및 제357조(배임수증재)의 죄

⑬「형법」 제2편제42장 손괴의 죄 중 제366조(재물손괴 등)의 죄

⑭ 제86조제1항 · 제2항, 같은 조 제3항제3호, 같은 조 제4항제2호 및 같은 조 제5항의 죄

⑮「성매매알선 등 행위의 처벌에 관한 법률」 제18조 및 제23조(제18조의 죄에만 해당한다)의 죄

⑯「장애인차별금지 및 권리구제 등에 관한 법률」 제49조제1항의 죄

⑰「정보통신망 이용촉진 및 정보보호 등에 관한 법률」 제70조제1항 및 제2항의 죄

⑱「정신건강증진 및 정신질환자 복지서비스 지원에 관한 법률」 제84조제1호 및 제11호의 죄

⑲ 제1호부터 제18호까지의 죄로서 다른 법률에 따라 가중처벌되는 죄

(3) 기본이념(3조)

장애인복지의 기본이념은 장애인의 완전한 사회 참여와 평등을 통하여 사회통합을 이루는 데에 있다.

2) 주요내용

(1) 장애인의 권리(4조)

첫째, 장애인은 인간으로서 존엄과 가치를 존중받으며, 그에 걸맞은 대우를 받는다.

둘째, 장애인은 국가·사회의 구성원으로서 정치·경제·사회·문화, 그 밖의 모든 분야의 활동에 참여할 권리를 가진다.

셋째, 장애인은 장애인 관련 정책결정과정에 우선적으로 참여할 권리가 있다.

(2) 장애인 및 보호자 등에 대한 의견수렴과 참여(5조)

국가 및 지방자치단체는 장애인 정책의 결정과 그 실시에 있어서 장애인 및 장애인의 부모, 배우자, 그 밖에 장애인을 보호하는 자의 의견을 수렴하여야 한다. 이 경우 당사자의 의견수렴을 위한 참여를 보장하여야 한다.

(3) 중증장애인의 보호(6조)

국가와 지방자치단체는 장애 정도가 심하여 자립하기가 매우 곤란한 장애인(이하 "중증장애인"이라 한다)이 필요한 보호 등을 평생 받을 수 있도록 알맞은 정책을 강구하여야 한다.

(4) 여성장애인의 권익보호 등(7조)

국가와 지방자치단체는 여성장애인의 권익을 보호하고 사회참여를 확대하기 위하여 기초학습과 직업교육 등 필요한 시책을 강구하여야 한다.

(5) 차별금지 등(8조)

첫째, 누구든지 장애를 이유로 정치·경제·사회·문화 생활의 모든 영역에서 차별을 받지 아니하고, 누구든지 장애를 이유로 정치 · 경제 · 사회 · 문화 생활의 모든 영역에서 장애인을 차별하여서는 아니 된다.

둘째, 누구든지 장애인을 비하 · 모욕하거나 장애인을 이용하여 부당한 영리행위를 하여서는 아니 되며, 장애인의 장애를 이해하기 위하여 노력하여야 한다.

(6) 국가와 지방자치단체의 책임(9조)

첫째, 국가와 지방자치단체는 장애 발생을 예방하고, 장애의 조기 발견에 대한 국민의 관심을 높이며, 장애인의 자립을 지원하고, 보호가 필요한 장애인을 보호하여 장애인의 복지를 향상시킬 책임을 진다.

둘째, 국가와 지방자치단체는 여성 장애인의 권익을 보호하기 위하여 정책을 강구하여야 한다.

셋째, 지방자치단체는 장애인복지정책을 장애인과 그 보호자에게 적극적으로 홍보하여야 하며, 국민이 장애인을 올바르게 이해하도록 하는 데에 필요한 정책을 강구하여야 한다.

2. 장애인제도와 정책

1) 개요

(1) 국민의 책임(10조)

모든 국민은 장애 발생의 예방과 장애의 조기 발견을 위하여 노력하여야 하며, 장애인의 인격을 존중하고 사회통합의 이념에 기초하여 장애인의 복지향상에 협력하여야 한다.

(2) 장애인정책종합계획(제10조의2)

첫째, 보건복지부장관은 장애인의 권익과 복지증진을 위하여 관계 중앙행정기관의 장과 협의하여 5년마다 장애인정책종합계획(이하 "종합계획"이라 한다)을 수립 · 시행하여야 한다.

둘째, 종합계획에는 장애인의 복지, 교육문화, 경제활동, 사회참여, 안전관리, 그 밖에 장애인의 권익과 복지증진을 위하여 필요한 사항의 사항이 포함되어야 한다. 〈개정 2021. 6. 8.〉

셋째, 관계 중앙행정기관의 장은 장애인의 권익과 복지증진을 위하여 관련 업무에 대한 사업계획을 매년 수립 · 시행하여야 하고, 그 사업계획과 전년도의 사업계획 추진실적을 매년 보건복지부장관에게 제출하여야 한다.

넷째, 보건복지부장관은 제3항에 따라 제출된 사업계획과 추진실적을 종합하여 종합계획을 수립하되, 제11조에 따른 장애인정책조정위원회의 심의를 미리 거쳐야 한다. 종합계획을 변경하는 경우에도 또한 같다.

다섯째, 보건복지부장관은 종합계획의 추진성과를 매년 평가하고, 그 결과를 종합계획에 반영할 필요가 있는 경우에는 제4항 후단에 따라 종합계획을 변경하거나 다음 종합계획을 수립할 때에 반영하여야 한다.

여섯째, 제1항부터 제5항까지에서 규정한 사항 외에 종합계획의 수립 시기, 절차 및 방법 등에 관하여 필요한 사항은 대통령령으로 정한다.

2) 주요내용

(1) 국회에 대한 보고(제10조의3)

보건복지부장관은 종합계획을 수립하거나 해당 연도의 사업계획, 전년도 사업계획의 추진실적, 추진성과의 평가를 확정한 때에는 이를 지체 없이 국회 소관 상임위원회에 보고하여야 한다.

(2) 장애인정책조정위원회(11조)

첫째, 장애인 종합정책을 수립하고 관계 부처 간의 의견을 조정하며 그 정책의 이행을 감독 · 평가하기 위하여 국무총리 소속하에 장애인정책조정위원회(이하 "위원회"라 한다)를 둔다.

둘째, 위원회는 장애인복지정책의 기본방향에 관한 사항, 장애인복지 향상을 위한 제도개선과 예산지원에 관한 사항, 중요한 특수교육정책의 조정에 관한 사항, 장애인 고용촉진정책의 중요한 조정에 관한 사항, 장애인 이동보장 정책조정에 관한 사항, 장애인정책 추진과 관련한 재원조달에 관한 사항, 장애인복지에 관한 관련 부처의 협조에 관한 사항, 그 밖에 장애인복지와 관련하여 대통령령으로 정하는 사항의 사항을 심의 · 조정한다.

셋째, 위원회는 필요하다고 인정되면 관계 행정기관에 그 직원의 출석 · 설명과 자료제출을 요구할 수 있다.

넷째, 위원회는 제2항의 사항을 미리 검토하고 관계 기관 사이의 협조 사항을 정리하기 위하여 위원회에 장애인정책조정실무위원회(이하 "실무위원회"라 한다)를 둔다.

다섯째, 위원회와 실무위원회의 구성 · 운영에 관하여 필요한 사항은 대통령령으로 정한다.

(3) 장애인정책책임관의 지정 등(12조)

첫째, 중앙행정기관의 장은 해당 기관의 장애인정책을 효율적으로 수립 · 시행하기 위하여 소속공무원 중에서 장애인정책책임관을 지정할 수 있다.

둘째, 제1항에 따른 장애인정책책임관의 지정 및 임무 등에 관하여 필요한 사항은 대통령령으로 정한다.

(4) 지방장애인복지위원회(13조)

첫째, 장애인복지 관련 사업의 기획 · 조사 · 실시 등을 하는 데에 필요한 사항을 심의하기 위하여 지방자치단체에 지방장애인복지위원회를 둔다.

둘째, 제1항의 지방장애인복지위원회를 조직 · 운영하는 데에 필요한 사항은 대통령령으로 정하는 기준에 따라 지방자치단체의 조례로 정한다.

(5) 장애인의 날(14조)

첫째, 장애인에 대한 국민의 이해를 깊게 하고 장애인의 재활의욕을 높이기 위하여 매년 4월 20일을 장애인의 날로 하며, 장애인의 날부터 1주간을 장애인 주간으로 한다.

둘째, 국가와 지방자치단체는 장애인의 날의 취지에 맞는 행사 등 사업을 하도록 노력하여야 한다.

(6) 다른 법률과의 관계(15조)

제2조에 따른 장애인 중 「정신건강증진 및 정신질환자 복지서비스 지원에 관한 법률」과 「국가유공자 등 예우 및 지원에 관한 법률」 등 대통령령령으로 정하는 다른 법률을 적용받는 장애인에 대하여는 대통령령령으로 정하는 바에 따라 이 법의 적용을 제한할 수 있다. 〈개정 2016. 5. 29.〉

(7) 법제와 관련된 조치 등(16조)

국가와 지방사치단체는 이 법의 목적을 달성하기 위하여 필요한 법제(法制) · 재정과 관련된 조치를 강구하여야 한다.

3. 기본정책

1) 예방 치료적 측면

(1) 장애발생 예방(17조)

첫째, 국가와 지방자치단체는 장애의 발생 원인과 예방에 관한 조사 연구를 촉진하여야 하며, 모자보건사업의 강화, 장애의 원인이 되는 질병의 조기 발견과 조기 치료, 그 밖에 필요한 정책을 강구하여야 한다.

둘째, 국가와 지방자치단체는 교통사고 · 산업재해 · 약물중독 및 환경오염 등에 의한 장애발생을 예방하기 위하여 필요한 조치를 강구하여야 한다.

(2) 의료와 재활치료(18조)

국가와 지방자치단체는 장애인이 생활기능을 익히거나 되찾을 수 있도록 필요한 기능치료와 심리치료 등 재활의료를 제공하고 장애인의 장애를 보완할 수 있는 장애인보조기구를 제공하는 등 필요한 정책을 강구하여야 한다.

(3) 사회적응 훈련(19조)

국가와 지방자치단체는 장애인이 재활치료를 마치고 일상생활이나 사회생활을 원활히 할 수 있도록 사회적응 훈련을 실시하여야 한다.

(4) 교육(20조)

첫째, 국가와 지방자치단체는 사회통합의 이념에 따라 장애인이 연령 · 능력 · 장애의 종류 및 정도에 따라 충분히 교육받을 수 있도록 교육 내용과 방법을 개선하는 등 필요한 정책을 강구하여야 한다.

둘째, 국가와 지방자치단체는 장애인의 교육에 관한 조사 · 연구를 촉진하여야 한다.

셋째, 국가와 지방자치단체는 장애인에게 전문 진로교육을 실시하는 제도를 강구하여야 한다.

넷째, 각급 학교의 장은 교육을 필요로 하는 장애인이 그 학교에 입학하려는 경우 장애를 이유로 입학 지원을 거부하거나 입학시험 합격자의 입학을 거부하는 등의 불리한 조치를 하여서는 아니 된다.

다섯째, 모든 교육기관은 교육 대상인 장애인의 입학과 수학(修學) 등에 편리하도록 장애의 종류와 정도에 맞추어 시설을 정비하거나 그 밖에 필요한 조치를 강구하여야 한다.

(5) 직업(21조)

첫째, 국가와 지방자치단체는 장애인이 적성과 능력에 맞는 직업에 종사할 수 있도록 직업 지도, 직업능력 평가, 직업 적응훈련, 직업훈련, 취업 알선, 고용 및 취업 후 지도 등 필요한 정책을 강구하여야 한다.

둘째, 국가와 지방자치단체는 장애인 직업재활훈련이 원활히 이루어질 수 있도록 장애인에게 적합한 직종과 재활사업에 관한 조사 · 연구를 촉진하여야 한다.

(6) 정보에의 접근(22조)

첫째, 국가와 지방자치단체는 장애인이 정보에 원활하게 접근하고 자신의 의사를 표시할 수 있도록 전기통신 · 방송시설 등을 개선하기 위하여 노력하여야 한다.

둘째, 국가와 지방자치단체는 방송국의 장 등 민간 사업자에게 뉴스와 국가적 주요 사항의 중계 등 대통령령으로 정하는 방송 프로그램에 청각장애인을 위한 한국수어 또는 폐쇄자막과 시각장애인을 위한 화면해설 또는 자막해설 등을 방영하도록 요청하여야 한다. 〈개정 2016. 2. 3.〉

셋째, 국가와 지방자치단체는 국가적인 행사, 그 밖의 교육 · 집회 등 대통령령으로 정하는 행사를 개최하는 경우에는 청각장애인을 위한 한국수어 통역 및 시각장애인을 위한 점자 및 인쇄물 접근성바코드(음성변환용 코드 등 대통령령으로 정하는 전자적 표시를 말한다. 이하 이 조에서 같다)가 삽입된 자료 등을 제공하여야 하며 민간이 주최하는 행사의 경우에는 한국수어 통역과 점자 및 인쇄물 접근성바코드가 삽입된 자료 등을 제공하도록 요청할 수 있다. 〈**개정** 2012. 1. 26., 2016. 2. 3., 2017. 12. 19.〉

넷째, 제2항과 제3항의 요청을 받은 방송국의 장 등 민간 사업자와 민간 행사 주최자는 정당한 사유가 없으면 그 요청에 따라야 한다.

다섯째, 국가와 지방자치단체는 시각장애인과 시청각장애인(시각 및 청각 기능이 손상된 장애인을 말한다. 이하 같다)이 정보에 쉽게 접근하고 의사소통을 원활하게 할 수 있도록 점자도서, 음성도서, 점자정보단말기 및 무지점자단말기 등 의사소통 보조기구를 개발 · 보급하고, 시청각장애인을 위한 의사소통 지원 전문인력을 양성 · 파견하기 위하여 노력하여야 한다. 〈**개정** 2019. 12. 3.〉

여섯째, 국가와 지방자치단체는 장애인의 특성을 고려하여 정보통신망 및 정보통신기기의 접근 · 이용에 필요한 지원 및 도구의 개발 · 보급 등 필요한 시책을 강구하여야 한다.

(7) 편의시설(23조)

첫째, 국가와 지방자치단체는 장애인이 공공시설과 교통수단 등을 안전하고 편리하게 이용할 수 있도록 편의시설의 설치와 운영에 필요한 정책을 강구하여야 한다.

둘째, 국가와 지방자치단체는 공공시설 등 이용편의를 위하여 한국수어 통역 · 안내보조 등 인적서비스 제공에 관하여 필요한 시책을 강구하여야 한다. 〈**개정** 2016. 2. 3.〉

(8) 안전대책 강구(24조)

국가와 지방자치단체는 추락사고 등 장애로 인하여 일어날 수 있는 안전사고와 비상

재해 등에 대비하여 시각 · 청각 장애인과 이동이 불편한 장애인을 위하여 피난용 통로를 확보하고, 점자 · 음성 · 문자 안내판을 설치하며, 긴급 통보체계를 마련하는 등 장애인의 특성을 배려한 안전대책 등 필요한 조치를 강구하여야 한다.

(9) 사회적 인식개선 등(25조)

첫째, 국가와 지방자치단체는 학생, 공무원, 근로자, 그 밖의 일반국민 등을 대상으로 장애인에 대한 인식개선을 위한 교육 및 공익광고 등 홍보사업을 실시하여야 한다.

둘째, 국가기관 및 지방자치단체의 장, 「영유아보육법」에 따른 어린이집, 「유아교육법」·「초 · 중등교육법」·「고등교육법」에 따른 각급 학교의 장, 그 밖에 대통령령으로 정하는 교육기관 및 공공단체(이하 "국가기관등"이라 한다)의 장은 매년 소속 직원 · 학생을 대상으로 장애인에 대한 인식개선을 위한 교육(이하 "인식개선교육"이라 한다)을 실시하고, 그 결과를 보건복지부장관에게 제출하여야 한다. 〈신설 2015. 12. 29., 2019. 12. 3.〉

셋째, 보건복지부장관은 인식개선교육의 실시 결과에 대한 점검을 대통령령으로 정하는 바에 따라 매년 실시하여야 한다. 〈신설 2019. 12. 3.〉

넷째, 보건복지부장관은 제3항에 따른 점검 결과 인식개선교육 이수율 등이 보건복지부장관이 정한 기준에 미치지 못하는 국가기관등에 대하여 대통령령으로 정하는 바에 따라 관리자(인식개선교육에 관한 업무를 총괄하여 책임지는 사람을 말한다. 이하 같다) 특별교육 등 필요한 조치를 하여야 한다. 〈신설 2019. 12. 3.〉

다섯째, 보건복지부장관은 제3항에 따른 점검 결과를 대통령령으로 정하는 바에 따라 언론 등에 공표하여야 한다. 다만, 다른 법률에서 공표를 제한하고 있는 경우에는 그러하지 아니하다. 〈신설 2019. 12. 3.〉

여섯째, 보건복지부장관은 제3항에 따른 점검 결과를 「정부업무평가 기본법」 제14조제1항 및 제18조제1항에 따른 중앙행정기관 및 지방자치단체의 자체평가, 「공공기관의 운영에 관한 법률」 제48조제1항에 따른 공기업 · 준정부기관의 경영실적 평가, 「지방공기업법」 제78조제1항에 따른 지방공기업의 경영평가, 「초 · 중등교육법」 제9조제2항에 따른 학교 평가에 반영하도록 해당 평가를 실시하는 기관·단체의 장에게 요구할 수 있다. 〈신설 2019. 12. 3.〉

일곱째, 보건복지부장관은 인식개선교육을 효과적으로 실시하기 위하여 전문강사를 양성하고 교육프로그램을 개발·보급하여야 한다. 〈신설 2019. 12. 3.〉

여덟째, 보건복지부장관은 인식개선교육의 효율적 지원 및 실시 결과의 관리 등을 위하여 인식개선교육 정보시스템을 구축·운영할 수 있다. 〈신설 2019. 12. 3.〉

아홉째, 국가는 「초·중등교육법」에 따른 학교에서 사용하는 교과용도서에 장애인에 대한 인식개선을 위한 내용이 포함되도록 하여야 한다. 〈개정 2015. 12. 29., 2019. 12. 3.〉

열째, 보건복지부장관은 대통령령으로 정하는 바에 따라 제3항 및 제4항에 따른 인식개선교육 실시 결과에 대한 점검과 관리자 특별교육, 제7항에 따른 전문강사 양성 및 교육프로그램 개발·보급, 제8항에 따른 인식개선교육 정보시스템 구축·운영의 업무를 「공공기관의 운영에 관한 법률」 제4조에 따른 공공기관 중 장애인 복지향상을 설립목적으로 하는 공공기관에 위탁할 수 있다. 이 경우 보건복지부장관은 예산의 범위에서 업무 수행에 필요한 비용의 전부 또는 일부를 지원할 수 있다. 〈신설 2019. 12. 3.〉

열한째, 제1항 및 제9항의 사업, 인식개선교육의 내용과 방법, 결과 제출 및 제8항에 따른 인식개선교육 정보시스템의 구축·운영 등에 필요한 사항은 대통령령으로 정한다. 〈개정 2015. 12. 29., 2019. 12. 3.〉

2) 교육

(1) 인식개선교육의 위탁 등(제 25조의 2)

첫째, 국가기관등의 장은 인식개선교육을 보건복지부장관이 지정하는 기관(이하 "인식개선교육기관"이라 한다)에 위탁할 수 있다.

둘째, 인식개선교육기관의 장은 보건복지부령으로 정하는 바에 따라 인식개선교육을 실시하여야 하며, 국가기관등의 장 및 인식개선교육기관의 장은 교육 실시 관련 자료를 3년간 보관하고 국가기관등의 장이나 피교육자가 원하는 경우 그 자료를 내주어야 한다.

셋째, 인식개선교육기관은 보건복지부령으로 정하는 자격을 가진 전문강사를 1명 이상 두어야 한다.

넷째, 보건복지부장관은 인식개선교육기관이 거짓이나 그 밖의 부정한 방법으로 지정을 받은 경우, 정당한 사유 없이 제3항에 따른 전문강사를 6개월 이상 계속하여 두지 아니한 경우의 어느 하나에 해당하면 그 지정을 취소할 수 있다. 다만, 제1호에 해당하는 경우에는 그 지정을 취소하여야 한다.

다섯째, 보건복지부장관은 제4항에 따라 인식개선교육기관의 지정을 취소하려면 청문을 하여야 한다.

여섯째, 인식개선교육기관의 지정 기준 및 절차는 보건복지부령으로 정한다. [본조신설 2019. 12. 3.]

(2) 선거권 행사를 위한 편의 제공(26조)

국가와 지방자치단체는 장애인이 선거권을 행사하는 데에 불편함이 없도록 편의시설·설비를 설치하고, 선거권 행사에 관하여 홍보하며, 선거용 보조기구를 개발·보급하는 등 필요한 조치를 강구하여야 한다.

(3) 주택 보급(27조)

첫째, 국가와 지방자치단체는 공공주택 등 주택을 건설할 경우에는 장애인에게 장애 정도를 고려하여 우선 분양 또는 임대할 수 있도록 노력하여야 한다.

둘째, 국가와 지방자치단체는 주택의 구입자금·임차자금 또는 개·보수비용의 지원 등 장애인의 일상생활에 적합한 주택의 보급·개선에 필요한 시책을 강구하여야 한다.

(4) 문화환경 정비 등(28조)

국가와 지방자치단체는 장애인의 문화생활, 체육활동 및 관광활동에 대한 장애인의 접근을 보장하기 위하여 관련 시설 및 설비, 그 밖의 환경을 정비하고 문화생활, 체육활동 및 관광활동 등을 지원하도록 노력하여야 한다. 〈개정 2017. 9. 19.〉

(5) 복지 연구 등의 진흥(29조)

첫째, 국가와 지방자치단체는 장애인복지의 종합적이고 체계적인 조사 · 연구 · 평가 및 장애인 체육활동 등 장애인정책개발 등을 위하여 필요한 정책을 강구하여야 한다.

(6) 한국장애인개발원의 설립 등(제29조의2)

첫째, 제29조제1항에 따른 장애인 관련 조사 · 연구 및 정책개발 · 복지진흥 등을 위하여 한국장애인개발원(이하 "개발원"이라 한다)을 설립한다.

둘째, 개발원은 법인으로 한다.

셋째, 개발원은 다음 각 호의 사업을 수행한다.

① 장애인복지에 관한 정보의 수집 · 분석 · 관리, 조사 · 연구 · 정책개발 및 국제개발 등의 국제협력 사업
② 장애인에 대한 사회적 인식개선 등 장애인복지 관련 교육, 홍보, 컨설팅
③ 중증장애인 직업재활지원 및 재정지원 장애인일자리 개발 · 지원
④ 중증장애인생산품에 대한 공공기관의 우선구매 촉진 지원
⑤ 편의시설 설치 기술지원, 장애물 없는 생활환경 조성 등 장애인 편의증진 사업 지원
⑥ 장애인 재난안전 대응 지침 개발 · 보급 등 장애인 안전대책 강화를 위한 사업
⑦ 그 밖에 장애인복지와 관련하여 국가 또는 지방자치단체로부터 위탁받은 사업

넷째, 국가와 지방자치단체는 개발원의 운영 및 사업에 필요한 비용을 보조할 수

있다.

다섯째, 개발원에 대하여 이 법과 「공공기관의 운영에 관한 법률」에서 규정한 사항을 제외하고는 「민법」 중 재단법인에 관한 규정을 준용한다.

(7) 경제적 부담의 경감(30조)

첫째, 국가와 지방자치단체, 「공공기관의 운영에 관한 법률」 제4조에 따른 공공기관, 「지방공기업법」에 따른 지방공사 또는 지방공단은 장애인과 장애인을 부양하는 자의 경제적 부담을 줄이고 장애인의 자립을 촉진하기 위하여 세제상의 조치, 공공시설 이용료 감면, 그 밖에 필요한 정책을 강구하여야 한다.

둘째, 국가와 지방자치단체, 「공공기관의 운영에 관한 법률」 제4조에 따른 공공기관, 「지방공기업법」에 따른 지방공사 또는 지방공단이 운영하는 운송사업자는 장애인과 장애인을 부양하는 자의 경제적 부담을 줄이고 장애인의 자립을 돕기 위하여, 장애인과 장애인을 보호하기 위하여 동행하는 자의 운임 등을 감면하는 정책을 강구하여야 한다.

(8) 장애인 가족 지원(제30조의2)

첫째, 국가와 지방자치단체는 장애인 가족의 삶의 질 향상 및 안정적인 가정생활 영위를 위하여 장애인 가족에 대한 인식개선 사업, 장애인 가족 돌봄 지원, 장애인 가족 휴식 지원, 장애인 가족 사례관리 지원, 장애인 가족 역량강화 지원, 장애인 가족 상담 지원, 그 밖에 보건복지부장관이 장애인 가족을 위하여 필요하다고 인정하는 지원의 필요한 시책을 수립·시행하여야 한다.

둘째, 국가와 지방자치단체는 장애인 가족 지원 사업을 효율적으로 추진하기 위하여 장애인 관련 사업을 수행하는 기관·단체 등을 장애인 가족 지원 사업 수행기관(이하 "수행기관"이라 한다)으로 지정할 수 있다.

셋째, 국가와 지방자치단체는 수행기관이 거짓이나 그 밖의 부정한 방법으로 지정을 받은 경우, 제4항에 따른 지정 기준에 적합하지 아니하게 된 경우, 정당한 사유 없이 장애인 가족 지원 사업을 수행하지 아니한 경우의 어느 하나에 해당하는 경우에는 지정을 취소할 수 있다. 다만, 제1호에 해당하는 경우에는 지정을 취소하여야 한다.

넷째, 수행기관의 지정 기준 · 절차 등에 필요한 사항은 보건복지부령으로 정한다.

[본조신설 2017. 2. 8.]

4. 복지 조치

1) 개요

(1) 실태조사(31조)

첫째, 보건복지부장관은 장애인 복지정책의 수립에 필요한 기초 자료로 활용하기 위하여 3년마다 장애실태조사를 실시하여야 한다.

둘째, 제1항에 따른 장애실태조사의 방법, 대상 및 내용 등에 관하여 필요한 사항은 대통령령으로 정한다.

(2) 장애인 등록(32조)

첫째, 장애인, 그 법정대리인 또는 대통령령으로 정하는 보호자(이하 "법정대리인등"이라 한다)는 장애 상태와 그 밖에 보건복지부령이 정하는 사항을 특별자치시장 · 특별자치도지사 · 시장 · 군수 또는 구청장(자치구의 구청장을 말한다. 이하 같다)에게 등록하여야 하며, 특별자치시장 · 특별자치도지사 · 시장 · 군수 · 구청장은 등록을 신청한 장애인이 제2조에 따른 기준에 맞으면 장애인등록증(이하 "등록증"이라 한다)을 내주어야 한다. 〈개정 2008. 2. 29., 2010. 1. 18., 2010. 5. 27., 2015. 6. 22., 2017. 2. 8.〉

둘째, 특별자치시장 · 특별자치도지사 · 시장 · 군수 · 구청장은 제1항에 따라 등록증을 받은 장애인의 장애 상태의 변화에 따른 장애 정도 조정을 위하여 장애 진단을 받게 하는 등 장애인이나 법정대리인등에게 필요한 조치를 할 수 있다. 〈개정 2017. 2. 8., 2017. 12. 19.〉

셋째, 장애인의 장애 인정과 장애 정도 사정(査定)에 관한 업무를 담당하게 하기 위하여 보건복지부에 장애판정위원회를 둘 수 있다. 〈개정 2008. 2. 29., 2010. 1. 18., 2017. 12. 19.〉

넷째, 등록증은 양도하거나 대여하지 못하며, 등록증과 비슷한 명칭이나 표시를 사용하여서는 아니 된다.

다섯째, 특별자치시장 · 특별자치도지사 · 시장 · 군수 · 구청장은 제1항에 따른 장애인 등록 및 제3항에 따른 장애 상태의 변화에 따른 장애 정도를 조정함에 있어 장애인의 장애 인정과 장애 정도 사정이 적정한지를 확인하기 위하여 필요한 경우 대통령령으로 정하는 「공공기관의 운영에 관한 법률」 제4조에 따른 공공기관에 장애 정도에 관한 정밀심사를 의뢰할 수 있다. 〈신설 2010. 5. 27., 2015. 6. 22., 2015. 12. 29., 2017. 12. 19.〉

여섯째, 제6항에 따라 장애 정도에 관한 정밀심사를 의뢰받은 공공기관은 필요한 경우 심사를 받으려는 본인이나 법정대리인등으로부터 동의를 받아 「의료법」에 따른 의료기관에 그 사람의 해당 진료에 관한 사항의 열람 또는 사본 교부를 요청할 수 있다. 이 경우 요청을 받은 의료기관은 특별한 사유가 없으면 요청에 따라야 하며, 국가 및 지방자치단체는 예산의 범위에서 공공기관에 제공되는 자료에 대한 사용료, 수수료 등을 지원할 수 있다. 〈신설 2015. 12. 29., 2017. 2. 8.〉

일곱째, 제1항 및 제3항부터 제7항까지에서 규정한 사항 외에 장애인의 등록, 등록증의 발급, 장애 진단 및 장애 정도에 관한 정밀심사, 장애판정위원회, 진료에 관한 사항의 열람 또는 사본교부 요청 등에 관하여 필요한 사항은 보건복지부령으로 정한다. 〈개정 2008. 2. 29., 2010. 1. 18., 2010. 5. 27., 2015. 12. 29., 2017. 2. 8.〉

2) 주요내용

(1) 장애인 등록(32조)

첫째, 장애인, 그 법정대리인 또는 대통령령으로 정하는 보호자(이하 "법정대리인등"이라 한다)는 장애 상태와 그 밖에 보건복지부령이 정하는 사항을 특별자치시장 · 특별자치도지사 · 시장 · 군수 또는 구청장(자치구의 구청장을 말한다. 이하 같다)에게 등록하여야 하며, 특별자치시장 · 특별자치도지사 · 시장 · 군수 · 구청장은 등록을 신청한 장애인이 제2조에 따른 기준에 맞으면 장애인등록증(이하 "등록증"이라 한다)을 내주어야 한다. 〈개정 2008. 2. 29., 2010. 1. 18., 2010. 5. 27., 2015. 6. 22., 2017. 2. 8.〉

둘째, 특별자치시장 · 특별자치도지사 · 시장 · 군수 · 구청장은 제1항에 따라 등록증을 받은 장애인의 장애 상태의 변화에 따른 장애 정도 조정을 위하여 장애 진단을 받게 하는 등 장애인이나 법정대리인등에게 필요한 조치를 할 수 있다. 〈개정 2017. 2. 8., 2017. 12. 19.〉

셋째, 장애인의 장애 인정과 장애 정도 사정(査定)에 관한 업무를 담당하게 하기 위하여 보건복지부에 장애판정위원회를 둘 수 있다. 〈개정 2008. 2. 29., 2010. 1. 18., 2017. 12. 19.〉

넷째, 등록증은 양도하거나 대여하지 못하며, 등록증과 비슷한 명칭이나 표시를 사용하여서는 아니 된다.

다섯째, 특별자치시장 · 특별자치도지사 · 시장 · 군수 · 구청장은 제1항에 따른 장애인 등록 및 제3항에 따른 장애 상태의 변화에 따른 장애 정도를 조정함에 있어 장애인의 장애 인정과 장애 정도 사정이 적정한지를 확인하기 위하여 필요한 경우 대통령령으로 정하는 「공공기관의 운영에 관한 법률」 제4조에 따른 공공기관에 장애 정도에 관한 정밀심사를 의뢰할 수 있다. 〈신설 2010. 5. 27., 2015. 6. 22., 2015. 12. 29., 2017. 12. 19.〉

여섯째, 제1항 및 제3항부터 제6항까지에서 규정한 사항 외에 장애인의 등록, 등록증의 발급, 장애 진단 및 장애 정도에 관한 정밀심사, 장애판정위원회 등에 관하여 필요한 사항은 보건복지부령으로 정한다. 〈개정 2008. 2. 29., 2010. 1. 18., 2010. 5. 27., 2015. 12. 29., 2017. 2. 8., 2021. 7. 27.〉 [시행일: 2022. 1. 28.] 제32조

(2) 재외동포 및 외국인의 장애인 등록(제32조의2)

첫째, 재외동포 및 외국인 중 다음 각 호의 어느 하나에 해당하는 사람은 제32조에 따라 장애인 등록을 할 수 있다. 〈개정 2015. 12. 29., 2017. 12. 19.〉

① 「재외동포의 출입국과 법적 지위에 관한 법률」 제6조에 따라 국내거소신고를 한 사람

② 「주민등록법」 제6조에 따라 재외국민으로 주민등록을 한 사람

③ 「출입국관리법」 제31조에 따라 외국인등록을 한 사람으로서 같은 법 제10조제1항에 따른 체류자격 중 대한민국에 영주할 수 있는 체류자격을 가진 사람

④ 「재한외국인 처우 기본법」 제2조제3호에 따른 결혼이민자

⑤ 「난민법」 제2조제2호에 따른 난민인정자

둘째, 국가와 지방자치단체는 제1항에 따라 등록한 장애인에 대하여는 예산 등을 고려하여 장애인복지사업의 지원을 제한할 수 있다. [본조신설 2012. 1. 26.]

(3) 장애인 등록 취소 등(제32조의3)

첫째, 특별자치시장 · 특별자치도지사 · 시장 · 군수 · 구청장은 제32조제1항에 따라 등록증을 받은 사람(제3호의 경우에는 법정대리인등을 포함한다)이 사망한 경우, 제2조에 따른 기준에 맞지 아니하게 된 경우, 정당한 사유 없이 보건복지부령으로 정하는 기간 동안 제32조제3항에 따른 상애 진단 명령 등 필요한 조치를 따르지 아니한 경우, 장애인 등록 취소를 신청하는 경우에 해당하는 경우에는 장애인 등록을 취소하여야 한다.

둘째, 특별자치시장 · 특별자치도지사 · 시장 · 군수 · 구청장은 제1항에 따라 장애인 등록이 취소된 경우, 중복발급 및 양도 · 대여 등 부정한 방법으로 등록증을 취득한

경우의 어느 하나에 해당하는 경우에는 제32조제1항에 따라 등록증을 받은 사람과 법정대리인등 및 부정한 방법으로 등록증을 취득한 사람 등에게 등록증의 반환을 명하여야 한다.

셋째, 제2항에 따라 등록증 반환 명령을 받은 사람은 정당한 사유가 없으면 이에 따라야 한다.

넷째, 제1항 및 제2항에서 규정한 사항 외에 장애인 등록의 취소, 등록증의 반환 등에 필요한 사항은 보건복지부령으로 정한다. **[본조신설 2017. 2. 8.]**

(4) 자료의 요청(제32조의9)

첫째, 제32조제6항에 따라 장애 정도에 관한 정밀심사를 의뢰받은 공공기관(이하 이 조에서 "정밀심사기관"이라 한다)은 국가기관, 지방자치단체, 그 밖에 대통령령으로 정하는 기관·법인·단체의 장에게 장애 인정과 장애 정도에 관한 정밀심사에 필요한 자료로서 건강보험 요양급여 실시내역 등 대통령령으로 정하는 자료의 열람 또는 사본의 교부를 요청할 수 있다. 이 경우 국가기관, 지방자치단체, 기관·법인·단체의 장은 특별한 사정이 없으면 그 요청에 따라야 하며, 정밀심사기관에 제공되는 자료에 대한 사용료, 수수료 등은 면제한다.

둘째, 정밀심사기관은 필요한 경우 심사를 받으려는 본인이나 법정대리인등으로부터 동의를 받아 「의료법」에 따른 의료기관에 정밀심사에 필요한 자료로서 진료에 관한 사항의 열람 또는 사본 교부를 요청할 수 있다. 이 경우 요청을 받은 의료기관은 특별한 사유가 없으면 그 요청에 따라야 하며, 국가 및 지방자치단체는 예산의 범위에서 정밀심사기관에 제공되는 자료에 대한 사용료, 수수료 등을 지원할 수 있다.

셋째, 제1항 및 제2항에서 규정한 사항 외에 정밀심사기관의 자료 열람 또는 사본 교부 요청에 관하여 필요한 사항은 보건복지부령으로 정한다.

5. 복지시설과 단체

1) 개요

(1) 장애인복지시설의 이용 등(57조)

첫째, 국가와 지방자치단체는 장애인이 제58조에 따른 장애인복지시설의 이용을 통하여 기능회복과 사회적 향상을 도모할 수 있도록 필요한 정책을 강구하여야 한다.

둘째, 국가와 지방자치단체는 제58조에 따른 장애인복지시설을 이용하는 장애인의 인권을 보호하기 위하여 필요한 정책을 마련하고 관련 프로그램을 실시할 수 있는 기반을 조성하여야 한다.

셋째, 장애인복지실시기관은 제58조에 따른 장애인복지시설에 대한 장애인의 선택권을 최대한 보장하여야 한다.

넷째, 장애인복지실시기관은 장애인의 선택권을 보장하기 위하여 제58조에 따른 장애인복지시설을 이용하려는 장애인에게 시설의 선택에 필요한 정보를 충분히 제공하여야 한다.

다섯째, 제58조에 따른 장애인복지시설의 선택에 필요한 정보 제공과 서비스 제공 시에는 장애인의 성별 · 연령 및 장애의 유형과 정도를 고려하여야 한다.

(2) 장애인복지시설(58조)

첫째, 장애인복지시설의 종류는 다음 각 호와 같다. 〈개정 2011. 3. 30., 2020. 12. 29.〉

① 장애인 거주시설: 거주공간을 활용하여 일반가정에서 생활하기 어려운 장애인에게 일정 기간 동안 거주 · 요양 · 지원 등의 서비스를 제공하는 동시에 지역사회 생활을 지원하는 시설

② 장애인 지역사회재활시설: 장애인을 전문적으로 상담 · 치료 · 훈련하거나 장애인의 일상생활, 여가활동 및 사회참여활동 등을 지원하는 시설

③ 장애인 직업재활시설: 일반 작업환경에서는 일하기 어려운 장애인이 특별히 준비된 작업환경에서 직업훈련을 받거나 직업 생활을 할 수 있도록 하는 시설(직업훈련 및 직업 생활을 위하여 필요한 제조 · 가공 시설, 공장 및 영업장 등 부속용도의 시설로서 보건복지부령으로 정하는 시설을 포함한다)

④ 장애인 의료재활시설: 장애인을 입원 또는 통원하게 하여 상담, 진단 · 판정, 치료 등 의료재활서비스를 제공하는 시설

⑤ 그 밖에 대통령령으로 정하는 시설

둘째, 제1항 각 호에 따른 장애인복지시설의 구체적인 종류와 사업 등에 관한 사항은 보건복지부령으로 정한다. 〈개정 2008. 2. 29., 2010. 1. 18.〉

2) 주요내용

(1) 장애인복지시설 설치(59조)

첫째, 국가와 지방자치단체는 장애인복지시설을 설치할 수 있다.

둘째, 제1항에 규정된 자 외의 자가 장애인복지시설을 설치 · 운영하려면 해당 시설 소재지 관할 시장 · 군수 · 구청장에게 신고하여야 하며, 신고한 사항 중 보건복지부령으로 정하는 중요한 사항을 변경할 때에도 신고하여야 한다. 다만, 제62조에 따른 폐쇄명령을 받고 1년이 지나지 아니한 자는 시설의 설치 · 운영 신고를 할 수 없다. 〈개정 2008. 2. 29., 2010. 1. 18.〉

셋째, 시장 · 군수 · 구청장은 제2항에 따른 신고 또는 변경신고를 받은 경우 그 내용을 검토하여 이 법에 적합하면 신고 또는 변경신고를 수리하여야 한다. 〈신설 2019. 1. 15.〉

넷째, 제58조제1항제1호에 따른 장애인 거주시설의 정원은 30명을 초과할 수 없다 다만, 특수한 서비스를 위하여 일정 규모 이상이 필요한 시설 등 대통령령으로 정하는 경우에는 그러하지 아니하다. 〈신설 2011. 3. 30., 2019. 1. 15.〉

다섯째, 제58조제1항제4호에 따른 의료재활시설의 설치는 「의료법」에 따른다. 〈개정 2011. 3. 30., 2019. 1. 15.〉

여섯째, 제2항에 따른 장애인복지시설의 시설기준 · 신고 · 변경신고 및 이용 등에 관하여 필요한 사항은 보건복지부령으로 정한다. 〈개정 2008. 2. 29., 2010. 1. 18., 2011. 3. 30., 2019. 1. 15.〉

(2) 장애인관련기관에의 취업제한 등(제59조의3)

첫째, 법원은 장애인학대관련범죄나 성범죄(「성폭력범죄의 처벌 등에 관한 특례법」 제2조제1항에 따른 성폭력범죄 또는 「아동 · 청소년의 성보호에 관한 법률」 제2조제2호에 따른 아동 · 청소년대상 성범죄를 말한다. 이하 같다)로 형 또는 치료감호를 선고하는 경우에는 판결(약식명령을 포함한다. 이하 같다)로 그 형 또는 치료감호의 전부 또는 일부의 집행을 종료하거나 집행이 유예 · 면제된 날(벌금형을 선고받은 경우에는 그 형이 확정된 날을 말한다)부터 일정기간(이하 "취업제한기간"이라 한다) 동안 다음 각 호에 따른 시설 또는 기관(이하 "장애인관련기관"이라 한다)을 운영하거나 장애인관련기관에 취업 또는 사실상 노무를 제공할 수 없도록 하는 명령(이하 "취업제한명령"이라 한다)을 장애인학대관련범죄나 성범죄(이하 "장애인학대관련범죄등"이라 한다) 사건의 판결과 동시에 선고(약식명령의 경우에는 고지를 말한다)하여야 한다. 다만, 재범의 위험성이 현저히 낮은 경우, 그 밖에 취업을 제한하여서는 아니 되는 특별한 사정이 있다고 판단하는 경우에는 그러하지 아니한다. 〈개정 2018. 12. 11., 2020. 12. 29.〉

① 제54조의 장애인자립생활지원센터, 제58조의 장애인복지시설 및 제59조의11의 장애인권익옹호기관

② 「노인복지법」 제31조의 노인복지시설

③ 「노인장기요양보험법」 제31조에 따른 장기요양기관

④ 「발달장애인 권리보장 및 지원에 관한 법률」 제33조의 발달장애인지원센터

⑤ 「아동복지법」 제37조에 따른 취약계층 아동 통합서비스 수행기관 및 같은 법 제52

조의 아동복지시설

⑥ 「의료법」 제3조의 의료기관(같은 법 제2조의 의료인, 같은 법 제80조의 간호조무사 및 「의료기사 등에 관한 법률」 제2조의 의료기사로 한정한다)

⑦ 「장애아동 복지지원법」 제21조제3항의 발달재활서비스 제공기관 및 같은 법 제32조의 장애영유아를 위한 어린이집

⑧ 「장애인활동 지원에 관한 법률」 제2조제6호의 활동지원기관

⑨ 「정신건강증진 및 정신질환자 복지서비스 지원에 관한 법률」 제3조제3호의 정신건강복지센터 및 같은 조 제4호의 정신건강증진시설

⑩ 「장애인 등에 대한 특수교육법」 제2조제10호의 특수교육기관 및 같은 법 제11조의 특수교육지원센터

둘째, 취업제한기간은 10년을 초과하지 못한다. **〈신설 2018. 12. 11.〉**

셋째, 법원은 제1항에 따라 취업제한명령을 선고하려는 경우에는 정신건강의학과 의사, 심리학자, 사회복지학자, 장애인학대 관련 전문가, 성범죄 관련 전문가, 장애인단체가 추천하는 장애인 전문가, 그 밖의 관련 전문가로부터 취업제한명령 대상자의 재범 위험성 등에 관한 의견을 들을 수 있다. **〈신설 2018. 12. 11., 2020. 12. 29.〉**

넷째, 장애인관련기관의 설치 신고·허가 등을 관할하는 행정기관의 장(이하 "관할행정기관장"이라 한다)은 장애인관련기관을 운영하려는 자에 대하여 본인의 동의를 받아 관계 기관의 장에게 장애인학대관련범죄등의 경력 조회를 요청하여야 한다. 다만, 장애인관련기관을 운영하려는 자가 장애인학대관련범죄등 경력 조회 회신서를 관할행정기관장에게 직접 제출한 경우에는 장애인학대관련범죄등의 경력 조회를 한 것으로 본다. **〈개정 2018. 12. 11., 2020. 12. 29.〉**

다섯째, 장애인관련기관 운영자는 그 시설에 취업 중이거나 사실상 노무를 제공 중인 사람 또는 취업하려 하거나 사실상 노무를 제공하려는 사람(이하 "취업자등"이라 한다)에 대하여 장애인학대관련범죄등의 경력을 확인하여야 하며, 이 경우 본인의 동의를 받아 관계 기관의 장에게 장애인학대관련범죄등의 경력 조회를 요청하여야 한다.

다만, 취업자등이 장애인학대관련범죄등 경력 조회 회신서를 장애인관련기관 운영자에게 직접 제출한 경우에는 장애인학대관련범죄등의 경력 조회를 한 것으로 본다. 〈개정 2018. 12. 11., 2020. 12. 29.〉

여섯째, 관할행정기관장은 장애인학대관련범죄등으로 취업제한명령을 선고받은 사람이 장애인관련기관을 운영하거나 장애인관련기관에 취업 또는 사실상 노무를 제공하고 있는지를 직접 또는 관계 기관 조회 등의 방법으로 연 1회 이상 확인·점검하여야 한다. 〈개정 2018. 12. 11., 2020. 12. 29.〉

일곱째, 관할행정기관장은 제6항에 따른 확인·점검을 위하여 필요한 경우에는 장애인관련기관 운영자에게 관련 자료의 제출을 요구할 수 있다. 〈신설 2018. 12. 11., 2020. 12. 29.〉

여덟째, 보건복지부장관은 관할행정기관장에게 제6항에 따른 확인·점검 결과를 제출하도록 요구할 수 있다. 〈신설 2018. 12. 11., 2020. 12. 29.〉

아홉째, 관할행정기관장은 취업제한명령을 위반하여 장애인관련기관을 운영 중인 장애인관련기관 운영자에게 운영 중인 장애인관련기관의 폐쇄를 요구하여야 한다. 〈신설 2018. 12. 11., 2020. 12. 29.〉

열째, 관할행정기관장은 취업제한명령을 위반하여 취업하거나 사실상 노무를 제공하는 사람이 있으면 해당 장애인관련기관 운영자에게 그의 해임을 요구하여야 한다. 〈신설 2018. 12. 11., 2020. 12. 29.〉

열한째, 관할행정기관장은 장애인관련기관 운영자가 정당한 사유 없이 제9항에 따른 폐쇄요구를 거부하거나 3개월 이내에 요구사항을 이행하지 아니하는 경우에는 대통령령으로 정하는 바에 따라 해당 장애인관련기관을 폐쇄하거나 관계 행정기관의 장에게 이를 요구할 수 있다. 〈신설 2018. 12. 11., 2020. 12. 29.〉

열두째, 제4항부터 제6항까지의 규정에 따라 장애인학대관련범죄등의 경력 조회를 요청받은 관계 기관의 장은 장애인학대관련범죄등 경력 조회 회신서를 발급하여야 한다. 〈개정 2018. 12. 11., 2020. 12. 29.〉

열셋째, 제4항부터 제6항까지에 따른 장애인학대관련범죄등 경력 조회의 요청 절차 · 범위 등에 관하여 필요한 사항은 대통령령으로 정한다. 〈**개정** 2018. 12. 11., 2020. 12. 29.〉 [**본조신설** 2012. 1. 26.] [**제목개정** 2020. 12. 29.]

(3) 장애인관련기관에의 취업제한 등(제59조의3)

첫째, 법원은 장애인학대관련범죄나 성범죄(「성폭력범죄의 처벌 등에 관한 특례법」 제2조에 따른 성폭력범죄 또는 「아동 · 청소년의 성보호에 관한 법률」 제2조 제2호에 따른 아동 · 청소년대상 성범죄를 말한다. 이하 같다)로 형 또는 치료감호를 선고하는 경우에는 판결(약식명령을 포함한다. 이하 같다)로 그 형 또는 치료감호의 전부 또는 일부의 집행을 종료하거나 집행이 유예 · 면제된 날(벌금형을 선고받은 경우에는 그 형이 확정된 날을 말한다)부터 일정기간(이하 "취업제한기간"이라 한다) 동안 다음 각 호에 따른 시설 또는 기관(이하 "장애인 관련기관"이라 한다)을 운영하거나 장애인관련기관에 취업 또는 사실상 노무를 제공할 수 없도록 하는 명령(이하 "취업제한명령"이라 한다)을 장애인학대 관련범죄나 성범죄(이하 "장애인학대 관련범죄등"이라 한다) 사건의 판결과 동시에 선고(약식명령의 경우에는 고지를 말한다)하여야 한다. 다만, 재범의 위험성이 현저히 낮은 경우, 그 밖에 취업을 제한하여서는 아니 되는 특별한 사정이 있다고 판단하는 경우에는 그러하지 아니한다. 〈**개정** 2018. 12. 11., 2020. 12. 29., 2021. 7. 27.〉

① 제54조의 장애인자립생활지원센터, 제58조의 장애인복지시설 및 제59조의11의 장애인권익옹호기관

② 「노인복지법」 제31조의 노인복지시설

③ 「노인장기요양보험법」 제31조에 따른 장기요양기관

④ 「발달장애인 권리보장 및 지원에 관한 법률」 제33조의 발달장애인지원센터

⑤ 「아동복지법」 제37조에 따른 취약계층 아동 통합서비스 수행기관 및 같은 법 제52조의 아동복지시설

⑥ 「의료법」 제3조의 의료기관(같은 법 제2조의 의료인, 같은 법 제80조의 간호조무사 및

「의료기사 등에 관한 법률」 제2조의 의료기사로 한정한다)

⑦ 「장애아동 복지지원법」 제21조제3항의 발달재활서비스 제공기관 및 같은 법 제32조의 장애영유아를 위한 어린이집

⑧ 「장애인활동 지원에 관한 법률」 제2조제6호의 활동지원기관

⑨ 「정신건강증진 및 정신질환자 복지서비스 지원에 관한 법률」 제3조제3호의 정신건강복지센터 및 같은 조 제4호의 정신건강증진시설

⑩ 「장애인 등에 대한 특수교육법」 제2조제10호의 특수교육기관 및 같은 법 제11조의 특수교육지원센터

둘째, 취업제한기간은 10년을 초과하지 못한다. 〈신설 2018. 12. 11.〉

셋째, 법원은 제1항에 따라 취업제한명령을 선고하려는 경우에는 정신건강의학과 의사, 심리학자, 사회복지학자, 장애인학대 관련 전문가, 성범죄 관련 전문가, 장애인단체가 추천하는 장애인 전문가, 그 밖의 관련 전문가로부터 취업제한명령 대상자의 재범 위험성 등에 관한 의견을 들을 수 있다. 〈신설 2018. 12. 11., 2020. 12. 29.〉

넷째, 장애인관련기관의 설치 신고 · 허가 등을 관할하는 행정기관의 장(이하 "관할행정기관장"이라 한다)은 장애인관련기관을 운영하려는 자에 대하여 본인의 동의를 받아 관계 기관의 장에게 장애인학대관련범죄등의 경력 조회를 요청하여야 한다. 다만, 장애인관련기관을 운영하려는 자가 장애인학대관련범죄등 경력 조회 회신서를 관할행정기관장에게 직접 제출한 경우에는 장애인학대관련범죄등의 경력 조회를 한 것으로 본다. 〈개정 2018. 12. 11., 2020. 12. 29.〉

다섯째, 장애인관련기관 운영자는 그 시설에 취업 중이거나 사실상 노무를 제공 중인 사람 또는 취업하려 하거나 사실상 노무를 제공하려는 사람(이하 "취업자등"이라 한다)에 대하여 장애인학대관련범죄등의 경력을 확인하여야 하며, 이 경우 본인의 동의를 받아 관계 기관의 장에게 장애인학대관련범죄등의 경력 조회를 요청하여야 한다. 다만, 취업자등이 장애인학대관련범죄등 경력 조회 회신서를 장애인관련기관 운영자에게 직접 제출한 경우에는 장애인학대관련범죄등의 경력 조회를 한 것으로 본다. 〈개

정 2018. 12. 11., 2020. 12. 29.〉

여섯째, 관할행정기관장은 장애인학대관련범죄등으로 취업제한명령을 선고받은 사람이 장애인관련기관을 운영하거나 장애인관련기관에 취업 또는 사실상 노무를 제공하고 있는지를 직접 또는 관계 기관 조회 등의 방법으로 연 1회 이상 확인·점검하여야 한다. 〈**개정** 2018. 12. 11., 2020. 12. 29.〉

일곱째, 관할행정기관장은 제6항에 따른 확인·점검을 위하여 필요한 경우에는 장애인관련기관 운영자에게 관련 자료의 제출을 요구할 수 있다. 〈**신설** 2018. 12. 11., 2020. 12. 29.〉

여덟째, 보건복지부장관은 관할행정기관장에게 제6항에 따른 확인·점검 결과를 제출하도록 요구할 수 있다. 〈**신설** 2018. 12. 11., 2020. 12. 29.〉

아홉째, 관할행정기관장은 취업제한명령을 위반하여 장애인관련기관을 운영 중인 장애인관련기관 운영자에게 운영 중인 장애인관련기관의 폐쇄를 요구하여야 한다. 〈**신설** 2018. 12. 11., 2020. 12. 29.〉

열째, 관할행정기관장은 취업제한명령을 위반하여 취업하거나 사실상 노무를 제공하는 사람이 있으면 해당 장애인관련기관 운영자에게 그의 해임을 요구하여야 한다. 〈**신설** 2018. 12. 11., 2020. 12. 29.〉

열한째, 관할행정기관장은 장애인관련기관 운영자가 정당한 사유 없이 제9항에 따른 폐쇄요구를 거부하거나 3개월 이내에 요구사항을 이행하지 아니하는 경우에는 대통령령으로 정하는 바에 따라 해당 장애인관련기관을 폐쇄하거나 관계 행정기관의 장에게 이를 요구할 수 있다. 〈**신설** 2018. 12. 11., 2020. 12. 29.〉

열두째, 제4항부터 제6항까지의 규정에 따라 장애인학대관련범죄등의 경력 조회를 요청받은 관계 기관의 장은 장애인학대관련범죄등 경력 조회 회신서를 발급하여야 한다. 〈**개정** 2018. 12. 11., 2020. 12. 29.〉

열셋째, 제4항부터 제6항까지에 따른 장애인학대관련범죄등 경력 조회의 요청 절차·범위 등에 관하여 필요한 사항은 대통령령으로 정한다. 〈**개정** 2018. 12. 11., 2020. 12. 29.〉

(4) 장애인학대 및 장애인 대상 성범죄 신고의무와 절차(제59조의4)

첫째, 누구든지 장애인학대 및 장애인 대상 성범죄를 알게 된 때에는 제59조의11에 따른 중앙장애인권익옹호기관 또는 지역장애인권익옹호기관(이하 "장애인권익옹호기관"이라 한다)이나 수사기관에 신고할 수 있다. 〈**개정** 2015. 6. 22., 2015. 12. 29., 2017. 12. 19.〉

둘째, 다음 각 호의 어느 하나에 해당하는 사람은 그 직무상 장애인학대 및 장애인 대상 성범죄를 알게 된 경우에는 지체 없이 장애인권익옹호기관 또는 수사기관에 신고하여야 한다. 〈**개정** 2015. 6. 22., 2015. 12. 29., 2016. 5. 29., 2019. 1. 15., 2021. 7. 27.〉

① 「사회복지사업법」 제14조에 따른 사회복지 전담공무원 및 같은 법 제34조에 따른 사회복지시설의 장과 그 종사자(사회복지시설에서 복무하는 「병역법」 제2조제1항제10호에 따른 사회복무요원을 포함한다)
② 「장애인활동 지원에 관한 법률」 제16조에 따른 활동지원인력 및 같은 법 제20조에 따른 활동지원기관의 장과 그 종사자
③ 「의료법」 제2조제1항의 의료인 및 같은 법 제3조제1항의 의료기관의 장
④ 「의료기사 등에 관한 법률」 제1조의2의 의료기사
⑤ 「응급의료에 관한 법률」 제36조의 응급구조사
⑥ 「소방기본법」 제34조에 따른 구급대의 대원
⑦ 「정신건강증진 및 정신질환자 복지서비스 지원에 관한 법률」 제3조제3호에 따른 정신건강복지센터의 장과 그 종사자
⑧ 「영유아보육법」 제10조에 따른 어린이집의 원장 등 보육교직원
⑨ 「유아교육법」 제20조에 따른 교직원 및 같은 법 제23조에 따른 강사 등
⑩ 「초ㆍ중등교육법」 제19조에 따른 교직원, 같은 법 제19조의2에 따른 전문상담교사 등 및 같은 법 제22조에 따른 산학겸임교사 등
⑪ 「학원의 설립ㆍ운영 및 과외교습에 관한 법률」 제6조에 따른 학원의 운영자ㆍ강사ㆍ직원 및 같은 법 제14조에 따른 교습소의 교습자ㆍ직원
⑫ 「성폭력방지 및 피해자보호 등에 관한 법률」 제10조에 따른 성폭력피해상담소의

장과 그 종사자 및 같은 법 제12조에 따른 성폭력피해자보호시설의 장과 그 종사자

⑬「성매매방지 및 피해자보호 등에 관한 법률」 제9조에 따른 지원시설의 장과 그 종사자 및 같은 법 제17조에 따른 성매매피해상담소의 장과 그 종사자

⑭「가정폭력방지 및 피해자보호 등에 관한 법률」 제5조에 따른 가정폭력 관련 상담소의 장과 그 종사자 및 같은 법 제7조의2에 따른 가정폭력피해자 보호시설의 장과 그 종사자

⑮「건강가정기본법」 제35조에 따른 건강가정지원센터의 장과 그 종사자

⑯「다문화가족지원법」 제12조에 따른 다문화가족지원센터의 장과 그 종사자

⑰「아동복지법」 제10조의2에 따른 아동권리보장원 및 「아동복지법」 제48조에 따른 가정위탁지원센터의 장과 그 종사자

⑱「한부모가족지원법」 제19조의 한부모가족복지시설의 장과 그 종사자

⑲「청소년 기본법」 제3조제6호의 청소년시설의 장과 그 종사자 및 같은 조 제8호의 청소년단체의 장과 그 종사자

⑳「청소년 보호법」 제35조에 따른 청소년 보호 · 재활센터의 장과 그 종사자

㉑「노인장기요양보험법」 제2조제5호의 장기요양요원

셋째, 보건복지부장관은 제2항에 따른 신고의무자에게 장애인학대 및 장애인 대상 성범죄의 신고 절차와 방법 등을 안내하여야 한다. 〈신설 2015. 6. 22., 2015. 12. 29.〉

넷째, 국가와 지방자치단체는 장애인학대 및 장애인 대상 성범죄를 예방하고 수시로 신고를 받을 수 있도록 필요한 조치를 하여야 한다. 〈신설 2015. 6. 22., 2015. 12. 29.〉

다섯째, 제2항 각 호에 따른 소관 중앙행정기관의 장은 제2항 각 호의 어느 하나에 해당하는 사람의 자격 취득 과정이나 보수교육 과정에 장애인학대 및 장애인 대상 성범죄 예방 및 신고의무에 관한 교육 내용을 포함하도록 하여야 하며, 그 결과를 보건복지부장관에게 제출하여야 한다. 〈신설 2015. 6. 22., 2015. 12. 29., 2020. 12. 29.〉

여섯째, 제2항에 따른 신고의무자가 소속된 기관 · 시설 등의 장은 소속 장애인학대

신고의무자에게 신고의무에 관한 교육을 실시하고, 그 결과를 관계 중앙행정기관의 장에게 제출하여야 한다. 〈신설 2020. 12. 29.〉

일곱째, 제4항에 따른 신고 절차 · 방법 등의 안내, 제5항에 따른 조치, 제6항 및 제7항에 따른 교육 내용 · 시간 · 방법 등은 대통령령으로 정한다. 〈신설 2015. 6. 22., 2020. 12. 29.〉

(5) 장애인권익옹호기관의 설치 등(제59조의11)

첫째, 국가는 지역 간의 연계체계를 구축하고 장애인학대를 예방하기 위하여 다음 각 호의 업무를 담당하는 중앙장애인권익옹호기관을 설치 · 운영하여야 한다.

① 제2항에 따른 지역장애인권익옹호기관에 대한 지원
② 장애인학대 예방 관련 연구 및 실태조사
③ 장애인학대 예방 관련 프로그램의 개발 · 보급
④ 장애인학대 예방 관련 교육 및 홍보
⑤ 장애인학대 예방 관련 전문인력의 양성 및 능력개발
⑥ 관계 기관 · 법인 · 단체 · 시설 간 협력체계의 구축 및 교류
⑦ 장애인학대 신고접수와 그 밖에 보건복지부령으로 정하는 장애인학대 예방과 관련된 업무

둘째, 학대받은 장애인을 신속히 발견 · 보호 · 치료하고 장애인학대를 예방하기 위하여 다음 각 호의 업무를 담당하는 지역장애인권익옹호기관을 특별시 · 광역시 · 특별자치시 · 도 · 특별자치도에 둔다. 〈개정 2021. 7. 27.〉

① 장애인학대의 신고접수, 현장조사 및 응급보호
② 피해장애인과 그 가족, 장애인학대행위자에 대한 상담 및 사후관리
③ 장애인학대 예방 관련 교육 및 홍보
④ 장애인학대사례판정위원회 설치 · 운영
⑤ 관계 기관 · 법인 · 단체 · 시설 간 협력체계의 구축 및 교류

⑥ 그 밖에 보건복지부령으로 정하는 장애인학대 예방과 관련된 업무

셋째, 장애인권익옹호기관의 장은 제1항 및 제2항에 따른 업무를 수행하기 위하여 필요한 경우 관계 기관의 장에게 사실 확인이나 관련 자료의 제공을 요청할 수 있다. 이 경우 자료 제공을 요청받은 관계 기관의 장은 정당한 사유가 없으면 요청에 따라야 한다. 〈신설 2017. 12. 19.〉

넷째, 보건복지부장관, 특별시장 · 광역시장 · 특별자치시장 · 도지사 · 특별자치도지사는 「공공기관의 운영에 관한 법률」 제4조에 따른 공공기관 또는 장애인 학대의 예방 및 방지를 목적으로 하는 비영리법인을 지정하여 장애인권익옹호기관의 운영을 위탁할 수 있다. 이 경우 보건복지부장관, 특별시장 · 광역시장 · 특별자치시장 · 특별자치도지사는 그 운영에 드는 비용을 지원할 수 있다. 〈개정 2017. 12. 19.〉

다섯째, 장애인권익옹호기관의 설치기준 · 운영, 상담원의 자격 · 배치기준, 운영 수탁기관 등의 지정, 위탁 및 비용지원 등에 필요한 사항은 대통령령으로 정한다. 〈개정 2017. 12. 19.〉 [본조신설 2015. 6. 22.] [제59조의9에서 이동, 종전 제59조의11은 제59조의13으로 이동 〈2017. 12. 19.〉] [시행일: 2022. 1. 28.] 제59조의11

(6) 사후관리 등(제59조의12)

첫째, 장애인권익옹호기관의 장은 장애인학대가 종료된 후에도 가정방문, 시설방문, 전화상담 등을 통하여 장애인학대의 재발 여부를 확인하여야 한다.

둘째, 장애인권익옹호기관의 장은 장애인학대가 종료된 후에도 피해장애인의 안전 확보, 장애인학대의 재발 방지, 건전한 가정기능의 유지 등을 위하여 피해장애인, 피해장애인의 보호자(친권자, 「민법」에 따른 후견인, 장애인을 보호 · 양육 · 교육하거나 그러한 의무가 있는 사람 또는 업무 · 고용 등의 관계로 사실상 장애인을 보호 · 감독하는 사람을 말한다. 이하 이 조에서 같다) · 가족 및 장애인학대행위자에게 상담, 교육 및 의료적 · 심리적 치료 등의 지원을 하여야 한다. 〈개정 2021. 8. 17.〉

셋째, 장애인권익옹호기관의 장은 제2항에 따른 지원을 하기 위하여 관계 기관 · 법

인 · 단체 · 시설에 협조를 요청할 수 있다.

넷째, 장애인권익옹호기관의 장은 제2항에 따른 지원을 할 때에는 피해장애인의 이익을 최우선으로 고려하여야 한다.

다섯째, 피해장애인의 보호자 · 가족 및 장애인학대행위자는 제2항에 따른 장애인권익옹호기관의 지원에 참여하여야 하고, 제1항 및 제2항에 따른 장애인권익옹호기관의 업무 수행을 정당한 사유 없이 거부하거나 방해하여서는 아니 된다. **〈개정 2017. 12. 19., 2021. 8. 17.〉 [본조신설 2015. 6. 22.] [제59조의10에서 이동 〈2017. 12. 19.〉] [시행일: 2022. 2. 18.] 제59조의12**

(7) 피해장애인 쉼터(제59조의13)

첫째, 특별시장 · 광역시장 · 특별자치시장 · 도지사 · 특별자치도지사는 피해장애인의 임시 보호 및 사회복귀 지원을 위하여 장애인 쉼터를 설치 · 운영할 수 있다.

둘째, 제1항에 따른 장애인 쉼터의 설치 · 운영 등에 필요한 사항은 보건복지부령으로 정한다.

셋째, 특별시장 · 광역시장 · 특별자치시장 · 도지사 · 특별자치도지사는 장애인학대로 인하여 피해를 입은 장애아동(이하 "피해장애아동"이라 한다)의 임시 보호를 위하여 피해장애아동 쉼터를 설치 · 운영할 수 있다. **〈신설 2021. 7. 27.〉**

(8) 장애인학대 등의 통보(제59조의14)

첫째, 사법경찰관리는 장애인 사망 및 상해 사건, 가정폭력 사건 등에 관한 직무를 수행하는 경우 장애인학대가 있었다고 의심할 만한 사유가 있는 때에는 장애인권익옹호기관에 그 사실을 통보하여야 한다.

둘째, 제1항의 통보를 받은 장애인권익옹호기관은 피해장애인 보호조치 등 필요한 조치를 하여야 한다. **[본조신설 2019. 12. 3.]**

(9) 피해장애인에 대한 변호사 선임의 특례(제59조의15)

첫째, 장애인학대사건의 피해장애인 및 그 법정대리인은 형사 절차상 입을 수 있는 피해를 방어하고 법률적 조력을 보장하기 위하여 변호사를 선임할 수 있다.

둘째, 제1항에 따른 변호사에 관하여는 「성폭력범죄의 처벌 등에 관한 특례법」 제27조제2항부터 제6항까지를 준용한다. **[본조신설 2020. 12. 29.]**

(10) 진술조력인의 참여 등(제59조의16)

첫째, 검사, 사법경찰관 또는 법원은 범죄사건의 피해자인 장애인(이하 이 조에서 "피해자"라 한다)이 의사소통이나 의사표현에 어려움이 있는 경우 피해자에 대한 형사사법 절차에서의 조력과 원활한 조사 · 검증 또는 증인 신문을 위하여 직권이나 피해자 또는 제59조의8제1항에 따른 보조인(이하 이 조에서 "보조인"이라 한다)의 신청에 따라 「성폭력범죄의 처벌 등에 관한 특례법」 제35조제1항에 따른 진술조력인으로 하여금 조사과정, 검증 또는 증인 신문에 참여하여 의사소통을 중개하거나 보조하게 할 수 있다.

둘째, 검사, 사법경찰관 또는 법원은 피해자에 대한 조사 · 검증 또는 증인 신문 전에 피해자 및 보조인에게 진술조력인에 의한 의사소통 중개나 보조를 신청할 수 있음을 고지하여야 한다.

셋째, 그 밖에 진술조력인의 수사 · 재판과정의 참여와 의무 등에 관하여는 「성폭력범죄의 처벌 등에 관한 특례법」 제36조부터 제39조까지의 규정을 준용한다. **[본조신설 2021. 7. 27.] [시행일: 2022. 1. 28.]**

(11) 장애인권익옹호기관의 성과평가 등(제59조의17)

첫째, 보건복지부장관은 장애인권익옹호기관의 업무 실적에 대하여 3년마다 성과평가를 실시하여야 한다.

둘째, 성과평가 및 평가결과의 활용 등에 필요한 사항은 대통령령으로 정한다. **[본조**

신설 2021. 8. 17.] [시행일: 2022. 2. 18.] 제59조의17

다 함께 생각해 보기

1. 「장애인복지법」의 목적에 대해서 정리하여 봅시다.
2. 장애인복지의 전문성을 높이는 방안에 대해 토의해 봅시다.
3. 장애인복지서비스의 질을 높여 사회복지의 증진에 이바지할 수 있는 방안에 대해 토의해 봅시다.

제14장 발달장애인 권리보장 및 지원에 관한 법률

(약칭: 발달장애인법)

[시행 2021. 6. 30.] [법률 제17779호, 2020. 12. 29., 일부개정]

1. 발달장애인 권리보장 및 지원에 관한 법률

1) 개요

(1) 목적(1조)

이 법은 발달장애인의 의사를 최대한 존중하여 그들의 생애주기에 따른 특성 및 복지 욕구에 적합한 지원과 권리옹호 등이 체계적이고 효과적으로 제공될 수 있도록 필요한 사항을 규정함으로써 발달장애인의 사회참여를 촉진하고, 권리를 보호하며, 인간다운 삶을 영위하는 데 이바지함을 목적으로 한다.

(2) 용어

① "발달장애인"이란 「장애인복지법」 제2조제1항의 장애인으로서 다음 각 목의 장애인을 말한다.

가. 지적장애인: 정신 발육이 항구적으로 지체되어 지적 능력의 발달이 불충분하거나 불완전하여 자신의 일을 처리하는 것과 사회생활에 적응하는 것이 상당히 곤란한 사람

나. 자폐성장애인: 소아기 자폐증, 비전형적 자폐증에 따른 언어 · 신체표현 · 자기조절 · 사회적응 기능 및 능력의 장애로 인하여 일상생활이나 사회생활에 상당한 제약을 받아 다른 사람의 도움이 필요한 사람

다. 그 밖에 통상적인 발달이 나타나지 아니하거나 크게 지연되어 일상생활이나 사회생활에 상당한 제약을 받는 사람으로서 대통령령으로 정하는 사람

② "보호자"란 다음 각 목의 어느 하나에 해당하는 사람을 말한다.

가. 「아동복지법」 제3조제3호의 보호자(발달장애인이 미성년자인 경우에 한정한다)

나. 성년인 발달장애인의 후견인

다. 성년인 발달장애인의 후견인이 아닌 사람 중 「민법」 제779조에 따른 가족 또는 같은 법 제974조에 따른 부양의무자로서 사실상 해당 발달장애인을 보호하는 사람

라. 성년인 발달장애인 중 나목 및 다목의 보호자가 없는 경우 지방자치단체의 장이 발달장애인의 보호자로 지명하는 사람(나목에 따른 후견인을 선임하기 전까지로 한정한다)

(3) 발달장애인의 권리(3조)

첫째, 발달장애인은 원칙적으로 자신의 신체와 재산에 관한 사항에 대하여 스스로 판단하고 결정할 권리를 가진다.

둘째, 발달장애인은 자신에게 법률적 · 사실적인 영향을 미치는 사안에 대하여 스스로 이해하여 자신의 자유로운 의사를 표현할 수 있도록 필요한 도움을 받을 권리가 있다.

셋째, 발달장애인은 자신과 관련된 정책의 결정과정에서 자기의 견해와 의사를 표현할 권리가 있다.

2) 주요내용

(1) 국가와 지방자치단체의 책무(4조)

첫째, 국가와 지방자치단체는 발달장애인의 적절한 발달과 원활한 사회통합을 촉진하기 위하여 장애를 최대한 조기에 발견하여 지원할 수 있도록 필요한 조치를 강구하여야 한다.

둘째, 국가와 지방자치단체는 발달장애인의 장애를 완화하고 기능을 향상시키는 방안을 마련하기 위한 연구와 조사를 지원하여야 하며, 발달장애인의 복지수준 향상과 그 가족의 일상적인 양육부담을 경감하기 위하여 필요한 조치를 강구하여야 한다.

셋째, 국가와 지방자치단체는 발달장애인이 장애로 인하여 차별을 받는 등 권리가 침해받지 아니하도록 권익옹호에 필요한 지원을 실시하여야 한다.

넷째, 국가와 지방자치단체는 발달장애인과 그 가족이 이용할 수 있는 복지시책을 적극적으로 홍보하여야 하며, 국민이 발달장애인을 올바르게 이해하도록 하는 데에 필요한 정책을 강구하여야 한다.

다섯째, 국가와 지방자치단체는 제1항부터 제4항까지의 책무를 효율적으로 수행하기 위하여 필요한 인력 및 예산을 확보할 수 있다.

(2) 국민의 책무(5조)

모든 국민은 발달장애인의 인격을 존중하고 사회통합의 이념에 기초하여 발달장애인의 복지향상에 협력하여야 한다.

(3) 실태조사(6조)

첫째, 보건복지부장관은 발달장애인의 실태파악과 복지정책 수립을 위한 기초자료로 활용하기 위하여 3년마다 발달장애인과 그 가족에 대한 실태조사를 실시하여야 한다.

둘째, 제1항에 따른 실태조사는 「장애인복지법」 제31조에 따른 장애실태조사와 함께 실시할 수 있다.

셋째, 제1항에 따른 실태조사의 방법, 대상 및 내용 등에 필요한 사항은 대통령령으로 정한다.

(4) 다른 법률과의 관계(7조)

발달장애인의 권리보호나 복지지원에 관하여 이 법에서 정한 사항에 대하여는 다른 법률에 우선하여 이 법을 적용한다.

2. 권리의 보장

1) 개요

(1) 자기결정권의 보장(8조)

첫째, 발달장애인은 자신의 주거지의 결정, 의료행위에 대한 동의나 거부, 타인과의 교류, 복지서비스의 이용 여부와 서비스 종류의 선택 등을 스스로 결정한다.

둘째, 누구든지 발달장애인에게 의사결정이 필요한 사항과 관련하여 충분한 정보와 의사결정에 필요한 도움을 제공하지 아니하고 그의 의사결정능력을 판단하여서는 아니 된다.

셋째, 제1항 및 제2항에도 불구하고 스스로 의사를 결정할 능력이 충분하지 아니하다고 판단할 만한 상당한 이유가 있는 경우에는 보호자가 발달장애인의 의사결정을 지원할 수 있다. 이 경우 보호자는 발달장애인 당사자에게 최선의 이익이 되도록 하여야 한다.

(2) 성년후견제 이용지원(9조)

첫째, 지방자치단체의 장은 성년인 발달장애인이 다음 각 호의 어느 하나에 해당하여 후견인을 선임할 필요가 있음에도 불구하고 자력으로 후견인을 선임하기 어렵다고 판단되는 경우에는 그를 위하여 「민법」에 따라 가정법원에 성년후견개시, 한정후견개시 또는 특정후견의 심판을 청구할 수 있다.

① 일상생활에서 의사를 결정할 능력이 충분하지 아니하거나 매우 부족하여 의사결정의 대리 또는 지원이 필요하다고 볼 만한 상당한 이유가 있는 경우
② 발달장애인의 권리를 적절하게 대변하여 줄 가족이 없는 경우
③ 별도의 조치가 없으면 권리침해의 위험이 상당한 경우

둘째, 지방자치단체의 장이 제1항에 따라 성년후견개시, 한정후견개시 또는 특정후견의 심판을 청구할 때에는 대통령령으로 정하는 요건을 충족하는 사람 또는 법인을 후견인 후보자로 하여 그 사람 또는 법인을 후견인으로 선임하여 줄 것을 함께 청구하여야 한다. 〈개정 2016. 12. 2.〉

셋째, 지방자치단체의 장은 제33조제1항에 따른 중앙발달장애인지원센터의 장에게 제2항에 따른 후견인 후보자를 추천하여 줄 것을 의뢰할 수 있다.

넷째, 국가와 지방자치단체는 제1항 및 제2항에 따라 선임된 후견인의 후견사무의 수행에 필요한 비용의 일부를 예산의 범위에서 보건복지부령으로 정하는 바에 따라 지원할 수 있다.

다섯째, 제1항부터 제4항까지에 따른 성년후견제 이용지원의 요건, 후견인 후보자의 자격 및 추천 절차, 후견인 후견사무에 필요한 비용 지원 등에 필요한 사항은 보건복지부령으로 정한다.

(3) 의사소통지원(10조)

첫째, 국가와 지방자치단체는 발달장애인의 권리와 의무에 중대한 영향을 미치는

법령과 각종 복지지원 등 중요한 정책정보를 발달장애인이 이해하기 쉬운 형태로 작성하여 배포하여야 한다.

둘째, 교육부장관은 발달장애인이 자신의 의사를 원활하게 표현할 수 있도록 학습에 필요한 의사소통도구를 개발하고 의사소통지원 전문인력을 양성하여 발달장애인에게 도움이 될 수 있도록 「초·중등교육법」 제2조 각 호의 학교와 「평생교육법」 제2조제2호의 평생교육기관 등을 통하여 필요한 교육을 실시하여야 한다.

셋째, 행정안전부장관은 국가와 지방자치단체의 민원담당 직원이 발달장애인과 효과적으로 의사소통할 수 있도록 의사소통 지침을 개발하고 필요한 교육을 실시하여야 한다. 〈**개정** 2014. 11. 19., 2017. 7. 26.〉

넷째, 제1항부터 제3항까지에 따른 정책정보의 작성 및 배포, 의사소통도구의 개발·교육 및 전문인력 양성, 민원담당 직원에 대한 의사소통 지침 개발 및 교육 등에 필요한 사항은 대통령령으로 정한다.

(4) 자조단체의 결성 등(11조)

첫째, 발달장애인은 자신의 권익을 보호하고 사회참여를 제고하기 위하여 자조단체(自助團體)를 구성할 수 있다.

둘째, 국가와 지방자치단체는 예산의 범위에서 「장애인복지법」 제63조에 따라 자조단체의 활동에 필요한 경비를 지원할 수 있다.

(5) 형사·사법 절차상 권리보장(12조)

첫째, 경찰청장, 해양경찰청장 및 제주특별자치도지사는 「국가공무원법」 제2조제2항제2호에 따른 경찰공무원과 「지방공무원법」 제2조제2항제2호에 따른 자치경찰공무원에게 발달장애인에 대한 올바른 인식확산을 위한 교육을 실시하여야 한다. 〈**개정** 2014. 11. 19., 2017. 7. 26.〉

둘째, 발달장애인이 재판의 당사자가 된 경우 그의 보호자, 제33조에 따른 중앙발달장애인지원센터 및 지역발달장애인지원센터(이하 "발달장애인지원센터"라 한다)의 직원이나 그 밖에 발달장애인과 신뢰관계에 있는 사람은 법원의 허가를 받아 법원의 심리과정에서 발달장애인을 위한 보조인이 될 수 있다.

셋째, 법원은 발달장애인을 증인으로 신문하는 경우 발달장애인 본인, 검사, 보호자, 발달장애인지원센터의 장의 신청이 있는 때에는 재판에 중대한 지장을 줄 우려가 있는 등 부득이한 경우가 아니면 발달장애인과 신뢰관계에 있는 사람을 동석하게 하여야 한다.

넷째, 수사기관이 발달장애인을 조사하는 경우에도 제2항 및 제3항을 따라야 한다.

(6) 발달장애인에 대한 전담조사제(13조)

첫째, 검찰총장은 각 지방검찰청 검사장(檢事長)으로 하여금 발달장애인 전담 검사(이하 이 조에서 "전담검사"라 한다)를 지정하도록 하여 특별한 사정이 없으면 이들로 하여금 발달장애인을 조사 또는 심문하게 하여야 한다.

둘째, 경찰청장은 각 경찰서장으로 하여금 발달장애인 전담 사법경찰관(이하 이 조에서 "전담사법경찰관"이라 한다)을 지정하도록 하여 특별한 사정이 없으면 이들로 하여금 발달장애인을 조사 또는 심문하게 하여야 한다.

셋째, 검찰총장 및 경찰청장은 전담검사 및 전담사법경찰관에게 발달장애인의 특성에 대한 전문지식과 의사소통 방법 및 발달장애인 보호를 위한 수사방법 등에 관한 교육을 실시하여야 한다.

넷째, 검찰총장 및 경찰청장은 전담검사 및 전담사법경찰관에게 예산의 범위에서 수당을 지급할 수 있다.

다섯째, 해양경찰청장 및 제주특별자치도지사도 제2항부터 제4항까지의 규정을 따라야 한다. 〈개정 2014. 11. 19., 2017. 7. 26.〉

(7) 발달장애인 대상 범죄 방지(14조)

첫째, 국가와 지방자치단체는 발달장애인에 대한 다음 각 호의 범죄(이하 "유기등"이라 한다)를 예방하고 근절하기 위한 대책을 마련하여 추진하여야 한다.

① 「형법」 제271조에 따른 유기 또는 존속유기

② 「형법」 제273조에 따른 학대 또는 존속학대

③ 「형법」 제287조부터 제292조까지에 따른 약취, 유인, 인신매매, 상해 · 치상, 살인 · 치사, 수수 · 은닉 등

④ 「성폭력범죄의 처벌 등에 관한 특례법」 제2조에 따른 성폭력범죄

⑤ 「아동학대범죄의 처벌 등에 관한 특례법」 제2조제4호의 아동학대범죄

⑥ 그 밖에 발달장애인에게 특히 빈번하게 발생하는 범죄로서 대통령령으로 정하는 범죄

둘째, 경찰청장, 해양경찰청장 및 제주특별자치도지사는 발달장애인에 대한 유기등의 발생 사례가 없는지 소속 경찰공무원 · 자치경찰공무원에게 관할 지역을 정기적으로 탐문하고 조사하도록 하여야 한다. 〈개정 2014. 11. 19., 2017. 7. 26.〉

3. 복지지원 및 서비스

1) 개요

(1) 복지서비스의 신청(18조)

첫째, 발달장애인은 다음 각 호의 복지지원 및 서비스(이하 "복지서비스"라 한다), 「사회보장기본법」 제3조에 따른 사회보험, 공공부조 및 사회서비스를 스스로 신청하여야 한다.

① 「장애인복지법」 제55조 및 「장애인활동 지원에 관한 법률」에 따른 활동지원급여

② 「장애아동 복지지원법」 제21조에 따른 발달재활서비스지원, 같은 법 제23조에 따른 가족지원, 같은 법 제24조에 따른 돌봄 및 일시적 휴식지원 서비스지원, 같은 법 제25조에 따른 지역사회 전환 서비스지원 및 같은 법 제26조에 따른 문화 · 예술 등 복지지원

③ 제24조에 따른 재활 및 발달 지원, 제27조에 따른 문화 · 예술 · 여가 · 체육 활동 등 지원, 제31조에 따른 보호자에 대한 상담지원 및 제32조에 따른 휴식지원 등

④ 그 밖에 보건복지부장관이 정하는 서비스

둘째, 발달장애인이 의사를 결정할 능력이 충분하지 아니하다고 판단할 만한 상당한 이유가 있는 경우에는 보호자가 제1항에 따른 신청을 할 수 있다. 이 경우 보호자의 신청은 발달장애인의 신청으로 본다.

셋째, 제2항에도 불구하고 보호자가 제1항에 따른 신청을 하지 아니하는 경우 「사회복지사업법」 제14조에 따른 사회복지 전담공무원은 발달장애인에 대한 복지지원이 누락되지 아니하도록 하기 위하여 발달장애인의 동의를 받아 관할 지역에 거주하는 발달장애인에 대한 복지서비스를 직권으로 신청할 수 있다. 이 경우 사회복지 전담공무원의 신청은 발달장애인의 신청으로 본다.

넷째, 제1항부터 제3항까지에 따른 신청을 하는 경우 신청자는 해당 발달장애인 개인의 특성을 고려한 복지서비스를 제공받을 수 있도록 개인별 복지서비스에 관한 제공계획(이하 "개인별지원계획"이라 한다)을 수립하여 줄 것을 특별자치시장 · 특별자치도지사 · 시장 · 군수 · 구청장에게 신청할 수 있다.

다섯째, 제1항부터 제4항까지에 따른 복지서비스의 대상, 복지서비스 및 개인별지원계획의 신청 방법 및 절차 등에 필요한 사항은 보건복지부령으로 정한다.

(2) 복지서비스의 신청(18조)

첫째, 발달장애인은 다음 각 호의 복지지원 및 서비스(이하 "복지서비스"라 한다), 「사회보장기본법」 제3조에 따른 사회보험, 공공부조 및 사회서비스를 스스로 신청하여야

한다. 〈개정 2021. 6. 8.〉

① 「장애인복지법」 제55조 및 「장애인활동 지원에 관한 법률」에 따른 활동지원급여

② 「장애아동 복지지원법」 제21조에 따른 발달재활서비스지원, 같은 법 제23조에 따른 가족지원, 같은 법 제24조에 따른 돌봄 및 일시적 휴식지원 서비스지원, 같은 법 제25조에 따른 지역사회 전환 서비스지원 및 같은 법 제26조에 따른 문화·예술 등 복지지원

③ 제24조에 따른 재활 및 발달 지원, 제27조에 따른 문화·예술·여가·체육 활동 등 지원, 제29조의2에 따른 주간활동·방과 후 활동 지원, 제31조에 따른 보호자에 대한 상담지원 및 제32조에 따른 휴식지원 등

④ 그 밖에 보건복지부장관이 정하는 서비스

둘째, 발달장애인이 의사를 결정할 능력이 충분하지 아니하다고 판단할 만한 상당한 이유가 있는 경우에는 보호자가 제1항에 따른 신청을 할 수 있다. 이 경우 보호자의 신청은 발달장애인의 신청으로 본다.

셋째, 제2항에도 불구하고 보호자가 제1항에 따른 신청을 하지 아니하는 경우 「사회복지사업법」 제14조에 따른 사회복지 전담공무원은 발달장애인에 대한 복지지원이 누락되지 아니하도록 하기 위하여 발달장애인의 동의를 받아 관할 지역에 거주하는 발달장애인에 대한 복지서비스를 직권으로 신청할 수 있다. 이 경우 사회복지 전담공무원의 신청은 발달장애인의 신청으로 본다.

넷째, 제1항부터 제3항까지에 따른 신청을 하는 경우 신청자는 해당 발달장애인 개인의 특성을 고려한 복지서비스를 제공받을 수 있도록 개인별 복지서비스에 관한 제공계획(이하 "개인별지원계획"이라 한다)을 수립하여 줄 것을 특별자치시장·특별자치도지사·시장·군수·구청장에게 신청할 수 있다.

다섯째, 제1항부터 제4항까지에 따른 복지서비스의 대상, 복지서비스 및 개인별지원계획의 신청 방법 및 절차 등에 필요한 사항은 보건복지부령으로 정한다. [시행일: 2021. 12. 9.] 제18조

(3) 개인별지원계획의 수립(19조)

첫째, 특별자치시장 · 특별자치도지사 · 시장 · 군수 · 구청장은 개인별지원계획의 수립을 신청받은 경우 대상자 선정 여부 및 복지서비스 내용을 결정하여 제33조제2항에 따른 지역발달장애인지원센터(이하 "지역발달장애인지원센터"라 한다)의 장에게 개인별지원계획의 수립을 의뢰하여야 한다.

둘째, 지역발달장애인지원센터의 장은 개인별지원계획의 수립을 의뢰받은 경우 제1항에 따라 결정된 복지서비스의 범위에서 발달장애인 및 그 가족의 특성을 고려하여 복지서비스의 내용, 방법 등이 포함된 개인별지원계획을 수립하여야 한다.

셋째, 개인별지원계획을 수립할 때에는 발달장애인에게 적합한 의사소통의 방식으로 의견진술의 기회가 충분히 제공되어야 한다.

넷째, 지역발달장애인지원센터의 장은 복지서비스 대상자에 대하여 수립된 개인별지원계획의 승인을 특별자치시장 · 특별자치도지사 · 시장 · 군수 · 구청장에게 요청하여야 하며, 개인별지원계획은 특별자치시장 · 특별자치도지사 · 시장 · 군수 · 구청장의 적합성 심사를 거쳐 승인을 얻은 경우 효력을 가진다.

다섯째, 지역발달장애인지원센터의 장은 개인별지원계획의 적합성 심사 결과를 발달장애인 및 그 보호자에게 통보하여야 한다.

여섯째, 개인별지원계획을 통보받은 발달장애인과 그 보호자는 발달장애인의 복지욕구를 고려하여 개인별지원계획의 변경 · 수정을 지역발달장애인지원센터의 장에게 신청할 수 있다.

일곱째, 개인별지원계획을 변경 · 수정하는 경우에는 제4항과 제5항의 절차를 따른다.

여덟째, 제1항부터 제7항까지에 따른 개인별지원계획 수립의 의뢰 방법 및 절차, 수립 방법 및 내용, 승인통보 · 신청 · 변경 · 수정 방법 및 절차 등에 필요한 사항은 보건복지부령으로 정한다.

(4) 발달장애인과 복지서비스 제공기관 등의 연계(20조)

첫째, 지역발달장애인지원센터의 장은 특별자치시장 · 특별자치도지사 · 시장 · 군수 · 구청장에 의하여 복지서비스 대상자로 선정된 발달장애인과 그 가족에게 개인별 지원계획에 따라 복지서비스 제공기관 등을 연계하여야 한다.

둘째, 지역발달장애인지원센터의 장은 복지서비스 대상자와 복지서비스 제공기관 등을 연계할 때에는 복지서비스 대상자에게 복지서비스 제공시간 및 방법 · 비용부담 등 관련 정보를 제공하여야 한다.

셋째, 제2항에 따라 제공하여야 하는 관련 정보의 제공방법 및 범위 등에 필요한 사항은 보건복지부령으로 정한다.

(5) 계좌의 관리 등(21조)

첫째, 발달장애인이 지급받을 복지지원이 현금으로 지급되는 경우에는 그의 명의로 개설된 예금계좌로 입금하여야 하며, 예금의 인출 및 다른 계좌로의 이체 등 관리도 발달장애인 스스로 하여야 한다.

둘째, 발달장애인에게 의사를 결정할 능력이 충분하지 아니하다고 판단할 만한 상당한 이유가 있는 경우에는 보호자가 제1항에 따른 계좌 관리를 대행할 수 있으며 보호자가 없는 경우에는 지방자치단체의 장이 발달장애인을 대신하여 계좌를 관리할 사람(이하 "계좌관리인"이라 한다)을 지정할 수 있다.

셋째, 계좌관리인의 자격 및 지정 절차 등에 필요한 사항은 보건복지부령으로 정한다.

(6) 재활 및 발달 지원(24조)

첫째, 국가와 지방자치단체는 발달장애인이 자신의 장애에도 불구하고 잠재적인 능력을 최대한 계발할 수 있도록 발달장애인에게 적절한 재활치료와 발달재활서비스 등을 제공하도록 노력하여야 한다.

둘째, 보건복지부장관은 발달장애의 원인규명과 치료 및 행동문제 등의 완화를 위한 연구 및 의료 지원체계를 구축하여야 한다.

셋째, 국가와 지방자치단체는 발달장애인의 특성과 요구에 맞는 체계적이고 효율적인 의료지원을 위하여 발달장애인 거점병원을 지정할 수 있다.

넷째, 국가와 지방자치단체는 자해 · 공격 등 행동문제로 인하여 일상생활에 곤란을 겪는 발달장애인을 전문적으로 지원하기 위하여 대통령령으로 정하는 바에 따라 행동발달증진센터를 설치 · 운영할 수 있다.

다섯째, 국가와 지방자치단체는 예산의 범위에서 제1항부터 제4항까지의 사업을 수행하는 데 필요한 경비의 전부 또는 일부를 지원할 수 있다.

여섯째, 제3항에 따른 거점병원의 지정 및 제4항에 따른 행동발달증진센터의 설치 · 운영 등에 필요한 사항은 보건복지부령으로 정한다.

(7) 거주시설 · 주간활동 · 돌봄 지원(29조)

첫째, 국가와 지방자치단체는 발달장애인의 특성에 맞는 거주시설 지원을 위하여 필요한 시책을 강구하여야 한다.

둘째, 국가와 지방자치단체는 발달장애인의 낮 시간 활동 및 지역사회 참여를 효과적으로 제공할 수 있는 주간활동 지원을 위하여 노력하여야 한다.

셋째, 국가와 지방자치단체는 발달장애인과 그 가족의 특성과 요구에 따른 돌봄 지원을 제공하기 위하여 노력하여야 한다.

(8) 거주시설 · 돌봄 지원(29조)

첫째, 국가와 지방자치단체는 발달장애인의 특성에 맞는 거주시설 지원을 위하여 필요한 시책을 강구하여야 한다.

둘째, 국가와 지방자치단체는 발달장애인과 그 가족의 특성과 요구에 따른 돌봄 지원을 제공하기 위하여 노력하여야 한다. **[제목개정 2021. 6. 8.]**

(9) 주간활동 · 방과 후 활동 지원(제29조의2)

첫째, 국가와 지방자치단체는 발달장애인의 낮 시간 활동 및 지역사회 참여를 효과적으로 지원하기 위하여 주간활동서비스를 제공할 수 있다.

둘째, 국가와 지방자치단체는 청소년 발달장애학생의 방과 후 활동을 지원하고 그 가족의 양육부담을 경감하기 위하여 청소년 발달장애학생 방과 후 활동서비스를 제공할 수 있다.

셋째, 제1항 및 제2항에 따른 주간활동서비스 및 청소년 발달장애학생 방과 후 활동서비스의 내용 · 방법 등 필요한 사항은 보건복지부령으로 정한다. **[본조신설 2021. 6. 8.]**

4. 발달장애인 가족 및 보호자 지원

1) 개요

(1) 보호자에 대한 정보제공과 교육(30조)

첫째, 국가와 지방자치단체는 발달장애인의 보호자가 발달장애인을 적절하게 보호 및 양육하는 데 필요한 정보를 제공하거나 관련 교육을 할 수 있다.

둘째, 국가와 지방자치단체는 발달장애인의 건전한 성가치관 형성과 성범죄 예방을 위하여 발달장애인과 그 보호자를 대상으로 성교육을 실시할 수 있나. **〈신설 2019. 12. 3.〉**

셋째, 제1항에 따라 제공하는 정보와 교육 및 제2항에 따라 실시하는 성교육의 내용과 방법 등에 필요한 사항은 보건복지부령으로 정한다. **〈개정 2019. 12. 3.〉**

넷째, 국가와 지방자치단체는 예산의 범위에서 제1항에 따른 정보제공과 교육 및 제2항에 따른 성교육의 실시에 필요한 경비의 전부 또는 일부를 지원할 수 있다. 〈개정 2019. 12. 3.〉

(2) 보호자에 대한 상담지원(31조)

첫째, 국가와 지방자치단체는 발달장애인과 동거하는 보호자에게 전문적인 심리상담 서비스를 제공할 수 있다.

둘째, 제1항에 따라 제공하는 심리상담 서비스의 내용과 방법 등에 필요한 사항은 보건복지부령으로 정한다.

셋째, 국가와 지방자치단체는 예산의 범위에서 제1항에 따른 심리상담 서비스에 필요한 경비의 전부 또는 일부를 지원할 수 있다.

(3) 휴식지원 등(32조)

첫째, 국가와 지방자치단체는 발달장애인 가족의 일상적인 양육부담을 경감하고 보호자의 정상적인 사회활동을 돕기 위하여 돌봄 및 일시적 휴식 지원 서비스를 제공할 수 있다.

둘째, 국가와 지방자치단체는 발달장애인의 형제·자매로서 발달장애인이 아닌 아동 및 청소년이 건전하게 성장할 수 있도록 이들의 정서발달과 심리적 부담 해소 등을 위한 프로그램 운영을 지원할 수 있다.

셋째, 제1항 및 제2항에 따른 지원을 제공할 때에는 발달장애인 가족의 경제적 능력 등을 고려하여 지원할 대상 및 내용을 결정할 수 있다.

넷째, 제1항 및 제2항에 따른 지원의 대상·기준 및 방법 등에 필요한 사항은 보건복지부령으로 정한다.

5. 발달장애인지원센터 등

1) 개요

(1) 발달장애인지원센터(33조)

첫째, 보건복지부장관은 제4조에 따른 책무를 효과적으로 수행하고 발달장애인에 대한 통합적 지원체계를 마련하기 위하여 중앙발달장애인지원센터를 설치하여야 한다.

둘째, 시 · 도지사는 발달장애인의 권리보호 활동, 당사자와 그 가족에 대한 상담 등을 담당하는 지역발달장애인지원센터를 특별시 · 광역시 · 특별자치시 · 도 · 특별자치도에 설치하여야 한다. 이 경우 시 · 도지사는 필요성을 고려하여 지역발달장애인지원센터를 시 · 군 · 구에 설치할 수 있다.

셋째, 시 · 도지사는 지역발달장애인지원센터를 시 · 군 · 구에 설치하는 경우 둘 이상의 시 · 군 · 구를 통합하여 하나의 지역발달장애인지원센터를 설치 · 운영할 수 있다. 이 경우 시 · 도지사는 지역발달장애인지원센터의 설치 · 운영에 필요한 비용을 관할 구역의 발달장애인 수 등을 고려하여 시장 · 군수 · 구청장에게 공동으로 부담하게 할 수 있다.

넷째, 제1항 및 제2항에 따른 발달장애인지원센터의 설치기준과 운영, 직원의 자격과 배치기준 및 절차 등에 필요한 사항은 보건복지부령으로 정한다.

다섯째, 발달장애인지원센터는 발달장애인(보호자를 포함한다)이 참여하는 운영위원회를 구성 · 운영할 수 있다.

여섯째, 제5항에 따른 운영위원회 설치 · 운영에 필요한 사항은 보건복지부령으로 정한다.

일곱째, 국가와 지방자치단체는 예산의 범위에서 발달장애인지원센터의 설치 및 운영에 필요한 경비의 전부 또는 일부를 지원할 수 있다.

(2) 발달장애인지원센터의 임무(34조)

첫째, 중앙발달장애인지원센터는 다음 각 호의 업무를 수행한다.

① 발달장애인에 대한 연구수행 지원

② 발달장애인이 이용 가능한 복지정보 데이터베이스 구축 및 정보 제공

③ 발달장애인 가족 및 관련 서비스 종사자에 대한 지침·편람 마련 및 교육지원

④ 발달장애인에 대한 인식개선 홍보

⑤ 발달장애인 지원 프로그램 개발

⑥ 지역발달장애인지원센터의 지원

⑦ 제9조제3항에 따른 후견인 후보자의 추천

⑧ 발달장애인 권리침해의 모니터링 및 권리구제의 지원

⑨ 그 밖에 보건복지부장관이 필요하다고 인정하는 사항

둘째, 지역발달장애인지원센터는 다음 각 호의 업무를 수행한다. 〈개정 2020. 4. 7.〉

① 발달장애인에 대한 개인별지원계획의 수립

② 발달장애인을 위한 복지지원 정보의 제공 및 연계

③ 발달장애인 가족 및 관련 서비스 종사자에 대한 교육지원

④ 발달장애인에게 서비스를 제공하는 기관에 대한 정보의 축적 및 관리

⑤ 발달장애 조기 발견과 발달장애인에 대한 인식개선을 위한 지역사회 홍보

⑥ 발달장애인 및 그 가족에 대한 상담지원

⑦ 발달장애인 주간활동 서비스 및 청소년 발달장애학생 방과 후 활동서비스 사업 지원

⑧ 제2조제2호라목에 따른 보호자에 대한 감독

⑨ 제9조에 따라 선임된 후견인에 대한 감독지원 및 후견업무의 지원

⑩ 제16조 및 제17조에 따른 현장조사 및 보호조치 등 발달장애인의 권리구제 지원

⑪ 그 밖에 보건복지부장관이 필요하다고 인정하는 사항

셋째, 발달장애인지원센터에는 대통령령으로 정하는 자격을 가진 특수교사, 사회복

지사, 변호사 등 필요한 인력을 적절히 배치하여 발달장애인이 복지 및 법률 서비스를 받을 수 있도록 노력하여야 한다.

넷째, 발달장애인지원센터는 발달장애인 동료에 대한 상담 및 교육 등의 역할을 수행할 수 있는 발달장애인을 채용할 수 있다.

다섯째, 제3항 및 제4항에 따른 인력 배치 및 채용 등에 필요한 사항은 보건복지부령으로 정한다.

2) 주요내용

(1) 관계 기관의 협조(35조)

첫째, 지역발달장애인지원센터는 다음 각 호의 기관의 장에게 발달장애인에 대한 서비스 제공 현황 등 관련 정보의 제공을 요청할 수 있다. 이 경우 협조 요청을 받은 기관의 장은 특별한 사유가 없으면 이에 따라야 한다. 〈개정 2015. 12. 29.〉

① 제25조제2항에 따라 설치·운영되는 직업재활시설

② 제26조제1항에 따라 지정되어 발달장애인을 위한 교육과정을 운영하는 평생교육기관

③ 제30조부터 제32조까지에 따른 서비스를 제공하는 기관

④ 「장애인복지법」 제58조에 따른 장애인복지시설

⑤ 「장애아동 복지지원법」 제21조제3항에 따라 지정된 발달재활서비스 제공기관

⑥ 「장애아동 복지지원법」 제24조에 따른 돌봄 및 일시적 휴식지원 서비스를 제공하는 기관

⑦ 「장애인활동 지원에 관한 법률」 제2조제6호의 활동지원기관

⑧ 「장애인고용촉진 및 직업재활법」 제9조에 따른 장애인 직업재활 실시 기관

⑨ 「영유아보육법」 제2조제3호의 어린이집

⑩ 「유아교육법」 제2조제2호의 유치원

⑪「초 · 중등교육법」 제2조 각 호의 학교

⑫「노숙인 등의 복지 및 자립지원에 관한 법률」 제16조제1항제1호부터 제4호까지에 따른 노숙인복지시설

⑬ 그 밖에 보건복지부령으로 정하는 기관

둘째, 제1항에 따라 각 기관별로 제공을 요청할 수 있는 정보의 내용, 제공방법 등에 필요한 사항은 보건복지부령으로 정한다.

(2) 관계 기관의 협조(35조)

첫째, 지역발달장애인지원센터는 다음 각 호의 기관의 장에게 발달장애인에 대한 서비스 제공 현황 등 관련 정보의 제공을 요청할 수 있다. 이 경우 협조 요청을 받은 기관의 장은 특별한 사유가 없으면 이에 따라야 한다. **〈개정 2015. 12. 29., 2021. 6. 8.〉**

① 제25조제2항에 따라 설치 · 운영되는 직업재활시설

② 제26조제1항에 따라 지정되어 발달장애인을 위한 교육과정을 운영하는 평생교육기관

③ 제29조의2 및 제30조부터 제32조까지에 따른 서비스를 제공하는 기관

④「장애인복지법」 제58조에 따른 장애인복지시설

⑤「장애아동 복지지원법」 제21조제3항에 따라 지정된 발달재활서비스 제공기관

⑥「장애아동 복지지원법」 제24조에 따른 돌봄 및 일시적 휴식지원 서비스를 제공하는 기관

⑦「장애인활동 지원에 관한 법률」 제2조제6호의 활동지원기관

⑧「장애인고용촉진 및 직업재활법」 제9조에 따른 장애인 직업재활 실시 기관

⑩「영유아보육법」 제2조제3호의 어린이집

⑪「유아교육법」 제2조제2호의 유치원

⑫「초 · 중등교육법」 제2조 각 호의 학교

⑬「노숙인 등의 복지 및 자립지원에 관한 법률」 제16조제1항제1호부터 제4호까지에

따른 노숙인복지시설

⑭ 그 밖에 보건복지부령으로 정하는 기관

둘째, 제1항에 따라 각 기관별로 제공을 요청할 수 있는 정보의 내용, 제공방법 등에 필요한 사항은 보건복지부령으로 정한다. [시행일: 2021. 12. 9.] 제35조

(3) 발달장애인지원정보시스템의 구축 및 운영(36조)

보건복지부장관은 이 법의 시행에 필요한 각종 자료 및 정보의 효율적인 처리와 기록 및 관리 업무의 전산화를 위하여 대통령령으로 정하는 바에 따라 발달장애인지원정보시스템을 구축·운영할 수 있다.

(4) 서비스의 제공 등(37조)

첫째, 국가와 지방자치단체는 제30조부터 제32조까지의 규정에 따라 서비스를 제공할 경우 「사회서비스 이용 및 이용권 관리에 관한 법률」 제2조제2호의 사회서비스이용권으로 제공할 수 있다.

둘째, 보건복지부장관은 제1항에 따라 사회서비스이용권을 제공하는 경우 「사회서비스 이용 및 이용권 관리에 관한 법률」 제16조에도 불구하고 서비스 제공을 위한 전문인력의 수급 상황, 제공기관 현황과 서비스 수요자의 규모 등을 고려하여 소재지를 관할하는 특별자치시장·특별자치도지사·시장·군수·구청장(이하 "지정권자"라 한다)으로 하여금 사회서비스이용권을 통하여 서비스를 제공하는 기관 등을 지정하게 할 수 있다.

셋째, 제1항 및 제2항에 따른 사회서비스이용권의 제공 방법 및 절차, 서비스제공기관의 지정 기준 및 절차 등에 필요한 사항은 보건복지부령으로 정한다.

(4) 서비스의 제공 등(37조)

첫째, 국가와 지방자치단체는 제29조의2 및 제30조부터 제32조까지의 규정에 따라

서비스를 제공할 경우 「사회서비스 이용 및 이용권 관리에 관한 법률」 제2조제2호의 사회서비스이용권으로 제공할 수 있다. 〈개정 2021. 6. 8.〉

둘째, 보건복지부장관은 제1항에 따라 사회서비스이용권을 제공하는 경우 「사회서비스 이용 및 이용권 관리에 관한 법률」 제16조에도 불구하고 서비스 제공을 위한 전문인력의 수급 상황, 제공기관 현황과 서비스 수요자의 규모 등을 고려하여 소재지를 관할하는 특별자치시장 · 특별자치도지사 · 시장 · 군수 · 구청장(이하 "지정권자"라 한다)으로 하여금 사회서비스이용권을 통하여 서비스를 제공하는 기관 등을 지정하게 할 수 있다.

셋째, 제1항 및 제2항에 따른 사회서비스이용권의 제공 방법 및 절차, 서비스제공기관의 지정 기준 및 절차 등에 필요한 사항은 보건복지부령으로 정한다. [시행일: 2021. 12. 9.] 제37조

(5) 서비스제공기관의 변경지정 등(38조)

첫째, 제37조제2항에 따라 서비스를 제공하도록 지정받은 기관 등(이하 "서비스제공기관"이라 한다)의 장은 보건복지부령으로 정하는 중요사항을 변경하려는 경우 보건복지부장관이 정하는 바에 따라 지정권자의 변경지정을 받아야 한다.

둘째, 서비스제공기관이 폐업 또는 휴업하려는 경우에는 폐업 또는 휴업 예정일 전 30일까지 지정권자에게 신고하여야 하며 신고를 받은 지정권자는 인근 지역에 대체할 서비스제공기관이 없는 등 서비스 제공에 중대한 차질이 우려되는 경우에는 서비스제공기관의 폐업 또는 휴업 철회를 권고하거나 그 밖의 다른 조치를 마련하여야 한다.

셋째, 서비스제공기관의 지정권자는 서비스제공기관이 다음 각 호의 어느 하나에 해당하는 경우에는 6개월의 범위에서 업무를 정지하거나 그 지정을 취소할 수 있다. 다만, 제1호에 해당하는 경우에는 지정을 취소하여야 한다.

① 거짓이나 그 밖의 부정한 방법으로 지정을 받은 경우

② 제37조제2항 및 제3항에 따른 시설 및 인력 기준 등 지정기준에 맞지 아니하게

된 경우

③ 제40조에 따른 자료의 제출과 보고 요구를 거부 · 방해 · 기피하거나 거짓 자료를 제출하거나 관계 공무원의 조사에 협조하지 아니한 경우

④ 거짓이나 그 밖의 부정한 방법으로 서비스 제공 비용을 청구한 경우

⑤ 서비스 제공과 관련한 개인정보를 본인의 동의 없이 누설한 경우

넷째, 제3항에 따라 지정취소를 받은 자는 그 처분을 받은 날부터 2년 이내의 범위에서 대통령령으로 정하는 기간 동안 서비스제공기관으로 다시 지정될 수 없다.

다섯째, 제3항에 따른 행정처분의 세부적인 기준 및 절차 등에 필요한 사항은 보건복지부령으로 정한다.

(6) 서비스의 관리 · 평가(제38조의2)

첫째, 국가와 지방자치단체는 서비스제공기관이 제37조제3항에 따른 사회서비스이용권의 제공 방법 및 절차 등에 따라 적정하게 서비스를 제공하였는지를 평가한 후 그 결과를 공개하는 등 필요한 조치를 할 수 있다.

둘째, 국가와 지방자치단체는 서비스제공기관이 제공하는 서비스의 내용을 지속적으로 관리 · 평가하여 그 수준을 향상시킬 수 있도록 노력하여야 한다.

셋째, 제1항에 따른 서비스 제공 평가 및 평가 결과 공개의 절차 · 방법 등에 필요한 사항은 보건복지부령으로 정한다. [본조신설 2021. 6. 8.] [시행일: 2021. 12. 9.] 제38조의2

다 함께 생각해 보기

1. 발달장애인을 위한 법의 목적에 대해서 정리하여 봅시다.
2. 발달장애인을 위한 사회복지서비스의 질을 높여 사회복지의 증진에 이바지할 수 있는 방안에 대해 토의해 봅시다.

제15장

한부모가족지원법

[시행 2021. 4. 21.]
[법률 제17540호, 2020. 10. 20., 일부개정]

1. 한부모가족지원법

1) 개요

(1) 목적(1조)

이 법은 한부모가족이 안정적인 가족 기능을 유지하고 자립할 수 있도록 지원함으로써 한부모가족의 생활 안정과 복지 증진에 이바지함을 목적으로 한다. 〈개정 2018. 1. 16.〉

(2) 국가 등의 책임(2조)

첫째, 국가와 지방자치단체는 한부모가족의 복지를 증진할 책임을 진다.

둘째, 국가와 지방자치단체는 한부모가족의 권익과 자립을 지원하기 위한 여건을 조성하고 이를 위한 시책을 수립·시행하여야 한다. 〈신설 2011. 4. 12., 2014. 1. 21., 2018. 1. 16.〉

셋째, 국가와 지방자치단체는 한부모가족에 대한 사회적 편견과 차별을 예방하고, 사회구성원이 한부모가족을 이해하고 존중할 수 있도록 교육 및 홍보 등 필요한 조치를 하여야 한다. 〈신설 2013. 3. 22., 2016. 12. 20.〉

넷째, 교육부장관과 특별시 · 광역시 · 특별자치시 · 도 · 특별자치도의 교육감은 「유아교육법」 제2조제2호의 유치원, 「초 · 중등교육법」 제2조 및 「고등교육법」 제2조의 학교에서 한부모가족에 대한 이해를 돕는 교육을 실시하기 위한 시책을 수립 · 시행하여야 한다. 〈신설 2016. 12. 20.〉

다섯째, 국가와 지방자치단체는 청소년 한부모가족의 자립을 위하여 노력하여야 한다. 〈신설 2014. 1. 21., 2016. 12. 20.〉

여섯째, 모든 국민은 한부모가족의 복지 증진에 협력하여야 한다. 〈개정 2011. 4. 12., 2013. 3. 22., 2014. 1. 21., 2016. 12. 20.〉

(3) 한부모가족의 권리와 책임(3조)

첫째, 한부모가족의 모(母) 또는 부(父)는 임신과 출산 및 양육을 사유로 합리적인 이유 없이 교육 · 고용 등에서 차별을 받지 아니한다. 〈신설 2011. 4. 12.〉

둘째, 한부모가족의 모 또는 부와 아동은 한부모가족 관련 정책결정과정에 참여할 권리가 있다. 〈신설 2018. 1. 16.〉

셋째, 한부모가족의 모 또는 부와 아동은 그가 가지고 있는 자산과 노동능력 등을 최대한으로 활용하여 자립과 생활 향상을 위하여 노력하여야 한다. 〈개정 2011. 4. 12., 2018. 1. 16.〉 [전문개정 2007. 10. 17.] [제목개정 2011. 4. 12.]

(4) 정의(4조)

이 법에서 사용하는 용어의 뜻은 다음과 같다. 〈개정 2008. 2. 29., 2010. 1. 18., 2011. 4. 12., 2012. 2. 1., 2014. 1. 21.〉

첫째, "모" 또는 "부"란 다음 각 목의 어느 하나에 해당하는 자로서 아동인 자녀를 양육하는 자를 말한다.

① 배우자와 사별 또는 이혼하거나 배우자로부터 유기(遺棄)된 자

② 정신이나 신체의 장애로 장기간 노동능력을 상실한 배우자를 가진 자

③ 교정시설 · 치료감호시설에 입소한 배우자 또는 병역복무 중인 배우자를 가진 사람

④ 미혼자(사실혼(事實婚) 관계에 있는 자는 제외한다)

⑤ 가목부터 라목까지에 규정된 자에 준하는 자로서 여성가족부령으로 정하는 자

①의2. "청소년 한부모"란 24세 이하의 모 또는 부를 말한다.

둘째, "한부모가족"이란 모자가족 또는 부자가족을 말한다.

셋째, "모자가족"이란 모가 세대주(세대주가 아니더라도 세대원(世代員)을 사실상 부양하는 자를 포함한다)인 가족을 말한다.

넷째, "부자가족"이란 부가 세대주(세대주가 아니더라도 세대원을 사실상 부양하는 자를 포함한다)인 가족을 말한다.

다섯째, "아동"이란 18세 미만(취학 중인 경우에는 22세 미만을 말하되, 「병역법」에 따른 병역의무를 이행하고 취학 중인 경우에는 병역의무를 이행한 기간을 가산한 연령 미만을 말한다)의 자를 말한다.

여섯째, "지원기관"이란 이 법에 따른 지원을 행하는 국가나 지방자치단체를 말한다.

일곱째, "한부모가족복지단체"란 한부모가족의 복지 증진을 목적으로 설립된 기관이나 단체를 말한다. [전문개정 2007. 10. 17.]

(5) 지원대상자의 범위(5조)

첫째, 이 법에 따른 지원대상자는 제4조제1호 · 제1호의2 및 제2호부터 제5호까지의 규정에 해당하는 자로서 여성가족부령으로 정하는 자로 한다. 〈개정 2008. 2. 29., 2010. 1. 18., 2011. 4. 12., 2014. 1. 21.〉

둘째, 제1항에 따른 지원대상자 중 아동의 연령을 초과하는 자녀가 있는 한부모가족의 경우 그 자녀를 제외한 나머지 가족구성원을 지원대상자로 한다. 〈신설 2011. 4. 12., 2014. 1. 21.〉 [전문개정 2007. 10. 17.]

(6) 지원대상자의 범위에 대한 특례(제5조의2)

첫째, 혼인 관계에 있지 아니한 자로서 출산 전 임신부와 출산 후 해당 아동을 양육하지 아니하는 모는 제5조에도 불구하고 제19조제1항제3호의 미혼모자가족복지시설을 이용할 때에는 이 법에 따른 지원대상자가 된다. 〈**개정** 2011. 4. 12., 2014. 1. 21., 2018. 1. 16.〉

둘째, 다음 각 호의 어느 하나에 해당하는 아동과 그 아동을 양육하는 조부 또는 조모로서 여성가족부령으로 정하는 자는 제5조에도 불구하고 이 법에 따른 지원대상자가 된다. 〈**개정** 2008. 2. 29., 2010. 1. 18., 2011. 4. 12., 2014. 1. 21.〉

① 부모가 사망하거나 생사가 분명하지 아니한 아동
② 부모가 정신 또는 신체의 장애·질병으로 장기간 노동능력을 상실한 아동
③ 부모의 장기복역 등으로 부양을 받을 수 없는 아동
④ 부모가 이혼하거나 유기하여 부양을 받을 수 없는 아동
⑤ 제1호부터 제4호까지에 규정된 자에 준하는 자로서 여성가족부령으로 정하는 아동

셋째, 국내에 체류하고 있는 외국인 중 대한민국 국적의 아동을 양육하고 있는 모 또는 부로서 대통령령으로 정하는 사람이 제5조에 해당하면 이 법에 따른 지원대상자가 된다. 〈**개정** 2014. 1. 21., 2020. 10. 20.〉

(7) 자료 또는 정보의 제공과 홍보(제5조의3)

국가와 지방자치단체는 이 법에 따른 지원대상자를 발굴하기 위하여 필요한 자료 또는 정보의 제공과 홍보에 노력하여야 한다. 또한, 제5조의4 한부모가족의 날은 첫째, 한부모가족에 대한 국민의 이해와 관심을 제고하기 위하여 매년 5월 10일을 한부모가족의 날로 한다. 둘째, 국가와 지방자치단체는 한부모가족의 날의 취지에 맞는 행사 등 사업을 실시할 수 있다. [**본조신설** 2018. 1. 16.]

(8) 한부모가족 정책에 관한 기본계획의 수립(제5조의5)

첫째, 여성가족부장관은 한부모가족 지원을 위하여 한부모가족 정책에 관한 기본계획(이하 "기본계획"이라 한다)을 5년마다 수립하여야 한다.

둘째, 기본계획에는 다음 각 호의 사항이 포함되어야 한다.

① 한부모가족 지원 정책의 기본방향

② 한부모가족 지원을 위한 분야별 발전시책과 평가에 관한 사항

③ 한부모가족 지원을 위한 제도 개선에 관한 사항

④ 한부모가족 구성원의 경제·사회·문화 등 각 분야에서의 활동 증진에 관한 사항

⑤ 한부모가족 지원을 위한 재원 확보 및 배분에 관한 사항

⑥ 그 밖에 한부모가족 지원을 위하여 필요한 사항

셋째, 여성가족부장관은 기본계획을 수립하려는 경우에는 특별시장·광역시장·특별자치시장·도지사·특별자치도지사(이하 "시·도지사"라 한다)의 의견을 들은 후 관계 중앙행정기관의 장과 협의하여야 한다.

넷째, 여성가족부장관은 제1항에 따라 기본계획을 수립한 때에는 지체없이 국회 소관 상임위원회에 보고하고, 관계 중앙행정기관의 장과 시·도지사에게 알려야 한다.

다섯째, 여성가족부장관은 기본계획을 수립하기 위하여 필요하다고 인정하는 경우 관계 기관의 장에게 기본계획의 수립에 필요한 자료의 제출을 요구할 수 있다. 이 경우 자료의 제출을 요구받은 관계 기관의 장은 정당한 사유가 없으면 이에 따라야 한다.

[본조신설 2020. 10. 20.]

(9) 연도별 시행계획의 수립·시행 등(제5조의6)

첫째, 여성가족부장관, 관계 중앙행정기관의 장과 시·도지사는 매년 기본계획에 따라 한부모가족정책에 관한 시행계획(이하 "시행계획"이라 한다)을 수립·시행하여야 한다.

둘째, 관계 중앙행정기관의 장과 시·도지사는 전년도의 시행계획에 따른 추진실적 및 다음 연도의 시행계획을 대통령령으로 정하는 바에 따라 매년 여성가족부장관에게 제출하여야 한다.

셋째, 시행계획의 수립·시행 및 추진실적의 평가 등에 필요한 사항은 대통령령으로 정한다. **[본조신설 2020. 10. 20.]**

2. 복지의 내용과 실시 〈개정 2007. 10. 17.〉

1) 주요내용

(1) 지원대상자의 조사 등(10조)

첫째, 특별자치시장·특별자치도지사·시장·군수·구청장(자치구의 구청장을 말한다. 이하 같다)은 매년 1회 이상 관할구역 지원대상자의 가족상황, 생활실태 등을 조사하여야 한다. **〈개정 2010. 5. 17., 2011. 4. 12., 2014. 1. 21.〉**

둘째, 특별자치시장·특별자치도지사·시장·군수·구청장은 제1항에 따른 조사 결과를 대장(臺帳)으로 작성·비치하여야 한다. 다만, 「사회복지사업법」 제6조의2제2항에 따른 정보시스템을 활용할 때에는 전자적으로 작성하여 관리할 수 있다. **〈개정 2011. 4. 12., 2014. 1. 21.〉**

(2) 복지 급여의 신청(11조)

첫째, 지원대상자 또는 그 친족이나 그 밖의 이해관계인은 제12조에 따른 복지 급여를 관할 특별자치시장·특별자치도지사·시장·군수·구청장에게 신청할 수 있다. **〈개정 2010. 5. 17., 2014. 1. 21.〉**

둘째, 제1항에 따라 복지 급여 신청을 할 때에는 다음 각 호에 따른 자료 또는 정보의 제공에 대한 지원대상자의 동의 서면을 제출하여야 한다. 〈개정 2012. 2. 1., 2014. 1. 21.〉

① 「금융실명거래 및 비밀보장에 관한 법률」 제2조제2호 및 제3호에 따른 금융자산 및 금융거래의 내용에 대한 자료 또는 정보 중 예금의 평균잔액과 그 밖에 대통령령으로 정하는 자료 또는 정보(이하 "금융정보"라 한다)

② 「신용정보의 이용 및 보호에 관한 법률」 제2조제1호에 따른 신용정보 중 채무액과 그 밖에 대통령령으로 정하는 자료 또는 정보(이하 "신용정보"라 한다)

③ 「보험업법」 제4조제1항 각 호에 따른 보험에 가입하여 납부한 보험료와 그 밖에 대통령령으로 정하는 자료 또는 정보(이하 "보험정보"라 한다)

셋째, 제1항에 따른 급여의 신청 방법 · 절차와 제2항에 따른 동의의 방법 · 절차 등 필요한 사항은 대통령령으로 정한다. 〈신설 2012. 2. 1.〉

(3) 복지 급여의 내용(12조)

첫째, 국가나 지방자치단체는 제11조에 따른 복지 급여의 신청이 있으면 생계비, 아동교육지원비, 아동양육비의 복지 급여를 실시하여야 한다. 〈개정 2011. 4. 12., 2014. 1. 21., 2020. 10. 20.〉

둘째, 이 법에 따른 지원대상자가 「국민기초생활 보장법」 등 다른 법령에 따라 지원을 받고 있는 경우에는 그 범위에서 이 법에 따른 급여를 하지 아니한다. 다만, 제1항제4호의 아동양육비는 지급할 수 있다. 〈신설 2020. 10. 20.〉

셋째, 제1항제4호의 아동양육비를 지급할 때에 미혼모나 미혼부가 5세 이하의 아동을 양육하는 경우나 34세 이하의 모 또는 부가 아동을 양육하는 경우의 어느 하나에 해당하는 경우에는 예산의 범위에서 추가적인 복지 급여를 실시하여야 한다. 이 경우 모 또는 부의 직계존속이 5세 이하의 아동을 양육하는 경우에도 또한 같다. 〈개정 2011. 4. 12., 2020. 10. 20.〉

넷째, 국가나 지방자치단체는 이 법에 따른 지원대상자의 신청이 있는 경우에는 예산의 범위에서 직업훈련비와 훈련기간 중 생계비를 추가적으로 지급할 수 있다. **〈신설 2011. 4. 12., 2014. 1. 21., 2020. 10. 20.〉**

다섯째, 제1항부터 제4항까지의 규정에 따른 복지 급여의 기준 및 절차, 그 밖에 필요한 사항은 여성가족부령으로 정한다. **〈개정 2011. 4. 12., 2020. 10. 20.〉**

(4) 미혼모 등의 건강관리 등 지원(제17조의6)

첫째, 국가와 지방자치단체는 미혼모 또는 미혼부와 그 자녀가 건강하게 생활할 수 있도록 산전(産前) · 분만 · 산후(産後)관리, 질병의 예방 · 상담 · 치료, 영양 · 건강에 관한 교육 등 건강관리를 위한 지원을 할 수 있다.

둘째, 국가와 지방자치단체는 제19조제1항제3호가목의 기본생활지원 미혼모자가족복지시설에 입소한 미혼모 등의 신청이 있는 경우에는 미혼모 등 본인 및 함께 생활하는 자녀에 대한 의료비를 추가적으로 지원할 수 있다.

셋째, 제1항에 따른 건강관리와 제2항에 따른 의료비 지원의 기준 및 절차, 그 밖에 필요한 사항은 대통령령 또는 조례로 정한다. **[본조신설 2018. 12. 18.]**

(5) 한부모가족 상담전화의 설치(제18조의2)

첫째, 여성가족부장관은 한부모가족 지원에 관한 종합정보의 제공과 지원기관 및 시설의 연계 등에 관한 전문적이고 체계적인 상담서비스를 제공하기 위하여 한부모가족 상담전화를 설치 · 운영할 수 있다.

둘째, 제1항에 따른 한부모가족 상담전화의 설치 · 운영에 필요한 사항은 여성가족부령으로 정한다. **[본조신설 2018. 1. 16.]**

3. 한부모가족복지시설 〈개정 2007. 10. 17.〉

1) 주요내용

(1) 한부모가족복지시설(19조)

첫째, 한부모가족복지시설은 다음 각 호의 시설로 한다. 〈개정 2018. 1. 16.〉

① 모자가족복지시설: 모자가족에게 다음 각 목의 어느 하나 이상의 편의를 제공하는 시설

가. 기본생활지원: 생계가 어려운 모자가족에게 일정 기간 동안 주거와 생계를 지원

나. 공동생활지원: 독립적인 생활이 어려운 모자가족에게 일정 기간 동안 공동생활을 통하여 자립을 준비할 수 있도록 주거 등을 지원

다. 자립생활지원: 자립욕구가 강한 모자가족에게 일정 기간 동안 주거를 지원

② 부자가족복지시설: 부자가족에게 다음 각 목의 어느 하나 이상의 편의를 제공하는 시설

가. 기본생활지원: 생계가 어려운 부자가족에게 일정 기간 동안 주거와 생계를 지원

나. 공동생활지원: 독립적인 생활이 어려운 부자가족에게 일정 기간 동안 공동생활을 통하여 자립을 준비할 수 있도록 주거 등을 지원

다. 자립생활지원: 자립욕구가 강한 부자가족에게 일정 기간 동안 주거를 지원

③ 미혼모자가족복지시설: 미혼모자가족과 출산 미혼모 등에게 다음 각 목의 어느 하나 이상의 편의를 제공하는 시설

가. 기본생활지원: 미혼 여성의 임신·출산 시 안전 분만 및 심신의 건강 회복과 출산 후의 아동의 양육 지원을 위하여 일정 기간 동안 주거와 생계를 지원(제5조에 따른 지원대상자 중 미혼이 아닌 여성의 임신·출산 시 안전 분만과 출산 후 양육 지원을 포함한다)

나. 공동생활지원: 출산 후 해당 아동을 양육하지 아니하는 미혼모 또는 미혼모와

그 출산 아동으로 구성된 미혼모자가족에게 일정 기간 동안 공동생활을 통하여 자립을 준비할 수 있도록 주거 등을 지원

④ 일시지원복지시설: 배우자(사실혼 관계에 있는 사람을 포함한다)가 있으나 배우자의 물리적 · 정신적 학대로 아동의 건전한 양육이나 모의 건강에 지장을 초래할 우려가 있을 경우 일시적 또는 일정 기간 동안 모와 아동 또는 모에게 주거와 생계를 지원하는 시설

⑤ 한부모가족복지상담소: 한부모가족에 대한 위기 · 자립 상담 또는 문제해결 지원 등을 목적으로 하는 시설

둘째, 제1항제1호부터 제4호까지의 규정에 따른 복지시설의 입소기간 및 그 기간의 연장 등에 필요한 사항은 여성가족부령으로 정한다. **〈개정 2014. 1. 21.〉**

(2) 한부모가족복지시설의 설치(20조)

첫째, 국가나 지방자치단체는 한부모가족복지시설을 설치할 수 있다.

둘째, 제19조에 따른 한부모가족복지시설의 장은 청소년 한부모가 입소를 요청하는 경우에는 우선 입소를 위한 조치를 취하여야 한다. **〈신설 2011. 4. 12.〉**

셋째, 국가나 지방자치단체 외의 자가 한부모가족복지시설을 설치 · 운영하려면 특별자치시장 · 특별자치도지사 · 시장 · 군수 · 구청장에게 신고하여야 한다. 신고한 사항 중 여성가족부령으로 정하는 중요 사항을 변경하려는 경우에도 또한 같다. **〈개정 2010. 5. 17., 2011. 4. 12., 2014. 1. 21.〉**

넷째, 특별자치시장 · 특별자치도지사 · 시장 · 군수 · 구청장은 제3항에 따른 설치 · 운영 신고 또는 변경 신고를 받은 날부터 여성가족부령으로 정하는 기간 내에 신고수리 여부를 신고인에게 통지하여야 한다. **〈신설 2020. 10. 20.〉**

다섯째, 「입양특례법」 제20조에 따른 입양기관을 운영하는 자는 제19조제1항제3호가목에 해당하는 편의제공시설을 설치 · 운영할 수 없다. **〈신설 2011. 4. 12., 2018. 12. 18., 2020. 10. 20.〉**

여섯째, 한부모가족복지시설의 시설 설치 · 운영 기준, 시설 종사자의 직종(職種)과 수(數) 및 자격기준, 그 밖에 설치신고에 필요한 사항은 여성가족부령으로 정한다. 〈개정 2011. 4. 12., 2020. 10. 20.〉

(3) 폐지 또는 휴지(21조)

첫째, 제20조제3항에 따라 한부모가족복지시설의 설치 신고를 한 자가 그 시설의 폐지, 일시적 운영중단 또는 운영재개를 하려면 여성가족부령으로 정하는 바에 따라 미리 특별자치시장 · 특별자치도지사 · 시장 · 군수 · 구청장에게 신고하여야 한다. 〈개정 2008. 2. 29., 2010. 1. 18., 2010. 5. 17., 2011. 4. 12., 2014. 1. 21., 2016. 3. 2., 2020. 10. 20.〉

둘째, 한부모가족복지시설의 장은 한부모가족복지시설을 폐지하거나 그 시설의 운영을 일시적으로 중단하는 경우에는 여성가족부령으로 정하는 바에 따라 그 시설에 입소하고 있는 사람이 다른 한부모가족복지시설로 옮길 수 있도록 하는 등 입소자의 권익을 보호하기 위한 조치를 하여야 한다. 〈신설 2016. 3. 2.〉

셋째, 특별자치시장 · 특별자치도지사 · 시장 · 군수 · 구청장은 제1항에 따른 신고를 받은 경우 그 신고받은 내용을 검토하여 이 법에 적합하면 신고를 수리하여야 한다. 이 경우 시설의 폐지 또는 일시적 운영중단 신고를 받은 경우에는 한부모가족복지시설의 장이 제2항에 따른 입소자의 권익을 보호하기 위한 조치를 하였는지 여부를 확인하는 등 여성가족부령으로 정하는 조치를 한 후 수리하여야 한다. 〈신설 2016. 3. 2., 2020. 10. 20.〉

다 함께 생각해 보기

1. 한부모가족법의 목적에 대해서 정리하여 봅시다.
2. 한부모가족을 위한 사회복지서비스의 질을 높여 사회복지의 증진에 이바지할 수 있는 방안에 대해 토의해 봅시다.

제16장

입양특례법

[시행 2020. 12. 29.]
[법률 제17788호, 2020. 12. 29., 일부개정]

1. 입양특례법

1) 개요

(1) 목적(1조)

이 법은 요보호아동의 입양(入養)에 관한 요건 및 절차 등에 대한 특례와 지원에 필요한 사항을 정함으로써 양자(養子)가 되는 아동의 권익과 복지를 증진하는 것을 목적으로 한다.

(2) 용어

① "아동"이란 18세 미만인 사람을 말한다.
② "요보호아동"이란 「아동복지법」 제3조제4호에 따른 보호대상아동을 말한다.
③ "입양아동"이란 이 법에 따라 입양된 아동을 말한다.
④ "부양의무자"란 「국민기초생활 보장법」 제2조제5호에 따른 부양의무자를 말한다.

(3) 국가 등의 책무(3조)

첫째, 모든 아동은 그가 태어난 가정에서 건강하게 자라야 한다.

둘째, 국가와 지방자치단체는 아동이 그가 태어난 가정에서 건강하게 자랄 수 있도록 지원하고 태어난 가정에서 자라기 곤란한 아동에게는 건강하게 자랄 수 있는 다른 가정을 제공하기 위하여 필요한 조치와 지원을 하여야 한다.

셋째, 모든 국민은 입양아동이 건강하게 자랄 수 있도록 협력하여야 한다.

넷째, 국가와 지방자치단체는 건전한 입양문화를 조성하고 요보호아동의 국내입양을 활성화하며, 아동이 입양 후의 가정생활에 원만하게 적응할 수 있도록 하는 등 입양아동의 권익과 복지 증진을 위하여 입양정책의 수립 및 시행, 입양에 관한 실태조사 및 연구, 입양 및 사후관리 절차의 구축 및 운영, 입양아동 및 입양가정에 대한 지원, 입양 후 원만한 적응을 위한 상담 및 사회복지서비스 제공, 입양에 대한 교육 및 홍보, 그 밖에 보건복지부령으로 정하는 필요한 사항의 사항을 실시하여야 한다.

(4) 입양의 원칙(4조)

이 법에 따른 입양은 아동의 이익이 최우선이 되도록 하여야 한다.

2) 주요내용

(1) 입양의 날(5조)

첫째, 건전한 입양문화의 정착과 국내입양의 활성화를 위하여 5월 11일을 입양의 날로 하고, 입양의 날부터 1주일을 입양주간으로 한다.

둘째, 국가와 지방자치단체는 제1항에 따른 입양의 날 취지에 적합한 행사 등 사업을 실시하도록 노력하여야 한다.

(2) 정보시스템 구축 · 운영(6조)

첫째, 국가는 입양아동 등에 대한 사후서비스 제공과 국내입양 활성화에 필요한 정보를 입양기관 등에 제공하기 위하여 정보시스템을 구축 · 운영하여야 한다.

둘째, 제1항에 따른 정보시스템은 법인이나 단체에 그 업무의 전부 또는 일부를 위탁하여 운영할 수 있다.

(3) 국내입양 우선 추진(7조)

첫째, 국가 및 지방자치단체는 입양의뢰된 아동의 양친(養親)될 사람을 국내에서 찾기 위한 시책을 최우선적으로 시행하여야 한다.

둘째, 입양기관의 장은 보건복지부령으로 정하는 바에 따라 입양의뢰된 아동의 양친을 국내에서 찾기 위한 조치를 취하고, 그 결과를 보건복지부장관에게 보고하여야 한다.

셋째, 입양기관의 장은 제2항에 따른 국내입양을 위한 조치에도 불구하고 양친을 찾지 못한 경우 제6조에 따른 정보시스템을 활용한 관련 기관과의 정보공유를 통하여 국내입양을 추진하여야 한다.

넷째, 입양기관의 장은 제2항 및 제3항에도 불구하고 국내에서 양친이 되려는 사람을 찾지 못하였을 경우에 한하여 국외입양을 추진할 수 있다.

(4) 국내입양 우선 추진(7조)

첫째, 국가 및 지방자치단체는 입양의뢰된 아동의 양친(養親)될 사람을 국내에서 찾기 위한 시책을 최우선적으로 시행하여야 한다.

둘째, 입양기관의 장은 보건복지부령으로 정하는 바에 따라 입양의뢰된 아동의 양친을 국내에서 찾기 위한 조치를 취하고, 그 결과를 보건복지부장관에게 보고하여야 한다.

셋째, 입양기관의 장은 제2항에 따른 국내입양을 위한 조치에도 불구하고 양친을 찾지 못한 경우 「아동복지법」 제15조의2에 따른 아동통합정보시스템을 활용한 관련 기관과의 정보공유를 통하여 국내입양을 추진하여야 한다. 〈개정 2020. 12. 29.〉

넷째, 입양기관의 장은 제2항 및 제3항에도 불구하고 국내에서 양친이 되려는 사람을 찾지 못하였을 경우에 한하여 국외입양을 추진할 수 있다. [시행일: 2022. 7. 1.] 제7조

(5) 국외입양의 감축(8조)

국가는 아동에 대한 보호의무와 책임을 이행하기 위하여 국외입양을 줄여 나가기 위하여 노력하여야 한다.

2. 입양의 요건 및 효력

1) 주요내용

(1) 양자가 될 자격(9조)

이 법에 따라 양자가 될 사람은 요보호아동으로서 다음 각 호의 어느 하나에 해당하는 사람이어야 한다. 〈개정 2020. 12. 29.〉

① 보호자로부터 이탈된 사람으로서 특별시장 · 광역시장 · 특별자치시장 · 도지사 및 특별자치도지사(이하 "시 · 도지사"라 한다) 또는 시장 · 군수 · 구청장(자치구의 구청장을 말한다. 이하 같다)이 부양의무자를 확인할 수 없어 「국민기초생활 보장법」에 따른 보장시설(이하 "보장시설"이라 한다)에 보호의뢰한 사람

② 부모(부모가 사망이나 그 밖의 사유로 동의할 수 없는 경우에는 다른 직계존속을 말한다) 또는 후견인이 입양에 동의하여 보장시설 또는 제20조에 따른 입양기관에 보호의뢰한 사람

③ 법원에 의하여 친권상실의 선고를 받은 사람의 자녀로서 시·도지사 또는 시장·군수·구청장이 보장시설에 보호의뢰한 사람

④ 그 밖에 부양의무자를 알 수 없는 경우로서 시·도지사 또는 시장·군수·구청장이 보장시설에 보호의뢰한 사람

(2) 양친이 될 자격 등(10조)

첫째, 이 법에 따라 양친이 될 사람은 다음 각 호의 요건을 모두 갖추어야 한다.

① 양자를 부양하기에 충분한 재산이 있을 것

② 양자에 대하여 종교의 자유를 인정하고 사회의 구성원으로서 그에 상응하는 양육과 교육을 할 수 있을 것

③ 양친이 될 사람이 아동학대·가정폭력·성폭력·마약 등의 범죄나 알코올 등 약물중독의 경력이 없을 것

④ 양친이 될 사람이 대한민국 국민이 아닌 경우 해당 국가의 법에 따라 양친이 될 수 있는 자격이 있을 것

⑤ 그 밖에 양자가 될 사람의 복지를 위하여 보건복지부령으로 정하는 필요한 요건을 갖출 것

둘째, 양친이 될 사람은 양자가 될 아동이 복리에 반하는 직업이나 그 밖에 인권침해의 우려가 있는 직업에 종사하지 아니하도록 하여야 한다.

셋째, 양친이 되려는 사람은 입양의 성립 전에 입양기관 등으로부터 보건복지부령으로 정하는 소정의 교육을 마쳐야 한다.

(3) 가정법원의 허가(11조)

첫째, 제9조에서 정한 아동을 입양하려는 경우에는 양자가 될 아동의 출생신고 증빙서류, 제9조 및 제10조의 자격을 구비하였다는 서류, 제12조 및 제13조에 따른 입양동

의 서류, 그 밖에 아동의 복리를 위하여 보건복지부령으로 정하는 서류를 갖추어 가정법원의 허가를 받아야 한다.

둘째, 가정법원은 양자가 될 사람의 복리를 위하여 양친이 될 사람의 입양의 동기와 양육능력, 그 밖의 사정을 고려하여 제1항의 허가를 하지 아니할 수 있다.

셋째, 제1항에서 정한 가정법원의 입양 허가에 필요한 서류는 대통령령으로 정하는 기관이 서류의 작성에 필요한 사항을 조사·확인한 후 이를 발급하되, 서류의 작성 등에 필요한 사항은 보건복지부령으로 정한다.

넷째, 제1항에 따른 허가신청 절차, 심리 및 허가 등에 필요한 사항은 대법원규칙으로 정한다.

(4) 입양의 동의(12조)

첫째, 제9조 각 호의 어느 하나에 해당하는 아동을 양자로 하려면 친생부모의 동의를 받아야 한다. 다만, 친생부모가 친권상실의 선고를 받은 경우, 친생부모의 소재불명 등의 사유로 동의를 받을 수 없는 경우에 해당하는 경우에는 그러하지 아니한다.

둘째, 친생부모가 제1항 단서의 사유로 인하여 입양의 동의를 할 수 없는 경우에는 후견인의 동의를 받아야 한다.

셋째, 제9조제2호에 해당하는 아동을 양자로 하고자 할 경우에는 보호의뢰 시의 입양동의로써 제1항에 따른 입양의 동의를 갈음할 수 있다.

넷째, 13세 이상인 아동을 입양하고자 할 때에는 제1항 또는 제2항에 따른 동의권자의 동의 외에 입양될 아동의 동의를 받아야 한다.

디섯째, 제1항부터 제4항까지의 규정에 따른 동의는 제11조제1항의 허가가 있기 전에는 철회할 수 있다.

여섯째, 제1항부터 제4항까지의 규정에 따른 입양의 동의 또는 제5항에 따른 입양동의의 철회는 서면으로 하며, 동의에 필요한 사항은 보건복지부령으로 정한다.

(5) 입양동의의 요건 등(13조)

첫째, 제12조제1항에 따른 입양의 동의는 아동의 출생일부터 1주일이 지난 후에 이루어져야 한다.

둘째, 입양동의의 대가로 금전 또는 재산상의 이익, 그 밖의 반대급부를 주고받거나 주고받을 것을 약속하여서는 아니 된다.

셋째, 입양기관은 제12조제1항에서 정한 입양동의 전에 친생부모에게 아동을 직접 양육할 경우 지원받을 수 있는 사항 및 입양의 법률적 효력 등에 관한 충분한 상담을 제공하여야 하며, 상담내용 등에 대하여는 보건복지부령으로 정한다.

넷째, 입양기관은 제12조제4항에서 정한 입양동의 전에 입양될 아동에게 입양동의의 효과 등에 관한 충분한 상담을 제공하여야 하며, 상담내용 등에 대하여는 보건복지부령으로 정한다.

(6) 입양의 효력발생(15조)

이 법에 따른 입양은 가정법원의 인용심판 확정으로 효력이 발생하고, 양친 또는 양자는 가정법원의 허가서를 첨부하여 「가족관계의 등록 등에 관한 법률」에서 정하는 바에 따라 신고하여야 한다.

(7) 입양의 취소(16조)

첫째, 입양아동의 친생의 부 또는 모는 자신에게 책임이 없는 사유로 인하여 제12조제1항제2호에 따라 입양의 동의를 할 수 없었던 경우에는 입양의 사실을 안 날부터 6개월 안에 가정법원에 입양의 취소를 청구할 수 있다.

둘째, 가정법원은 입양의 취소 청구에 대한 판결이 확정되거나 심판의 효력이 발생한 때에는 지체 없이 그 뜻을 가정법원 소재지 지방자치단체에 통보한다.

(8) 파양(17조)

첫째, 양친, 양자, 검사는 양친이 양자를 학대 또는 유기하거나 그 밖에 양자의 복리를 현저히 해하는 경우, 양자의 양친에 대한 패륜행위로 인하여 양자관계를 유지시킬 수 없게 된 경우 사유가 있는 경우에는 가정법원에 파양을 청구할 수 있다.

둘째, 가정법원은 파양이 청구된 아동이 13세 이상인 경우 입양아동의 의견을 청취하고 그 의견을 존중하여야 한다.

셋째, 가정법원은 파양의 청구에 대한 판결이 확정되거나 심판의 효력이 발생한 때에는 지체 없이 그 뜻을 가정법원 소재지 지방자치단체에 통보한다.

(9) 국내에서의 국외입양(18조)

국내에서 제9조 각 호의 어느 하나에 해당하는 사람을 양자로 하려는 외국인은 후견인과 함께 양자로 할 사람의 등록기준지 또는 주소지를 관할하는 가정법원에 보건복지부령으로 정하는 바에 따라 양자가 될 아동의 출생신고 증빙 서류, 양자가 될 사람이 제9조의 자격을 구비하였다는 서류, 제10조제1항에 따른 양친이 될 사람의 가정상황에 관한 서류, 제12조 및 제13조에 따른 입양동의 서류를 첨부하여 입양허가를 신청하여야 한다.

(10) 외국에서의 국외입양(19조)

첫째, 외국인으로부터 입양알선을 의뢰받은 입양기관의 장은 입양알선을 하려면 보건복지부장관이 발행한 해외이주허가서를 첨부하여 가정법원에 입양허가를 신청하여야 한다.

둘째, 국외에 거주하는 외국인이 국내에 거주하는 아동을 입양하기 위하여는 입양기관을 통하여 입양절차를 진행하여야 한다.

셋째, 양자가 될 사람이 해외이주허가를 받고 출국하여 그 국가의 국적을 취득하였을 때에는 입양기관의 장은 보건복지부령으로 정하는 바에 따라 지체 없이 그 사실을 법무부장관에게 보고하고, 법무부장관은 직권으로 그의 대한민국 국적을 말소할 것을 등록기준지 관할 가족관계등록관서에 통지하여야 한다.

넷째, 제1항에 따른 신청을 받은 보건복지부장관은 양자가 될 사람이 미아이거나 그 밖에 보건복지부령으로 정하는 사람인 경우, 입양기관의 장이 입양을 원하는 외국인의 국가나 그 국가의 공인받은 입양기관과 입양업무에 관한 협약을 체결하지 아니한 경우, 입양을 원하는 외국인의 국가가 대한민국과 전쟁상태 또는 적대적인 상태에 있는 국가인 경우의 어느 하나에 해당하는 경우에는 해외이주 허가서를 발행하지 아니할 수 있다

3. 입양기관 〈개정 2019. 1. 15.〉

1) 개요

(1) 입양기관(20조)

첫째, 입양기관을 운영하려는 자는 「사회복지사업법」에 따른 사회복지법인으로서 보건복지부장관의 허가를 받아야 한다. 다만, 국내입양만을 알선하려는 자는 시 · 도지사의 허가를 받아야 한다.

둘째, 제1항에 따라 허가받은 사항 중 대통령령으로 정하는 중요한 사항을 변경하려고 하는 경우에는 신고하여야 한다.

셋째, 보건복지부장관 및 시 · 도지사는 제2항에 따른 변경신고를 받은 경우 그 내용을 검토하여 이 법에 적합하면 변경신고를 수리하여야 한다. 〈신설 2020. 12. 29.〉

넷째, 외국인은 입양기관의 장이 될 수 없다. 〈개정 2020. 12. 29.〉

다섯째, 입양기관의 장과 그 종사자는 입양아동의 인권을 보호하고 건전한 입양문화

를 정착시키기 위하여 정기적으로 보건복지부령으로 정하는 보수교육을 받아야 한다. 〈개정 2020. 12. 29.〉

여섯째, 입양기관의 장이 입양을 원하는 국가나 그 국가의 공인을 받은 입양기관과 입양업무에 관한 협약을 체결하였을 때에는 보건복지부장관에게 보고하여야 한다. 이 경우 입양업무에 관한 협약에 포함되어야 할 사항은 대통령령으로 정한다. 〈개정 2020. 12. 29.〉

일곱째, 입양기관의 시설 및 종사자의 기준과 허가 및 변경신고 등에 필요한 사항은 보건복지부령으로 정한다. 〈개정 2020. 12. 29.〉

(2) 입양기관의 의무(21조)

첫째, 입양기관의 장은 입양의뢰된 사람의 권익을 보호하고, 부모를 알 수 없는 경우에는 부모 등 직계존속을 찾기 위하여 노력을 다하여야 한다.

둘째, 입양기관의 장은 입양을 알선할 때 그 양친이 될 사람에 대하여 제10조에서 정한 사실을 조사하여야 한다.

셋째, 입양기관의 장은 양친이 될 사람에게 입양 전에 아동양육에 관한 교육을 하여야 하며, 입양이 성립된 후에는 보건복지부령으로 정하는 바에 따라 입양아동과 그에 관한 기록 등을 양친 또는 양친이 될 사람에게 건네주고, 그 결과를 특별자치시장 · 특별자치도지사 · 시장 · 군수 · 구청장에게 보고하여야 한다. 〈개정 2020. 12. 29.〉

넷째, 입양기관의 장은 입양업무의 효율 및 입양기관 간의 협력체계 구축을 위하여 입양아동과 가족에 관한 정보를 보건복지부령으로 정하는 바에 따라 「아동복지법」 제10조의2에 따른 아동권리보장원(이하 "아동권리보장원"이라 한다)에 제공하여야 한다. 〈개정 2019. 1. 15.〉

다섯째, 입양기관의 장은 입양업무에 관한 사항을 보건복지부령으로 정하는 바에 따라 기록하여야 한다. 이 경우 입양기록은 전자문서로서 기록할 수 있다.

여섯째, 제5항에서 정한 입양업무에 관한 기록은 입양아동에 대한 사후관리를 위하여 영구보존하여야 하다.

일곱째, 제4항에 따른 정보의 범위 및 내용과 제5항에 따른 입양기록 및 전자기록의 보존 등에 필요한 사항은 보건복지부령으로 정한다.

2) 주요내용

(1) 입양기관의 장의 후견직무(22조)

첫째, 입양기관의 장은 입양을 알선하기 위하여 보장시설의 장, 부모 등으로부터 양자될 아동을 인도받았을 때에는 그 인도받은 날부터 입양이 완료될 때까지 그 아동의 후견인이 된다. 다만, 양자가 될 아동에 대하여 법원이 이미 후견인을 둔 경우에는 그러하지 아니하다.

둘째, 제1항의 경우에 양자로 될 아동을 인도한 친권자의 친권행사는 정지된다. 다만, 친권자가 제12조제5항에 따라 입양의 동의를 철회한 때에는 다시 친권을 행사할 수 있다.

(2) 가족관계 등록 창설(23조)

입양기관의 장은 양자가 될 아동을 가족관계등록이 되어 있지 아니한 상태에서 인계받았을 때에는 그 아동에 대한 가족관계 등록 창설 절차를 거친다.

(3) 입양알선이 곤란한 사람 등의 보호(24조)

첫째, 입양기관의 장은 제9조제2호에 따라 보호의뢰된 사람으로서 입양알선이 곤란한 사람, 이 법에 따른 입양이 취소되거나 파양을 선고받은 사람으로서 보호자가 입양기관에 보호를 요청한 사람에 해당하는 사람이 있는 경우에는 시·도지사 또는 시장·군수·구청장에게 이를 보고하여야 한다.

둘째, 시 · 도지사 또는 시장 · 군수 · 구청장은 제1항에 따른 보고를 받은 사람에 대하여 「아동복지법」 제15조에 따른 보호조치를 지체 없이 하여야 한다.

(4) 사후서비스 제공(25조)

첫째, 입양기관의 장은 입양이 성립된 후 1년 동안 양친과 양자의 상호적응을 위하여 양친과 양자의 상호적응상태에 관한 관찰 및 이에 필요한 서비스, 입양가정에서의 아동양육에 필요한 정보의 제공, 입양가정이 수시로 상담할 수 있는 창구의 개설 및 상담요원의 배치의 사후관리를 하여야 한다. 국외입양 사후관리에 관한 내용, 방법 등 구체적 사항은 대통령령으로 정한다. 〈개정 2015. 5. 18.〉

둘째, 입양기관의 장은 해당 국가의 협력기관을 통하여 입양아동이 입양된 국가의 국적을 취득하였는지를 확인하고 그 결과를 아동권리보장원의 원장을 통하여 보건복지부장관에게 보고하여야 한다. 〈개정 2019. 1. 15.〉

셋째, 입양기관의 장은 국외로 입양된 아동을 위하여 모국방문사업 등 대통령령으로 정하는 사업을 실시하여야 한다.

4. 입양아동 등에 대한 복지 지원

1) 개요

(1) 아동의 인도(31조)

첫째, 입양기관 또는 부모는 법원의 입양허가 결정 후 입양될 아동을 양친이 될 사람에게 인도한다.

둘째, 국외입양의 경우 아동의 인도는 보건복지부령으로 정하는 특별한 사정이 없으면 대한민국에서 이루어져야 한다.

(2) 비용의 수납 및 보조(32조)

첫째, 제20조제1항에 따른 입양기관은 대통령령으로 정하는 바에 따라 양친이 될 사람으로부터 입양 알선에 실제로 드는 비용의 일부를 받을 수 있다.

둘째, 국가와 지방자치단체는 양친이 될 사람에게 제1항의 입양 알선에 실제로 드는 비용의 전부 또는 일부를 보조할 수 있다.

2) 주요내용

(1) 요보호아동의 발생예방(33조)

국가와 지방자치단체는 아동이 태어난 가정에서 양육될 수 있도록 요보호아동의 발생예방에 필요한 시책을 강구하여야 한다.

(2) 사회복지서비스(34조)

국가와 지방자치단체는 입양기관의 알선을 받아 아동을 입양한 가정에 대하여 입양아동을 건전하게 양육할 수 있도록 필요한 상담, 사회복지시설 이용 등의 사회복지서비스를 제공하여야 한다.

(3) 양육보조금 등의 지급(35조)

첫째, 국가와 지방자치단체는 입양기관의 알선을 받아 입양된 장애아동 등 입양아동이 건선하게 지랄 수 있도록 필요한 경우에는 대통령령으로 정하는 범위에서 양육수당, 의료비, 아동교육지원비, 그 밖의 필요한 양육보조금을 지급할 수 있다.

둘째, 국가와 지방자치단체는 입양기관의 운영비와 「국민기초생활 보장법」에 따라 지급되는 수급품 외에 가정위탁보호비용을 보조할 수 있다.

셋째, 제1항에 따른 양육보조금의 지급과 제2항에 따른 입양기관의 운영비 및 가정위탁보호비용의 보조에 필요한 사항은 대통령령으로 정한다.

5. 입양아동 등에 대한 정보의 공개

1) 개요

(1) 입양정보의 공개 등(36조)

첫째, 이 법에 따라 양자가 된 사람은 아동권리보장원 또는 입양기관이 보유하고 있는 자신과 관련된 입양정보의 공개를 청구할 수 있다. 다만, 이 법에 따라 양자가 된 사람이 미성년자인 경우에는 양친의 동의를 받아야 한다. 〈개정 2019. 1. 15.〉

둘째, 아동권리보장원 또는 입양기관의 장은 제1항에 따른 요청이 있을 때 입양아동의 친생부모의 동의를 받아 정보를 공개하여야 한다. 다만, 친생부모가 정보의 공개에 동의하지 아니하는 경우에는 그 친생부모의 인적사항을 제외하고 정보를 공개하여야 한다. 〈개정 2019. 1. 15.〉

셋째, 제2항의 단서에도 불구하고 친생부모가 사망이나 그 밖의 사유로 동의할 수 없는 경우에는 양자가 된 사람의 의료상 목적 등 특별한 사유가 있는 경우에는 친생부모의 동의 여부와 관계없이 입양정보를 공개할 수 있다.

넷째, 제1항부터 제3항까지의 규정에서 정한 정보공개의 청구대상이 되는 정보의 범위, 신청 방법과 절차, 그 밖에 필요한 사항은 대통령령으로 정한다.

(2) 비밀유지의 의무(37조)

아동권리보장원 또는 입양기관에 종사하는 사람 또는 종사하였던 사람은 그 업무를 행하는 과정에서 알게 된 비밀을 누설하여서는 아니 된다. 다만, 제36조에 따라 입양정보를 공개하는 때에는 예외로 한다. 〈개정 2019. 1. 15.〉

6. 지도 · 감독 등

1) 개요

(1) 지도 · 감독 등(38조)

첫째, 보건복지부장관, 시 · 도지사 또는 시장 · 군수 · 구청장은 입양기관을 운영하는 자에 대하여 소관 업무에 관하여 필요한 지도 · 감독을 하며, 필요한 경우 그 업무에 관하여 보고 또는 관계 서류의 제출을 명하거나 소속 공무원으로 하여금 입양기관의 사무소 또는 시설에 출입하여 검사하거나 질문하게 할 수 있다.

둘째, 제1항에 따라 검사나 질문을 하는 관계 공무원은 그 권한을 표시하는 증표를 지니고 이를 관계인에게 보여 주어야 한다.

(2) 허가의 취소 등(39조)

첫째, 보건복지부장관 또는 시 · 도지사는 입양기관이 다음 각 호의 어느 하나에 해당할 때에는 6개월 이내의 기간을 정하여 업무정지를 명하거나 제20조제1항에 따른 허가를 취소할 수 있다. 〈**개정 2020. 12. 29.**〉

① 제20조제7항에 따른 시설 및 종사자의 기준에 미치지 못하게 되었을 때

② 제13조제3항 · 제4항 또는 제21조제1항을 위반하여 입양의뢰 된 사람의 권익을 해치는 행위를 하였을 때

③ 정당한 사유 없이 제38조에 따른 보고를 하지 아니하거나 거짓으로 하였을 때 또는 조사를 거부 · 방해하거나 기피하였을 때

④ 이 법 또는 이 법에 따른 명령을 위반하였을 때

둘째, 제1항에 따른 행정처분의 세부적인 기준은 그 행정처분의 사유와 위반의 정도 등을 고려하여 보건복지부령으로 정한다.

다 함께 생각해 보기

1. 「입양특례법」의 목적에 대해서 정리하여 봅시다.
2. 「아동입양 특례법」을 고찰하면서 한국 사회에서 증가하고 있는 미혼모 문제와 이를 담당하는 사회복지사의 전문성을 높이는 방안에 대해 도의해 봅시다.

제17장 영유아보육법

[시행 2021. 8. 17.]
[법률 제18415호, 2021. 8. 17., 일부개정]

1. 영유아보육법

1) 개요

(1) 목적(1조)

이 법은 영유아의 심신을 보호하고 건전하게 교육하여 건강한 사회 구성원으로 육성함과 아울러 보호자의 경제적 · 사회적 활동이 원활하게 이루어지도록 함으로써 영유아 및 가정의 복지 증진에 이바지함을 목적으로 한다. 〈개정 2011. 8. 4.〉

(2) 정의(2조)

이 법에서 사용하는 용어의 뜻은 다음과 같다. 〈개정 2008. 12. 19., 2011. 6. 7.〉

① "영유아"란 6세 미만의 취학 전 아동을 말한다.

② "보육"이란 영유아를 건강하고 안전하게 보호 · 양육하고 영유아의 발달 특성에 맞는 교육을 제공하는 어린이집 및 가정양육 지원에 관한 사회복지서비스를 말한다.

③ "어린이집"이란 보호자의 위탁을 받아 영유아를 보육하는 기관을 말한다.

④ "보호자"란 친권자 · 후견인, 그 밖의 자로서 영유아를 사실상 보호하고 있는 자를 말한다.

⑤ "보육교직원"이란 어린이집 영유아의 보육, 건강관리 및 보호자와의 상담, 그 밖에 어린이집의 관리 · 운영 등의 업무를 담당하는 자로서 어린이집의 원장 및 보육교사와 그 밖의 직원을 말한다. [전문개정 2007. 10. 17.]

(3) 보육 이념(3조)

첫째, 보육은 영유아의 이익을 최우선적으로 고려하여 제공되어야 한다.

둘째, 보육은 영유아가 안전하고 쾌적한 환경에서 건강하게 성장할 수 있도록 하여야 한다.

셋째, 영유아는 자신이나 보호자의 성, 연령, 종교, 사회적 신분, 재산, 장애, 인종 및 출생지역 등에 따른 어떠한 종류의 차별도 받지 아니하고 보육되어야 한다. 〈개정 2011. 8. 4.〉

(4) 책임(4조)

첫째, 모든 국민은 영유아를 건전하게 보육할 책임을 진다.

둘째, 국가와 지방자치단체는 보호자와 더불어 영유아를 건전하게 보육할 책임을 지며, 이에 필요한 재원을 안정적으로 확보하도록 노력하여야 한다. 〈개정 2013. 1. 23.〉

셋째, 특별자치시장 · 특별자치도지사 · 시장 · 군수 · 구청장(자치구의 구청장을 말한다. 이하 같다)은 영유아의 보육을 위한 적절한 어린이집을 확보하여야 한다. 〈개정 2011. 6. 7., 2011. 8. 4., 2020. 12. 29.〉

넷째, 국가와 지방자치단체는 보육교직원의 양성, 근로여건 개선 및 권익 보호를 위하여 노력하여야 한다. 〈신설 2015. 5. 18., 2020. 12. 29.〉

2) 주요내용

(1) 보육정책위원회(6조)

첫째, 보육에 관한 각종 정책 · 사업 · 보육지도 및 어린이집 평가에 관한 사항 등을 심의하기 위하여 보건복지부에 중앙보육정책위원회를, 특별시 · 광역시 · 특별자치시 · 도 · 특별자치도(이하 "시 · 도"라 한다) 및 시 · 군 · 구(자치구를 말한다. 이하 같다)에 지방보육정책위원회를 둔다. 다만, 지방보육정책위원회는 그 기능을 담당하기에 적합한 다른 위원회가 있고 그 위원회의 위원이 제2항에 따른 자격을 갖춘 경우에는 시 · 도 또는 시 · 군 · 구의 조례로 정하는 바에 따라 그 위원회가 지방보육정책위원회의 기능을 대신할 수 있다. **〈개정 2008. 2. 29., 2010. 1. 18., 2011. 6. 7., 2018. 12. 11., 2020. 12. 29.〉**

둘째, 제1항에 따른 중앙보육정책위원회와 지방보육정책위원회(이하 "보육정책위원회"라 한다)의 위원은 보육전문가, 어린이집의 원장 및 보육교사 대표, 보호자 대표 또는 공익을 대표하는 자, 관계 공무원 등으로 구성한다. **〈개정 2011. 6. 7.〉**

셋째, 보육정책위원회의 구성 · 기능 및 운영 등에 필요한 사항은 대통령령으로 정한다.

(2) 육아종합지원센터(7조)

첫째, 영유아에게 제26조의2에 따른 시간제보육 서비스를 제공하거나 보육에 관한 정보의 수집 · 제공 및 상담을 위하여 보건복지부장관은 중앙육아종합지원센터를, 특별시장 · 광역시장 · 특별자치시장 · 도지사 · 특별자치도지사(이하 "시 · 도지사"라 한다) 및 시장 · 군수 · 구청장은 지방육아종합지원센터를 설치 · 운영하여야 한다. 이 경우 필요하다고 인정하는 경우에는 영아 · 장애아 보육 등에 관한 육아종합지원센터를 별도로 설치 · 운영할 수 있다. **〈개정 2008. 2. 29., 2010. 1. 18., 2013. 6. 4., 2018. 12. 24.〉**

둘째, 제1항에 따른 중앙육아종합지원센터와 지방육아종합지원센터(이하 "육아종합지원센터"라 한다)에는 육아종합지원센터의 장과 보육에 관한 정보를 제공하는 보육전문요원 및 보육교직원의 정서적 · 심리적 상담 등의 업무를 하는 상담전문요원 등을 둔다. 〈개정 2013. 6. 4., 2015. 5. 18.〉

셋째, 육아종합지원센터의 설치 · 운영 및 기능, 육아종합지원센터의 장과 보육전문요원 및 상담전문요원의 자격 및 직무 등에 필요한 사항은 대통령령으로 정한다. 〈개정 2011. 8. 4., 2013. 6. 4., 2015. 5. 18.〉

넷째, 육아종합지원센터의 안전사고 예방 및 사고에 따른 영유아 생명 · 신체 등의 피해보상에 관하여는 제31조의2를 준용한다. 이 경우 "어린이집"은 "육아종합지원센터"로, "어린이집의 원장"은 "육아종합지원센터의 장"으로 본다. 〈신설 2020. 12. 29.〉

(3) 한국보육진흥원의 설립 및 운영(8조)

첫째, 보육서비스의 질 향상을 도모하고 보육정책을 체계적으로 지원하기 위하여 한국보육진흥원(이하 "진흥원"이라 한다)을 설립한다.

둘째, 진흥원은 어린이집 평가척도 개발, 보육사업에 관한 교육 · 훈련 및 홍보, 영유아 보육프로그램 및 교재 · 교구 개발, 보육교직원 연수프로그램 개발 및 교재 개발, 이 법에 따라 보건복지부장관으로부터 위탁받은 업무, 그 밖에 보육정책과 관련하여 보건복지부장관이 필요하다고 인정하는 업무의 업무를 수행한다.

셋째, 진흥원은 법인으로 하고, 주된 사무소의 소재지에 설립등기를 함으로써 성립한다.

넷째, 진흥원은 보조금, 기부금, 그 밖의 수입금으로 운영한다.

다섯째, 보건복지부장관은 진흥원의 운영에 필요한 경비를 예산의 범위에서 지원할 수 있다.

여섯째, 진흥원은 제2항제3호 및 제4호의 업무를 관련 전문기관 등에 위탁할 수 있다.

일곱째, 진흥원에 관하여 이 법과 「공공기관의 운영에 관한 법률」에서 정한 사항 외에는 「민법」 중 재단법인에 관한 규정을 준용한다.

(4) 보육 실태 조사(9조)

첫째, 보건복지부장관은 이 법의 적절한 시행을 위하여 보육 실태 조사를 3년마다 실시하고 그 결과를 공표하여야 한다. 〈개정 2008. 2. 29., 2010. 1. 18., 2011. 6. 7., 2020. 12. 29.〉

둘째, 보건복지부장관은 제1항에 따른 보육 실태 조사를 위하여 어린이집 설치 · 운영자와 관계 기관 · 법인 · 단체의 장에게 필요한 자료의 제출 또는 의견의 진술을 요청할 수 있다. 이 경우 요청을 받은 자는 정당한 사유가 없으면 이에 협조하여야 한다. 〈신설 2020. 12. 29.〉

셋째, 제1항에 따른 보육 실태 조사의 방법 · 내용 및 결과 공표 등에 필요한 사항은 보건복지부령으로 정한다. 〈개정 2008. 2. 29., 2010. 1. 18., 2020. 12. 29.〉

(5) 보호자 교육(제9조의2)

첫째, 국가와 지방자치단체는 영유아의 보호자에게 영유아의 성장 · 양육방법, 보호자의 역할, 영유아의 인권 및 아동학대 예방 등에 대한 교육을 실시하여야 한다. 〈개정 2021. 8. 17.〉

둘째, 보건복지부장관 또는 지방자치단체의 장은 예산의 범위에서 제1항에 따른 교육에 필요한 비용을 보조할 수 있다.

셋째, 제1항에 따른 교육의 내용, 실시 방법 등에 필요한 사항은 보건복지부령으로 정한다.

(6) 보육통합정보시스템 구축 · 운영(제9조의3)

첫째, 보건복지부장관은 이 법에 따른 보육업무에 필요한 각종 자료 또는 정보의 효율적 처리와 기록 · 관리 업무의 전자화를 위하여 보육통합정보시스템을 구축 · 운영할 수 있다.

둘째, 보건복지부장관은 제1항에 따른 보육통합정보시스템(이하 "보육정보시스템"이라고 한다)을 구축 · 운영하는 데 필요한 자료로서 다음 각 호의 어느 하나에 해당하는 자료를 수집 · 관리 · 보유할 수 있으며, 관계 기관 및 단체의 장에세 필요한 자료의 제공을 요청할 수 있다. 이 경우 요청을 받은 관계 기관 및 단체의 장은 정당한 사유가 없으면 요청에 따라야 한다.

① 제19조 및 제20조에 따른 보육교직원의 임면 및 결격사유 등에 관한 자료
② 제21조 및 제22조에 따른 어린이집의 원장 또는 보육교사의 자격검정 및 자격증 교부 등에 관한 자료
③ 제26조에 따른 취약보육에 관한 자료
④ 제27조에 따른 어린이집 이용대상에 관한 자료
⑤ 제28조에 따른 보육의 우선 제공에 관한 자료
⑥ 제30조에 따른 어린이집 평가에 관한 자료
⑦ 제31조 및 제31조의3에 따른 건강관리 및 예방접종 등에 관한 자료
⑧ 제31조의2에 따른 어린이집 안전공제사업 등에 관한 자료
⑨ 제34조의3에 따른 보육서비스 이용권의 지급 및 이용에 관한 자료
⑩ 제36조에 따른 보육사업에 드는 비용의 보조에 관한 자료
⑪ 제46조부터 제48조까지의 규정에 따른 어린이집 원장 및 보육교사의 자격정지 및 자격취소에 관한 자료
⑫ 그 밖에 보육 사업 실시에 필요한 자료로서 대통령령으로 정하는 자료

셋째, 보건복지부장관은 보육정보시스템의 구축 · 운영에 관한 사무를 수행하기 위하여 불가피한 경우 「개인정보 보호법」 제23조에 따른 건강에 관한 정보(건강관리, 건강검진 관련 정보로 한정한다)나 같은 법 제24조에 따른 고유식별정보가 포함된 자료를 처리할 수 있다. 이 경우 보건복지부장관은 「개인정보 보호법」에 따라 해당 정보를 보호하여야 한다.

넷째, 보육정보시스템은 「사회보장기본법」 제37조제2항에 따른 사회보장정보시스템

과 연계하여 활용할 수 있다.

다섯째, 보육정보시스템의 구축 · 운영에 필요한 사항은 대통령령으로 정한다. **[본조 신설 2020. 12. 29.]**

2. 어린이집의 설치 〈개정 2011. 6. 7.〉

1) 주요내용

(1) 어린이집의 종류(10조) 〈개정 2011. 6. 7., 2011. 8. 4., 2016. 2. 3., 2017. 3. 14.〉

① 국공립어린이집: 국가나 지방자치단체가 설치 · 운영하는 어린이집

② 사회복지법인어린이집: 「사회복지사업법」에 따른 사회복지법인(이하 "사회복지법인"이라 한다)이 설치 · 운영하는 어린이집

③ 법인 · 단체등어린이집: 각종 법인(사회복지법인을 제외한 비영리법인)이나 단체 등이 설치 · 운영하는 어린이집으로서 대통령령으로 정하는 어린이집

④ 직장어린이집: 사업주가 사업장의 근로자를 위하여 설치 · 운영하는 어린이집(국가나 지방자치단체의 장이 소속 공무원 및 국가나 지방자치단체의 장과 근로계약을 체결한 자로서 공무원이 아닌 자를 위하여 설치 · 운영하는 어린이집을 포함한다)

⑤ 가정어린이집: 개인이 가정이나 그에 준하는 곳에 설치 · 운영하는 어린이집

⑥ 협동어린이집: 보호자 또는 보호자와 보육교직원이 조합(영리를 목적으로 하지 아니하는 조합에 한정한다)을 결성하여 설치 · 운영하는 어린이집

⑦ 민간어린이집: 제1호부터 제6호까지의 규정에 해당하지 아니하는 어린이집

(2) 국공립어린이집의 설치 등(12조)

첫째, 국가나 지방자치단체는 국공립어린이집을 설치 · 운영하여야 한다. 이 경우 국

공립어린이집은 제11조의 보육계획에 따라 도시 저소득주민 밀집 주거지역 및 농어촌 지역 등 취약지역, 「산업입지 및 개발에 관한 법률」 제2조제8호에 따른 산업단지 지역의 지역에 우선적으로 설치하여야 한다. 〈개정 2011. 6. 7., 2013. 8. 13., 2017. 3. 14., 2018. 12. 24.〉

둘째, 국가나 지방자치단체가 제1항에 따라 국공립어린이집을 설치할 경우 제6조제1항에 따른 지방보육정책위원회의 심의를 거쳐야 한다. 〈신설 2018. 12. 24.〉

셋째, 국가나 지방자치단체는 「주택법」 제2조제3호에 따른 공동주택에 같은 법 제35조에 따라 설치되어야 하는 어린이집을 국공립어린이집으로 운영하여야 한다. 다만, 「공동주택관리법」 제2조제1항제7호에 따른 입주자등의 과반수가 국공립어린이집으로의 운영에 찬성하지 아니하는 경우 등 대통령령으로 정하는 경우에는 그러하지 아니하다. 〈신설 2018. 12. 24., 2020. 12. 29.〉

넷째, 제3항에 따라 국공립어린이집을 설치 · 운영하여야 하는 공동주택의 규모와 국공립어린이집의 설치 · 운영에 필요한 사항은 대통령령으로 정한다. 〈신설 2018. 12. 24.〉

(3) 국공립어린이집 외의 어린이집의 설치(13조)

첫째, 국공립어린이집 외의 어린이집을 설치 · 운영하려는 자는 특별자치시장 · 특별자치도지사 · 시장 · 군수 · 구청장의 인가를 받아야 한다. 인가받은 사항 중 중요 사항을 변경하려는 경우에도 또한 같다. 〈개정 2011. 6. 7., 2011. 8. 4., 2020. 12. 29.〉

둘째, 특별자치시장 · 특별자치도지사 · 시장 · 군수 · 구청장은 제1항에 따른 인가를 할 경우 해당 지역의 보육 수요를 고려하여야 한다. 〈신설 2019. 1. 15., 2020. 12. 29.〉

셋째, 제1항에 따라 어린이집의 설치인가를 받은 자는 어린이집 방문자 등이 볼 수 있는 곳에 어린이집 인가증을 게시하여야 한다. 〈신설 2011. 8. 4., 2019. 1. 15.〉

넷째, 제1항에 따른 인가에 필요한 사항은 보건복지부령으로 정한다. 〈개정 2008. 2. 29., 2010. 1. 18., 2011. 8. 4., 2019. 1. 15.〉

(4) 영상정보의 열람금지 등(제15조의5)

첫째, 폐쇄회로 텔레비전을 설치 · 관리하는 자는 보호자가 자녀 또는 보호아동의 안전을 확인할 목적으로 열람시기 · 절차 및 방법 등 보건복지부령으로 정하는 바에 따라 영상정보의 원본 또는 사본 등을 요청하는 경우, 「개인정보 보호법」 제2조 제6호가목에 따른 공공기관이 제42조 또는 「아동복지법」 제66조 등 법령에서 정하는 영유아의 안전업무 수행을 위하여 요청하는 경우, 범죄의 수사와 공소의 제기 및 유지, 법원의 재판업무 수행을 위하여 필요한 경우, 그 밖에 보육관련 안전업무를 수행하는 기관으로서 보건복지부령으로 정하는 자가 업무의 수행을 위하여 열람시기 · 절차 및 방법 등 보건복지부령으로 정하는 바에 따라 요청하는 경우에 해당하는 경우를 제외하고는 제15조의4제1항의 영상정보를 열람하게 하여서는 아니 된다. 〈개정 2021. 6. 8.〉

둘째, 어린이집을 설치 · 운영하는 자는 제15조의 4제1항의 설치 목적과 다른 목적으로 폐쇄회로 텔레비전을 임의로 조작하거나 다른 곳을 비추는 행위, 녹음기능을 사용하거나 보건복지부령으로 정하는 저장장치 이외의 장치 또는 기기에 영상정보를 저장하는 행위에 해당하는 행위를 하여서는 아니 된다.

셋째, 어린이집을 설치 · 운영하는 자는 제15조의 4 제1항의 영상정보가 분실 · 도난 · 유출 · 변조 또는 훼손되지 아니하도록 내부 관리계획의 수립, 접속기록 보관 등 대통령령으로 정하는 바에 따라 안전성 확보에 필요한 기술적 · 관리적 및 물리적 조치를 하여야 한다.

넷째, 국가 및 지방자치단체는 어린이집에 설치한 폐쇄회로 텔레비전의 설치 · 관리와 그 영상정보의 열람으로 영유아 및 보육교직원 등 정보주체의 권리가 침해되지 아니하도록 설치 · 관리 및 열람 실태를 보건복지부령으로 정하는 바에 따라 매년 1회 이상 조사 · 점검하여야 한다.

다섯째, 폐쇄회로 텔레비전의 설치 · 관리와 그 영상정보의 열람에 관하여 이 법에서 규정된 것을 제외하고는 「개인정보 보호법」(제25조는 제외한다)을 적용한다. [시행일: 2021. 12. 9.]

(5) 결격사유(16조)

미성년자 · 피성년후견인 또는 피한정후견인, 「정신건강증진 및 정신질환자 복지서비스 지원에 관한 법률」 제3조제1호의 정신질환자, 「마약류 관리에 관한 법률」 제2조제1호의 마약류에 중독된 자, 파산선고를 받고 복권되지 아니한 자, 금고 이상의 실형을 선고받고 그 집행이 종료(집행이 종료된 것으로 보는 경우를 포함한다)되거나 집행이 면제된 날부터 5년(「아동복지법」 제3조제7호의2에 따른 아동학대관련범죄를 저지른 경우에는 20년)이 경과되지 아니한 자, 금고 이상의 형의 집행유예를 선고받고 그 유예기간 중에 있는 사람, 다만, 「아동복지법」 제3조제7호의2에 따른 아동학대관련범죄로 금고 이상의 형의 집행유예를 선고받은 경우에는 그 집행유예가 확정된 날부터 20년이 지나지 아니한 사람, 제45조에 따라 어린이집의 폐쇄명령을 받고 5년이 경과되지 아니한 자 또는 「유아교육법」 제32조에 따라 폐쇄명령을 받고 5년이 경과되지 아니한 자, 제54조제2항부터 제4항까지의 규정에 따라 300만 원 이상의 벌금형이 확정된 날부터 2년이 지나지 아니한 사람 또는 「아동복지법」 제3조제7호의2에 따른 아동학대관련범죄로 벌금형이 확정된 날부터 10년이 지나지 아니한 사람, 제23조의3에 따른 교육명령을 이행하지 아니한 자의 어느 하나에 해당하는 자는 어린이집을 설치 · 운영할 수 없다. **〈개정 2011. 6. 7., 2013. 8. 13., 2014. 5. 28., 2015. 5. 18., 2018. 12. 11., 2020. 12. 29.〉**

(6) 벌금형의 분리 선고(제16조의2)

「형법」 제38조에도 불구하고 제54조제2항부터 제4항까지의 규정에서 정한 죄와 다른 죄의 경합범(競合犯)에 대하여 벌금형을 선고하는 경우에는 분리하여 선고하여야 한다. **[본조신설 2020. 12. 29.]**

3. 보육교직원

1) 주요내용

(1) 보육교직원의 배치(17조)

첫째, 어린이집에는 보육교직원을 두어야 한다. 〈개정 2011. 6. 7.〉

둘째, 제24조의2제1항에 따라 보육시간을 구분하여 운영하는 어린이집은 같은 항 각 호에 따른 보육시간별로 보육교사를 배치할 수 있다. 〈신설 2019. 4. 30.〉

셋째, 어린이집에는 보육교사의 업무 부담을 경감할 수 있도록 보조교사 등을 둔다. 〈신설 2015. 5. 18., 2019. 4. 30.〉

넷째, 휴가 또는 보수교육 등으로 보육교사의 업무에 공백이 생기는 경우에는 이를 대체할 수 있는 대체교사를 배치한다. 〈신설 2015. 5. 18., 2019. 4. 30.〉

다섯째, 보육교직원 및 그 밖의 인력의 배치기준 등에 필요한 사항은 보건복지부령으로 정한다. 〈개정 2008. 2. 29., 2010. 1. 18., 2011. 6. 7., 2015. 5. 18., 2019. 4. 30.〉

(2) 보육교직원의 직무(18조)

첫째, 어린이집의 원장은 어린이집을 총괄하고 보육교사와 그 밖의 직원을 지도·감독하며 영유아를 보육한다. 〈개정 2011. 6. 7.〉

둘째, 보육교사는 영유아를 보육하고 어린이집의 원장이 불가피한 사유로 직무를 수행할 수 없을 때에는 그 직무를 대행한다. 〈개정 2011. 6. 7.〉

(3) 보육교직원의 책무(제18조의2)

첫째, 보육교직원은 영유아를 보육함에 있어 영유아에게 신체적 고통이나 고성·폭언 등의 정신적 고통을 가하여서는 아니 된다. 〈개정 2017. 3. 14.〉

둘째, 보육교직원은 업무를 수행함에 있어 영유아의 생명·안전보호 및 위험방지를

위하여 주의의무를 다하여야 한다. 〈신설 2017. 3. 14.〉

(4) 보육교직원의 임면 등(19조)

첫째, 특별자치시장 · 특별자치도지사 · 시장 · 군수 · 구청장은 보육교직원의 권익 보장과 근로여건 개선을 위하여 보육교직원의 임면(任免)과 경력 등에 관한 사항을 관리하여야 한다. 〈개정 2011. 6. 7., 2011. 8. 4., 2020. 12. 29.〉

둘째, 어린이집의 원장은 보건복지부령으로 정하는 바에 따라 보육교직원의 임면에 관한 사항을 특별자치시장 · 특별자치도지사 · 시장 · 군수 · 구청장에게 보고하여야 한다. 〈개정 2008. 2. 29., 2010. 1. 18., 2011. 6. 7., 2011. 8. 4., 2020. 12. 29.〉

(5) 어린이집의 원장 또는 보육교사의 자격(21조)

첫째, 어린이집의 원장은 대통령령으로 정하는 자격을 가진 자로서 보건복지부장관이 검정 · 수여하는 자격증을 받은 자이어야 한다. 〈개정 2008. 2. 29., 2010. 1. 18., 2011. 6. 7.〉

둘째, 보육교사는 다음 각 호의 어느 하나에 해당하는 자로서 보건복지부장관이 검정 · 수여하는 자격증을 받은 자이어야 한다. 〈개정 2008. 1. 17., 2008. 2. 29., 2010. 1. 18., 2011. 8. 4.〉

① 「고등교육법」 제2조에 따른 학교에서 보건복지부령으로 정하는 보육 관련 교과목과 학점을 이수하고 전문학사학위 이상을 취득한 사람

①의2. 법령에 따라 「고등교육법」 제2조에 따른 학교를 졸업한 사람과 같은 수준 이상의 학력이 있다고 인정된 사람으로서 보건복지부령으로 정하는 보육 관련 교과목과 학점을 이수하고 전문학사학위 이상을 취득한 사람

② 고등학교 또는 이와 같은 수준 이상의 학교를 졸업한 자로서 시 · 도지사가 지정한 교육훈련시설에서 소정의 교육과정을 이수한 사람

셋째, 제2항에 따른 보육교사의 등급은 1 · 2 · 3급으로 하고, 등급별 자격기준은 대통령령으로 정한다.

넷째, 제2항제2호에 따른 교육훈련시설의 지정 및 지정 취소, 교육과정 등에 필요한 사항은 보건복지부령으로 정한다. **〈신설 2011. 8. 4.〉**

4. 어린이집의 운영 〈개정 2011. 6. 7.〉

1) 주요내용

(1) 어린이집의 운영기준 등(24조)

첫째, 어린이집을 설치 · 운영하는 자는 보건복지부령으로 정하는 운영기준에 따라 어린이집을 운영하여야 한다. **〈개정 2008. 2. 29., 2010. 1. 18., 2011. 6. 7.〉**

둘째, 국가나 지방자치단체는 제12조에 따라 설치된 국공립어린이집을 법인 · 단체 또는 개인에게 위탁하여 운영할 수 있다. 이 경우 보건복지부령으로 정하는 국공립어린이집 위탁체 선정관리 기준에 따라 심의하며, 최초 위탁은 다음 각 호의 어느 하나에 해당하는 자에게 위탁하는 경우를 제외하고는 공개경쟁의 방법에 따른다. **〈개정 2008. 1. 17., 2011. 6. 7., 2011. 8. 4., 2018. 12. 11., 2020. 12. 29.〉**

① 민간어린이집을 국가 또는 지방자치단체에 기부채납하여 국공립어린이집으로 전환하는 경우 기부채납 전에 그 어린이집을 설치 · 운영한 자

② 국공립어린이집 설치 시 해당 부지 또는 건물을 국가 또는 지방자치단체에 기부채납하거나 무상으로 사용하게 한 자

③ 「주택법」에 따라 설치된 민간어린이집을 국공립어린이집으로 전환하는 경우 전환하기 전에 그 어린이집을 설치 · 운영한 자

셋째, 제14조에 따라 직장어린이집을 설치한 사업주는 이를 법인 · 단체 또는 개인에

게 위탁하여 운영할 수 있다. 〈개정 2011. 6. 7.〉

넷째, 제2항과 제3항에 따른 어린이집 위탁 및 위탁 취소 등에 필요한 사항은 보건복지부령으로 정한다. 〈개정 2008. 2. 29., 2010. 1. 18., 2011. 6. 7., 2011. 8. 4.〉

(2) 어린이집운영위원회(25조)

첫째, 어린이집의 원장은 어린이집 운영의 자율성과 투명성을 높이고 지역사회와의 연계를 강화하여 지역 실정과 특성에 맞는 보육을 실시하기 위하여 어린이집에 어린이집운영위원회를 설치 · 운영할 수 있다. 다만, 제26조에 따른 취약보육(脆弱保育)을 우선적으로 실시하여야 하는 어린이집과 대통령령으로 정하는 어린이집은 어린이집운영위원회를 설치 · 운영하여야 한다. 〈개정 2011. 6. 7.〉

둘째, 어린이집운영위원회는 그 어린이집의 원장, 보육교사 대표, 학부모 대표 및 지역사회 인사(직장어린이집의 경우에는 그 직장의 어린이집 업무 담당자로 한다)로 구성한다. 이 경우 학부모 대표가 2분의 1 이상이 되도록 구성하여야 한다. 〈개정 2011. 6. 7., 2015. 5. 18.〉

셋째, 어린이집의 원장은 어린이집운영위원회의 위원 정수를 5명 이상 15명 이내의 범위에서 어린이집의 규모 등을 고려하여 대통령령으로 정한다. 이 경우 학부모 대표는 영유아 연령 등을 최대한 대표할 수 있도록 구성하여야 한다. 〈개정 2011. 6. 7., 2020. 12. 29.〉

넷째, 어린이집운영위원회는 다음 각 호의 사항을 심의한다. 〈개정 2011. 6. 7., 2011. 8. 4., 2013. 8. 13., 2015. 5. 18., 2020. 12. 29.〉

① 어린이집 운영 규정의 제정이나 개정에 관한 사항

② 어린이집 예산 및 결산의 보고에 관한 사항

③ 영유아의 건강 · 영양 및 안전에 관한 사항

③의2. 아동학대 예방에 관한 사항

④ 보육 시간, 보육과정의 운영 방법 등 어린이집의 운영에 관한 사항

⑤ 보육교직원의 근무환경 개선에 관한 사항

⑤의2. 보육교직원의 권익 보호에 관한 사항

⑥ 영유아의 보육환경 개선에 관한 사항

⑦ 어린이집과 지역사회의 협력에 관한 사항

⑧ 보육료 외의 필요경비를 받는 경우 제38조제1항에 따른 범위에서 그 수납액 결정에 관한 사항

⑨ 그 밖에 어린이집 운영에 대한 제안 및 건의사항

다섯째, 어린이집운영위원회는 연간 4회 이상 개최하여야 한다. 〈신설 2015. 5. 18.〉

여섯째, 그 밖에 어린이집운영위원회의 설치 · 운영에 필요한 사항은 보건복지부령으로 정한다. 〈개정 2008. 2. 29., 2010. 1. 18., 2011. 6. 7., 2015. 5. 18.〉

(3) 시간제보육 서비스(제26조의2)

첫째, 국가 또는 지방자치단체는 제34조에 따른 무상보육 및 「유아교육법」 제24조에 따른 무상교육 지원을 받지 아니하는 영유아에 대하여 필요한 경우 시간제보육 서비스를 지원할 수 있다. 이 경우 시간제보육 서비스의 종류, 지원대상, 지원방법, 그 밖에 시간제보육 서비스의 제공에 필요한 사항은 보건복지부령으로 정한다. 〈개정 2018. 12. 24.〉

둘째, 특별자치시장 · 특별자치도지사 · 시장 · 군수 · 구청장은 육아종합지원센터, 어린이집, 그 밖에 시간제보육 서비스의 제공이 가능한 시설로서 보건복지부령으로 정하는 시실의 어느 하나에 해당하는 시설을 시간제 보육 서비스를 제공하는 기관(이하 이 조에서 "시간제보육서비스지정기관"이라 한다)으로 지정할 수 있다. 〈개정 2018. 12. 24.〉

셋째, 보건복지부장관, 시 · 도지사 또는 시장 · 군수 · 구청장은 시간제보육서비스지정기관에 예산의 범위에서 시간제보육 서비스의 제공에 필요한 비용을 보조할 수 있다. 〈개정 2018. 12. 24.〉

넷째, 특별자치시장 · 특별자치도지사 · 시장 · 군수 · 구청장은 시간제보육서비스지

정기관이 다음 각 호의 어느 하나에 해당하는 경우에는 제2항에 따른 지정을 취소할 수 있다. 〈개정 2018. 12. 24., 2020. 12. 29.〉

① 시간제보육서비스지정기관이 지급받은 보조금 및 비용을 목적 외의 용도에 사용하였을 경우

② 시간제보육서비스지정기관이 거짓이나 그 밖의 부정한 방법으로 보조금 및 비용을 지급받았을 경우

③ 그 밖에 대통령령으로 정하는 사유가 있는 경우

다섯째, 시간제보육서비스지정기관의 안전사고 예방 및 사고에 따른 영유아 생명 · 신체 등의 피해 보상에 관하여는 제31조의2를 준용한다. 이 경우 "어린이집"은 "시간제보육서비스지정기관"으로, "어린이집의 원장"은 "시간제보육서비스지정기관의 장"으로 본다. 〈개정 2018. 12. 24.〉

(4) 보육의 우선 제공(28조)

첫째, 국가나 지방자치단체, 사회복지법인, 그 밖의 비영리법인이 설치한 어린이집과 대통령령으로 정하는 어린이집의 원장은 다음 각 호의 어느 하나에 해당하는 자가 우선적으로 어린이집을 이용할 수 있도록 하여야 한다. 다만, 「고용정책 기본법」 제40조제2항에 따라 고용촉진시설의 설치 · 운영을 위탁받은 공공단체 또는 비영리법인이 설치 · 운영하는 어린이집의 원장은 근로자의 자녀가 우선적으로 어린이집을 이용하게 할 수 있다. 〈개정 2007. 10. 17., 2008. 2. 29., 2009. 10. 9., 2010. 1. 18., 2011. 6. 7., 2013. 8. 13., 2016. 2. 3., 2017. 3. 14., 2017. 12. 19., 2018. 12. 11.〉

① 「국민기초생활 보장법」에 따른 수급자

② 「한부모가족지원법」 제5조에 따른 보호대상자의 자녀

③ 「국민기초생활 보장법」 제24조에 따른 차상위계층의 자녀

④ 「장애인복지법」 제2조에 따른 장애인 중 보건복지부령으로 정하는 장애 정도에 해당하는 자의 자녀

④의2. 「장애인복지법」 제2조에 따른 장애인 중 보건복지부령으로 정하는 장애 정도에 해당하는 자가 형제자매인 영유아

⑤ 「다문화가족지원법」 제2조제1호에 따른 다문화가족의 자녀

⑥ 「국가유공자 등 예우 및 지원에 관한 법률」 제4조제1항에 따른 국가유공자 중 제3호의 전몰군경, 제4호 · 제6호 · 제12호 · 제15호 · 제17호의 상이자로서 보건복지부령으로 정하는 자, 제5호 · 제14호 · 제16호의 순직자의 자녀

⑦ 제1형 당뇨를 가진 경우로서 의학적 조치가 용이하고 일상생활이 가능하여 보육에 지장이 없는 영유아

⑧ 그 밖에 소득수준 및 보육수요 등을 고려하여 보건복지부령으로 정하는 자의 자녀

둘째, 사업주는 사업장 근로자의 자녀가 우선적으로 직장어린이집을 이용할 수 있도록 하여야 한다. **〈개정 2011. 6. 7.〉**

셋째, 제1항에 따른 보육의 우선제공 대상에 대한 적용 방법 · 기준 등에 필요한 사항은 보건복지부령으로 정한다. **〈신설 2017. 3. 14.〉**

(5) 공공형어린이집의 지정(제30조의2)

첫째, 보건복지부장관은 어린이집 운영의 공공성 및 관리체계를 강화하기 위하여 어린이집의 종류, 평가등급 등 보건복지부령으로 정하는 요건을 갖춘 어린이집을 공공형어린이집으로 지정할 수 있다.

둘째, 제1항에 따라 지정된 공공형어린이집의 설치 · 운영자는 보건복지부령으로 정하는 공공형어린이집 운영기준을 준수하여야 한다.

셋째, 제1항에 따른 공공형어린이집 지정의 유효기간은 지정을 받은 달의 다음 달 1일부터 3년으로 하고, 3년 단위로 재지정할 수 있다.

넷째, 제1항에 따른 지정의 절차 및 제3항에 따른 재지정의 기준 · 절차 등에 관하여 필요한 사항은 보건복지부령으로 정한다. **[본조신설 2021. 6. 8.] [시행일: 2021. 12. 9.] 제30조의2**

(6) 공공형어린이집의 지정 취소(제30조의3)

첫째, 보건복지부장관은 제30조의2제1항에 따라 지정된 공공형어린이집이 다음 각 호의 어느 하나에 해당하는 경우에는 그 지정을 취소할 수 있다. 다만, 제1호에 해당하는 경우에는 그 지정을 취소하여야 한다.

① 거짓이나 그 밖의 부정한 방법으로 지정을 받은 경우

② 제30조의2제1항에 따른 지정 요건 또는 같은 조 제4항에 따른 재지정 기준을 충족하지 못하게 된 경우

③ 제30조의2제2항에 따른 공공형어린이집 운영기준을 위반한 경우

둘째, 제1항에 따른 지정 취소에 필요한 사항은 보건복지부령으로 정한다. **[본조신설 2021. 6. 8.] [시행일: 2021. 12. 9.] 제30조의3**

5. 건강 · 영양 및 안전

1) 주요내용

(1) 건강관리 및 응급조치(31조)

첫째, 어린이집의 원장은 영유아와 보육교직원에 대하여 정기적으로 건강진단을 실시하되, 「국민건강보험법」 제52조 및 「의료급여법」 제14조에 따른 건강검진으로 갈음할 수 있다. 다만, 영유아의 경우 보호자로 하여금 그 검진결과 통보서를 제출하도록 하고 제29조의2에 따른 어린이집 생활기록부에 기록하여 관리하는 등 건강관리를 하여야 한다. **〈개정 2020. 12. 29.〉**

둘째, 어린이집의 원장은 영유아에게 질병·사고 또는 재해 등으로 인하여 위급 상태가 발생한 경우 즉시 응급의료기관에 이송하여야 한다. **〈개정 2011. 6. 7.〉**

셋째, 제1항에 따른 건강진단의 구체적인 기준과 내용 등 필요한 사항은 보건복지부

령으로 정한다. 〈개정 2008. 2. 29., 2010. 1. 18., 2017. 3. 14.〉

(2) 어린이집 안전공제사업 등(제31조의2)

첫째, 어린이집 상호 간의 협동조직을 통하여 어린이집의 안전사고를 예방하고 어린이집 안전사고로 인하여 생명 · 신체 또는 재산상의 피해를 입은 영유아 및 보육교직원 등에 대한 보상을 하기 위하여 보건복지부장관의 허가를 받아 어린이집 안전공제사업(이하 "공제사업"이라 한다)을 할 수 있다. 〈개정 2010. 1. 18., 2011. 6. 7., 2011. 8. 4.〉

둘째, 공제사업을 위하여 설립되는 어린이집 안전공제회(이하 "공제회"라 한다)는 법인으로 하며, 주된 사무소의 소재지에 설립등기를 함으로써 성립한다. 〈개정 2011. 6. 7.〉

셋째, 어린이집의 원장은 공제회의 가입자가 된다. 〈개정 2011. 8. 4.〉

넷째, 공제회에 가입한 어린이집의 원장은 공제사업의 수행에 필요한 출자금과 다음 각 호의 공제료 등을 공제회에 납부하여야 한다. 다만, 제2호와 제3호의 공제료는 어린이집의 원장이 선택하여 납부할 수 있다. 〈신설 2011. 8. 4.〉

① 영유아의 생명 · 신체에 대한 피해를 보상하기 위한 공제료

② 보육교직원 등의 생명 · 신체에 대한 피해를 보상하기 위한 공제료

③ 어린이집의 재산상의 피해를 보상하기 위한 공제료

다섯째, 공제회의 기본재산은 회원의 출자금 등으로 조성한다. 다만, 보건복지부장관은 공제회의 주된 사무소의 설치 및 운영에 필요한 비용의 일부를 지원할 수 있다.

여섯째, 공제회의 회원자격, 임원에 관한 사항 및 출자금의 부담기준에 관한 사항은 정관으로 정한다.

일곱째, 공제회의 설립허가 기준 및 절차, 정관기재사항, 운영 및 감독 등에 관하여 필요한 사항은 대통령령으로 정한다.

여덟째, 공제회는 공제사업의 범위, 공제료, 공제사업에 충당하기 위한 책임준비금 등 공제사업의 운영에 관하여 필요한 사항을 포함한 공제규정을 정하여 보건복지부장관의 허가를 받아야 한다. 공제규정을 변경하고자 하는 때에도 또한 같다.

아홉째, 공제회에 관하여 이 법에 규정된 것을 제외하고는 「민법」 중 재단법인에 관한 규정을 준용한다.

열째, 이 법에 따른 공제회의 사업에 대하여는 「보험업법」을 적용하지 아니한다.

열한째, 어린이집의 원장이 제4항제3호의 공제료를 납부하는 경우 「사회복지사업법」 제34조의3에 따른 보험가입의무를 이행한 것으로 본다. 〈신설 2011. 8. 4., 2018. 12. 24.〉

열두째, 제7조 제5항에 따라 공제회에 가입한 육아종합지원센터의 장은 제4항 각 호의 공제료를 선택하여 납부할 수 있다. 다만, 시간제보육 서비스나 영유아의 체험 및 놀이공간을 제공하는 육아종합지원센터의 장은 제4항제1호의 공제료를 의무적으로 납부하여야 한다. 〈신설 2020. 12. 29.〉

(3) 예방접종 여부의 확인(제31조의3)

첫째, 어린이집의 원장은 영유아에 대하여 매년 정기적으로 「감염병의 예방 및 관리에 관한 법률」 제33조의4에 따른 예방접종통합관리시스템을 활용하여 영유아의 예방접종에 관한 사실을 확인하여야 한다. 다만, 영유아에 대하여 최초로 보육을 실시하는 경우에는 보육을 실시한 날부터 30일 이내에 확인하여야 한다. 〈개정 2018. 12. 24., 2020. 12. 29.〉

둘째, 어린이집의 원장은 제1항에 따른 확인 결과 예방접종을 받지 아니한 영유아에게는 필요한 예방접종을 받도록 보호자를 지도할 수 있으며, 필요한 경우 관할 보건소장에게 예방접종 지원 등의 협조를 요청할 수 있다.

셋째, 어린이집의 원장은 영유아의 예방접종 여부 확인 및 관리를 위하여 제29조의2에 따른 어린이집 생활기록에 예방접종 여부 및 내역에 관한 사항을 기록하여 관리하여야 한다.

(4) 치료 및 예방조치(32조)

첫째, 어린이집의 원장은 제31조에 따른 건강진단 결과 질병에 감염되었거나 감염될 우려가 있는 영유아에 대하여 그 보호자와 협의하여 질병의 치료와 예방에 필요한 조치를 하여야 한다. 〈개정 2011. 6. 7.〉

둘째, 어린이집의 원장은 다음 각 호의 어느 하나에 해당하는 영유아, 어린이집 거주자 및 보육교직원을 보건복지부령으로 정하는 바에 따라 어린이집으로부터 격리시키는 등 필요한 조치를 할 수 있다. 〈신설 2011. 8. 4., 2020. 12. 29.〉

① 제31조에 따른 건강진단의 결과나 그 밖에 의사의 진단 결과 감염병에 감염 또는 감염된 것으로 의심되거나 감염될 우려가 있는 자

②「감염병의 예방 및 관리에 관한 법률」제2조제15호의2에 따른 감염병의심자

셋째, 어린이집의 원장은 제1항의 조치를 위하여 필요하면「지역보건법」제10조와 제13조에 따른 보건소 및 보건지소,「의료법」제3조에 따른 의료기관에 협조를 구할 수 있다. 〈개정 2011. 6. 7., 2011. 8. 4., 2015. 5. 18.〉

넷째, 제2항에 따라 협조를 요청받은 보건소 · 보건지소 및 의료기관의 장은 적절한 조치를 취하여야 한다. 〈개정 2011. 8. 4.〉

다섯째, 어린이집의 원장은 간호사(간호조무사를 포함한다)로 하여금 영유아가 의사의 처방, 지시에 따라 투약행위를 할 때 이를 보조하게 할 수 있다. 이 경우 어린이집의 원장은 보호자의 동의를 받아야 한다. 〈신설 2016. 2. 3.〉

(5) 등 · 하원 시 영유아 안전관리(제33조의3)

첫째, 어린이집의 원장은 보육교직원을 대상으로 등 · 하원 시 영유아 안전에 관한 교육을 실시하여야 한다.

둘째, 어린이집의 원장은 등 · 하원 시 영유아가 담당 보육교사나 부모 등 보호자에게 안전하게 인계될 수 있도록 조치하여야 하고, 모든 영유아가 안전하게 인계되었는

지 여부를 확인하여야 한다.

셋째, 제1항에 따른 교육 및 제2항에 따른 인계조치 등의 방법 · 절차 등에 관하여 필요한 사항은 보건복지부령으로 정한다. **[본조신설 2020. 12. 29.]**

(6) 어린이집 위생관(제33조의4)

어린이집의 원장은 감염병 예방 등을 위하여 보건복지부령으로 정하는 어린이집의 위생관리기준을 준수하여야 한다. **[본조신설 2021. 6. 8.] [시행일: 2021. 12. 9.] 제33조의4**

6. 비용

1) 주요내용

(1) 무상보육(34조)

첫째, 국가와 지방자치단체는 영유아에 대한 보육을 무상으로 하되, 그 내용 및 범위는 대통령령으로 정한다.

둘째, 국가와 지방자치단체는 장애아 및 「다문화가족지원법」 제2조제1호에 따른 다문화가족의 자녀의 무상보육에 대하여는 대통령령으로 정하는 바에 따라 그 대상의 여건과 특성을 고려하여 지원할 수 있다.

셋째, 제1항에 따른 무상보육 실시에 드는 비용은 대통령령으로 정하는 바에 따라 국가나 지방자치단체가 부담하거나 보조하여야 한다.

넷째, 보건복지부장관은 어린이집 표준보육비용 등을 조사하고 그 결과를 바탕으로 예산의 범위에서 관계 행정기관의 장과 협의하여 제3항에 따른 국가 및 지방자치단체가 부담하는 비용을 정할 수 있다.

다섯째, 국가와 지방자치단체는 자녀가 2명 이상인 경우에 대하여 추가적으로 지원할 수 있다.

여섯째, 제12조제1항 후단에도 불구하고 국가와 지방자치단체는 제1항 및 제2항에 따른 무상보육을 받으려는 영유아와 장애아 및 다문화가족의 자녀를 보육하기 위하여 필요한 어린이집을 설치·운영하여야 한다. **〈개정** 2018. 12. 24.〉

일곱째, 보건복지부장관은 제4항에 따른 표준보육비용을 결정하기 위하여 필요한 조사를 3년마다 실시하며, 조사 결과를 바탕으로 제6조에 따른 중앙보육정책위원회의 심의를 거쳐 표준보육비용을 결정하여야 한다. **〈신설** 2019. 1. 15.〉

여덟째, 제7항에 따른 조사의 방법과 내용 등에 필요한 사항은 보건복지부령으로 정한다. **〈신설** 2019. 1. 15.〉

(2) 양육수당(제34조의2)

첫째, 국가와 지방자치단체는 어린이집이나 「유아교육법」 제2조에 따른 유치원을 이용하지 아니하는 영유아에 대하여 영유아의 연령을 고려하여 양육에 필요한 비용을 지원할 수 있다. **〈개정** 2011. 6. 7., 2018. 12. 24.〉

둘째, 제1항에 따른 영유아가 제26조의2에 따른 시간제보육 서비스를 이용하는 경우에도 그 영유아에 대하여는 제1항에 따른 양육에 필요한 비용을 지원할 수 있다. **〈신설** 2013. 6. 4., 2018. 12. 24.〉

셋째, 국가와 지방자치단체는 제1항에 따라 양육에 필요한 비용을 지원받는 영유아가 90일 이상 지속하여 해외에 체류하는 경우에는 그 기간 동안 양육에 필요한 비용의 지원을 정지한다. **〈신설** 2015. 5. 18.〉

넷째, 보건복지부장관 및 지방자치단체의 장은 제3항에 따라 양육수당의 지급을 정지하는 경우 서면으로 그 이유를 분명하게 밝혀 영유아의 보호자에게 통지하여야 한다. **〈신설** 2015. 5. 18.〉

다섯째, 제1항에 따른 비용 지원의 대상·기준 등에 대하여 필요한 사항은 대통령령으로 정한다. **〈개정** 2013. 6. 4., 2015. 5. 18.〉

(3) 조사 · 질문(제34조의5)

첫째, 보건복지부장관 또는 지방자치단체의 장은 제34조의4제1항에 따른 신청자 및 지원이 확정된 자에 대하여 비용 지원대상 자격확인을 위하여 필요한 서류나 그 밖의 소득활동, 가족관계 등에 관한 자료의 제출을 요구할 수 있으며, 소속 공무원으로 하여금 비용 지원 신청자 및 지원이 확정된 자의 주거, 그 밖의 필요한 장소에 방문하여 서류 등을 조사하게 하거나 관계인에게 필요한 질문을 하게 할 수 있다. **〈개정 2010. 1. 18., 2016. 2. 3., 2018. 12. 24.〉**

둘째, 보건복지부장관 또는 지방자치단체의 장은 제1항에 따른 조사 또는 비용 지원 사업을 수행하기 위하여 필요한 국세 · 지방세 · 건강보험 · 국민연금 · 고용보험 · 산재보험 등에 관한 자료의 제공을 관계 기관의 장에게 요청할 수 있다. 이 경우 자료의 제공을 요청받은 관계 기관의 장은 특별한 사유가 없는 한 이에 응하여야 한다. **〈개정 2010. 1. 18., 2018. 12. 24.〉**

셋째, 제1항에 따라 방문 · 조사 · 질문을 하는 자는 그 권한을 표시하는 증표 및 조사기간, 조사범위, 조사담당자, 관계 법령 등이 기재된 서류를 지니고 이를 관계인에게 내보여야 한다. **〈개정 2016. 2. 3.〉**

넷째, 보건복지부장관 또는 지방자치단체의 장은 비용 지원 신청자 또는 지원이 확정된 자가 제1항에 따른 서류 또는 자료의 제출을 거부하거나 조사 · 질문을 거부 · 방해 또는 기피하는 경우에는 비용 지원의 신청을 각하하거나 지원결정을 취소 · 중지 또는 변경할 수 있다. **〈개정 2010. 1. 18.〉**

다섯째, 제1항에 따른 조사 · 질문의 범위 · 시기 및 내용에 관하여 필요한 사항은 보건복지부령으로 정한다. **〈개정 2010. 1. 18.〉**

여섯째, 보육비용 지원대상에 대한 주민등록 주소지 등을 파악하기 위하여 「전자정부법」 제36조제1항에 따라 행정정보를 공동이용할 수 있다. **〈개정 2010. 2. 4.〉**

일곱째, 제1항에 따른 조사 또는 질문의 내용 · 절차 · 방법 등에 관하여는 이 법에서 정하는 사항을 제외하고는 「행정조사기본법」에서 정하는 바에 따른다. **〈신설 2016. 2. 3.〉**

[본조신설 2008. 12. 19.]

(4) 보육비용 지원액 등의 환수(제40조의2)

첫째, 국가 또는 지방자치단체는 보호자가 거짓이나 그 밖의 부정한 방법으로 제34조 및 제34조의2에 따른 비용을 지원받은 경우에는 그 비용의 전부 또는 일부를 환수할 수 있다. 〈개정 2013. 1. 23.〉

둘째, 국가 또는 지방자치단체는 어린이집을 설치·운영하는 자 또는 어린이집의 원장이 거짓이나 그 밖의 부정한 방법으로 제38조제1항에 따른 보육료와 그 밖의 필요경비 등을 받은 경우, 제38조의2를 위반하여 제38조제1항에 따른 보육료와 그 밖의 필요경비 등을 보육 목적 외로 부정하게 사용한 경우의 어느 하나에 해당하는 경우 영유아의 보호자를 대신하여 그 비용의 전부 또는 일부를 환수할 수 있다. 이 경우 환수한 비용은 보호자에게 돌려주어야 한다. 〈신설 2020. 12. 29.〉

셋째, 제1항 또는 제2항에 따라 환수하는 경우에 비용을 반환할 자가 기한까지 반환하지 아니한 때에는 국세 또는 지방세 체납처분의 예에 따라 징수한다. 〈개정 2020. 12. 29.〉 [본조신설 2011. 6. 7.]

7. 지도 및 감독

1) 주요내용

(1) 위법행위의 신고 및 신고자 보호(제42조의2)

첫째, 누구든지 다음 각 호의 어느 하나에 해당하는 자를 관계 행정기관이나 수사기관에 신고 또는 고발할 수 있다. 〈개정 2020. 12. 29., 2021. 6. 8.〉

① 거짓이나 그 밖의 부정한 방법으로 보조금을 교부받거나 유용(流用)한 자

② 제24조제1항에 따른 어린이집 운영기준을 지키지 아니한 자

③ 제33조에 따른 급식관리기준을 지키지 아니한 자

④ 제33조의2에 따른 어린이집 차량안전관리 기준을 지키지 아니한 자

④의2. 제33조의4에 따른 어린이집의 위생관리기준을 지키지 아니한 자

⑤ 거짓이나 그 밖의 부정한 방법으로 제34조에 따른 비용을 지원받은 자

⑥ 거짓이나 그 밖의 부정한 방법으로 제38조제1항에 따른 보육료와 그 밖의 필요경비 등을 받은 자

⑦ 제38조의2를 위반하여 어린이집의 회계에 속하는 재산이나 수입을 보육 목적 외로 부정하게 사용한 자

⑧ 「아동복지법」 제3조제7호에 따른 아동학대 행위를 한 자

⑨ 그 밖에 보건복지부령으로 정하는 자

둘째, 어린이집을 설치·운영하는 자는 보육교직원이 제1항에 따른 신고 또는 고발을 하였다는 이유로 「공익신고자 보호법」 제2조제6호에 따른 불이익조치를 하여서는 아니 된다.

셋째, 보건복지부장관, 시·도지사 및 시장·군수·구청장은 제1항제1호 및 제3호부터 제8호까지에 해당하는 사항에 대하여 신고 또는 고발한 사람에게 예산의 범위에서 포상금을 지급할 수 있다. 〈개정 2018. 12. 11., 2020. 12. 29.〉

넷째, 제1항에 따른 신고 절차·방법 및 제3항에 따른 포상금 지급의 기준·방법 및 절차 등에 필요한 사항은 대통령령으로 정한다. 〈신설 2018. 12. 11.〉 [본조신설 2015. 5. 18.] [시행일: 2021. 12. 9.] 제42조의2

(2) 어린이집의 폐지·휴지 및 재개 등의 신고(43조)

첫째, 제13조제1항에 따라 인가된 어린이집을 폐지하거나 일정기간 운영을 중단하거나 운영을 재개하려는 자는 보건복지부령으로 정하는 바에 따라 미리 특별자치시장·특별자치도지사·시장·군수·구청장에게 신고하여야 한다. 〈개정 2008. 2. 29., 2010.

1. 18., 2011. 6. 7., 2011. 8. 4., 2020. 12. 29.〉

둘째, 어린이집의 원장은 어린이집이 폐지되거나 일정기간 운영이 중단되는 경우에는 보건복지부령으로 정하는 바에 따라 그 어린이집에서 보육 중인 영유아가 다른 어린이집으로 옮길 수 있도록 하는 등 영유아의 권익을 보호하기 위한 조치를 취하여야 한다. 〈개정 2008. 2. 29., 2010. 1. 18., 2011. 6. 7.〉

(3) 시정 또는 변경 명령(44조)

첫째, 보건복지부장관, 시 · 도지사 또는 시장 · 군수 · 구청장은 어린이집이 다음 각 호의 어느 하나에 해당하면 어린이집의 원장 또는 그 설치 · 운영자에게 기간을 정하여 그 시정 또는 변경을 명할 수 있다. 〈개정 2008. 2. 29., 2010. 1. 18., 2011. 6. 7., 2011. 8. 4., 2013. 6. 4., 2013. 8. 13., 2015. 5. 18., 2015. 12. 29., 2018. 12. 11., 2018. 12. 24., 2019. 4. 30., 2020. 12. 29., 2021. 6. 8.〉

① 제13조제1항에 따른 변경인가를 받지 아니하고 어린이집을 운영하는 경우
② 제15조, 제15조의2 및 제15조의3에 따른 어린이집의 설치기준을 위반한 경우
②의2. 제15조의4에 따른 폐쇄회로 텔레비전의 설치 · 관리 및 영상정보의 보관기준을 위반한 경우
③ 제17조제5항에 따른 보육교직원의 배치기준을 위반한 경우
③의2. 제19조제2항에 따른 보육교직원의 임면에 관한 사항을 보고하지 아니하거나 거짓으로 보고한 경우
④ 제24조제1항에 따른 어린이집의 운영기준을 위반한 경우
④의2. 제25조제1항 단서를 위반하여 어린이집운영위원회를 설치 · 운영하지 아니한 경우
④의3. 제29조제4항 전단을 위반하여 영유아에게 특별활동을 제공한 경우
④의4. 제29조제4항 후단을 위반하여 특별활동에 참여하지 아니하는 영유아에게 특별활동을 대체할 수 있는 프로그램을 제공하지 아니한 경우

④의5. 제29조의2에 따른 생활기록부를 작성·관리하지 아니한 경우

④의6. 정당한 이유 없이 제30조제1항에 따른 평가 또는 같은 조 제5항에 따른 확인점검을 거부·방해 또는 기피하거나 거짓이나 그 밖의 부정한 방법으로 평가 또는 확인점검을 받은 경우

④의7. 제32조제1항에 따른 질병의 치료와 예방조치를 하지 아니한 경우

④의8. 제33조에 따른 균형 있고 위생적이며 안전한 급식을 하지 아니한 경우

④의9. 제33조의4에 따른 어린이집의 위생관리기준을 위반한 경우

⑤ 제38조제1항에 따른 범위를 초과하여 보육료와 그 밖의 필요경비 등을 받은 경우

⑥ 제42조에 따른 보고를 하지 아니하거나 거짓으로 보고한 경우 또는 조사·검사를 거부하거나 기피한 경우

⑦ 제43조제1항에 따른 신고를 하지 아니하고 어린이집을 폐지하거나 일정기간 운영을 중단하거나 운영을 재개한 경우

⑦의2. 제43조의2제2항을 위반하여 휴원하지 아니하거나 긴급보육수요에 대비한 조치를 하지 아니한 경우

⑧ 제49조의2에 따른 정보의 공시에 관한 사항을 위반한 경우 [전문개정 2007. 10. 17.] [시행일: 2021. 12. 9.] 제44조

(4) 이행강제금(제44조의3)

첫째, 시·도지사, 시장·군수·구청장은 제44조의2에 따른 명령을 이행하지 아니한 자에 대하여 그 명령의 이행에 필요한 상당한 기간을 정하여 그 기간 내에 이행할 것을 다시 명할 수 있으며, 이를 이행하지 아니한 경우에는 같은 조에 따른 명령이 있었던 날을 기준으로 하여 1년에 2회, 매회 1억 원의 범위에서 이행강제금을 부과·징수할 수 있다.

둘째, 시·도지사, 시장·군수·구청장은 직장어린이집 미설치 기간·사유 등을 고려하여 제1항에 따른 금액을 100분의 50의 범위에서 가중할 수 있다. 〈신설 2019. 4. 30.〉

셋째, 시 · 도지사, 시장 · 군수 · 구청장은 제1항 및 제2항에 따른 이행강제금을 부과하기 전에 상당한 기간을 정하여 그 기간 내에 이행하지 아니할 때에는 이행강제금을 부과 · 징수한다는 뜻을 미리 문서로 계고(戒告)하여야 한다. 〈개정 2019. 4. 30.〉

넷째, 시 · 도지사, 시장 · 군수 · 구청장은 제1항 및 제2항에 따른 이행강제금을 부과하는 때에는 이행강제금의 금액, 부과사유, 납부기한, 수납기관, 불복방법 등을 적은 문서로 통지하여야 한다. 〈개정 2019. 4. 30.〉

다섯째, 시 · 도지사, 시장 · 군수 · 구청장은 제44조의2에 따른 명령을 받은 자가 그 명령을 이행하는 경우에는 새로운 이행강제금의 부과를 중지하되, 이미 부과된 이행강제금은 징수하여야 한다. 〈개정 2019. 4. 30.〉

여섯째, 시 · 도지사, 시장 · 군수 · 구청장은 제1항 및 제2항에 따라 이행강제금 부과처분을 받은 자가 납부기한까지 이행강제금을 납부하지 아니하는 경우에는 「지방행정제재 · 부과금의 징수 등에 관한 법률」에 따라 징수한다. 〈개정 2019. 4. 30., 2020. 3. 24.〉

일곱째, 제1항 및 제2항에 따른 이행강제금의 부과기준, 부과 · 징수된 이행강제금의 반환절차 등 필요한 사항은 대통령령으로 정한다. 〈개정 2019. 4. 30.〉

(5) 어린이집의 폐쇄 등(45조)

첫째, 보건복지부장관, 시 · 도지사 및 시장 · 군수 · 구청장은 어린이집을 설치 · 운영하는 자(이하 이 조에서 "설치 · 운영자"라 한다)가 다음 각 호의 어느 하나에 해당하면 1년 이내의 어린이집 운영정지를 명하거나 어린이집의 폐쇄를 명할 수 있다. 이 경우 보육교직원 등 설치 · 운영자의 관리 · 감독하에 있는 자가 제4호 또는 제5호나목에 해당하는 행위를 한 경우에는 설치 · 운영자가 한 행위로 본다(설치 · 운영자가 그 행위를 방지하기 위하여 상당한 주의와 감독을 게을리하지 아니한 경우에는 그러하지 아니하다). 〈개정 2008. 2. 29., 2010. 1. 18., 2011. 6. 7., 2013. 8. 13., 2014. 5. 28., 2015. 5. 18., 2020. 12. 29.〉

① 거짓이나 그 밖의 부정한 방법으로 보조금을 교부받거나 보조금을 유용한 경우

①의2. 거짓이나 그 밖의 부정한 방법으로 제34조에 따른 비용을 지원받은 경우

①의3. 거짓이나 그 밖의 부정한 방법으로 제38조제1항에 따른 보육료와 그 밖의 필요경비 등을 받은 경우

①의4. 제38조의2를 위반하여 어린이집의 회계에 속하는 재산이나 수입을 보육 목적 외로 부정하게 사용한 경우

② 제40조에 따른 비용 또는 보조금의 반환명령을 받고 반환하지 아니한 경우

③ 제44조에 따른 시정 또는 변경 명령을 위반한 경우

④ 「아동복지법」 제3조제7호에 따른 아동학대 행위를 한 경우

⑤ 다음 각 목의 어느 하나에 해당하여 영유아가 사망하거나 신체에 보건복지부령으로 정하는 중상해를 입은 경우

가. 「도로교통법」 제53조제3항을 위반하여 어린이통학버스(제33조의2 및 「도로교통법」 제52조에 따른 신고를 하지 아니한 경우를 포함한다)에 「도로교통법」 제53조제3항에 따른 보호자를 함께 태우지 아니한 채 운행하던 중 교통사고가 발생한 경우

나. 「도로교통법」 제53조제3항부터 제5항까지의 규정에 따른 영유아의 하차 여부 확인에 관한 의무를 준수하지 아니한 경우

둘째, 특별자치시장 · 특별자치도지사 · 시장 · 군수 · 구청장은 설치 · 운영자 또는 보육교직원이 제1항제4호에 따른 아동학대 행위를 한 것으로 의심되는 경우 즉시 제42조에 따른 보고를 받거나 조사 · 검사를 실시하여야 한다. 〈신설 2015. 5. 18.〉

셋째, 특별자치시장 · 특별자치도지사 · 시장 · 군수 · 구청장은 제3항에 따른 보고나 조사 · 검사를 실시한 후 지체 없이 「아동복지법」 제10조의2에 따른 아동권리보장원 또는 같은 법 제45조에 따른 아동보호전문기관 등 관계 기관과 협의하여 제1항에 따른 행정처분 여부를 결정하여야 한다. 〈신설 2015. 5. 18., 2019. 1. 15.〉

넷째, 특별자치시장 · 특별자치도지사 · 시장 · 군수 · 구청장은 어린이집이 제1항에 따라 운영정지 또는 폐쇄되는 경우에는 어린이집에 보육 중인 영유아를 다른 어린이집으로 옮기도록 하는 등 영유아의 권익을 보호하기 위하여 필요한 조치를 하여야 한다.

〈신설 2011. 8. 4., 2015. 5. 18., 2020. 12. 29.〉

(6) 어린이집의 원장의 자격정지(46조)

첫째, 보건복지부장관은 어린이집의 원장이 다음 각 호의 어느 하나에 해당하면 1년(「아동복지법」 제3조제7호에 따른 아동학대 행위로 제1호가목에 해당하게 된 경우에는 5년) 이내의 범위에서 보건복지부령으로 정하는 바에 따라 그 자격을 정지시킬 수 있다. 〈개정 2008. 2. 29., 2010. 1. 18., 2011. 6. 7., 2013. 6. 4., 2015. 5. 18., 2020. 12. 29.〉

① 어린이집의 원장이 업무 수행 중 고의나 중대한 과실로 영유아에게 손해를 입힌 경우로서 다음 각 목의 어느 하나에 해당하는 경우

가. 영유아의 생명을 해치거나 신체 또는 정신에 중대한 손해를 입힌 경우

나. 제24조에 따른 운영기준을 위반하여 손해를 입힌 경우

다. 제33조에 따라 보건복지부령으로 정한 급식기준을 위반하여 손해를 입힌 경우

라. 그 밖에 손해를 입힌 경우

② 해당 업무 수행에 필요한 자격이 없는 자를 채용하여 보육교사·간호사 또는 영양사 등의 업무를 수행하게 한 경우

③ 제23조에 따른 보수교육을 연속하여 3회 이상 받지 아니한 경우

④ 거짓이나 그 밖의 부정한 방법으로 보조금을 교부받거나 보조금을 유용한 경우

⑤ 거짓이나 그 밖의 부정한 방법으로 제34조에 따른 비용을 지원받은 경우

⑥ 거짓이나 그 밖의 부정한 방법으로 제38조제1항에 따른 보육료와 그 밖의 필요경비 등을 받은 경우

⑦ 제38조의2를 위반하여 어린이집의 회계에 속하는 재산이나 수입을 보육 목적 외로 부정하게 사용한 경우

⑧ 「공익신고자 보호법」 제2조제2호에 따른 공익신고를 한 보육교직원에게 같은 조 제6호에 따른 불이익조치를 한 경우

둘째, 보건복지부장관은 어린이집의 원장이 「도로교통법」 제53조제3항부터 제5항까

지에 따른 영유아의 하차 여부 확인에 관한 의무를 준수하지 아니하여 영유아가 사망하거나 신체에 보건복지부령으로 정하는 중상해를 입은 경우 2년 이내의 범위에서 보건복지부령으로 정하는 바에 따라 그 자격을 정지시킬 수 있다. 〈신설 2020. 12. 29.〉

셋째, 어린이집의 원장의 지도 · 감독하에 있는 자가 다음 각 호의 어느 하나에 해당하는 행위를 한 경우에는 어린이집의 원장이 한 행위로 본다(어린이집 원장의 자격정지에 관한 사항으로 한정한다). 다만, 어린이집의 원장이 그 행위를 방지하기 위하여 상당한 주의와 감독을 게을리하지 아니한 경우에는 그러하지 아니하다. 〈신설 2020. 12. 29.〉

① 「도로교통법」 제53조제3항부터 제5항까지에 따른 영유아의 하차 여부 확인에 관한 의무를 준수하지 아니하여 영유아가 사망하거나 신체에 보건복지부령으로 정하는 중상해를 입은 경우

② 「아동복지법」 제3조제7호에 따른 아동학대 행위를 하여 제1항제1호가목에 해당하게 된 경우

(7) 제46조(어린이집의 원장의 자격정지)

첫째, 보건복지부장관은 어린이집의 원장이 다음 각 호의 어느 하나에 해당하면 1년(「아동복지법」 제3조제7호에 따른 아동학대 행위로 제1호가목에 해당하게 된 경우에는 5년) 이내의 범위에서 보건복지부령으로 정하는 바에 따라 그 자격을 정지시킬 수 있다. 〈개정 2008. 2. 29., 2010. 1. 18., 2011. 6. 7., 2013. 6. 4., 2015. 5. 18., 2020. 12. 29., 2021. 6. 8.〉

① 어린이집의 원장이 업무 수행 중 고의나 중대한 과실로 영유아에게 손해를 입힌 경우로서 다음 각 목의 어느 하나에 해당하는 경우

가. 영유아의 생명을 해치거나 신체 또는 정신에 중대한 손해를 입힌 경우

나. 제24조에 따른 운영기준을 위반하여 손해를 입힌 경우

다. 제33조에 따라 보건복지부령으로 정한 급식기준을 위반하여 손해를 입힌 경우

라. 제33조의4에 따라 보건복지부령으로 정한 위생관리기준을 위반하여 손해를 입힌 경우

마. 그 밖에 손해를 입힌 경우

② 해당 업무 수행에 필요한 자격이 없는 자를 채용하여 보육교사·간호사 또는 영양사 등의 업무를 수행하게 한 경우

③ 제23조에 따른 보수교육을 연속하여 3회 이상 받지 아니한 경우

④ 거짓이나 그 밖의 부정한 방법으로 보조금을 교부받거나 보조금을 유용한 경우

⑤ 거짓이나 그 밖의 부정한 방법으로 제34조에 따른 비용을 지원받은 경우

⑥ 거짓이나 그 밖의 부정한 방법으로 제38조제1항에 따른 보육료와 그 밖의 필요경비 등을 받은 경우

⑦ 제38조의2를 위반하여 어린이집의 회계에 속하는 재산이나 수입을 보육 목적 외로 부정하게 사용한 경우

⑧ 「공익신고자 보호법」 제2조제2호에 따른 공익신고를 한 보육교직원에게 같은 조 제6호에 따른 불이익조치를 한 경우

둘째, 보건복지부장관은 어린이집의 원장이 「도로교통법」 제53조제3항부터 제5항까지에 따른 영유아의 하차 여부 확인에 관한 의무를 준수하지 아니하여 영유아가 사망하거나 신체에 보건복지부령으로 정하는 중상해를 입은 경우 2년 이내의 범위에서 보건복지부령으로 정하는 바에 따라 그 자격을 정지시킬 수 있다. 〈신설 2020. 12. 29.〉

셋째, 어린이집의 원장의 지도·감독 하에 있는 자가 다음 각 호의 어느 하나에 해당하는 행위를 한 경우에는 어린이집의 원장이 한 행위로 본다(어린이집 원장의 자격정지에 관한 사항으로 한정한다). 다만, 어린이집의 원장이 그 행위를 방지하기 위하여 상당한 주의와 감독을 게을리하지 아니한 경우에는 그러하지 아니하다. 〈신설 2020. 12. 29.〉

① 「도로교통법」 제53조제3항부터 제5항까지에 따른 영유아의 하차 여부 확인에 관한 의무를 준수하지 아니하여 영유아가 사망하거나 신체에 보건복지부령으로 정하는 중상해를 입은 경우

② 「아동복지법」 제3조제7호에 따른 아동학대 행위를 하여 제1항제1호가목에 해당하게 된 경우 [전문개정 2007. 10. 17.] [제목개정 2011. 6. 7.] [시행일: 2021. 12. 9.] 제46조

(8) 보육교사의 자격정지(47조)

첫째, 보건복지부장관은 보육교사가 다음 각 호의 어느 하나에 해당하면 1년(「아동복지법」 제3조제7호에 따른 아동학대 행위로 제1호에 해당하게 된 경우에는 5년) 이내의 범위에서 보건복지부령으로 정하는 바에 따라 그 자격을 정지시킬 수 있다. 〈**개정** 2008. 2. 29., 2010. 1. 18., 2011. 12. 31., 2015. 5. 18., 2020. 12. 29.〉

① 보육교사가 업무 수행 중 그 자격과 관련하여 고의나 중대한 과실로 손해를 입힌 경우

② 제23조의2에 따른 보수교육을 연속하여 3회 이상 받지 아니한 경우

② 보건복지부장관은 보육교사가 「도로교통법」 제53조제3항부터 제5항까지에 따른 영유아의 하차 여부 확인에 관한 의무를 준수하지 아니하여 영유아가 사망하거나 신체에 보건복지부령으로 정하는 중상해를 입은 경우 2년 이내의 범위에서 보건복지부령으로 정하는 바에 따라 그 자격을 정지시킬 수 있다. 〈**신설** 2020. 12. 29.〉

(9) 어린이집의 원장 또는 보육교사의 자격취소(48조)

첫째, 보건복지부장관은 어린이집의 원장 또는 보육교사가 다음 각 호의 어느 하나에 해당하면 그 자격을 취소할 수 있다. 〈**개정** 2008. 2. 29., 2010. 1. 18., 2011. 6. 7., 2011. 8. 4., 2013. 8. 13., 2015. 5. 18., 2020. 12. 29.〉

① 거짓이나 그 밖의 부정한 방법으로 자격증을 취득한 경우

② 자격 취득자가 업무 수행 중 그 자격과 관련하여 고의나 중대한 과실로 손해를 입히고 금고 이상의 형을 선고받은 경우

③ 「아동복지법」 제3조제7호의2에 따른 아동학대관련범죄로 처벌을 받은 경우

④ 제22조의2에 따른 명의대여 금지 등의 의무를 위반한 경우

⑤ 자격정지처분기간 종료 후 3년 이내에 자격정지처분에 해당하는 행위를 한 경우

⑥ 자격정지처분을 받고도 자격정지처분기간 이내에 자격증을 사용하여 자격 관련 업무를 수행한 경우
⑦ 자격정지처분을 3회 이상 받은 경우
⑧ 제46조제1항제4호에 해당하여 금고 이상의 형을 선고받은 경우

(10) 어린이집 정보의 공시 등(제49조의2)

첫째, 어린이집의 원장은 어린이집이 보유 · 관리하는 다음 각 호의 정보를 매년 1회 이상 공시하여야 한다. 이 경우 어린이집의 원장은 공시한 정보(이하 이 조에서 "공시정보"라 한다)를 특별자치시장 · 특별자치도지사 · 시장 · 군수 · 구청장에게 제출하여야 하고 보건복지부장관은 공시정보와 관련된 자료의 제출을 요구할 수 있다. 〈**개정** 2020. 12. 29.〉

① 어린이집의 시설, 설치 · 운영자, 보육교직원 등 기본현황
② 제29조에 따른 어린이집 보육과정에 관한 사항
③ 제38조제1항에 따라 수납하는 보육료와 그 밖의 필요경비에 관한 사항
④ 어린이집 예산 · 결산 등 회계에 관한 사항
⑤ 영유아의 건강 · 영양 및 안전관리에 관한 사항
⑥ 그 밖에 보육여건 및 어린이집 운영에 관한 사항으로서 대통령령으로 정하는 사항

둘째, 공시정보의 구체적인 범위와 공시의 횟수 · 시기 및 방법 등에 필요한 사항은 대통령령으로 정한다.

셋째, 보건복지부장관은 제1항에 따른 공시에 필요한 양식을 마련 · 보급하고 공시정보를 수집 및 관리할 수 있다. 이 경우 보건복지부장관은 보육정책 수립, 학술연구 진흥, 통계 작성 등에 활용하기 위하여 공시정보를 연계 · 가공할 수 있다.

넷째, 보건복지부장관, 시 · 도지사 또는 시장 · 군수 · 구청장은 어린이집의 원장이 해당 정보를 공시하지 아니하거나 게을리할 경우 이에 대한 시정을 권고하여야 한다.

다섯째, 어린이집의 원장은 어린이집을 홍보하거나 「표시 · 광고의 공정화에 관한 법률」에 따른 표시 또는 광고를 할 때에는 제1항에 따라 공시된 정보와 다르게 알려서는 아니 된다.

여섯째, 보건복지부장관, 시 · 도지사 또는 시장 · 군수 · 구청장은 제5항의 위반 여부를 확인할 필요가 있는 경우에는 해당 어린이집의 원장에게 관련 자료의 제출을 요청할 수 있다. 이 경우 요청을 받은 어린이집의 원장은 정당한 사유가 없는 한 관련 자료를 보건복지부장관, 시 · 도지사 또는 시장 · 군수 · 구청장에게 제출하여야 한다.

(11) 위반사실의 공표(제49조의3)

첫째, 보건복지부장관, 시 · 도지사 또는 시장 · 군수 · 구청장은 제45조 또는 제45조의2에 따른 행정처분을 받은 어린이집으로서 다음 각 호의 어느 하나의 경우에 해당하는 어린이집에 대하여 그 위반행위, 처분내용, 해당 어린이집의 명칭, 대표자의 성명, 어린이집 원장의 성명(대표자와 동일인이 아닌 경우만 해당한다) 및 그 밖에 다른 어린이집과의 구별에 필요한 사항으로서 대통령령으로 정하는 사항을 공표하여야 한다. 다만, 제1호 및 제3호부터 제5호까지의 경우에는 보건복지부령으로 정하는 금액 이상인 경우에만 공표하여야 한다. 〈개정 2015. 5. 18., 2020. 12. 29.〉

① 거짓이나 그 밖의 부정한 방법으로 보조금을 교부받거나 보조금을 유용한 경우
② 제24조에 따른 운영기준 및 제33조에 따라 보건복지부령으로 정한 급식기준을 위반하여 영유아의 생명을 해치거나 신체 또는 정신에 중대한 피해가 발생한 경우
③ 거짓이나 그 밖의 부정한 방법으로 제34조에 따른 비용을 지원받은 경우
④ 거짓이나 그 밖의 부정한 방법으로 제38조제1항에 따른 보육료와 그 밖의 필요경비 등을 받은 경우
⑤ 제38조의2를 위반하여 어린이집의 회계에 속하는 재산이나 수입을 보육 목적 외로 부정하게 사용한 경우

둘째, 보건복지부장관, 시·도지사 또는 시장·군수·구청장은 제46조부터 제48조까지의 행정처분을 받은 사람으로서 「아동복지법」 제3조제7호에 따른 아동학대 행위를 하여 영유아의 생명을 해치거나 신체 또는 정신에 중대한 피해를 입힌 어린이집의 원장 및 보육교사에 대하여 법 위반 이력과 명단, 그 밖에 대통령령으로 정하는 사항을 공표하여야 한다. 〈개정 2015. 5. 18.〉

셋째, 보건복지부장관, 시·도지사 또는 시장·군수·구청장은 제1항 및 제2항에 따른 공표를 실시하기 전에 공표대상자에게 그 사실을 통지하여 소명자료를 제출하거나 출석하여 의견진술을 할 수 있는 기회를 부여하여야 한다.

넷째, 제1항 및 제2항에 따른 공표의 절차·방법, 그 밖에 필요한 사항은 대통령령으로 정한다.

(12) 위반사실의 공표(제49조의3)

첫째, 보건복지부장관, 시·도지사 또는 시장·군수·구청장은 제45조 또는 제45조의2에 따른 행정처분을 받은 어린이집으로서 다음 각 호의 어느 하나의 경우에 해당하는 어린이집에 대하여 그 위반행위, 처분내용, 해당 어린이집의 명칭, 대표자의 성명, 어린이집 원장의 성명(대표자와 동일인이 아닌 경우만 해당한다) 및 그 밖에 다른 어린이집과의 구별에 필요한 사항으로서 대통령령으로 정하는 사항을 공표하여야 한다. 다만, 제1호 및 제3호부터 제5호까지의 경우에는 보건복지부령으로 정하는 금액 이상인 경우에만 공표하여야 한다. 〈개정 2015. 5. 18., 2020. 12. 29., 2021. 6. 8.〉

① 거짓이나 그 밖의 부정한 방법으로 보조금을 교부받거나 보조금을 유용한 경우
② 제24조에 따른 운영기준, 제33조 및 제33조의4에 따라 보건복지부령으로 정한 급식기준 및 위생관리기준을 위반하여 영유아의 생명을 해치거나 신체 또는 정신에 중대한 피해가 발생한 경우
③ 거짓이나 그 밖의 부정한 방법으로 제34조에 따른 비용을 지원받은 경우
④ 거짓이나 그 밖의 부정한 방법으로 제38조제1항에 따른 보육료와 그 밖의 필요경

비 등을 받은 경우

⑤ 제38조의2를 위반하여 어린이집의 회계에 속하는 재산이나 수입을 보육 목적 외로 부정하게 사용한 경우

둘째, 보건복지부장관, 시 · 도지사 또는 시장 · 군수 · 구청장은 제46조부터 제48조까지의 행정처분을 받은 사람으로서 「아동복지법」 제3조제7호에 따른 아동학대 행위를 하여 영유아의 생명을 해치거나 신체 또는 정신에 중대한 피해를 입힌 어린이집의 원장 및 보육교사에 대하여 법 위반 이력과 명단, 그 밖에 대통령령으로 정하는 사항을 공표하여야 한다. **〈개정 2015. 5. 18.〉**

셋째, 보건복지부장관, 시 · 도지사 또는 시장 · 군수 · 구청장은 제1항 및 제2항에 따른 공표를 실시하기 전에 공표대상자에게 그 사실을 통지하여 소명자료를 제출하거나 출석하여 의견진술을 할 수 있는 기회를 부여하여야 한다.

넷째, 제1항 및 제2항에 따른 공표의 절차 · 방법, 그 밖에 필요한 사항은 대통령령으로 정한다. **[본조신설 2013. 6. 4.] [시행일: 2021. 12. 9.] 제49조의3**

다 함께 생각해 보기

1. 보육교사의 아동학대에 대한 본인의 견해를 나누시오.
2. 학대피해를 경험한 아동에게 미치는 부정적인 영향에 대해 토의하시오.
3. 사회복지서비스의 질을 높여 아동학대 피해 예방 증진에 이바지할 수 있는 방안에 대해 토의해 봅시다.

제18장 성매매방지 및 피해자보호 등에 관한 법률

(약칭: 성매매피해자보호법)

[시행 2018. 9. 14.] [법률 제15450호, 2018. 3. 13., 일부개정]

1. 성매매방지 및 피해자보호 등에 관한 법률

1) 개요

(1) 목적(1조)

이 법은 성매매를 방지하고, 성매매피해자 및 성을 파는 행위를 한 사람의 보호, 피해회복 및 자립 · 자활을 지원하는 것을 목적으로 한다.

(2) 용어(2조)

이 법에서 사용하는 용어의 뜻은 다음과 같다.

① "성매매"란 「성매매알선 등 행위의 처벌에 관한 법률」 제2조제1항제1호에 따른 행위를 말한다.

② "성매매알선등행위"란 「성매매알선 등 행위의 처벌에 관한 법률」 제2조제1항제2호에 따른 행위를 말한다.

③ "성매매 목적의 인신매매"란 「성매매알선 등 행위의 처벌에 관한 법률」 제2조제1항제3호에 따른 행위를 말한다.

④ "성매매피해자"란 「성매매알선 등 행위의 처벌에 관한 법률」 제2조제1항제4호에 따른 사람을 말한다.

⑤ "성접대"란 거래나 업무 관계에 있는 상대방에게 거래나 업무행위에 대한 대가로서 성을 제공하거나 알선 · 권유하는 행위를 말한다.

(3) 국가 등의 책임(3조)

첫째, 국가와 지방자치단체는 성매매를 방지하고, 성매매피해자 및 성을 파는 행위를 한 사람(이하 "성매매피해자등"이라 한다)의 보호, 피해 회복 및 자립 · 자활을 지원하기 위하여 다음 각 호의 사항에 대한 법적 · 제도적 장치를 마련하고 필요한 행정적 · 재정적 조치를 하여야 한다.

① 성매매, 성매매알선등행위 및 성매매 목적의 인신매매 신고체계의 구축 · 운영

② 성매매, 성매매알선등행위 및 성매매 목적의 인신매매를 방지하기 위한 조사 · 연구 · 교육 · 홍보, 법령 정비 및 정책 수립

③ 성매매피해자등의 보호와 자립을 지원하기 위한 시설(외국인을 위한 시설을 포함한다)의 설치 · 운영

④ 성매매피해자등에 대한 주거지원, 직업훈련, 법률구조 및 그 밖의 지원 서비스 제공

⑤ 성매매피해자등에 대한 보호 · 지원을 원활히 하기 위한 관련 기관 간 협력체계의 구축 · 운영

⑥ 성매매, 성매매알선등행위 예방을 위한 유해환경 감시

둘째, 국가는 성매매 목적의 인신매매 방지를 위한 국제협력을 증진하기 위하여 노력하여야 한다.

2) 주요내용

(1) 성매매 실태조사(4조)

첫째, 여성가족부장관은 3년마다 국내외 성매매 실태조사(성접대 실태조사를 포함한다. 이하 같다)를 실시하여 성매매 실태에 관한 종합보고서를 발간하고, 이를 성매매의 예방을 위한 정책수립에 기초자료로 활용하여야 한다.

둘째, 여성가족부장관은 제1항에 따른 성매매 실태조사를 위하여 필요하다고 인정하는 경우에는 관계 중앙행정기관의 장, 지방자치단체의 장 및 관련 단체의 장에게 자료 제출 또는 조사업무의 수행에 필요한 협조를 요청할 수 있다. 이 경우 자료 제출 또는 협조 요청을 받은 자는 특별한 사유가 없으면 이에 따라야 한다.

셋째, 제1항에 따른 성매매 실태조사의 방법과 내용 등에 필요한 사항은 여성가족부령으로 정한다.

(2) 성매매 예방교육(5조)

첫째, 국가기관, 지방자치단체, 초 · 중 · 고등학교, 그 밖에 대통령령으로 정하는 공공단체(이하 "국가기관등"이라 한다)의 장은 성에 대한 건전한 가치관 함양과 성매매 방지 및 인권보호를 위하여 성매매 예방교육을 실시하고, 그 결과를 여성가족부장관에게 제출하여야 한다.

둘째, 제1항에 따른 예방교육을 실시하는 경우 「성폭력방지 및 피해자보호 등에 관한 법률」 제5조에 따른 성교육 및 성폭력 예방교육, 「양성평등기본법」 제31조에 따른 성희롱 예방교육 및 「가정폭력방지 및 피해자보호 등에 관한 법률」 제4조의3에 따른 가정폭력 예방교육 등을 성평등 관점에서 통합하여 실시할 수 있다. 〈개정 2014. 5. 28.〉

셋째, 여성가족부장관 또는 특별시장 · 광역시장 · 특별자치시장 · 도지사 · 특별자치도지사(이하 "시 · 도지사"라 한다)는 제1항에 따른 교육의 대상이 아닌 국민에게 성매매 및 성매매 목적의 인신매매 방지와 성매매피해자등의 인권 보호를 위하여 필요한 교육을 실시할 수 있다. 이 경우 여성가족부장관 또는 시 · 도지사는 교육에 관한 업무를 제17조에 따른 성매매피해상담소 또는 대통령령으로 정하는 교육기관에 위탁할 수 있다. 〈개정 2018. 4. 17.〉

넷째, 여성가족부장관은 제1항과 제2항에 따른 교육을 효과적으로 실시하기 위하여 전문강사를 양성하고 교육프로그램을 개발 · 보급하여야 한다.

다섯째, 여성가족부장관은 제1항에 따른 국가기관등의 성매매 예방교육 실시 결과에 대한 점검을 대통령령으로 정하는 바에 따라 매년 실시하여야 한다.

여섯째, 여성가족부장관은 제5항에 따른 점검결과 교육이 부실하다고 인정되는 국가기관등에 대하여 대통령령으로 정하는 바에 따라 관리자 특별교육 등 필요한 조치를 취하여야 한다.

일곱째, 여성가족부장관은 제5항에 따른 점검결과를 「정부업무평가 기본법」 제14조제1항 및 제18조제1항에 따른 중앙행정기관 및 지방자치단체의 자체평가, 「공공기관의 운영에 관한 법률」 제48조제1항에 따른 공기업 · 준정부기관의 경영실적 평가, 「지방공기업법」 제78조제1항에 따른 지방공기업의 경영평가, 「초 · 중등교육법」 제9조제2항에 따른 학교 평가에 반영하도록 해당 기관 · 단체의 장에게 요구할 수 있다.

여덟째, 여성가족부장관은 제5항에 따른 점검결과를 대통령령으로 정하는 바에 따라 언론 등에 공표하여야 한다. 다만, 다른 법률에서 공표를 제한하고 있는 경우에는 그러하지 아니하다.

아홉째, 제1항에 따른 성매매 예방교육의 내용과 방법, 결과 제출 절차 등에 필요한 사항은 대통령령으로 정한다.

(3) 성매매 방지 홍보영상의 제작 · 배포 · 송출(6조)

첫째, 여성가족부장관은 성매매, 성매매알선등 행위, 성매매 목적의 인신매매를 방지하고 성매매피해자등을 지원하기 위한 홍보영상을 제작하여 「방송법」 제2조제3호에 따른 방송사업자에게 배포하여야 한다.

둘째, 여성가족부장관은 「방송법」 제2조제3호가목의 지상파방송사업자(이하 "방송사업자"라 한다)에게 같은 법 제73조제4항에 따라 대통령령으로 정하는 비상업적 공익광고 편성비율의 범위에서 제1항의 홍보영상을 채널별로 송출하도록 요청할 수 있다.

셋째, 방송사업자는 제1항의 홍보영상 외에 독자적으로 홍보영상을 제작하여 송출할 수 있다. 이 경우 여성가족부장관에게 필요한 협조 및 지원을 요청할 수 있다.

(4) 성매매 추방주간(7조)

성매매 및 성매매 목적의 인신매매에 대한 사회적 경각심을 높이고 해당 범죄를 예방하기 위하여 대통령령으로 정하는 바에 따라 1년 중 1주간을 성매매 추방주간으로 한다.

(5) 성매매피해자등 및 가족의 취학 지원(8조)

첫째, 국가와 지방자치단체는 성매매피해자등 또는 그 가족이 「초 · 중등교육법」 제2조에 따른 각급 학교의 학생인 경우 주소지 외의 지역에서 취학(입학, 재입학, 전학 및 편입학을 포함한다. 이하 이 조에서 같다)할 필요가 있을 때에는 그 취학이 원활히 이루어지도록 지원하여야 한다. 이 경우 취학을 지원하는 관계자 및 관계 기관은 성매매피해자등 및 그 가족의 사생활이 침해되지 아니하도록 유의하여야 한다.

둘째, 출석일수 산입 등 제1항에 따른 취학 지원에 필요한 사항은 대통령령으로 정한다.

(6) 지원시설의 종류(9조)

첫째, 성매매피해자등을 위한 지원시설(이하 "지원시설"이라 한다)의 종류는 다음 각 호와 같다.

① 일반 지원시설: 성매매피해자등을 대상으로 1년의 범위에서 숙식을 제공하고 자

립을 지원하는 시설

② 청소년 지원시설: 19세 미만의 성매매피해자등을 대상으로 19세가 될 때까지 숙식을 제공하고, 취학 · 교육 등을 통하여 자립을 지원하는 시설

③ 외국인 지원시설: 외국인 성매매피해자등을 대상으로 3개월(「성매매알선 등 행위의 처벌에 관한 법률」 제11조에 해당하는 경우에는 그 해당 기간)의 범위에서 숙식을 제공하고, 귀국을 지원하는 시설

④ 자립지원 공동생활시설: 성매매피해자등을 대상으로 2년의 범위에서 숙박 등의 편의를 제공하고, 자립을 지원하는 시설

둘째, 일반 지원시설의 장은 1년 6개월의 범위에서 여성가족부령으로 정하는 바에 따라 지원기간을 연장할 수 있다.

셋째, 청소년 지원시설의 장은 2년의 범위에서 여성가족부령으로 정하는 바에 따라 지원기간을 연장할 수 있다.

넷째, 자립지원 공동생활시설의 장은 2년의 범위에서 여성가족부령으로 정하는 바에 따라 지원기간을 연장할 수 있다.

다섯째, 제2항부터 제4항까지의 규정에도 불구하고 성매매피해자등이 「장애인차별금지 및 권리구제 등에 관한 법률」 제2조제2항에 따른 장애인인 경우 여성가족부령으로 정하는 바에 따라 피해 회복에 소요되는 기간까지 지원기간을 연장할 수 있다.

(7) 지원시설의 설치(10조)

첫째, 국가 또는 지방자치단체는 지원시설을 설치 · 운영할 수 있다.

둘째, 국가나 지방자치단체 외의 자가 지원시설을 설치 · 운영하려면 특별자치시장 · 특별자치도지사, 시장 · 군수 · 구청장(자치구의 구청장을 말한다. 이하 같다)에게 신고하여야 한다. 신고한 사항 중 여성가족부령으로 정하는 중요 사항을 변경하려는 경우에도 또한 같다. 〈개정 2018. 3. 13.〉

셋째, 특별자치시장 · 특별자치도지사, 시장 · 군수 · 구청장은 제2항에 따른 신고를

받은 날부터 10일 이내(변경신고의 경우 5일 이내)에 신고수리 여부 또는 민원 처리 관련 법령에 따른 처리기간의 연장을 신고인에게 통지하여야 한다. 〈신설 2018. 3. 13.〉

넷째, 지원시설의 설치기준 · 신고절차 및 종사자의 자격기준 · 수 등에 필요한 사항은 여성가족부령으로 정한다. 〈개정 2018. 3. 13.〉

(8) 지원시설의 업무(11조)

첫째, 일반 지원시설은 숙식 제공, 심리적 안정과 피해 회복을 위한 상담 및 치료, 질병치료와 건강관리를 위하여 의료기관에 인도(引渡)하는 등의 의료지원, 수사기관의 조사와 법원의 증인신문(證人訊問)에의 동행, 「법률구조법」 제8조에 따른 대한법률구조공단 등 관계 기관에 필요한 협조와 지원 요청, 자립 · 자활 교육의 실시와 취업정보 제공, 「국민기초생활 보장법」 등 사회보장 관계 법령에 따른 급부(給付)의 수령 지원, 기술교육(위탁교육을 포함한다), 다른 법률에서 지원시설에 위탁한 사항, 그 밖에 여성가족부령으로 정하는 사항의 업무를 수행한다.

둘째, 청소년 지원시설은 제1항 각 호의 업무 외에 진학을 위한 교육을 제공하거나 교육기관에 취학을 연계하는 업무를 수행한다.

셋째, 외국인 지원시설은 제1항제1호부터 제5호까지 및 제9호의 업무와 귀국을 지원하는 업무를 수행한다.

넷째, 자립지원 공동생활 시설은 숙박 지원, 취업 및 창업을 위한 정보 제공, 그 밖에 사회 적응을 위하여 필요한 지원으로서 여성가족부령으로 정하는 사항의 업무를 수행한다.

(9) 지원시설 입소 등(12조)

첫째, 지원시설에 들어가려는 사람은 해당 지원시설의 입소규정을 지켜야 한다.

둘째, 지원시설에서 제공하는 프로그램을 이용하려는 사람은 해당 지원시설의 이용

규정을 지켜야 한다.

셋째, 지원시설의 장은 입소규정이나 이용규정을 지키지 아니하거나 그 밖에 단체생활을 현저히 해치는 행위를 하는 입소자나 이용자에 대하여는 퇴소 또는 이용 중단 등 필요한 조치를 할 수 있다.

넷째, 지원시설의 입소절차, 이용절차, 입소규정 및 이용규정 등에 필요한 사항은 여성가족부령으로 정한다.

(10) 지원시설의 운영(13조)

첫째, 지원시설의 장은 입소자 또는 이용자의 인권을 최대한 보장하여야 한다.

둘째, 지원시설의 장은 입소자 및 이용자의 사회 적응능력 등을 기를 수 있도록 상담, 교육, 정보를 제공하고, 신변 보호 등에 필요한 지원을 하여야 한다.

셋째, 지원시설의 장은 입소자의 건강관리를 위하여 입소 후 1개월 이내에 건강진단을 실시하고, 건강에 이상이 발견된 경우에는 「의료급여법」에 따른 의료급여를 받게 하는 등 필요한 조치를 하여야 하며, 필요한 경우 의료기관에 질병치료 등을 의뢰할 수 있다.

넷째, 지원시설의 운영방법 · 운영기준 등에 필요한 사항은 여성가족부령으로 정한다.

(11) 지원시설에 대한 보호비용 지원(14조)

첫째, 국가 또는 지방자치단체는 제9조의 지원시설 중 일반 · 청소년 · 외국인 지원시설에 입소한 성매매피해자등의 보호를 위하여 필요한 경우 생계비, 아동교육지원비, 아동양육비, 그 밖에 대통령령으로 정하는 비용을 해당 지원시설의 장 또는 지원시설에 입소한 성매매피해자등에게 지원할 수 있다. 다만, 지원시설에 입소한 성매매피해자등이 「국민기초생활 보장법」 등 다른 법령에 따라 지원을 받고 있는 경우에는 그 범위에서 이 법에 따른 지원을 하지 아니한다.

둘째, 제1항에 따른 보호비용의 지원 방법 및 절차 등에 필요한 사항은 여성가족부령으로 정한다.

(12) 자활지원센터의 설치 및 운영(15조)

첫째, 국가 또는 지방자치단체는 성매매피해자등의 회복과 자립에 필요한 지원을 제공하기 위하여 자활지원센터를 설치 · 운영할 수 있다.

둘째, 국가 또는 지방자치단체 외의 자가 자활지원센터를 설치 · 운영하려면 특별자치시장 · 특별자치도지사, 시장 · 군수 · 구청장에게 신고하여야 한다. 신고한 사항 중 여성가족부령으로 정하는 중요 사항을 변경하려는 경우에도 또한 같다. **〈개정 2018. 3. 13.〉**

셋째, 특별자치시장 · 특별자치도지사, 시장 · 군수 · 구청장은 제2항에 따른 신고를 받은 날부터 10일 이내(변경신고의 경우 5일 이내)에 신고수리 여부 또는 민원 처리 관련 법령에 따른 처리기간의 연장을 신고인에게 통지하여야 한다. **〈신설 2018. 3. 13.〉**

넷째, 자활지원센터는 이 법에 따른 성매매피해자등이라면 누구라도 이용할 수 있다. **〈개정 2018. 3. 13.〉**

다섯째, 자활지원센터의 설치기준 · 신고절차, 이용규정 및 종사자의 자격기준 · 수 등에 필요한 사항은 여성가족부령으로 정한다. **〈개정 2018. 3. 13.〉**

(13) 자활지원센터의 업무(16조)

자활지원센터는 작업장 등의 설치 · 운영, 취업 및 기술교육(위탁교육을 포함한다), 취업 및 창업을 위한 정보의 제공, 그 밖에 사회 적응을 위하여 필요한 지원으로서 여성가족부령으로 정하는 사항의 업무를 수행한다.

(14) 상담소의 설치(17조)

첫째, 국가 또는 지방자치단체는 성매매피해상담소(이하 "상담소"라 한다)를 설치 · 운영할 수 있다.

둘째, 국가 또는 지방자치단체 외의 자가 상담소를 설치 · 운영하려면 특별자치시장 · 특별자치도지사, 시장 · 군수 · 구청장에게 신고하여야 한다. 신고한 사항 중 여성가족부령으로 정하는 중요 사항을 변경하려는 경우에도 또한 같다. 〈개정 2018. 3. 13.〉

셋째, 특별자치시장 · 특별자치도지사, 시장 · 군수 · 구청장은 제2항에 따른 신고를 받은 날부터 10일 이내(변경신고의 경우 5일 이내)에 신고수리 여부 또는 민원 처리 관련 법령에 따른 처리기간의 연장을 신고인에게 통지하여야 한다. 〈신설 2018. 3. 13.〉

넷째, 상담소에는 상담실을 두어야 하며, 이용자를 임시로 보호하기 위한 보호실을 운영할 수 있다. 〈개정 2018. 3. 13.〉

다섯째, 상담소의 설치기준 · 신고절차 · 운영기준, 상담원 등 종사자의 자격기준 및 수 등에 필요한 사항은 여성가족부령으로 정한다. 〈개정 2018. 3. 13.〉

(15) 상담소의 업무(18조)

상담소는 상담 및 현장 방문, 지원시설 이용에 관한 고지 및 지원시설에의 인도 또는 연계, 성매매피해자등의 구조, 제11조제1항제3호부터 제5호까지의 업무, 성매매 예방을 위한 홍보와 교육, 다른 법률에서 상담소에 위탁한 사항, 성매매피해자등의 보호를 위한 조치로서 여성가족부령으로 정하는 사항의 업무를 수행한다.

(16) 성매매방지중앙지원센터의 설치 등(19조)

첫째, 국가는 성매매방지활동 및 성매매피해자등에 대한 지원서비스 전달체계의 효율적인 연계 · 조성 등을 위하여 성매매방지중앙지원센터(이하 "중앙지원센터"라 한다)를 설치 · 운영할 수 있다.

둘째, 중앙지원센터는 다음 각 호의 업무를 수행한다.

① 이 법에 규정된 지원시설 · 자활지원센터 · 상담소(이하 "상담소등"이라 한다) 간 종합 연계망 구축

② 성매매피해자등 구조체계 구축 · 운영 및 성매매피해자등 구조활동의 지원

③ 법률 · 의료 지원단 운영 및 법률 · 의료 지원체계 확립

④ 성매매피해자등의 자립 · 자활 프로그램 개발 · 보급

⑤ 성매매피해자등에 대한 지원대책 연구 및 홍보활동

⑥ 성매매 실태조사 및 성매매 방지대책 연구

⑦ 성매매 예방교육프로그램의 개발

⑧ 상담소등 종사자의 교육 및 상담원 양성, 상담기법의 개발 및 보급

⑨ 그 밖에 여성가족부령으로 정하는 사항

셋째, 중앙지원센터의 운영은 여성가족부령으로 정하는 바에 따라 비영리법인 또는 단체에 위탁할 수 있다.

넷째, 그 밖에 중앙지원센터의 조직 · 운영 및 종사자의 자격기준 등에 관하여 필요한 사항은 대통령령으로 정한다.

(17) 보수교육의 실시(20조)

첫째, 여성가족부장관 또는 시 · 도지사는 상담소등의 종사자의 자질을 향상시키기 위하여 보수교육을 실시하여야 한다. 〈개정 2018. 4. 17.〉

둘째, 여성가족부장관 또는 시 · 도지사는 제1항에 따른 보수교육에 관한 업무를 중앙지원센터 또는 대통령령으로 정하는 전문기관에 위탁할 수 있다.

셋째, 제1항에 따른 보수교육의 내용 · 기간 및 방법 등에 필요한 사항은 여성가족부령으로 정한다.

(18) 수사기관의 협조(21조)

첫째, 상담소의 장은 성매매피해자등을 긴급히 구조할 필요가 있는 경우에는 관할 국가경찰관서의 장에게 그 소속 직원의 동행을 요청할 수 있으며, 요청을 받은 국가경찰관서의 장은 특별한 사유가 없으면 이에 따라야 한다.

둘째, 상담소의 장은 본인 또는 상담소 직원이 성매매, 성매매알선등행위 및 성매매 목적의 인신매매 방지 등을 위하여 업소 및 지역을 현장방문하거나 출입하고자 할 때 업무를 원활히 수행할 수 있도록 수사기관 및 행정기관의 지원을 요청할 수 있다.

(19) 성매매피해자등의 의사 존중(22조)

상담소등의 장은 성매매피해자등이 밝힌 의사에 반(反)하여 지원시설에 들어가게 하거나 제17조제4항의 보호를 할 수 없다. 〈개정 2018. 3. 13.〉

(20) 상담소등의 폐쇄 등(31조)

첫째, 여성가족부장관, 시 · 도지사 또는 시장 · 군수 · 구청장은 상담소등이 다음 각 호의 어느 하나에 해당하는 경우에는 업무 정지 또는 폐지를 명하거나 상담소등을 폐쇄할 수 있다. 〈개정 2018. 3. 13.〉

① 상담소등이 제10조제4항, 제15조제5항 또는 제17조제5항에 따른 설치기준에 미달하게 된 경우

② 정당한 사유 없이 제27조제1항에 따른 보고를 하지 아니하거나 거짓으로 보고한 경우

③ 제29조를 위반한 경우

④ 상담소등의 장 또는 그 종사자들이 입소자 · 이용자에 대하여 「성폭력범죄의 처벌 등에 관한 특례법」 제2조제1항의 범죄를 범한 경우

⑤ 「사회복지사업법」 제40조제1항제3호 또는 제4호에 해당하는 경우

⑥ 이 법 또는 이 법에 따른 명령을 위반한 경우

둘째, 제1항에 따라 업무 정지 또는 폐지를 명하거나 상담소등을 폐쇄하려면 청문을 하여야 한다.

셋째, 여성가족부장관, 시 · 도지사 또는 시장 · 군수 · 구청장은 상담소등이 제1항에 따라 업무가 정지 또는 폐지되거나 상담소등이 폐쇄되는 경우에는 해당 시설을 이용하는 사람이 다른 시설로 옮길 수 있도록 하는 등 여성가족부령으로 정하는 바에 따라 시설 이용자의 권익을 보호하기 위하여 필요한 조치를 하여야 한다. **〈신설 2016. 3. 2.〉**

넷째, 제1항에 따른 처분의 세부종류 및 기준에 필요한 사항은 여성가족부령으로 정한다. **〈개정 2016. 3. 2.〉**

(21) 상담소 연락처 등의 게시(32조)

첫째, 「식품위생법」에 따른 식품접객업 중 유흥종사자를 둘 수 있는 식품접객업의 영업자 또는 대통령령으로 정하는 업소의 영업자는 성매매 및 성매매알선등행위의 신고에 관한 사항, 성매매피해자등 보호와 지원 등에 관한 상담소 업무와 연락처 등에 관한 사항, 「성매매알선 등 행위의 처벌에 관한 법률」 제10조제1항에 따른 불법원인으로 인한 채권무효에 관한 사항, 그 밖에 대통령령으로 정하는 사항에 해당하는 사항을 해당 사업장 안의 보기 쉬운 곳에 게시하여야 한다.

둘째, 제1항에 따른 게시물의 크기, 게시 장소, 그 밖에 게시에 필요한 사항은 대통령령으로 정한다.

(22) 정보통신서비스 제공자 및 온라인서비스제공사의 의무(33조)

첫째, 「정보통신망 이용촉진 및 정보보호 등에 관한 법률」 제2조제1항제3호의 정보통신서비스 제공자 또는 「저작권법」 제2조제30호의 온라인서비스제공자는 「정보통신망 이용촉진 및 정보보호 등에 관한 법률」 제2조제1항제1호의 정보통신망을 이용하여

2명 이상이 실시간으로 대화할 수 있는 기능이 포함된 디지털콘텐츠로서, 컴퓨터, 이동통신단말장치에서 이용되는 웹 사이트 및 애플리케이션(Application) 등 대통령령으로 정하는 디지털콘텐츠의 대화 화면에 다음 각 호의 사항을 이용자가 알아보기 쉽게 게시하여야 한다. 〈개정 2016. 12. 20., 2018. 3. 13.〉

① 「성매매알선 등 행위의 처벌에 관한 법률」 제2조제1항의 내용
② 성매매가 처벌 대상이라는 사실
③ 「아동 · 청소년의 성보호에 관한 법률」 제59조제1항에 따른 신고 포상금에 대한 안내문
④ 「성매매알선 등 행위의 처벌에 관한 법률」 제28조제1항에 따른 신고 보상금에 대한 안내문
⑤ 그 밖에 대통령령으로 정하는 사항

둘째, 제1항에 따른 게시물의 내용, 크기, 게시 방법 등에 필요한 사항은 대통령령으로 정한다.

다 함께 생각해 보기

1. 「성매매 방지법」의 목적에 대해서 정리하여 봅시다.
2. 성매매 근절을 위한 성매매 가해자 처벌에 수위를 높이는 방안에 대해 토의해 봅시다.
3. 성매매 업소 실태를 조사하고 성매매 근절을 위한 방안에 대해 토의해 봅시다.

제19장 일제하 일본군위안부 피해자에 대한 보호·지원 및 기념사업 등에 관한 법률

(약칭: 위안부피해자법) [시행 2020. 12. 10.]
[법률 제17440호, 2020. 6. 9., 일부개정]

1. 일제하 일본군위안부 피해자에 대한 보호·지원 및 기념사업 등에 관한 법률

1) 개요

(1) 목적(1조)

이 법은 일제에 의하여 강제로 동원되어 위안부로서의 생활을 강요당한 피해자를 보호·지원하고, 일본군위안부 피해자의 명예 회복과 진상 규명을 위한 기념사업을 수행함으로써 이들의 생활 안정과 복지 증진을 꾀하고 국민의 올바른 역사관 정립과 인권 증진에 이바지함을 목적으로 한다.

(2) 용어(2조)

첫째, "일본군위안부 피해자"란 일제에 의하여 강제로 동원되어 성적(性的) 학대를 받으며 위안부로서의 생활을 강요당한 피해자를 말한다.

둘째, "생활안정지원대상자"란 일본군위안부 중 생존자로서 제3조에 따라 등록된 사람을 말한다. [전문개정 2008. 12. 19.]

(3) 국가의 의무(제2조의2)

첫째, 국가는 일제하 일본군위안부 피해자의 명예 회복과 인권 증진 및 이와 관련한 진상 규명, 올바른 역사교육 등을 위하여 국내외적으로 적극 노력하여야 하며, 이에 필요한 조직과 예산을 확보하여야 한다. **〈개정 2014. 3. 24.〉**

둘째, 국가는 국내외적으로 일본군위안부 피해자를 적극적으로 찾아내고 일본군위안부 피해자가 안정적인 생활을 유지할 수 있도록 필요한 조치를 마련하여야 한다. **〈개정 2014. 3. 24.〉**

셋째, 국가는 일본군위안부 피해자의 권리 · 의무와 관련된 정책을 수립할 경우 일본군위안부 피해자(그 대리인을 포함한다)의 의견을 청취하여야 하며, 정책의 주요내용을 국민에게 적극 공개하여야 한다. **〈신설 2017. 12. 12.〉**

(4) 결정 및 등록(3조)

첫째, 생활안정지원대상자가 되려는 사람은 대통령령으로 정하는 바에 따라 여성가족부장관에게 등록신청을 하여야 한다. 다만, 본인이 신청할 수 없는 경우 그 보호자가 대신하여 등록신청을 할 수 있다. **〈개정 2010. 1. 18., 2014. 3. 24.〉**

둘째, 여성가족부장관은 제1항에 따른 등록신청을 받으면 제6조에 따른 일본군위안부 피해자 지원 및 기념사업 심의위원회의 심의를 거쳐 신청인이 생활안정지원대상자인지 여부를 결정하여야 한다. **〈개정 2010. 1. 18., 2017. 12. 12.〉**

셋째, 여성가족부장관은 제2항의 결정을 하면 이를 등록하고, 그 결과를 즉시 신청인에게 알려야 한다. **〈개정 2010. 1. 18., 2017. 12. 12.〉**

넷째, 제1항 단서의 보호자의 구체적인 범위는 대통령령으로 정한다. **〈신설 2014. 3. 24.〉**

(5) 생활안정지원대상자에 대한 지원의 내용(4조)

첫째, 국가는 생활안정지원대상자에게 다음 「국민기초생활 보장법」에 따른 생계급여, 「의료급여법」에 따른 의료급여, 「의료급여법」에 따른 본인부담금 및 비급여비용의 지원, 생활안정지원금의 지급, 간병인 지원, 장제비 지원을 한다. 〈개정 2017. 12. 12., 2020. 6. 9.〉

둘째, 제1항의 지원을 할 때 생활안정지원대상자는 「국민기초생활 보장법」 제2조제1호에 따른 수급권자 및 「의료급여법」 제3조에 따른 수급권자로 보며, 「국민기초생활 보장법」 제3조제2항은 적용하지 아니한다. 〈개정 2016. 3. 2.〉

셋째, 제1항제3호부터 제6호까지에 따른 본인부담금 및 비급여비용의 지원, 생활안정지원금의 지급, 간병인 지원에 드는 비용 및 장제비는 국가가 부담한다. 〈개정 2017. 12. 12., 2020. 6. 9.〉

넷째, 제3항에 따른 생활안정지원금의 지급, 간병인 및 장제비 지원의 기준 및 방법 등에 필요한 사항은 대통령령으로 정한다. 〈신설 2017. 12. 12.〉

2) 주요내용

(1) 임대주택의 우선 임대(5조)

국가 · 지방자치단체 또는 「한국토지주택공사법」에 따른 한국토지주택공사는 「주택법」에 따라 건설하는 임대주택을 임대하는 경우에는 생활안정지원대상자 중 주택을 소유하지 아니한 사람에 대하여 국토교통부장관이 정하는 바에 따라 우선 임대하여야 한다. 〈개정 2012. 12. 18., 2013. 3. 23.〉

(2) 일본군위안부 피해자 보호시설(제5조의2)

첫째, 국가나 지방자치단체, 「사회복지사업법」에 따른 사회복지법인과 그 밖의 비영리법인(이하 이 조에서 "사회복지법인등"이라 한다)은 일본군위안부 피해자 보호시설(이하 이 조에서 "보호시설"이라 한다)을 설치 · 운영할 수 있다.

둘째, 국가나 지방자치단체는 사회복지법인등이 설치 · 운영하는 보호시설에 대하여 운영비용을 지원할 수 있다.

(3) 일본군위안부 피해자 지원 및 기념사업 심의위원회(6조)

첫째, 다음 사항을 심의하기 위하여 여성가족부에 일본군위안부 피해자 지원 및 기념사업 심의위원회(이하 "심의위원회"라 한다)를 둔다. 〈**개정** 2010. 1. 18., 2017. 12. 12.〉

① 생활안정지원대상자 등록신청 사항의 사실 여부

② 생활안정지원대상자의 지원에 관한 사항

③ 제11조에 따른 기념사업 등에 관한 사항

④ 그 밖에 여성가족부장관이 심의위원회의 심의에 부치는 사항

둘째, 심의위원회의 구성 및 운영 등에 필요한 사항은 대통령령으로 정한다.

(4) 협조요청(7조)

심의위원회는 생활안정지원대상자 여부를 심의하기 위하여 필요한 경우에는 신청인 본인, 증인 또는 참고인으로부터 증언 또는 진술을 듣거나, 행정기관이나 그 밖의 관계 기관에 대하여 필요한 협조를 요청할 수 있다.

(5) 권리의 보호(8조)

이 법에 따른 생활안정지원금을 지급받을 권리는 양도하거나 담보로 제공할 수 없으며, 압류할 수 없다.

(6) 생활안정지원금의 환수(9조)

첫째, 여성가족부장관은 이 법에 따라 생활안정지원금을 받은 사람이 거짓이나 그 밖의 부정한 방법으로 생활안정지원금을 지급받은 경우, 과오급(過誤給)된 경우의 어느 하나에 해당하는 경우에는 생활안정지원금의 전부 또는 일부를 환수할 수 있다. 〈개정 2010. 1. 18.〉

둘째, 여성가족부장관은 제1항에 따라 환수하는 경우 생활안정지원금을 반환할 사람이 정하여진 날까지 이를 반환하지 아니하면 국세 체납처분의 예에 따라 징수한다. 〈개정 2010. 1. 18.〉

(7) 실태조사(10조)

첫째, 여성가족부장관은 매년 생활안정지원대상자의 생활실태 및 정책만족도 등을 파악하기 위한 실태조사를 실시하여야 한다. 〈개정 2020. 6. 9.〉

둘째, 특별시장 · 광역시장 · 특별자치시장 · 도지사 또는 특별자치도지사는 제1항에 따른 실태조사가 원활히 수행될 수 있도록 적극 협조하여야 한다. 〈신설 2020. 6. 9.〉

셋째, 제1항에 따른 실태조사의 시기 · 내용 · 방법 등에 필요한 사항은 대통령령으로 정한다. 〈개정 2020. 6. 9.〉

(8) 기념사업 등(11조)

첫째, 국가와 지방자치단체는 일본군위안부와 관련한 다음 각 호의 사업을 수행할 수 있다. 〈개정 2014. 3. 24., 2017. 12. 12.〉

① 일본군위안부 피해자에 관한 기념사업

② 일본군위안부 피해자에 관한 역사적 자료의 수집 · 보존 · 관리 · 전시 및 조사 · 연구

③ 일본군위안부 피해자에 관한 교육 · 홍보 및 학예활동

④ 일본군위안부 피해자의 명예회복을 위한 국제교류 및 공동조사 등 국내외활동
⑤ 일본군위안부 피해자를 위한 추도공간 조성 등 위령사업
⑥ 제1호부터 제5호까지의 사업에 딸린 사업

둘째, 제1항에 따른 사업을 수행하기 위하여 필요한 사항은 대통령령으로 정한다.

(9) 일본군위안부 피해자 기림의 날(제11조의2)

첫째, 일본군위안부 문제를 국내외에 알리고 일본군위안부 피해자를 기리기 위하여 매년 8월 14일을 일본군위안부 피해자 기림의 날로 한다.

둘째, 국가와 지방자치단체는 제1항에 따른 일본군위안부 피해자 기림의 날의 취지에 맞는 행사와 홍보를 실시하도록 노력하여야 한다. **[본조신설 2017. 12. 12.]**

(10) 국적 회복 등의 지원(제11조의3)

첫째, 국가와 지방자치단체는 일본군위안부 피해자 중 대한민국 국적을 회복하지 못한 채 외국에 거주하는 사람에 대하여 필요한 지원을 하여야 한다.

둘째, 제1항에 따른 지원에 관한 사항은 국적 회복과 고국 방문 등을 포함하여 대통령령으로 정한다.

(11) 법률상담 등(제11조의4)

첫째, 국가는 일본군위안부 피해자에게 명예훼손 및 손해배상 등에 관하여 법률상담과 소송대리(訴訟代理) 등의 지원(이하 "법률상담등"이라 한다)을 할 수 있다.

둘째, 여성가족부장관은 「법률구조법」 제8조에 따른 대한법률구조공단 또는 대통령령으로 정하는 그 밖의 기관에 법률상담등을 요청할 수 있다.

셋째, 법률상담등에 드는 비용은 대통령령으로 정하는 바에 따라 국가가 부담할 수 있다.

넷째, 법률상담등의 요건과 내용 및 절차 등은 대통령령으로 정한다. [본조신설 2012. 12. 18.] [제11조의3에서 이동 〈2017. 12. 12.〉]

다 함께 생각해 보기

1. 「일본군 위안부 피해자에 대한 보호·지원 및 기념사업 등에 관한 법률」의 목적에 대해서 정리하여 봅시다.
2. 일본군 위안부 피해자를 위한 사회복지의 증진에 이바지할 수 있는 방안에 대해 토의해 봅시다.

부록

- 장애아동 복지지원법 시행령
- 노인복지법
- 노인장기요양보험법 시행규칙
- 사회보장급여의 이용 · 제공 및 수급권자발굴에 관한 법률 시행령
- 장애인고용촉진 및 직업재활법 시행규칙
- 장애인복지법

장애아동 복지지원법 시행령

[시행 2021. 6. 30.] [대통령령 제31842호, 2021. 6. 29., 일부개정]

【제정 · 개정이유】

[일부개정]

◇ 개정이유 및 주요내용

장애아동의 복지 지원 업무를 보다 효율적이고 안정적으로 수행하기 위하여 중앙장애아동지원센터의 운영에 관한 보건복지부장관의 업무를 공공기관에 위탁할 수 있도록 하고, 시 · 군 · 구 외에 시 · 도에도 지역장애아동지원센터를 설치할 수 있도록 하며, 시 · 도지사는 지역장애아동지원센터의 운영을 공공기관에 위탁할 수 있도록 하는 등의 내용으로 「장애아동 복지지원법」이 개정(법률 제17789호, 2020. 12. 29. 공포, 2021. 6. 30. 시행)됨에 따라, 중앙장애아동지원센터와 지역장애아동지원센터의 운영에 관한 보건복지부장관 및 시 · 도지사의 업무를 각각 한국장애인개발원에 위탁하는 한편,특별자치시장 · 특별자치도지사 · 시장 · 군수 · 구청장이 민감정보 등을 처리할 수 있는 사무의 범위에 장애의 조기발견을 위한 선별검사에 관한 사무, 의료비 지원에 관한 사무 등을 추가하려는 것임.

〈법제처 제공〉

【제정 · 개정문】

국무회의의 심의를 거친 장애아동 복지지원법 시행령 일부개정령을 이에 공포한다.

대통령 문재인 (인)

2021년 6월 29일

국무총리 김부겸

국무위원 보건복지부 장관 권덕철

⊙ 대통령령 제31842호

장애아동 복지지원법 시행령 일부개정령

장애아동 복지지원법 시행령 일부를 다음과 같이 개정한다.

제1조의2를 다음과 같이 신설한다.

제1조의2(장애아동지원센터 운영의 위탁) ① 보건복지부장관은 「장애아동 복지지원법」(이하 "법"이라 한다) 제8조제2항에 따라 중앙장애아동지원센터의 운영을 「장애인복지법」 제29조의2제1항에 따른 한국장애인개발원(이하 이 조에서 "한국장애인개발원"이라 한다)에 위탁한다.

② 특별시장 · 광역시장 · 특별자치시장 · 도지사 · 특별자치도지사는 법 제9조제4항에 따라 지역장애아동지원센터의 운영을 한국장애인개발원에 위탁한다.

제2조제1항 각 호 외의 부분 중 "「장애아동 복지지원법」(이하 "법"이라 한다) 제11조제1항"을 "법 제11조제1항"으로 한다.

제4조제1항 중 "특별자치도지사 · 시장 · 군수 · 구청장(구청장은 자치구의 구청장을 말한다. 이하 "시장 · 군수 · 구청장"이라 한다)"을 "특별자치시장 · 특별자치도지사 · 시장 · 군수 · 구청장(자치구의 구청장을 말한다. 이하 같다)"으로, "「사회복지사업법」 제6조의2제2항"을 "「사회복지사업법」 제6조의2제1항"으로, "제출하여야"를 "제출해야"로 하고, 같은 조 제6항 중 "시장 · 군수 · 구청장에게 통보하여야"를 "특별자치시장 · 특별자치도지사 · 시장 · 군수 · 구청장에게 통보해야"로 한다.

제7조 각 호 외의 부분 중 "시장 · 군수 · 구청장(법 제16조제1항 및 제17조제1항에 따라 시장 · 군수 · 구청장의 업무를 위탁받은 자를 포함한다)"을 "특별자치시장 · 특별자치도지사 · 시장 · 군수 · 구청장(법 제16조제1항 및 제17조제1항에 따라 특별자치시장 · 특별자치도지사 · 시장 · 군수 · 구청장의 업무를 위탁받은 자를 포함한다)"으로 하고, 같은 조 제1호부터 제3호까지를 각각 제2호부터 제4호까지로 하며, 같은 조에 제1호 및 제5호부터 제9호까지를 각각 다음과 같이 신설한다.

1. 법 제12조제1항에 따른 장애의 조기발견을 위한 선별검사에 관한 사무
5. 법 제19조에 따른 의료비 지원에 관한 사무
6. 법 제21조제1항에 따른 발달재활서비스 지원에 관한 사무
7. 법 제23조에 따른 가족지원에 관한 사무
8. 법 제24조에 따른 돌봄 및 일시적 휴식지원 서비스의 제공에 관한 사무
9. 법 제25조에 따른 지역사회 전환 서비스 지원에 관한 사무

부칙

이 영은 2021년 6월 30일부터 시행한다.

노인복지법

[시행 2021. 6. 30.] [법률 제17776호, 2020. 12. 29., 일부개정]

【제정 · 개정이유】

[일부개정]

◇ **개정이유**

현행법은 노인보호전문기관의 노인학대행위자에 대한 상담 · 교육 및 피해노인의 보호자 · 가족 등에 대한 사후관리를 규정하고 있는데, 해당 당사자가 이를 기피, 방해하는 사례가 발생하고 있어 노인보호전문기관의 상담 · 교육 및 사후관리의 실효성이 부족하다는 지적이 있는바, 노인보호전문기관의 교육 · 상담 및 사후관리를 기피, 방해하는 경우 300만원 이하의 과태료를 부과할 수 있도록 함으로써 노인학대의 재발을 방지하는 한편, 노인복지시설에서 무연고 사망자가 발생하는 경우 500만원 이하의 잔여재산에 대하여는 그 처리 절차를 간소화하는 등 현행 제도의 운영상 나타난 일부 미비점을 개선 · 보완하려는 것임.

◇ **주요내용**

가. 지역노인보호전문기관의 업무에 피해노인에 대한 법률 지원 요청을 추가하고, 학대피해노인 전용쉼터의 업무에 법률구조법인 등에 대한 협조 및 지원 요청을 추가함(제39조의5제2항제3호의2 및 제39조의19제2항제2호의2 신설).

나. 노인학대행위자는 정당한 사유가 없으면 노인보호전문기관의 장이 제공하는 상담 · 교육 및 심리적 치료 등을 받도록 하고, 이를 정당한 사유 없이 받지 아니한 경우 300만원 이하의 과태료를 부과함(제39조의16, 제61조의2제3항제1호 신설).

다. 피해노인의 보호자 · 가족은 정당한 사유 없이 노인보호전문기관의 사후관리 업무를 거부하거나 방해하여서는 아니 되며, 정당한 사유 없이 거부 · 방해한 경우 300만원 이하의 과태료를 부과함(제39조의20제5항 및 제61조의2제3항제2호 신설).

라. 노인주거복지시설 또는 노인의료복지시설에 입소 중인 사람이 사망하고 그 상속인의 존부가 분명하지 아니한 경우 「민법」에 따라 처리하되, 사망한 사람의 잔여재산이 500만원 이하인 경우 그 절차를 간소화할 수 있도록 함(제48조).

〈법제처 제공〉

【제정 · 개정문】

국회에서 의결된 노인복지법 일부개정법률을 이에 공포한다.

대통령 문재인 (인)

2020년 12월 29일

국무총리 정세균

국무위원 보건복지부 장관 권덕철

⊙ 법률 제17776호

노인복지법 일부개정법률

노인복지법 일부를 다음과 같이 개정한다.

제28조제3항에 후단을 다음과 같이 신설하고, 같은 조에 제4항을 다음과 같이 신설한다.

이 경우 복지실시기관 또는 노인복지시설의 장은 사망자가 유류한 금전 또는 유가증권을 그 장례에 필요한 비용에 충당할 수 있으며, 부족이 있을 때에는 유류물품을 처분하여 그 대금을 이에 충당할 수 있다.

④ 제3항 후단에 따른 장례비용 충당의 세부절차는 보건복지부령으로 정한다.

제39조의5제2항에 제3호의2를 다음과 같이 신설한다.

3의2. 피해노인에 대한 법률 지원의 요청

제39조의16의 제목 중 "권고"를 "제공"으로 하고, 같은 조 제1항 중 "받을 것을 권고할 수 있다"를 "제공하여야 한다"로 하며, 같은 조 제2항 중 "권고하는 경우에는 이에 협조하여 상담 · 교육 및 심리적 치료 등을 성실히 받아야 한다"를 "제공하는 경우에는 정당한 사유가 없으면 상담 · 교육 및 심리적 치료 등을 받아야 한다"로 한다.

제39조의19제2항에 제2호의2를 다음과 같이 신설한다.

2의2. 노인학대행위자에 대한 고소 · 고발 등 법률적 사항의 자문을 위한 대한변호사협회, 지방변호사회 또는 「법률구조법」에 따른 법률구조법인 등에 대한 협조 및 지원 요청

제39조의20에 제5항을 다음과 같이 신설한다.

⑤ 피해노인의 보호자 · 가족은 정당한 사유 없이 제1항 및 제2항에 따른 노인보호전문기관의 업무 수행을 거부하거나 방해하여서는 아니 된다.

제48조를 다음과 같이 한다.

제48조(상속인 없는 재산의 처리) ① 제32조에 따른 노인주거복지시설 또는 제34조에 따른 노인의료복지시설의 설치·운영자는 그 시설에 입소 중인 사람이 사망하고 그 상속인의 존부가 분명하지 아니한 경우 「민법」 제1053조부터 제1059조까지의 규정에 따라 처리한다. 다만, 사망한 사람의 잔여재산이 「사회복지사업법」 제45조의2제1항 단서에 따른 금액 이하인 경우에는 관할 시장·군수·구청장에게 잔여재산 목록을 작성하여 보고하는 것으로 그 재산의 처리를 갈음할 수 있다.

② 제1항 단서에 따른 보고를 받은 시장·군수·구청장은 상속인, 일반상속채권자, 유증받은 자, 기타 상속재산에 대하여 권리를 주장하려는 자가 있으면 6개월 내에 그 권리를 주장할 것을 3개월 이상 공고하여야 한다.

③ 제2항에 따른 기간 내에 상속재산에 대하여 권리를 주장하는 자가 있는 때에는 시장·군수·구청장이 「민법」 제1034조에 따라 그 기간 내에 신고한 채권자들 간에 배당하여 변제하여야 한다.

④ 제2항에 따른 기간이 경과하여도 상속재산에 대하여 권리를 주장하는 자가 없는 때에는 상속재산은 지방자치단체에 귀속된다.

⑤ 제1항부터 제4항까지에서 규정한 사항 외에 상속인 없는 재산의 처리에 관한 세부절차는 보건복지부령으로 정한다.

제61조의2제3항 및 제4항을 각각 제4항 및 제5항으로 하고, 같은 조에 제3항을 다음과 같이 신설하며, 같은 조 제5항(종전의 제4항) 중 "제3항"을 "제4항"으로 한다.

③ 다음 각 호의 어느 하나에 해당하는 자에게는 300만원 이하의 과태료를 부과한다.

1. 제39조의16제2항을 위반하여 정당한 사유 없이 상담·교육 및 심리적 치료 등을 받지 아니한 노인학대행위자
2. 제39조의20제5항을 위반하여 정당한 사유 없이 노인보호전문기관의 업무 수행을 거부하거나 방해한 피해노인의 보호자·가족

부칙

제1조(시행일) 이 법은 공포 후 6개월이 경과한 날부터 시행한다.

제2조(상속인 없는 재산의 처리에 관한 적용례) 제48소의 개정규정은 이 법 시행 이후 노인주거복지시설 또는 노인의료복지시설에 입소 중인 사람이 사망한 경우부터 적용한다.

노인장기요양보험법 시행규칙

[시행 2021. 6. 30.] [보건복지부령 제806호, 2021. 6. 30., 일부개정]

【제정 · 개정이유】

[일부개정]

◇ **개정이유 및 주요내용**

수급자에게 개인별 맞춤형 서비스를 제공하기 위한 표준장기요양이용계획서의 명칭을 목적에 맞게 개인별장기요양이용계획서로 변경하고, 장기요양기관을 지정하려는 경우에는 장기요양기관을 운영하려는 자나 장기요양요원뿐만 아니라 시설장 등 그 기관에 종사하려는 자가 받은 행정처분 내용을 모두 검토하도록 하는 등의 내용으로 「노인장기요양보험법」이 개정됨에 따라 표준장기요양이용계획서의 명칭을 개인별장기요양이용계획서로 변경하고, 장기요양기관 지정의 갱신심사 시 해당 장기요양기관의 종사자가 받은 행정처분의 내용을 고려하도록 하는 한편,

거짓이나 그 밖의 부정한 방법으로 장기요양급여를 받거나 다른 사람이 장기요양급여를 받도록 한 사람을 신고한 경우의 포상금 지급기준을 신설하고, 재심사청구서에 종전에는 원처분의 요지를 적도록 하던 것을, 앞으로는 재심사청구의 대상인 심사결정의 요지를 적도록 하는 등 현행 제도의 운영상 나타난 일부 미비점을 개선 · 보완하려는 것임.

〈보건복지부 제공〉

【제정 · 개정문】

⊙ 보건복지부령 제806호

노인장기요양보험법 시행규칙 일부개정령을 다음과 같이 공포한다.

2021년 6월 30일

보건복지부장관 (인)

노인장기요양보험법 시행규칙 일부개정령

노인장기요양보험법 시행규칙 일부를 다음과 같이 개정한다.

제6조의 제목 "(장기요양인정서 및 표준장기요양이용계획서)"를 "(장기요양인정서 및 개인별장기

요양이용계획서)"로 하고, 같은 조 제2항 중 "표준장기요양이용계획서(이하 "표준장기요양이용계획서")"를 "개인별장기요양이용계획서(이하 "개인별장기요양이용계획서"라 한다)"로 하며, 같은 조 제3항 각 호 외의 부분 및 같은 조 제4항 중 "표준장기요양이용계획서"를 각각 "개인별장기요양이용계획서"로 한다.

제16조제2항 중 "표준장기요양이용계획서"를 "개인별장기요양이용계획서"로 한다.

제21조제3항 중 "장기요양인정서"를 "장기요양인정서와 개인별장기요양이용계획서"로, "통보하여야"를 "통보해야"로 한다.

제24조제1항제1호를 다음과 같이 한다.

1. 해당 장기요양기관의 장, 대표자 또는 그 기관의 종사자가 법 제37조 및 제37조의5와 「사회복지사업법」 또는 「노인복지법」 등 장기요양기관의 운영과 관련된 법에 따라 받은 행정처분의 내용

제35조제3항 중 "부담하여야"를 "부담해야"로, "지불"을 "지급"으로 한다.

제40조제1항 각 호를 다음과 같이 한다.

1. 재심사청구인 및 처분을 받은 자의 성명, 주민등록번호 및 주소
2. 재심사청구인이 처분을 받은 자가 아닌 경우에는 처분을 받은 자와의 관계
3. 심사결정서를 받은 날
4. 심사결정서의 요지
5. 재심사청구의 취지 및 이유
6. 재심사청구에 관한 고지 유무 및 그 내용

제42조제2항 각 호 외의 부분 중 "법 제61조제3항"을 "법 제61조제4항"으로 한다.

별표 3을 별지와 같이 한다.

별지 제2호서식 제2쪽 뒷면의 제5호 중 "표준장기요양이용계획서"를 "개인별장기요양이용계획서"로 한다.

별지 제7호서식의 제목 "표준장기요양이용계획서"를 "개인별장기요양이용계획서"로 한다.

별지 제11호의3서식 앞쪽의 ①수급자란 중 "표준장기요양이용계획서"를 "개인별장기요양이용계획서"로 하고, 같은 서식 뒤쪽의 작성방법란 중 "표준장기요양이용계획서"를 각각 "개인별장기요양이용계획서"로 한다.

별지 제11호의4서식 앞쪽의 ①수급자란 중 "표준장기요양이용계획서"를 "개인별장기요양이용계획서"로 하고, 같은 서식 뒤쪽의 작성방법란 중 "표준장기요양이용계획서"를 각각 "개인별장기요양이용계획서"로 한다.

별지 제18호서식 뒤쪽의 작성방법 및 유의사항란 중 "「사회복지사업법」"을 "「사회보장급여의 이용ㆍ제공 및 수급권자 발굴에 관한 법률」 제43조"로 한다.

별지 제31호서식 제2쪽 중 "명기"를 "기록"으로 한다.

별지 제32호서식을 별지와 같이 한다.

별지 제33호서식 중 "신청인"을 "청구인"으로 한다.

별지 제35호서식 앞쪽의 제출서류 참고사항란 중 "장기요양기관의 신고인"을 "신고인"으로 한다.

별지 제37호서식을 별지와 같이 한다.

부칙

이 규칙은 2021년 6월 30일부터 시행한다.

사회보장급여의 이용 · 제공 및 수급권자발굴에 관한 법률 시행령

[시행 2021. 9. 1.] [대통령령 제31962호, 2021. 8. 31., 일부개정]

【제정 · 개정이유】

[일부개정]

◇ **개정이유**

복지사각지대에서 어려움을 겪는 국민에 대한 신속한 지원을 위하여 보건복지부장관과 보장기관의 장이 사회보장급여 신청권자의 신청을 받아 주기적으로 사회보장급여의 수급가능성을 확인하여 그 결과를 안내하는 '맞춤형 급여 안내' 제도를 도입하고, 국민에 대한 사회서비스의 원활한 제공 및 서비스 관리를 위하여 보건복지부장관이 사회복지법인 등 사회서비스를 제공하는 법인, 기관 등의 업무를 전자화하고 업무 수행에 필요한 정보를 처리 · 기록 및 관리하는 사회서비스정보시스템을 구축 · 운영할 수 있도록 하는 등의 내용으로 「사회보장급여의 이용 · 제공 및 수급권자 발굴에 관한 법률」이 개정(법률 제17781호, 2020. 12. 29. 공포, 2021. 9. 1. 및 2022. 1. 1. 시행)됨에 따라, 맞춤형 급여 안내의 신청 및 중지 절차, 사회서비스정보시스템 이용 기관 및 업무의 범위, 사회서비스정보시스템을 통해 처리하거나 요청하는 자료 · 정보의 범위 등 법률에서 위임된 사항과 그 시행에 필요한 사항을 정하려는 것임.

◇ **주요내용**

가. 맞춤형 급여 안내의 신청 · 중지 절차(제11조의2 신설)

1) 맞춤형 급여 안내를 받으려는 사람은 보건복지부장관 또는 보장기관의 장에게 신청서를 제출하도록 하고, 신청서를 제출받은 보건복지부장관 또는 보장기관의 장은 신청인에게 수급이 가능한 사회보장급여와 신청방법을 안내하도록 함.
2) 보건복지부장관과 보장기관의 장은 신청인이 안내 중지를 신청하거나 지원대상자가 사망한 경우 등에는 맞춤형 급여 안내를 중지할 수 있도록 함.

나. 사회서비스정보시스템 이용 기관 및 업무의 범위(제14조의2제1항 · 제2항 및 별표 3 신설)
사회서비스정보시스템을 이용할 수 있는 법인 · 기관 등의 범위를 「국민기초생활 보장법」에 따른 광역자활센터와 자활기업, 노인장기요양기관 등으로 정하고, 사회서비스정보시스템을 이용하여 수행할 수 있는 업무의 범위를 지역사회보장협의체의 사회보장 관련 업무 지원, 사회복지시설 평가의 수행에 관한 업무 등으로 정함.

다. 사회서비스정보시스템을 통해 처리하거나 요청하는 자료 · 정보의 범위(제14조의2제3항 및 별표 4 신설)
보건복지부장관이 사회서비스정보시스템을 통해 처리하거나 요청할 수 있는 자료 또는 정보를 보장기관이 위기가구의 발굴 등을 위해 보유 · 관리하는 정보, 사회보장급여 수급자격 및 수급이력에 관한 정보 등으로 정함.

〈법제처 제공〉

【제정 · 개정문】

국무회의의 심의를 거친 사회보장급여의 이용 · 제공 및 수급권자 발굴에 관한 법률 시행령 일부개정령을 이에 공포한다.

대통령 문재인 (인)

2021년 8월 31일

국무총리 김부겸

국무위원 보건복지부 장관 권덕철

⊙ 대통령령 제31962호

사회보장급여의 이용 · 제공 및 수급권자 발굴에 관한 법률 시행령 일부개정령

사회보장급여의 이용 · 제공 및 수급권자 발굴에 관한 법률 시행령 일부를 다음과 같이 개정한다.

제2조제2항을 제5항으로 하고, 같은 조에 제2항부터 제4항까지를 각각 다음과 같이 신설하며, 같은 조 제5항(종전의 제2항) 본문 중 "법 제5조제3항"을 "법 제5조제5항"으로 한다.

② 법 제5조제1항 단서에 따라 지원대상자의 주소지 관할이 아닌 보장기관의 장이 제1항에 따른 신청서를 제출받은 경우에는 해당 서류를 관할 보장기관의 장에게 지체 없이 이송해야 한다.

③ 법 제5조제3항 전단에서 "심신미약 또는 심신상실 등 대통령령으로 정하는 경우"란 다음 각 호의 어느 하나에 해당하는 경우를 말한다.

1. 피성년후견인 또는 피한정후견인인 경우

2. 미성년자인 경우
3. 그 밖에 심신장애로 의사를 결정할 능력이 미약하거나 없는 것으로 인정되는 경우
④ 보장기관의 업무담당자는 지원대상자가 제3항제3호의 경우에 해당하는지 판단하기 위하여 필요하면 관련 분야의 의사에게 자문할 수 있다.

제11조의2를 다음과 같이 신설한다.

제11조의2(맞춤형 급여 안내의 신청 등) ① 법 제22조의2제1항에 따른 맞춤형 급여 안내(이하 "맞춤형급여안내"라 한다)를 받으려는 사람은보건복지부령으로 정하는 신청서를 보건복지부장관 또는 보장기관의 장에게 제출해야 한다.
② 제1항에 따른 신청서를 제출받은 보건복지부장관 또는 보장기관의 장은 신청인에게 수급이 가능한 사회보장급여와 신청방법을 안내해야 한다.
③ 보건복지부장관과 보장기관의 장은 다음 각 호의 어느 하나에 해당하는 경우에는 맞춤형급여안내를 중지할 수 있다.
1. 맞춤형급여안내 신청인이 보건복지부장관 또는 보장기관의 장에게 맞춤형급여안내의 중지를 신청한 경우
2. 지원대상자가 사망한 경우
3. 지원대상자가 국적을 상실하거나 국외로 이주한 경우
4. 그 밖에 보건복지부장관이 맞춤형급여안내를 지속할 필요가 없다고 인정하는 경우
④ 제1항부터 제3항까지에서 규정한 사항 외에 맞춤형급여안내의 신청 및 중지 등에 필요한 세부 사항은 보건복지부장관이 정한다.

제14조제6항 각 호 외의 부분 중 "법 제24조제2항"을 "법 제24조제3항"으로 한다.

제14조의2를 다음과 같이 신설한다.

제14조의2(사회서비스정보시스템의 구축 및 관리 등) ① 법 제24조의2제1항제3호에서 "대통령령으로 정하는 기관"이란 별표 3에서 정하는 기관을 말한다.
② 법 제24조의2제2항제8호에서 "사회서비스 제공기관의 사회보장급여 제공, 종사자 및 이용자 등의 관리, 사회서비스 제공기관의 운영 등 대통령령으로 정하는 업무"란 다음 각 호의 업무를 말한다.
1. 법 제41조에 따른 지역사회보장협의체의 사회보장 관련 업무 지원
2. 「사회복지사업법」 제43조의2에 따른 시설 평가의 수행에 관한 업무

3. 「사회서비스 이용 및 이용권 관리에 관한 법률」 제30조에 따른 사회서비스 품질관리에 관한 업무

4. 「장애인활동 지원에 관한 법률」 제25조제1항에 따른 활동지원급여 제공 평가의 수행에 관한 업무

5. 그 밖에 보건복지부장관이 법 제24조의2제1항에 따른 사회서비스정보시스템(이하 "사회서비스정보시스템"이라 한다)의 이용이 필요하다고 인정하는 업무

③ 보건복지부장관이 법 제24조의2제3항 또는 제4항에 따라 처리하거나 요청하는 자료 또는 정보의 범위는 별표 4와 같다.

④ 법 제24조의2제1항에 따른 사회서비스 제공기관(이하 "사회서비스제공기관"이라 한다)의 장이 사회서비스정보시스템을 이용하는 경우에는 같은 조 제9항에 따라 보안에 관한 업무를 총괄하는 사람을 지정하여 관할 보장기관의 장에게 통보해야 한다. 이 경우 보안에 관한 업무를 총괄하는 사람의 지정에 관하여는 「개인정보 보호법 시행령」 제32조제2항을 준용한다.

⑤ 제1항부터 제4항까지에서 규정한 사항 외에 사회서비스정보시스템의 구축 및 관리 등에 필요한 사항은 보건복지부장관이 정한다.

제26조에 제2호의2를 다음과 같이 신설한다.

2의2. 법 제22조의2제3항에 따른 사회보장급여 수급가능성 확인을 위한 자료 또는 정보의 조사 및 처리

제28조 제목 외의 부분을 제1항으로 하고, 같은 조 제1항(종전의 제목 외의 부분) 중 "제26조"를 "법 제24조의2제10항 및 이 영 제26조"로 하며, 같은 항에 제13호의2 및 제15호의2를 각각 다음과 같이 신설한다.

13의2. 법 제22조의2에 따른 맞춤형급여안내에 관한 사무

15의2. 법 제24조의2에 따른 사회서비스정보시스템의 운영에 관한 사무

제28조에 제2항 및 제3항을 각각 다음과 같이 신설한다.

② 법 제5조제4항에 따라 보장기관의 장으로부터 지정받은 법인 · 단체 · 시설 · 기관 등은 사회보장급여의 신청 지원에 관한 사무를 수행하기 위하여 불가피한 경우 「개인정보 보호법 시행령」 제19조에 따른 주민등록번호, 여권번호, 운전면허의 면허번호 또는 외국인등록번호가 포함된 자료를 처리할 수 있다.

③ 사회서비스제공기관의 장은 법 제24조의2에 따른 사회서비스정보시스템의 이용에 관한 사

무를 수행하기 위하여 불가피한 경우 「개인정보 보호법」 제23조에 따른 건강에 관한 정보, 같은 법 시행령 제18조제2호에 따른 범죄경력자료에 해당하는 정보, 같은 영 제19조에 따른 주민등록번호, 여권번호, 운전면허의 면허번호 또는 외국인등록번호가 포함된 자료를 처리할 수 있다.

별표 1 제3호 중 "관한 자료"를 "관한 자료, 「구직자 취업촉진 및 생활안정지원에 관한 법률」 제17조제1항에 따른 취업성공수당의 지급에 관한 자료"로 하고, 같은 표 제7호 중 "실업급여"를 "실업급여 · 육아휴직급여 · 출산전후휴가급여"로 하며, 같은 표 제25호 중 "한국장학재단"을 "한국장학재단, 서민금융진흥원"으로 한다.

별표 2 제2호나목 중 "의료비"를 "장기간 같은 법 제41조제1항 각 호의 요양급여를 실시한 기록이 없는 사람, 같은 법 시행령 별표 2 제3호라목에 따른 희귀난치성질환등을 가진 사람, 의료비"로, "치매환자, 희귀난치성질환자"를 "치매환자"로 하고, 같은 표 제5호마목부터 아목까지를 각각 아목부터 카목까지로 하며, 같은 호 다목 및 라목을 각각 마목 및 바목으로 하고, 같은 호 나목을 다목으로 하며, 같은 호에 나목, 라목 및 사목을 각각 다음과 같이 신설하고, 같은 호 자목(종전의 바목)을 다음과 같이 한다.

나. 맞춤형급여안내를 신청한 지원대상자의 소득 · 재산 및 가구원에 관한 정보
라. 「노인장기요양보험법」 제15조에 따른 장기요양등급판정 결과 수급자로 인정되지 않은 사람의 정보
사. 「장애인복지법」 제32조에 따라 등록된 장애인의 정보
자. 「주민등록법」 제30조에 따른 주민등록전산정보자료 중 세대주가 사망한 가구 및 법 제9조의2제1항에 따른 위기가구의 세대주 · 세대원 성명, 주민등록번호, 주소 등에 관한 정보

별표 3 및 별표 4를 각각 별지와 같이 신설한다.

부칙

이 영은 2022년 1월 1일부터 시행한다. 다만, 제11조의2, 제26조제2호의2 및 제28조제1항제13호의2의 개정규정은 2021년 9월 1일부터 시행한다.

장애인고용촉진 및 직업재활법 시행규칙

[시행 2020. 12. 10.] [고용노동부령 제300호, 2020. 12. 10., 일부개정]

【제정 · 개정이유】

◇ 개정이유 및 주요내용

대통령령으로 정하는 사업주가 자체적으로 직장 내 장애인 인식개선 교육을 실시하는 경우에는 교육의 품질이 제고될 수 있도록 일정한 자격기준을 갖춘 강사가 실시하도록 하는 내용으로 「장애인고용촉진 및 직업재활법」이 개정(법률 제17435호, 2020. 6. 9. 공포, 12. 10. 시행)됨에 따라, 직장 내 장애인 인식개선 교육 강사의 자격을 한국장애인고용공단이 실시하는 강사양성교육을 수료한 강사로 하고, 장애인 고용부담금을 신고 · 납부하려는 국가기관의 장 등은 장애인 고용부담금 신고서를 한국장애인고용공단에 제출하도록 하려는 것임.

〈고용노동부 제공〉

【제정 · 개정문】

⊙ 고용노동부령 제300호

장애인고용촉진 및 직업재활법 시행규칙 일부개정령을 다음과 같이 공포한다.

2020년 12월 10일

고용노동부장관 (인)

장애인고용촉진 및 직업재활법 시행규칙 일부개정령

장애인고용촉진 및 직업재활법 시행규칙 일부를 다음과 같이 개정한다.

제4조의4를 다음과 같이 한다

제4조의4(장애인 인식개선 교육 강사 및 위탁교육 방법) ① 법 제5조의2제3항 및 제5조의3제3항에서 "고용노동부령으로 정하는 강사"란 각각 공단이 실시하는 강사양성교육을 수료한 강사를 말한다.

② 장애인 인식개선 교육기관의 장이 법 제5조의3제2항에 따라 교육을 실시하는 경우에는 장애인 인식개선 교육과정을 1시간 이상 편성하고, 제1항에 따른 강사가 해당 교육을 하도록 해야 한다.

제8조의4제1항 각 호 외의 부분 중 "제출하여야"를 "제출해야"로 하고, 같은 항 제4호를 다음과 같이 하며, 같은 항에 제5호를 다음과 같이 신설하고, 같은 조 제2항 중 "제출하여야"를 "제출해야"로 하며, 같은 조 제3항 본문 중 "확인하여야"를 "확인해야"로 하고, 같은 항 단서 중 "하여야"를 "해야"로 한다.

4. 영 제3조제1항 각 호의 어느 하나에 해당함을 증명할 수 있는 「장애인복지법」 제32조제3항에 따른 장애 진단 자료 및 같은 조 제6항에 따른 장애 정도에 관한 정밀심사 자료

5. 영 제4조제1항 각 호에 따른 중증장애인에 해당함을 증명할 수 있는 서류(중증장애인인 경우만 해당한다)

제9조제1항 각 호 외의 부분 중 "별지 제12호서식의 장애인 공무원 채용계획 및 실시상황과 별지 제13호서식의 장애 유형별 장애인 공무원 현황"을 "별지 제12호서식의 장애인 공무원 채용계획 및 실시상황"으로, "첨부하여야"를 "첨부해야"로 한다.

제14조의2를 다음과 같이 신설한다.

제14조의2(국가와 지방자치단체 등의 장애인 고용부담금의 신고 · 납부) ① 영 제35조의2제5호에서 "그 밖에 고용노동부령으로 정하는 사항"이란 다음 각 호의 사항을 말한다.

1. 장애인 공무원 명부 사본 1부

2. 영 제3조제1항 각 호에 따른 장애인 또는 영 제4조제1항 각 호에 따른 중증장애인임을 증명할 수 있는 서류 사본 1부(해당 공무원에 대한 최초의 신고 후에는 이 서류의 제출을 생략할 수 있다)

② 영 제35조의2에 따라 장애인 고용부담금(이하 "부담금"이라 한다)을 신고 · 납부하려는 법 제27조제6항 각 호의 어느 하나에 해당하는 기관의 장은 별지 제12호서식의 장애인 고용부담금 신고서를 공단에 제출해야 한다.

③ 법 제27조제6항 각 호의 어느 하나에 해당하는 기관의 장이 법 제32조의2제2항에서 준용하는 법 제33조제8항에 따라 부담금을 수정신고하고 그 부담금의 차액을 추가로 납부하려는 경우에는 별지 제12호서식의 장애인 고용부담금 수정신고서에 수정신고 내용을 확인할 수 있는 자료를 첨부하여 공단에 제출해야 한다. 다만, 제2항에 따른 부담금 신고 시에 제출한 서류로 수정신고 내용을 확인할 수 있는 경우에는 해당 자료의 제출을 생략할 수 있다.

④ 제1항부터 제3항까지에서 규정한 사항 외에 부담금의 납부, 환급, 분할납부, 과오납금의 충당 등에 관하여는 제15조제3항, 제16조부터 제19조까지의 규정을 준용한다. 이 경우 제17조 중 "별지 제15호서식"은 "별지 제12호서식"으로 본다.

제15조의 제목 "(장애인 고용부담금의 신고 · 납부)"를 "(사업주의 부담금 신고 · 납부)"로 하고, 같은 조 제1항 각 호 외의 부분 중 "장애인 고용부담금(이하 "부담금"이라 한다)"을 "부담금"으로, "제출하여야"를 "제출해야"로 한다.

별지 제1호서식부터 별지 제4호서식까지, 별지 제8호서식부터 별지 제12호서식까지를 각각 별지와 같이 한다.

별지 제13호서식을 삭제한다.

별지 제15호서식, 별지 제17호서식부터 별지 제24호서식까지를 각각 별지와 같이 한다.

부칙

이 규칙은 공포한 날부터 시행한다.

장애인복지법

[시행 2022. 1. 28.] [법률 제18333호, 2021. 7. 27., 일부개정]

【제정 · 개정이유】

[일부개정]

◇ 개정이유

현행 「성폭력범죄의 처벌 등에 관한 특례법」과 「아동학대범죄의 처벌 등에 관한 특례법」은 신체적 또는 정신적 장애로 의사소통에 어려움이 있는 장애인이 성폭력범죄 및 아동학대범죄의 피해자인 경우에는 형사사법절차에서의 조력을 위하여 진술조력인을 둘 수 있도록 규정하고 있으나, 그 밖에 다른 범죄의 피해자가 된 장애인에 대하여는 장애인이 형사사법절차에서 정당한 권리를 행사할 수 있도록 의사소통을 보조해 줄 수 있는 방안 마련이 미흡한 실정임.

또한, 활동지원 급여 조사자, 정신의료기관 종사자, 사회복지시설에서 근무하는 사회복무요원 등 직업군의 특성상 장애인과 접촉이 많은 사람들이 장애인학대 신고의무자의 범위에서 누락되어 있어 신고의무자를 확대할 필요성이 제기되고 있으며, 장애 정도에 관한 정밀심사 시 현재 의료기관이 아닌 관련 기관에서 보유하고 있는 자료에 대해 국민연금공단이 열람 또는 사본 교부를 요청할 수 있는 법적 근거가 없어 장애인이 직접 관련 자료를 발급받아 공단에 제출해야 하는 불편함이 있음.

한편, 현재 장애인학대와 아동학대의 예방 · 보호를 담당하는 기관 및 시설이 이원화되어 있어 학대 피해 장애아동의 연령과 장애특성을 고려한 보호 및 지원이 원활하게 이루어지지 않고 있고, 현행법상 취업제한명령의 선고 대상이 되는 범죄에 「성폭력범죄의 처벌 등에 관한 특례법」 제2조제2항에 따른 범죄는 제외되어 있어 취업제한명령 선고 시 사각지대가 존재하며, 「형법」상 친족상도례 조항의 적용으로 인해 친족 간 재산범죄의 피해자가 된 장애인의 권익이 제대로 보호받지 못하는 경우가 발생하는 등 현행 법 · 제도 운영에 있어서 여러 미비점이 드러나고 있는 실정이므로, 이를 개선 · 보완하려는 것임.

◇ 주요내용

가. 장애 정도에 관한 정밀심사를 실시하는 공공기관이 관련 기관에 심사에 필요한 자료를 요청할 수 있도록 규정하고, 해당 기관에 제공되는 자료에 대한 사용료, 수수료 등을 면제할 수 있도록 법적 근거를 마련함(제32조의9 신설).

나. 「성폭력범죄의 처벌 등에 관한 특례법」 제2조제2항에 따른 범죄를 취업제한명령의 선고 대상이 되는 범죄에 추가함(제59조의3제1항).

다. 장애인학대 신고의무자의 범위를 확대하되, 사회복지시설에서 복무하는 사회복무요원은 신고 의무 위반 시의 과태료 부과 대상에서 제외하고, 장애인학대 신고의무자 관련 규정 및 벌칙 규정의 인용 조문을 정비함(제59조의4, 제86조제3항제2호 및 제90조제3항제3호의4 단서 신설).

라. 지역장애인권익옹호기관의 업무에 '관계 기관 · 법인 · 단체 · 시설 간 협력체계의 구축 및 교류'를 명시함(제59조의11제2항제5호).

마. 장애인학대로 인하여 피해를 입은 장애아동의 임시 보호를 위한 '피해장애아동 쉼터'의 설치 · 운영 근거를 마련함(제59조의13제2항 신설).

바. 범죄사건의 피해자인 장애인에 대한 진술조력인 제도 도입을 위하여 법적 근거를 신설함(제59조의16 신설).

사. 사기죄, 공갈죄, 횡령죄, 배임죄 등의 장애인학대관련범죄에 대해서는 「형법」상 친족상도례 조항의 적용을 배제하는 특례를 신설함(제88조의3 신설).

〈법제처 제공〉

【제정 · 개정문】

국회에서 의결된 장애인복지법 일부개정법률을 이에 공포한다.

대통령 문재인 (인)

2021년 7월 27일

국무총리 김부겸

국무위원 보건복지부 장관 권덕철

⊙ 법률 제18333호

장애인복지법 일부개정법률

장애인복지법 일부를 다음과 같이 개정한다.

제32조제7항을 삭제하고, 같은 조 제8항 중 “제7항”을 “제6항”으로, “장애판정위원회, 진료에 관한 사항의 열람 또는 사본교부 요청”을 “장애판정위원회”로 한다.

제32조의9를 다음과 같이 신설한다.

제32조의9(자료의 요청) ① 제32조제6항에 따라 장애 정도에 관한 정밀심사를 의뢰받은 공공기관(이하 이 조에서 “정밀심사기관”이라 한다)은 국가기관, 지방자치단체, 그 밖에 대통령령으로 정하는 기관 · 법인 · 단체의 장에게 장애 인정과 장애 정도에 관한 정밀심사에 필요한 자료로서 건강보험 요양급여 실시내역 등 대통령령으로 정하는 자료의 열람 또는 사본의 교부를 요청할 수 있다. 이 경우 국가기관, 지방자치단체, 기관 · 법인 · 단체의 장은 특별한 사정이 없으면 그 요청에 따라야 하며, 정밀심사기관에 제공되는 자료에 대한 사용료, 수수료 등은 면제한다.

② 정밀심사기관은 필요한 경우 심사를 받으려는 본인이나 법정대리인등으로부터 동의를 받아 「의료법」에 따른 의료기관에 정밀심사에 필요한 자료로서 진료에 관한 사항의 열람 또는 사본 교부를 요청할 수 있다. 이 경우 요청을 받은 의료기관은 특별한 사유가 없으면 그 요청에 따라야 하며, 국가 및 지방자치단체는 예산의 범위에서 정밀심사기관에 제공되는 자료에 대한 사용료, 수수료 등을 지원할 수 있다.

③ 제1항 및 제2항에서 규정한 사항 외에 정밀심사기관의 자료 열람 또는 사본 교부 요청에 관하여 필요한 사항은 보건복지부령으로 정한다.

제59조의3제1항 각 호 외의 부분 본문 중 “제2조제1항”을 “제2조”로 한다.

제59조의4제2항제1호 중 “「사회복지사업법」 제14조에 따른 사회복지 전담공무원 및 같은 법 제34조에”를 “「사회보장급여의 이용 · 제공 및 수급권자 발굴에 관한 법률」 제43조에 따른 사회복지 전담공무원 및 「사회복지사업법」 제34조에”로, “종사자”를 “종사자(사회복지시설에서 복무하는 「병역법」 제2조제1항제10호에 따른 사회복무요원을 포함한다)”로 하고, 같은 항 제2호 중 “「장애인활동 지원에 관한 법률」”을 “제32조의4에 따라 서비스 지원 종합조사를 하는 자와 「장애인활동 지원에 관한 법률」”로 하며, 같은 항 제6호를 다음과 같이 하고, 같은 항 제7호 중 “정신건강복지센터”를 “정신건강복지센터, 같은 조 제5호에 따른 정신의료기관, 같은 조 제6호에 따른 정신요양시설 및 같은 조 제7호에 따른 정신재활시설”로 하며, 같은 항 제10호를 다음과 같이

하고, 같은 항 제12호 중 "성폭력피해상담소의 장과 그 종사자 및"을 "성폭력피해상담소,"로, "성폭력피해자보호시설의 장과 그 종사자"를 "성폭력피해자보호시설 및 같은 법 제18조에 따른 성폭력피해자통합지원센터의 장과 그 종사자"로 하며, 같은 항 제21호를 다음과 같이 하고, 같은 항에 제22호를 다음과 같이 신설한다.

6. 「119구조 · 구급에 관한 법률」 제2조제4호에 따른 119구급대의 대원

10. 「초 · 중등교육법」 제2조에 따른 학교의 장과 그 종사자

21. 「노인장기요양보험법」 제2조제5호의 장기요양요원 및 같은 법 제14조에 따라 장기요양인정 신청의 조사를 하는 자

22. 「평생교육법」 제20조의2에 따른 장애인평생교육시설의 장과 그 종사자

제59조의7제2항제2호 중 "쉼터"를 "쉼터 및 피해장애아동 쉼터"로 한다.

제59조의11제2항제5호를 제6호로 하고, 같은 항에 제5호를 다음과 같이 신설한다.

5. 관계 기관 · 법인 · 단체 · 시설 간 협력체계의 구축 및 교류

제59조의13의 제목 중 "쉼터"를 "쉼터 등"으로 하고, 같은 조 제2항을 제3항으로 하며, 같은 조에 제2항을 다음과 같이 신설하고, 같은 조 제3항(종전의 제2항) 중 "쉼터"를 "쉼터 및 제2항에 따른 피해장애아동 쉼터"로 한다.

② 특별시장 · 광역시장 · 특별자치시장 · 도지사 · 특별자치도지사는 장애인학대로 인하여 피해를 입은 장애아동(이하 "피해장애아동"이라 한다)의 임시 보호를 위하여 피해장애아동 쉼터를 설치 · 운영할 수 있다.

제59조의16을 다음과 같이 신설한다.

제59조의16(진술조력인의 참여 등) ① 검사, 사법경찰관 또는 법원은 범죄사건의 피해자인 장애인(이하 이 조에서 "피해자"라 한다)이 의사소통이나 의사표현에 어려움이 있는 경우 피해자에 대한 형사사법절차에서의 조력과 원활한 조사 · 검증 또는 증인 신문을 위하여 직권이나 피해자 또는 제59조의8제1항에 따른 보조인(이하 이 조에서 "보조인"이라 한다)의 신청에 따라 「성폭력범죄의 처벌 등에 관한 특례법」 제35조제1항에 따른 진술조력인으로 하여금 조사과정, 검증 또는 증인 신문에 참여하여 의사소통을 중개하거나 보조하게 할 수 있다.

② 검사, 사법경찰관 또는 법원은 피해자에 대한 조사 · 검증 또는 증인 신문 전에 피해자 및 보조인에게 진술조력인에 의한 의사소통 중개나 보조를 신청할 수 있음을 고지하여야 한다.

③ 그 밖에 진술조력인의 수사 · 재판과정의 참여와 의무 등에 관하여는 「성폭력범죄의 처벌 등에 관한 특례법」 제36조부터 제39조까지의 규정을 준용한다.

제86조제3항제2호 중 "제59조의7제3항 또는 제6항"을 "제59조의7제2항 각 호 외의 부분 전단, 같은 조 제3항 또는 제5항"으로 한다.

제88조의3을 다음과 같이 신설한다.

제88조의3(「형법」 적용의 일부 배제) 제2조제4항제11호 및 제12호에 따른 장애인학대관련범죄에 대해서는 「형법」 제354조 및 제361조에 따라 준용되는 같은 법 제328조를 적용하지 아니한다.

제90조제3항제3호의4 중 "사람"을 "사람."으로 하고, 같은 호에 단서를 다음과 같이 신설한다. 다만, 제59조의4제2항제1호 중 「병역법」 제2조제1항제10호에 따른 사회복무요원은 제외한다.

부칙

제1조(시행일) 이 법은 공포 후 6개월이 경과한 날부터 시행한다. 다만, 제59조의4제2항제1호의 개정규정 중 사회복무요원에 관한 부분 및 제90조제3항제3호의4의 개정규정은 공포 후 3개월이 경과한 날부터 시행한다.

제2조(성범죄자의 취업제한 등에 관한 적용례) 제59조의3의 개정규정은 이 법 시행 전에 「성폭력범죄의 처벌 등에 관한 특례법」 제2조제2항에 따른 성폭력범죄를 범하고 확정판결을 받지 아니한 사람에 대하여도 적용한다.

참고문헌

국가법령정보센터. https://www.law.go.kr/

권영성(2006). **헌법학개론**. 경기: 법문사.

김철수(2007). **헌법학원론**. 서울: 박영사.

김치선(1992). **노동법**. 서울: 법문사.

박차상, 정상양, 전용득, 김옥희(2005). **한국사회복지법강의**. 서울: 학지사.

윤찬영(2004). **사회복지법제론**. 서울: 나남.

전광석(1999). **한국사회보장법론**. 서울: 법문사.

조원탁, 김형수, 이형하, 조준(2004). **사회복지법제론**. 경기: 양서원.

한상복, 이문웅, 김광억(2011). **문화인류학**. 서울: 서울대학교출판문화원.

현외성(2007). **한국사회복지법제론**. 경기: 양서원.

Calvert, H. (1987). *Social Security Law*. London: Sweet & Maxwell.

Cohen, R. & Rashton, A. (1982). *Welfare Rights*. London: Heinemann/Community Care.

Flora, P. (1981). "Solution or Source of Crises?" The Welfare State in Historical Perfective, in W. J. Mommen(Ed.), The Emergence of the Welfare State in Britain and Germany. Chrom Hrlm.

Gilbert, N. & Specht, H. (1974). *Dimensions of Social Welfare*. New Jersey: Prentice-Hall.

Lafrance, A. B. (1979). *Welfare Law' Structure and Entitlement in a Nut Shell*. St. Paul, MN: West Publishing Company.

Ogus, A. I. & Barendt, E. M. (1978). *The Law of Social Security*. London: Butterworth & Co.

Preworski, A. & Henry, T. (1970). *The Logic of Comparative Social Inquiry*. New York: John Wiley & Sons Inc.

Sevel, J., Cummins, L., & Madrigal, C. (1999). *Social Work Skills Demonstrated: Beginning Direct Practice*. Boston: Allyn & Bacon.

찾아보기

저자 소개

■ 강희성

호원대학교 사회복지학과 교수
〈저서〉 사회복지와 문화의 다양성 외 다수

■ 김동주

세경대학교 미술치료과 겸임교수
〈논문〉 베이비부머의 사회활동이 삶의 질에 미치는 영향: 우울의 매개와 가족지지의 조절효과 외 다수

■ 김현경

경민대학교 사회복지과 교수
〈저서〉 정신건강사회복지론 외 다수

■ 박길남

서정대학교 글로벌융합복지과 교수
〈저서〉 사회문제론 외 다수

■ 박선태

성운대학교 미래휴먼사회복지학부 교수
〈저서〉 사회복지실천기술론 외 다수

■ 오현숙

호산대학교 휴먼복지과 교수
〈저서〉 사회복지실천론 외 다수

■ 윤명길

극동대학교 사회복지과 겸임교수
〈저서〉 빈곤이해의 기초 외 다수

■ 전대성

경북전문대학교 사회복지과 교수
〈저서〉 사회복지개론 외 다수

사회복지법제와 실천

1판 1쇄 인쇄 — 2022년 2월 10일
1판 1쇄 발행 — 2022년 2월 15일

저　　자 - 강희성 김동주 김현경 박길남
박선태 오현숙 윤명길 전대성
발 행 인 - 강철원
발 행 처 - 양성원
주　　소 - 경기도 파주시 검산로 173번길 29-20
전　　화 - 031-946-3861(代)
팩　　스 - 031-946-3864
이 메 일 - tnwpub@naver.com
홈페이지 - tnwpub.co.kr
출판등록 - 2015년 8월 31일 제 2015-000211 호

ISBN 979-11-6126-420-2

정가 22,000원